财政部规划教材
全国财政职业教育教学指导委员会推荐教材
全国财经类高职新专标系列教材

个人理财业务

（第二版）

杨则文　主　编
吴　娜　副主编

中国财经出版传媒集团
经济科学出版社
Economic Science Press

图书在版编目（CIP）数据

个人理财业务／杨则文主编．—2版．—北京：
经济科学出版社，2020.2（2022.12重印）
财政部规划教材　全国财政职业教育教学指导
委员会推荐教材　全国财经类高职新专标系列教材
ISBN 978－7－5218－1305－0

Ⅰ.①个…　Ⅱ.①杨…　Ⅲ.①私人投资　Ⅳ.
①F830.59

中国版本图书馆CIP数据核字（2020）第015178号

责任编辑：白留杰　刘殿和
责任校对：隗立娜
责任印制：李　鹏

个人理财业务（第二版）
主　编　杨则文
副主编　吴　娜
经济科学出版社出版、发行　新华书店经销
社址：北京市海淀区阜成路甲28号　邮编：100142
教材分社电话：010－88191354　发行部电话：010－88191522
网址：www.esp.com.cn
电子邮件：bailiujie518@126.com
天猫网店：经济科学出版社旗舰店
网址：http://jjkxcbs.tmall.com
北京密兴印刷有限公司印装
787×1092　16开　25.5印张　540000字
2020年2月第2版　2022年12月第4次印刷
ISBN 978－7－5218－1305－0　定价：76.00元

编写说明

本书是财政部规划教材、全国财政职业教育教学指导委员会推荐教材，由财政部教材编审委员会组织编写并审定，供全国高职高专院校财经类专业使用。

文本：课程标准

习近平总书记在党的“二十大”报告中指出：“深入贯彻以人民为中心的发展思想，在幼有所育、学有所教、劳有所得、病有所医、老有所养、住有所居、弱有所扶上持续用力，建成世界上规模最大的教育体系、社会保障体系、医疗卫生体系，人民群众获得感、幸福感、安全感更加充实、更有保障、更可持续，共同富裕取得新成效。”“增加低收入者收入，扩大中等收入群体，规范收入分配秩序，规范财富积累机制。”① 个人理财业务直接服务家庭财富管理，在居民财富积累和共同富裕进程中具有十分重要的意义。八大理财规划是将党和国家共同富裕政策落实到居民家庭的重要工具，现金规划有利于保证居民家庭日常开支的保障性和计划性，消费支出规划能够为居民购房购车、实现住有所居行有所乘提供最佳方案，教育规划直接服务于幼有所育、学有所教，

文本：课程设计

① 习近平．高举中国特色社会主义伟大旗帜 为全面建设社会主义现代化国家而团结奋斗．北京：人民出版社，2022.

保险规划和退休养老规划能够帮助居民规避家庭风险实现病有所医、老有所养，以及纳税筹划对于劳有所得、投资规划对于实现家庭财富自由、综合理财规划对于家庭财富的科学管理等等都具有十分重要的意义。党和国家共同富裕政策的落实需要金融从业者脚踏实地、勤勤恳恳的专业服务，本课程的学习对于实现“人们对美好生活的向往”责任重大。本书的编写遵循国务院《国家职业教育改革实施方案》的精神，广泛对接科技发展趋势和市场需求，按照专业设置与产业需求对接、课程内容与职业标准对接、教学过程与生产过程对接的要求，在广泛的行业调研和岗位工作任务分析的基础上，按照金融类专业国家教学标准中个人理财业务课程教学内容的规定，借鉴工作过程系统化的课程开发原理，采用项目课程的开发方法，由国家“万人计划”教学名师、国家示范建设重点专业带头人杨则文教授担任主编，由国家“双高”院校广州番禺职业技术学院国家骨干专业教学团队骨干教师集体编写。

个人理财业务是高职高专院校金融服务与管理、国际金融、财富管理、证券实务、保险实务、农村金融等金融类专业的核心课程，本课程面向商业银行、保险公司、证券公司和理财服务公司等金融机构的个人客户经理岗位，主要培养学生面向个人客户从事理财业务的基本知识和操作技能，并适度兼顾理财服务职业素质的提升。本课程内容的确定依据金融机构个人理财经理岗位的工作内容，适当兼顾理财规划师职业资格考试的需要。教材关注的重点在于培养学生对个人客户进行理财服务的能力，并将对职业态度的培养贯穿于知识和技能的学习过程之中。

文本：授课计划

通过本课程的学习，要求学生了解个人理财岗位的基本要求和主要工作内容；掌握与客户建立良好理财业务关系的基本方法；熟悉金融市场各种投资工具的特点和适用对象；能够选择和组合各种金融工具并进行实务操作；能够帮助客户了解家庭面临的各种风险，掌握风险管理的方法和手段；能够为客户制订财务计划，评价客户的财务目标；能够帮助客户制订出完整的理财规划方案，帮助客户实现最佳的理财目标。同时，能够在此基础上熟练掌握个人理财产品的营销技能，为将来从事个人理财业务打下坚实的基础。

本教材与传统教材相比有如下特点：

第一，教材体例采用适应工作体系的项目模块式结构。教材中的项目反映的是根据岗位工作任务分析确定的教学项目，教材中的模块体现完成工作项目的工作步骤。教材充分体现了以行业岗位工作任务做引领、以工作过程为导向的设计思想。

第二，教材内容来源于个人理财业务岗位的工作内容。教学内容的选取依据完成岗位工作任务对知识和技能的要求，建立在行业专家对个人理财业务岗位工作任务分析和专业教师深入行业进行岗位调研的基础上。

第三，教学过程设计以“工作实例”的解决为载体。通过项目实例贯穿每个项目的始终。教材不再停留在对课程内容的直接描述，而是十分注重对教学过程的设计，注重学生对教学过程的参与。

第四，本教材能满足边学边做的理实一体化教学要求。每个项目后都配套有职业能力训练，培养学生的岗位工作能力，通过练习巩固知识点和技能点。

第五，教材配套个人理财业务实训软件，教材中的相关操作动画指引，可以强化知识与技能目标。

第六，数字化资源可以支撑线上线下混合教学需要。教材配备了系列立体化、数字化教学资源。包括微课、PPT、视频、动画、案例、习题、实训等。教材及数字化资源一并在 MOOC 平台配套发布，可以为学校开设 SPOC 和线上线下混合教学提供支撑。

本书于 2010 年 8 月出版了第一版，由杨则文任主编，陈琼、常江、汪冠群、杨秋海参与编写，当时是国内最早按照理财规划师工作过程组织教学内容的项目化教材。本次修订旨在更新教学内容、编写配套实训与练习、建设立体化教学资源，对主教材进行结构调整及教学内容和信息化升级。本次修订由广州番禺职业技术学院杨则文教授担任主编，吴娜副教授担任副主编，杨丽、任新立、张曦、邹韵、何伟参编（参编排名不分先后）。具体分工如下：任新立负责项目一和项目六；杨丽负责编写导言和项目七的模块一、模块二、模块六、模块八；邹韵负责编写项目四和项目七的模块四；何伟负责项目五和项目七的模块五、模块七；张曦负责项目八、项目九和项目七的模块三；吴娜负责编写项目二和项目三，并对全书进行修改、补充、总纂；杨则文负责总体设计，确定编写大纲和教材体例，落实组织分工及最后把关。

教材初稿完成后，财政部教材编审委员会组织专家于2019年8月20~23日在宁夏进行了集中审稿，对书稿进行了全面的审阅并提出了书面审稿意见。按照审稿意见，编者再次对全书进行了修改。在此，我们要对审稿专家表示衷心的感谢！同时，本书得以出版，得益于财政部韩玉国先生、杜经彬先生的支持和关心，责任编辑白留杰女士为本书的出版付出了艰辛的劳动，在此一并表示感谢！

由于我国高等职业教育正处于前所未有的变革之中，职业教育课程改革和教材编写呈现出百花齐放的局面，个人理财业务正在以超越常规的速度向前发展，而我们的理论水平和实践知识与时代的要求总有一定的距离，书中的不足和错误在所难免，恳请读者批评指正（E-mail：yangzewen@126.com）。

编 者

2022年12月

目录

导 言

走进个人理财业务

学习目标

学习本模块是为理财业务项目做知识准备，其学习任务主要是对知识的了解，掌握个人理财业务的概念、个人理财规划等内容。

1. 认知个人理财八大规划的内容。
2. 认知个人客户经理岗位任务。
3. 掌握个人客户经理职业道德规范。
4. 理解货币的时间价值。
5. 理解投资的风险价值。

项目任务

1. 实地了解银行、证券、保险公司的个人理财业务岗位设置及其日常工作。
2. 收集银行、证券、保险公司的理财报告，了解报告的主要内容。

标志成果

运用货币的时间价值、投资的风险价值进行计算分析的结论。

内容导图

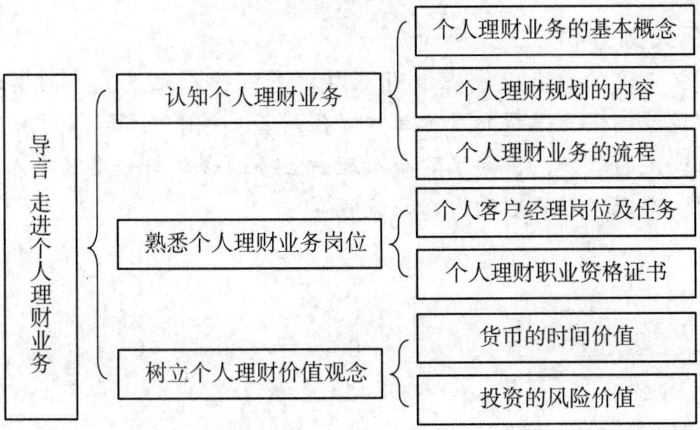

▶▶工作实例

拳王泰森从4亿身家到一贫如洗

泰森，一个来自纽约黑人区的孩子，靠自己的努力打拼成长为一代拳王，曾经上台几分钟就挣了1500万元。他凭拳击在16年中狂赚了4亿美元。4亿美元是什么概念？相当于约28亿元人民币。如果一个人年收入25万，需要工作11200年才能获得这些收入。然而，由于没有进行必要的理财规划，他不得不于2003年8月申请破产。

微课：认知个人理财业务（一）

泰森在几年内就从亿万富豪变成负债累累的穷光蛋，原因之一就是没有理财的观念，有钱的时候挥霍无度。曾经的他住过有108间卧室的豪宅，带着上千万元的手表，养过老虎，每月生活费40万美元，两年通信账单23万美元，一场生日舞会41万美元……直到2003年8月，泰森申请了破产保护。美国媒体给泰森破产事件起的标题是——没脑子的笨蛋跌入无底洞。根据破产法庭的报告，泰森的口袋里当时只剩下3000英镑，而他的债务总额超过了1440万英镑。1440万英镑又是一个什么概念呢？相当于1.23亿元人民币，其中有910万英镑属于拖欠的个人所得税。

世界上没有如果！如果泰森能够聘请一位优秀的家庭理财顾问，相信他的生活一定是另外一个样子，这也正是理财规划师的价值所在。一位好的理财规划师，可以成为个人和家庭一生的"财富保镖"，反之，好不容易打拼得来的财富极有可能毁于一旦。

如果你是一名理财规划师，你能够帮助泰森避免破产的悲剧吗？

资料来源：鲁桂华：《缺乏规则导致富豪破产》，载于上海证券报2012年9月24日第T05版。

微课：认知个人理财业务（二）

模块一　认知个人理财业务

PPT：认知个人理财业务

➢ 工作实例分析

面对4亿美元的巨款，泰森没有理财观念，挥霍无度，使财富迅速化为乌有，以致穷困潦倒。为了帮助目标客户守住财富，保障生活，我们首先要对个人理财业务有一定的认知，需要了解个人理财业务的含义与分类、个人理财规划的目标与原则、个人理财规划的内容与流程等。

步骤一　了解个人理财业务的基本概念

一、个人理财业务的含义

个人理财业务是指理财服务专业人员在对客户个人（家庭）资产、负债、收入、支出等状况进行分析整理的基础上，根据个人的风险偏好和风险承受能力，结合预定的个人财务目标，运用诸如储蓄、保险、证券、外汇、收藏、住房投资等多种手段管理资产和负债，从而在个人风险可以接受的范围内实现资产增值或资产效用最大化的过程。其内涵可从以下四个方面理解。

文本：银行理财未来发展趋势报告

（一）个人理财业务不是理财产品推销，而是综合金融服务

个人理财业务不应成为某个公司或者机构推销自有产品或代理产品的工具，而是对客户财富的综合、全面和长期的管理与服务。没有任何一家的产品能够满足客户的全部需求，因此，作为专业理财人员必须具备专业的素养、丰富的经验和对市场的敏感。这种综合金融服务涉及银行、保险、证券、基金、房地产等多个与家庭财富相关的领域。也正因为如此，成熟的专业理财人员都是在市场中积累了丰富的投资经验和具有多领域的从业经历后才能胜任的。

文本：理财子公司需要什么样的人才？

（二）个人理财业务不是客户自己理财，而是专业人员提供理财服务

对于财富的管理，我国居民习惯采取自我管理的方式来进行。这种局面的形成源自多方面，如居民财富的积聚程度、理财产品的丰富程度、理财行业的成熟程度等。由于个人经验和专业的局限，这种理财存在较大的盲目性和随意性。随着我国经济的增长和金融行业的快速发展，居民的理财需求以较快地速度增长，专业理财服务已成了一个新兴的行业，人们开始有意识地寻求专业人员的指导和服务。

（三）个人理财业务不是针对客户某个生命阶段，而是针对客户一生

就像企业的产品有生命周期一样，我们的理财需求也存在一个生命周期。在不同的阶段，人们的收入水平、财富水平、承担风险的能力和风险偏好等都会随着年龄的改变而改变。专业理财人员应根据客户信息和需求的改变调整理财建议，使其能更好地符合客户的需求。

（四）个人理财业务不是一个产品，而是一个过程

个人理财业务是在专业理财人员与客户之间多次沟通和交流后建立服务关系的基础上进行的，这种关系的建立受多种因素的影响，它不是一次性的产品消费，而是建立在互信基础上的长期的合作过程。一个优秀的专业理财人员可以在这个过程中不断地扩大自己的客户量和管理的资金数量，客户则在这个过程中实现了财富的合理规划和回报。

二、个人理财业务的分类

（一）按其目的不同分为生活理财、投资理财

1. 生活理财主要是通过帮助客户设计一个将其整个生命周期考虑在内的终身生活及其财务计划，将客户未来的职业选择、子女及自身的教育、购房、保险、医疗、企业年金和养老、遗产传承以及生活中个人所必需面对的各种税收等方面的事宜进行妥善安排，使客户在不断提高生活品质的同时，即使到年老体弱以及收入锐减的时候，也能保持自己所设定的生活水平，最终达到终身的财务安全、财务自由。

2. 投资理财是在客户的生活目标得到满足以后，追求投资于股票、债券、金融衍生工具、黄金、外汇、不动产以及艺术品等各种投资工具时的最优回报，从而加速个人资产的增长，提高家庭的生活水平和质量。客户将自己的资产规模、预期收益目标和风险承受能力等有关情况告诉专业理财人员以后，专业理财人员就能量身定做一套符合每个客户特点的投资理财方案。很多专业理财人员还代理操作，同时跟踪理财绩效，并不断修正投资理财方案。

（二）按照管理运作方式分为理财顾问服务、综合理财服务

1. 理财顾问服务。理财顾问服务，是指金融机构向客户提供的财务分析与规划、投资建议、个人投资产品推介等专业化服务。在个人理财顾问服务业务中，金融机构担当的是客户理财顾问的角色，具体内容主要包括财务策划和投资品分析两个方面。财务策划是指金融机构根据客户的财务状况，分析客户承受风险的能力，协助客户设定个人理财目标，向客户提供财务分析与规划的专业化服务。投资品分析是指金融机构在提供财务分析与规划的基础上，进一步向客户提供投资建议、个人投资产品推介等专业化服务。在金融机构开展的理财顾问服务活动中，客户根据金融机构提供的理财顾问服务自行管理和运用资金，并承担由此产生的收益和风险。

2. 综合理财服务。综合理财服务，是指金融机构在向客户提供理财顾问服务的基础上，接受客户的委托和授权，按照与客户事先约定的投资计划和方式进行投资和资产管理的业务活动。在综合理财服务活动中，客户授权金融机构代表其按照合同约定的投资方向和方式，进行投资和资产管理，投资收益与风险由客户或客户与金融机构按照约定方式承担。

三、个人理财规划的总体目标

个人理财规划主要解决的是在个人或家庭财务资源约束下，在财务方面实现个人或家庭生活目标的问题，即理财目标的实现。一般而言，个人理财规划的目

标可以分为两个层次：财务安全、财务自由。

1. 财务安全。指个人对自己或家庭的财务现状有充分的信心，认为现有的财富足以应对未来的财务支出和其他生活目标的实现，不会出现大的财务危机。一般来说，衡量一个人的财务安全，主要有这些内容：是否有稳定、充足的收入；个人是否有发展的潜力；是否有充足的现金准备；是否有适当的住房；是否购买了适当的财产和人身保险；是否有适当、收益稳定的投资；是否享受社会保障；是否有额外的养老保障计划等。

2. 财务自由。是指个人（家庭）的收入主要来源于主动投资而不是被动工作。主要体现为投资收入可以完全覆盖个人或家庭发生的各项支出，个人从被迫工作的压力中解放出来，已有财富成为创造更多财富的工具。这时，个人（家庭）的生活目标相比财务安全有了更强大的经济保障。

四、个人理财规划的原则

1. 整体规划原则。整体规划原则既包含规划思想的整体性，也包含理财方案的整体性。在为客户制定理财规划时，要综合考虑客户的财务状况和非财务状况，提出符合客户实际和预期目标的整体性的理财规划方案。

2. 提早规划原则。货币经过一段时间的投资和再投资可以进一步增值，即货币的复利现象，由于货币具有这样的特性，所以理财规划应尽早开始。此外，由于准备期长，可以减轻各期的经济压力。

3. 现金保障优先原则。为客户建立一个能够帮助客户家庭在出现失业、大病、灾难等意外事件的情况下也能安然度过危机的现金保障系统十分关键，这也是理财规划师在为客户提供服务时应当首先考虑和重点安排的。一般来说，个人或家庭建立现金储备要包括日常生活消费储备和意外现金储备。

4. 风险管理优于追求收益原则。保值是增值的前提，理财规划师必须评估可能出现的各种风险，合理利用理财规划工具规避风险，并采取措施应对这些风险。追求收益最大化应基于风险管理基础之上。

5. 消费、投资与收入相匹配原则。消费支出通常用于满足短期需求，投资则具有追求将来更高收益的特质，收入无疑是二者的源头活水。在收入一定的前提下，消费与投资支出往往此消彼长。在现实中，应特别注意使消费与收入相匹配，投资规模与收入相匹配，将风险控制在客户的承受能力之内。

6. 家庭类型与理财策略相匹配原则。基本的家庭模型有青年家庭、中年家庭和老年家庭三种。不同的家庭形态，财务收支状况、风险承受能力各不相同，理财需求和具体理财规划内容也不尽相同。

知识链接

我国个人理财业务发展状况

我国的个人理财业务经历了快速扩张的十余年，发展潜力仍然巨大。从个人理财的需求看，2021 年，我国国民总收入 1133518 亿元，比上年增长 7.9%，人均国民收入约 8 万元，高于中等收入国家平均水平。人民生活水平不断提高，居民理财意识不断增强，对金融服务的需求变得更多样化，他们开始寻求最佳投资组合，使未来生活有所保障的同时扩大投资收益的来源。但是，面对日益复杂的市场环境和法律法规体系，个人的专业知识和经验往往难以应对市场的风险。因此，需要寻求专业理财人员提供服务。从个人理财的供给看，随着金融脱媒和利率市场化进程的加快，商业银行依靠传统利差盈利的模式已变得不可持续，急需找到新的业务增长点，而个人理财业务因其占有自有资本少，不用承担信贷风险，在一定程度上可优化现有收入结构，成为各商业银行争相发展的重点。与此同时，我国互联网金融发展带来了新的理财业务形态，产品融入更多社交化、场景化的元素，更能凸显客户个性化的需求。其凭借低成本、高效率的运营模式，方便、快捷、个性化的体验模式，引起市场强烈反响。如以余额宝、P2P、众筹为代表的小额理财。当前，我国金融市场理财产品百花齐放，证券行业、保险行业、大宗商品交易行业也开始大力开发和推出与个人理财规划有关的理财业务，希望能够在这个蓬勃发展的市场中分一杯羹。

随着金融市场的进一步开放，伴随着外资金融机构的进入和相关金融创新产品的引进，金融市场竞争更加激烈。为了顺应客户多层次的理财需求，在竞争中脱颖而出，各金融机构在个人理财产品资金投资去向、网络营销渠道、营销理念等多个方面不断改进，适应时代发展。除了提供基本的理财产品的买卖及业务咨询服务外，各金融机构还研发了专属高净值群体的投资产品，扩宽了投资者的选择渠道。

个人理财业务的发展充分体现了“以客户为中心”“以市场为导向”的现代金融业经营理念。其发展过程，实质上也是金融业围绕客户的金融需求进行金融创新的过程。通过综合性和个性化的个人理财服务，客户需求成为各金融机构营销的核心，金融机构营销的职能转化为在合适的时间、合适的地点，通过合适的方式将合适的服务提供给合适的客户，确保机构盈利的同时又要尽力满足客户的需求，使金融机构与客户建立起长期稳固的关系。

步骤二　熟悉个人理财规划的内容

个人理财规划是面向个人和家庭，针对客户整个一生的综合性金融服务，主要包括人的生命周期每个阶段的现金规划、消费支出规划、教育规划、风险管理与保险规划、投资规划、纳税筹划、退休养老规划、遗产分配与传承规划等内容。

一、现金规划

现金规划是对个人或家庭日常所需现金及现金等价物的安排和对家庭收支管理的过程，其目标是要保持必要的家庭资产流动性和一定的储蓄额。

现金类资产是理财工具中最具流动性的，我们的日常生活时刻离不开它。我们需要在现金类资产支付的方便性和由此丧失的收益之间进行权衡，找到持有现金类资产的最佳数量，使之既能满足我们的日常需要，能在我们发生紧急情况的时候提供及时的帮助，又能避免不合理地持有过多现金类资产而导致的货币时间价值的损失，现金规划的意义正在于此。

二、消费支出规划

消费支出规划是对个人或家庭消费水平及消费结构的安排过程，其目的是保持个人或家庭合理的消费支出，以达到适度消费、稳步提高生活质量的目标。

个人理财的首要目标并非个人理财价值最大化，而是使个人财务状况稳健合理。在实际生活中，个人（家庭）大额消费支出如购房、购车往往对家庭生活影响较大，甚至成为家庭一定时期内最沉重的负担，严重影响家庭生活质量。而消费支出规划主要就是分析购房、购车及其他大件消费品的需求，依据家庭财务状况，做出稳健、合理的财务安排，达到既能够实现家庭生活目标，又不至于因为过度消费而导致家庭财务出现困境的目的。

三、教育规划

教育规划是对家庭成员目前和未来教育事项进行安排的理财过程，其目标是顺利实现家庭成员的不同的教育期望。

教育规划作为一种智力投资，它不仅可以提高人的文化水平和生活品位，还可以提升受教育者人力资本价值。教育投资可以分为两类：自身的教育投资和对子女的教育投资。随着教育支出的持续上升，尤其是高等教育成本的大幅增加，很容易使需供养孩子接受高等教育的家庭出现财务困难，人们开始需要专业人员提供教育规划方面的财务建议，充分达到个人（家庭）的教育期望。

四、风险管理与保险规划

风险管理与保险规划是针对个人（家庭）在整个成长过程中可能遇到的风

险，定量分析保险需求额度，并做出最适当的保险财务安排。

人生总会面对一些不期而至的风险，比如意外的人身伤害、疾病、灾害等，这些意外事件都不同程度地影响着个人（家庭）的生活。为了规避这些风险，必须进行科学的理财规划。理财规划师通过风险管理与保险规划做出适当的财务安排，将意外事件带来的损失降到最低，以便客户更好地规避风险。

五、投资规划

投资规划是指通过对客户风险识别、衡量和评价的基础上，根据客户理财目标，进行资产配置，使投资收入占家庭总收入的比重逐渐提高，带给个人（家庭）的财富越来越多，并逐步成为个人（家庭）收入的主要来源，最终达到财务自由。

投资是客户获取财富的主要手段之一，不同的投资工具有不同的特点。投资规划要求在充分了解客户风险偏好与投资回报率需求的基础上，通过合理的资产分配，使投资组合既能满足流动性要求，适应风险承受能力，同时又能够获得满意的回报。

六、纳税筹划

纳税筹划是在充分了解国家税收法律的前提下，通过运用各种纳税筹划策略，为客户合法地减少税负。

理财规划师在为客户进行纳税筹划时，应熟练掌握有关法律规定，在了解纳税人的家庭状况、财务状况、投资意向、风险态度和纳税历史情况等基本信息后，分析、确定客户的纳税筹划需求，着手制订具体的纳税筹划方案。

七、退休养老规划

退休养老规划是为保障个人在退休后能够过上一个有品质、有尊严的养老生活，而从现在开始积极实施的规划方案。

退休养老规划是一个长期的过程，不是简单地在退休之前存一笔钱就能解决，个人在退休之前的几十年就要开始确定目标，进行详细的规划，为将来退休做准备。提早做好退休规划不仅可以使自己的退休生活更有保障，同时也可以减轻子女的负担。

八、遗产分配与传承规划

遗产分配与传承规划是指当事人在世时通过选择遗产管理工具和制订遗产分配方案，对其财产进行合理分配，减少财产分配与传承中发生的支出，满足家庭成员在家庭发展的不同阶段产生的各种需求，避免财产分配过程中可能发生的纠纷，促进家庭关系的和谐。

遗产分配与传承的目标是高效率地管理遗产，并将遗产顺利地转移到受益人的手中。理财规划师在进行遗产规划时，要全面了解客户的目标期望、价值取向、投资偏好、财务状况和其他有关事宜，帮助客户设计遗产分配与传承的方式，以及必要时帮助客户管理遗产，并将遗产顺利地转移到受益人的手中。

想一想

家庭理财规划有必要吗

有人说："大部分老百姓家庭收入本来就不多，日常生活中钱多的时候就多花一点，钱少的时候就节约一点。规划做得再好，也不能多出一分钱。没有必要做什么理财规划。"你怎么看？结合八大规划的内容，你认为哪些规划是最有必要的？哪些规划是比较次要的？哪些规划是不必要的？

步骤三　熟悉个人理财规划的流程

个人理财业务是面向个人和家庭的综合性金融服务，这种服务包括系统完整的工作过程，可分为六个步骤。

一、建立客户关系

建立客户关系是个人理财业务程序的第一步，它直接决定了理财业务是否可以得到开展。建立客户关系的方式多种多样，包括但不限于电话交谈、互联网沟通、书面交流、面对面会谈等。需要特别注意的是，在建立客户关系的过程中，个人客户经理的沟通技巧显得尤为重要。除了语言沟通技巧外，还要懂得运用各种非语言的沟通技巧，包括眼神、面部表情、身体姿势、手势等。

二、收集客户信息

在建立了与客户的联系，并代表所在机构与客户签署了个人理财业务服务合同后，个人客户经理即应着手收集客户信息，包括客户的财务信息、相关的非财务信息及客户的期望目标等方面做充足的了解，这是制订理财方案的关键一步。

三、分析客户财务状况

在收集客户信息后，个人客户经理应分析并评估客户的状况并就需要采取的理财措施做出决策。客户经理要指导客户记录自己的资产负债和财务收支项目，以便形成客户家庭的资产负债表、客户家庭收支表（现金流量表），再根据编制的家庭财务报表进行详细分析与诊断评价。根据客户的服务类型，个人客户经理可能提供的理财建议包括资产、负债、现金流、保险覆盖度、投资组合及避税策略等各方面的分析。

四、制订理财规划方案

在完成对客户的财务状况分析后，个人客户经理已经做了大量的数据收集与分析工作并且确定了客户的期望与目标，接下来要为客户起草和制订综合理财规划方案。在完成了理财规划方案后，还需要与客户沟通与交流，确保客户充分理解，并根据客户的意见对方案进行修改完善。

五、执行个人理财规划

仅有一份书面的综合理财规划方案本身是没有意义的，只有通过执行才能使其具有价值，达到客户的财务目标。个人客户经理应协助客户执行综合理财规划方案，为了确保规划执行的准确、有效和及时，个人客户经理还应制订一个详细的实施计划。

六、综合理财规划的后续服务

没有任何计划是一成不变的，任何宏观或微观环境的变化都会对个人理财规划的执行效果产生影响。因此，个人客户经理必须定期对该规划的执行和实施情况进行监控，并就实施结果及时与客户进行沟通，必要时要对理财规划方案进行适当的调整。

微课：认知个人理财业务服务职业

模块二　熟悉个人理财业务岗位

PPT：认知个人理财业务服务职业

➢ 工作实例分析

当客户发现自身理财能力有限的时候，应该找一位有经验的理财经理，在其帮助下安排家庭资产的合理分配。接下来我们来认识个人客户经理岗位。

步骤一　认知个人客户经理岗位及任务

一、认知个人客户经理岗位

在我国金融机构中，从事个人理财服务的专业人员主要是个人客户经理，也称理财经理、理财规划师等。从金融业发展趋势看，个人理财服务岗位将是未来行业中发展最快也是急需大量补充人力资源的岗位。

个人客户经理是直接接触个人客户并开展个人理财业务与相关服务的专职人员，个人客户经理作为金融机构金融产品的营销和理财服务人员，是负责建立与维系金融机构与客户的关系、为客户提供理财服务、为金融机构谋效益的。他们直接面对客户，与客户打交道，他们需要掌握全面的金融理财知识与技能，需要站在比较高的专业层面并运用专业能力来满足客户需求。

二、熟悉个人客户经理的任务

一般来讲，个人客户经理的主要任务为以下四个方面。

1. 负责金融机构与客户的联系。客户经理的首要任务是开拓新的市场，发展新的客户，提高业务市场占有率，这是最基本的。客户经理应当定期访问客户，维系与客户的良好关系，收集客户的动态信息，根据客户现有业务量、未来发展和可能带来的综合业务收益，定期对客户价值做出动态判断。

视频：社会对理财规划师的需求

2. 为客户充当财务参谋。个人客户经理应根据客户的资产规模、收支情况、生活质量要求、预期收益目标和风险承受能力等有关信息有针对性地制订出一套符合客户个人特征和需要的理财方案，为客户提供全方位的专业理财建议。通过不断调整客户存款、股票、债券、保险和不动产等方面的各种投资组合，为其实现资产增值和财务安全的目的。

3. 研究分析客户的需要并将客户的需求与金融机构的产品营销结合起来。个人客户经理要善于发现客户的金融需求，有针对性地向客户主动建议和推荐所需的金融产品和服务。客户经理必须具有较高的推销艺术，善于和客户打交道，促进金融产品和服务被优先接受，尽力促成购买行为，运用有限的资源为金融机构赚取合理的回报。

4. 情报收集与售后服务。个人客户经理在为顾客提供服务的过程中必须留意收集与业务有关的各种情报，听取客户对服务的意见，如：客户需求与产品意见反馈、市场竞争情况、新的市场动态以及客户经理本人对市场的研究分析结果等，及时将这些情况报告给决策部门，同时在自己的业务中进一步改进服务，并以此为基础与客户保持长期紧密的业务关系。

三、了解个人客户经理的职业道德规范

个人客户经理的职业道德规范包括职业道德准则和执业纪律规范。职业道德准则是以原则性的语言表述该行业的从业道德和理念，执业纪律规范是具体的行为准则。

（一）个人客户经理职业道德准则

1. 正直诚信原则。个人客户经理应以正直和诚实信用的精神提供理财专业服务，个人客户经理职业操守的核心原则就是个人诚信。在开展业务过程中，不能为个人的利益而损害客户的利益，绝不容忍欺诈或对做人理念的歪曲。

2. 客观公正原则。个人客户经理在向客户提供专业服务时，应秉持客观公正的原则。在工作过程中应对客户、委托人、合伙人或所在机构持公正合理的态度，对工作过程中发生或可能发生的利益冲突应随时向有关各方进行披露。不论在什么情况下，个人客户经理都要摒弃个人情感、偏见和欲望，以确保有关各方存在利益冲突时做到公平合理。

3. 勤勉谨慎原则。个人客户经理在工作过程中，应恪尽职守、勤勉谨慎，全心全意为客户服务。勤勉谨慎原则要求个人客户经理在提供专业服务的同时，工作要及时、彻底、不拖拉，并保持谨慎的工作态度。

4. 专业尽责原则。作为一名合格的个人客户经理，必须具有资深的专业素养，每年保证一定时间的继续教育，及时储备更新知识，以保持最佳的知识结构。个人客户经理有义务在提供服务的过程中，既要做到专业，又要做到尽责，秉承严谨、诚实、信用、有效的职业素养，用专业的眼光和方法去帮助客户实现理财目标。

5. 严守秘密原则。个人客户经理不得泄露在工作过程中知悉的客户秘密，这些秘密既包括个人隐私也包括商业秘密。不得泄露个人隐私和商业秘密实际上也是为人处世的基本道德要求，为客户提供理财服务的专业人员更不例外。

6. 团队合作原则。个人理财业务是一个系统的过程，涉及客户的现金规划、消费支出规划、保险规划、投资规划、教育规划、纳税规划、退休规划、财产传承等。而个人客户经理掌握的知识、经验毕竟有限，在一定情况下必须和其他领域的专业人士合作，才能为客户制订最佳的理财方案。

（二）个人客户经理执业纪律规范

1. 个人客户经理不得利用提供服务的契机从事违法活动。个人客户经理在工作过程中必须维护客户利益，但是客户利益的取得必须建立在合法的基础上。各种理财方案不得违反国家法律的要求，不得接受客户不合法的委托，不得迁就客户不合法的理财要求。

2. 个人客户经理不得以虚假的信息或广告欺骗误导客户。个人客户经理不得向外提供虚假或误导性的信息，不得夸大所在机构的业务量、业务范围和业务能力，不得对理财服务结果做出明显不合理的预测，也不得夸大其词地向顾客做

出回报或收益的承诺。

3. 个人客户经理在工作过程中不得侵占或窃取客户财产。个人客户经理在受托保管或处置客户财产的过程中，不得超出客户的授权。在保管和处置客户财产的过程中，应以与保管或处置自己财产相同的谨慎和勤勉程度为之。

4. 个人客户经理应以客观公正的态度维护客户的利益。个人客户经理在提供服务过程中，应当用尽量合理与谨慎的精神进行专业判断，必须以维护客户合法利益为核心，在此基础上实现客观公正。

5. 个人客户经理应随时向客户披露存在或可能产生的利益冲突。个人客户经理在接受委托前或办理业务的过程中，应及时向客户披露可能影响其公正判断的任何情况与形势。如：发现客户的委托与自己所策划的另一事务存在利益冲突，自己推荐的金融产品与自己的利益相关等。

6. 个人客户经理不得随意公开或使用客户的秘密信息。个人客户经理对客户的个人隐私和商业秘密负有保密义务，未经客户同意或未经法律程序不得向任何人透漏，包括不得向自己所在机构、合伙人或其他同事透漏。

7. 个人客户经理应维护行业整体形象，禁止任何形式的不正当竞争。不得采取任何方式贬损或攻击其他理财专业机构或专业人员，不得为争揽客户而向客户做出不合理的承诺，或向客户提供超出自己职业资格范围的服务，不得有其他损害竞争秩序的行为。

8. 个人客户经理应勤勉、尽责、严格履行对客户的承诺。在签订理财服务合同前，要认真分析客户的需求和目标，确保客户要求能够实现。在签订理财服务合同后，要认真履行合同规定的义务，做出合理的判断并做出符合专业要求的服务。

四、熟悉个人客户经理必备的知识和技能

（一）个人客户经理需要掌握的知识

个人客户经理需要掌握的专业知识包括金融学、管理学、会计学、市场营销学、公共关系学、财政与税收、商务礼仪等。

个人客户经理需要掌握的相关知识不仅包括政治学、经济学、法学、民族学、宗教学、社会学、心理学等人文和社会科学方面的知识，还包括国家宏观经济政策、国家产业政策、国家财政金融政策、相关法律法规、金融机构有关规章制度等知识。

（二）个人客户经理需要具备的基本技能

1. 客户调研技能。客户调研技能包括确定调研目标、制订调研计划和方案、选择调研方法、进行资料收集、分析调研资料、撰写调研报告等，一般来说，调研内容包括市场环境调查、市场需求及容量调查、客户调查、产品调查及金融产品使用情况调查等。

2. 客户评价技能。借助客户财务报表、访谈资料、媒体报道、行业研究等资料，对客户进行以财务评价、市场评价等为主要内容的全面评价，寻找和发现

客户的核心价值和优势，作为培育客户的依据。

3. 产品和服务组合设计技能。根据客户情况、客户需求、各金融机构所能提供的产品以及所能调动的外部资源进行产品和服务的组合设计，为客户量身定做特别的“一揽子”金融服务，满足客户个性化的金融需求。

4. 客户维护与管理技能。运用各种工具维护并扩大客户和金融机构的合作关系，留住现有客户，增加回头客户，发展新客户。

5. 营销技能。营销技能包括寻找和识别客户、说服客户、与客户达成合作意向、处理客户异议、维护客户关系、与客户谈判等方面的技能。

6. 人际沟通技能。人际沟通技能包括人际交流、人际交往、人际沟通语言技巧等，即接近他人的技巧、赞扬技巧、拒绝技巧、说服技巧、聆听艺术、言谈禁忌，以及有效的肢体语言技巧等。

◆ 拓展阅读

“规范财富积累机制”，对理财师有什么影响？

党的“二十大”报告在完善收入分配制度方面，提出了“规范财富积累机制”。这一新名词的出现，强调了调整收入分配和财富积累机制，对完善收入分配制度，促进共同富裕目标的重要作用。

对于财富人士来说，“规范财富积累机制”的关注重点在于财富的保护和传承，即：财富的积累、保护和传承应当合法、合规、合理。

可见，“规范财富积累机制”的提出，说明了建设、完善财富积累机制的必要性。同时，也意味着“财富积累”过程中所涉及的法律、金融等相关制度层面的设计也将进一步完善。

作为围绕超高净值客户个人、家族及企业的多维需求提供金融服务的理财规划师，“规范财务积累机制”无疑是一次提升客户认可理财师服务观念，强化综合财富管理服务意识的良好机遇。所以，作为理财规划师，应不断提升专业能力，增强职业素养，采用合法、合规的金融工具，洞察规则变化，把握风向利好，在制度框架内为客户进行财富的积累、保障和传承。

步骤二　了解个人理财职业资格证书

一、银行业专业人员初级职业资格考试

根据《人力资源社会保障部中国银行业监督管理委员会关于印发银行业专业人员职业资格制度暂行规定和银行业专业人员初级职业资格考试实施办法的通知》的制度规定，2014 年“中国银行业从业人员资格认证考试”改名为“银行业专业人员职业资格考试”，该考试分为初、中、高三个等级。

改革以后，考试报名条件有所提高，原来的银行从业资格考试对学历的要求

只限定了“高中以上文化程度”，而银行业初级资格考试则需要“大学专科以上学历或者学位”。

银行业初级资格考试设“银行业法律法规与综合能力”和“银行业专业实务”2个科目。在“银行业专业实务”科目中又分设“个人理财”“风险管理”“公司信贷”“个人贷款”“银行管理”5个专业类别，考生在报名时应根据实际工作需要选择相应的专业类别。

二、证券从业资格证书

证券从业人员资格考试是由中国证券业协会负责组织的全国统一考试，证券资格是进入证券行业的必备证书，是进入银行或非银行金融机构、上市公司、投资公司、大型企业集团、财经媒体、政府经济部门的重要参考。凡年满18周岁，具有高中以上文化程度和完全民事行为能力的境内外人士都可以报名参加考试。考试科目分为“基础科目”和“专业科目”。基础科目为证券市场基础知识，专业科目包括证券交易、证券发行与承销、证券投资分析、证券投资基金。基础科目为必考科目，专业科目可以自选。采取全国统考、闭卷、计算机考试方式进行，单科考试时间为120分钟。

三、国外职业资格证书

（一）CFP——国际金融理财师

CFP（Certified Financial Planner）是由国际金融理财协会（International Associated for Financial Planning，IAFP）于1972年开始推出的。目前，CFP的考试认证机构是CFP标准委员会（CFP Board Standards），中国于2005年成为CFP成员。在所有的理财认证证书中，CFP是最权威、最流行的个人理财水平证书。

CFP为客户提供全方位的专业理财建议，帮助客户实现财务目标，避免财务风险。它所提倡的4E标准（考试标准Examination、从业标准Experience、职业道德标准Ethics、继续教育Continuing Education）和7项原则（正直诚实原则Integrity、客观原则Objectivity、称职原则Competence、公平原则Fairness、保密原则Confidentiality、专业精神原则Professionalism、勤勉原则Diligence）已经为全球的理财行业所普遍推崇。

CFP认证包括培训、专业考试、职业道德考核等几个步骤。其中，专业考试科目分为四门专业科目和一门综合科目。专业科目为“投资规划”“员工福利与退休计划”“个人税务与遗产筹划”“个人风险管理与保险规划”，综合科目为“综合案例分析”。

（二）ChFC——特许金融顾问

ChFC（Chartered Financial Consultant）是特许金融顾问的简称，是由美国金融职业培训界历史最悠久、最负盛名的美国学院（American College）颁发的，创立于 1982 年，在美国金融界颇受尊重。

ChFC 注重于为客户提供综合的财务规划。ChFC 考试难度较高，后续培训比较完善，侧重实务操作。同时，参加 ChFC 考试的人员必须要有 3 年以上的相关工作经验，要通过 8 门核心课程，其中，6 门必考课，2 门选考课。6 门必考课为“理财规划的步骤和环境”“保险基础知识”“投资”“个人所得税”“退休规划”“遗产规划基础”，另外 2 门选考课可从“金融系统”“理财规划实务”“遗产规划实务”“退休计划中的财务决策”中任意选择。

（三）CFA——特许金融分析师

CFA（Chartered Financial Analyst）由美国“特许金融分析师学院”（Institute of CFA，ICFA）发起成立，是全球投资业里最为严格与高含金量资格认证，被称为全球“金融第一考”。

CFA 考试内容分为三个不同级别，分别是 Level Ⅰ、Level Ⅱ和 Level Ⅲ，每人每年只能报考一个等级，3～7 年必须通过全部 3 个级别的全英文考试。考试内容涵盖了广泛的金融知识（道德和职业标准、数量分析、经济学、投资组合管理、衍生工具分析与应用、权益类投资分析、固定收益证券分析、公司金融、财务报表分析、其他类投资分析），同时考察当年最新的金融市场相关知识以及最新金融领域研究成果。

（四）CLU——特许人寿理财师

CLU（Chartered Life Underwriter）是美国三大理财认证（CFP、ChFC、PFS）之一。作为公认的寿险专业领域最高级别的资格认证，CLU 始于 1927 年，是目前持有人数最多的理财认证证书。随着 CLU 的发展，它的范畴早已不局限于寿险领域，而是作为一个综合理财规划认证证书而存在。要获得 CLU 证书需通过 8 门核心课程，侧重于收入支出规划、不动产规划、财产传承规划、财产管理等方面的能力。考试涉及人寿保险经营原则及地位、人寿保险销售渠道、个人理财、所得税筹划、人寿保险相关法律、房产以及遗产规划等内容。

（五）IFA——独立财务顾问师

IFA（Independent Financial Advisors）是英国的理财规划职业资格，主要指从事理财咨询行业的执业人员。英国独立财务顾问师并非一项资格考试，而是一个从业资格，它的授予标准主要在于你是否已经获得相关职业资格，而不是需要通过考试才能获得。这些相关资格包括：综合类证书、储蓄与投资规划类证书、抵押贷款规划类证书、养老金规划类证书、税收筹划类证书、公司金融规划类证书、保险规划类证书等。

（六）CWM™——特许财富管理师

CWM™（Chartered Wealth Manager Certification™）是美国“财富管理”培训认证中的四大证书（CFA、CPA、CFP、CWM）之一。CWM™面向一线与客户直

接接触的金融从业人员而设的财富管理认证。CWM™认证与其他金融理财规划认证的不同之处在于：它的课程体系和内容更针对需要有效开拓高端客户的零售银行、贵宾理财中心、财富管理中心及私人银行部门的从业人员。

CWM 认证考试分案例答辩和闭卷考试两部分。案例答辩主要考核考生解决财富管理过程中实际问题的能力和与客户直接沟通的能力。闭卷考试包括财富管理基础、财富管理实务两部分，共 25 道题目，全为多项选择题，中英文对照，考核考生对财富管理专业知识的掌握程度及计算能力。

模块三　树立个人理财价值观念

微课：投资的风险价值

【案例阅读】

“平分”财产的两兄弟

有姓李的两兄弟，在父母过世平分遗产时，考虑弟弟不久就要结婚故分得 10 万元的现金，哥哥分得两年后到期、本金和利息共 10 万元的债券，债券利率 5%，当时兄弟俩也都同意了。但是过些天后，弟弟主动拿出 4650 元现金给哥哥。哥哥不明白，但经弟弟仔细计算后，才明白过来，并欣然接受了。

思考：为什么弟弟要补偿给哥哥 4650 元现金呢?

步骤一　认知货币的时间价值

PPT：货币的时间价值

若银行存款利率为 3%，将今天的 100 元钱存入银行，1 年以后就有 103 元。可见，经过一年的时间，这 100 元钱发生了 3 元的增值，今天的 100 元和 1 年后的 103 元钱等值，其中 3 元钱就是银行使用你的 100 元所给的报酬。这就是资金时间价值的具体体现。

若上述中的 100 元不是存入银行，而是放在家中，1 年后能增值为 103 元吗?显然不能。可见，并不是所有资金都有时间价值，只有当资金的所有权和使用权发生分离的时候，才能产生资金的时间价值。

PPT：时间价值观

一、货币时间价值的含义

PPT：时间价值—年金

货币时间价值，是指在不考虑风险和通货膨胀的情况下，货币经过一定时间的投资和再投资所产生的增值，也称为资金的时间价值。从量的规定上看，货币的时间价值是没有风险和通货膨胀情况下的社会平均投资报酬率。从表现形式上看，货币的时间价值表现为资金周转过程中的差额价值。

货币的时间价值是通过现值和终值的对照来反映的。现值是指未来某一时点的一定数额的货币折算为当今的价值。终值是现在的货币折合成未来某一时点的本金和利息的合计数，反映一定数量的货币在将来某个时点的价值。现值与终值是货币在不同时点上的价值反映。现值和终值的概念是对货币时间价值的最好衡量方式，它反映了保持相等的价值和购买力的货币在不同时点上数量的差异。

操作动画：单利复利模拟计算

二、资金时间价值的计算

（一）单利的计算

单利是利息的一种计算制度。按照这种方法，只就初始投入的本金计算各年度利息，所衍生利息不加入本金重复计算利息。单利只适合于特定情况下的计算，比如商业票据的贴现息的计算、单利计算条件下债券利息的计算等。

1. 单利终值计算。单利终值的计算，即已知现值求终值。计算公式为：

$$F = P + I = P + P \times i \times n = P \times (1 + i \times n)$$

其中：F 为终值，P 为现值，I 为利息，i 为利率，通常指年利率，n 为期数。

【例 1】将 10000 元存入银行，假设年利率为 3%，期限为 2 年。计算到期后的利息和终值（本利和）。

解：期满后可获得的利息为：$I = 10000 \times 3\% \times 2 = 600$（元）

2 年后得到的终值（本利和）为：$F = 10000 \times (1 + 3\% \times 2) = 10600$（元）

2. 单利现值计算。

单利现值的计算，即已知终值求现值。计算公式为：

$$P = F - I = F \div (1 + i \times n)$$

其中：F 为终值，P 为现值，I 为利息，i 为利率，通常指年利率，n 为期数。

【例 2】某人计划 2 年后存款达到 10600 元，年利率为 3%，请问现在要存入银行多少钱？

解：若两年后想得到 10600 元，现在应存入的金额为：

$P = 10600 \div (1 + 3\% \times 2) = 10000$（元）

（二）复利的计算

爱因斯坦说，宇宙间最大的能量是复利，世界第八大奇迹是复利。

复利是指本生利，即每期利息都进入下一期本金一起计息，也就是俗称的“利滚利”。个人理财中的资金时间价值通常都是按照复利方式计息。

1. 复利终值计算。复利终值是指一定量的资金按照复利计息的若干年后的本利和。其计算公式为：

$$F = P(1 + i)^n$$

其中：F 为终值，P 为现值，i 为利率，n 为期数。

$(1 + i)^n$称为复利终值系数或 1 元的复利终值，用符号（F/P，i，n）表示。在实际计算时，其数值可查复利终值系数表（见附表一）。

【例3】将1000元投入证券市场，假设年利率为5%，期限为2年，请用复利计息方式计算复利终值及所获得的利息。

解法一：$F=P(1+i)^2$

$=1000\times(1+5\%)^2$

$=1000\times(F/P,5\%,2)$

$=1000\times1.1025=1102.5$（元）

解法二：利用EXCEL，插入函数FV（Rate，Nper，Pv），见图0－1。

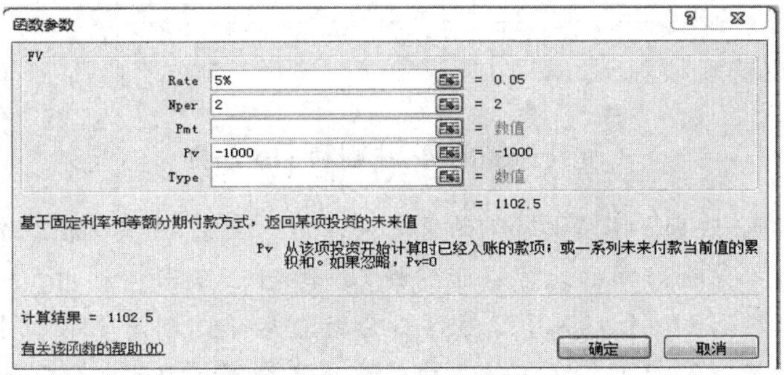

图0－1　FV函数应用复利终值

2. 复利现值计算。复利现值是指未来某一时点的一定资金量，按复利折算到现在的价值。复利现值的计算公式为：

$$P=F\div(1+i)^n=F\times(1+i)^{-n}$$

其中：F为终值，P为现值，i为利率，n为期数。

$(1+i)^{-n}$被称为复利现值系数，或1元的复利现值，用符号（P/F，i，n）表示，在实际计算时，其数值可查复利现值系数表（见附表二）。

【例4】某人拟在4年后获得本利和10000元，年利率为6%，则现在应投入本金多少？

解法一：$P=F\times(P/F,i,n)$

$=10000\times(P/F,6\%,4)$

$=10000\times0.7921=7921$（元）

解法二：利用EXCEL，插入函数PV（Rate，Nper，Fv），见图0－2。

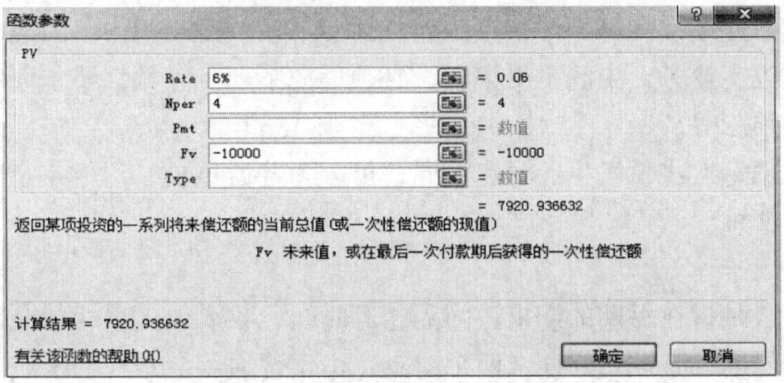

图0－2　PV函数应用复利现值

【案例阅读】

“平分”财产的两兄弟

承接上文案例，哥哥的两年后到期的十万元债券的现值计算如下：

$P = F \times (P/F, i, n) = 100000 \times (P/F, 5\%, 2) = 100000 \times 0.9070 = 90700$（元）

两年后到期的债券现值是 90700 元，比 100000 元现金少了 9300 元，故弟弟承担一半金额 4650 元。

知识链接

复利计算的 72 法则和 115 法则

所谓“72 法则”就是以 1% 的复利来计息，经过 72 年以后，你的本金就会翻倍。这个法则好用的地方在于它能以一推十，例如：利用 5% 年报酬率的投资工具，经过 14.4 年（72/5）本金就会翻倍；利用 12% 的投资工具，则要 6 年左右（72/12），才能让 1 块钱变成 2 块钱。因此，今天如果你手中有 100 万元，运用了报酬率 15% 的投资工具，你可以很快便知道，经过约 4.8 年，你的 100 万元就会变成 200 万元。虽然利用 72 法则不像查表计算那么精确，但也已经十分接近了，因此当你手中少了一份复利表时，记住简单的 72 法则，或许能够帮你不少的忙。

还有一个类似的法则——115 法则。72 法则是计算翻番的时间，而 115 法则是计算 1 变成 3 的时间，也就是变成 3 倍的时间。计算方法还是一样，用 115/x 就是本金变成 3 倍要的年份。比如收益是 10%，那 1000 元变成 3000 元的时间就是 115/10 = 11.5 年。

需要注意的是：72 法则、115 法则都是估算，对于年增长率很大或很小的复利，误差就比较大了。

操作动画：年金模拟计算

（三）年金的计算

年金是指一定时期内，每隔相同的时间，收入或支出相同金额的系列款项。例如折旧、租金、等额分期付款、养老金、保险费、零存整取等都属于年金问题。年金具有连续性和等额性特点。连续性要求在一定时间内，间隔相等时间就要发生一次收支业务，中间不得中断，必须形成系列。等额性要求每期收、付款项的金额必须相等。

年金根据每次收付发生的时点不同，可分为普通年金、预付年金、递延年金和永续年金四种。

1. 普通年金。

普通年金是指在每期的期末，间隔相等时间，收入或支出相等金额的系列款项。每一间隔期，有期初和期末两个时点，由于普通年金是在期末这个时点上发生收付，故又称后付年金。

（1）普通年金的终值。普通年金的终值是指每期期末收入或支出的相等款项，按复利计算，在最后一期所得的本利和。每期期末收入或支出的款项用 A 表示，利率用 i 表示，期数用 n 表示，那么每期期末收入或支出的款项，折算到第 n 年的终值的如下：

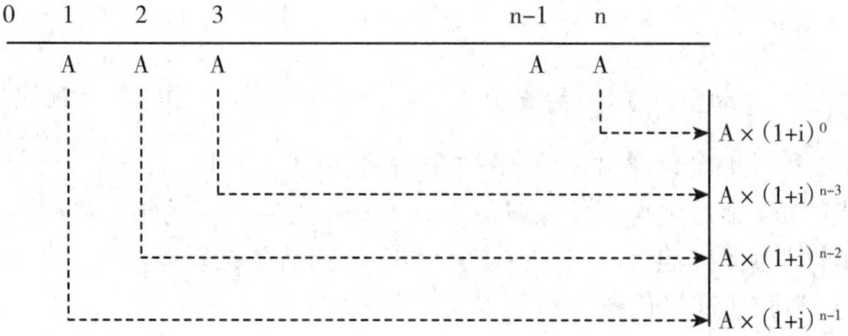

那么 n 年的年金终值和 $F_A = A \times (1+i)^0 + A \times (1+i)^1 + \cdots + A \times (1+i)^{n-3} + A \times (1+i)^{n-2} + A \times (1+i)^{n-1}$

经整理：$F_A = A \times \frac{(1+i)^n - 1}{i}$。

$\frac{(1+i)^n - 1}{i}$称为“年金终值系数”或“1 元年金终值系数”，记为（F/A，i，n），表示年金为 1 元、利率为 i、经过 n 期的年金终值是多少，其数值可查 1 元年金终值表（见附表三）。

【例 5】某人连续 5 年每年年末存入银行 10000 元，利率为 5%。

要求：计算第 5 年年末的本利和。

解法一：FA ＝A×(F/A,5%,5)

＝10000×5.5256

＝55256（元）

上面计算表明，每年年末存 10000 元，连续存 5 年，到第 5 年年末可得 55256 元。

解法二：利用 EXCEL，插入函数 FV（Rate，Nper，Pmt，Type），见图 0－3。

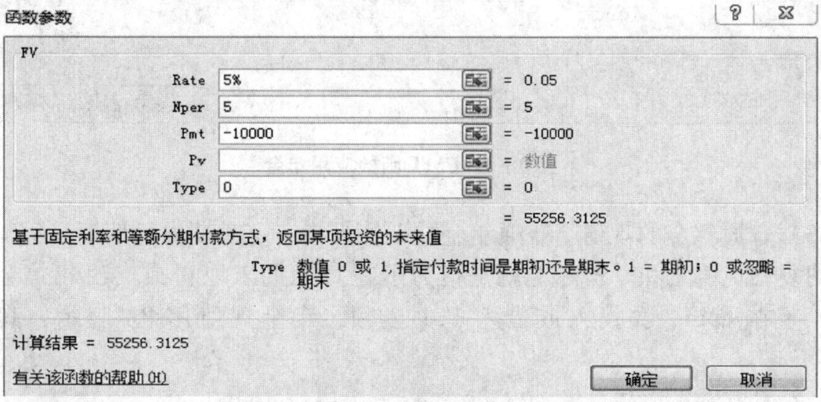

图 0－3　FV 函数应用年金终值

注：Type 数值 0 或 1，指定付款时间是期初还是期末。1＝期初；0 或忽略＝期末。

（2）年偿债基金。计算年金终值，一般是已知年金，然后求终值。有时我们会碰到已知年金终值，反过来求每年支付的年金数额，这是年金终值的逆运算，我们把它称作年偿债基金的计算，计算公式如下：

$$A = F_A \times \frac{i}{(1+i)^n - 1}$$

$\frac{i}{(1+i)^n - 1}$称作“偿债基金系数”，记为（A/F，i，n），可查偿债基金系数表。也可根据年金终值系数的倒数来得到，即（A/F，i，n）=1/(F/A，i，n)。利用偿债基金系数可把年金终值折算为每年需要支付的年金数额。

【例 6】某人在 5 年后要偿还一笔 50000 元的债务，假设银行利率为 5%。

要求：为归还这笔债务，每年年末应存入银行多少元？

解法一：A =FA×(A/F，i，n)

=50000×(A/F，5%，5)

=50000×[1/(F/A，5%，5)]

=50000×1/5.5256

=9048.79（元）

在银行利率为 5%时，每年年末存入银行 9048.79 元，5 年后才能还清债务 50000 元。

解法二：利用 EXCEL，插入函数 PMT（Rate，Nper，Fv），见图 0-4。

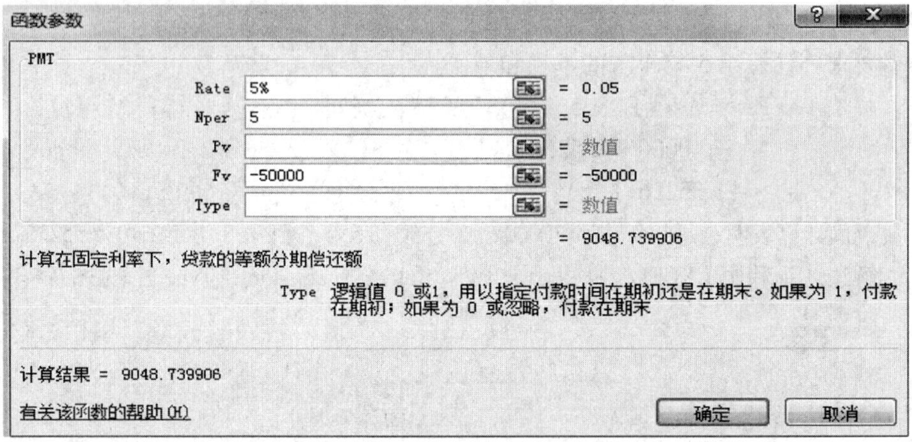

图 0-4 PMT 函数应用年金

（3）普通年金的现值。普通年金的现值是指一定时期内每期期末等额收支款项的复利现值之和。实际上就是指为了在每期期末取得或支出相等金额的款项，现在需要一次投入或借入多少金额，年金现值用 PA 表示，其计算如下：

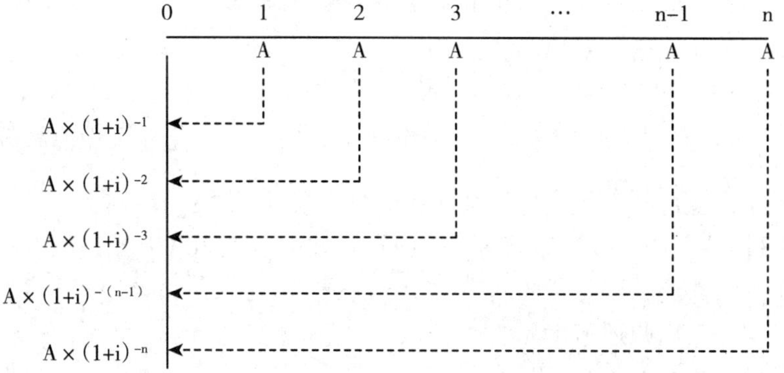

那么，n 年的年金现值之和 $PA = A\times(1+i)^{-1} + A\times(1+i)^{-2} + A\times(1+i)^{-3} + \cdots + A\times(1+i)^{-(n-1)} + A\times(1+i)^{-n}$

经整理：$P_A = A\times\frac{1-(1+i)^{-n}}{i}$，$\frac{1-(1+i)^{-n}}{i}$ 称为“年金现值系数”或“1 元年金现值系数”，记作（P/A，i，n），表示年金 1 元，利率为 i，经过 n 期的年金现值是多少，可查 1 元年金现值表（见附表四）。

【例 7】某人希望每年年末取得 10000 元，连续取 5 年，银行利率为 5%。

要求：第一年年初应一次存入多少元?

解法一：PA ＝A×(P/A，i，n)

＝10000×(P/A，5%，5)

＝10000×4.3295

＝43295（元）

为了每年年末取得 10000 元，第一年年初应一次存入 43295 元。

解法二：利用 EXCEL，插入函数 PV（Rate，Nper，Pmt），见图 0－5。

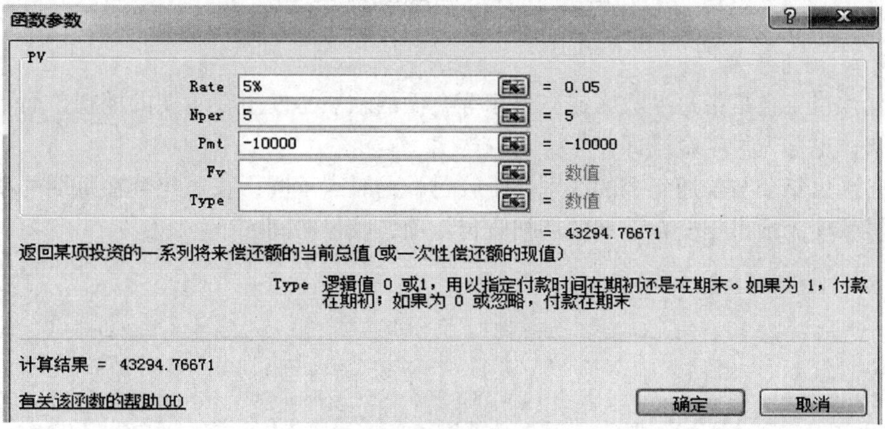

图 0－5　PV 函数应用年金现值

（4）年回收额。例 7 是已知年金的条件下，计算年金的现值，也可以反过来在已知年金现值的条件下，求年金，这是年金现值的逆运算，可称作年回收额的计算，计算公式如下：$A = P_A \times \frac{i}{1-(H_i)^{-n}}$

$\frac{i}{1-(H_i)^{-n}}$称作“回收系数”，记作（A/P，i，n），是年金现值系数的倒数，可查表获得，也可利用年金现值系数的倒数来求得。

【例8】某人购入一套商品房，需向银行按揭贷款100万元，准备20年内于每年年末等额偿还，银行贷款利率为5%。

要求：每年应归还多少元？

解发一：$A = PA \times (A/P,i,n)$

$= 100 \times (A/P,5\%,20)$

$= 100 \times [1/(P/A,5\%,20)]$

$= 100 \times 1/12.4622$

$= 8.0243$（万元）

解法二：利用EXCEL，插入函数PMT（Rate，Nper，Pv），见图0－6。

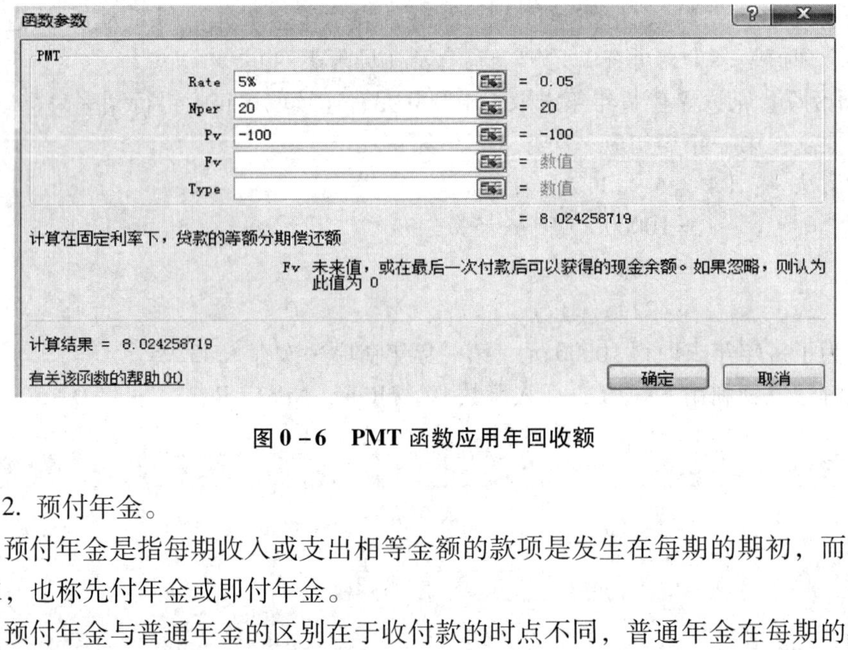

图0－6　PMT函数应用年回收额

2. 预付年金。

预付年金是指每期收入或支出相等金额的款项是发生在每期的期初，而不是期末，也称先付年金或即付年金。

预付年金与普通年金的区别在于收付款的时点不同，普通年金在每期的期末收付款项，预付年金在每期的期初收付款项，收付时间如下：

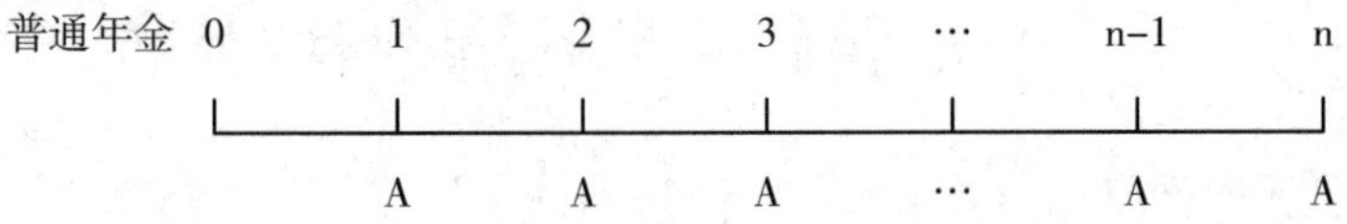

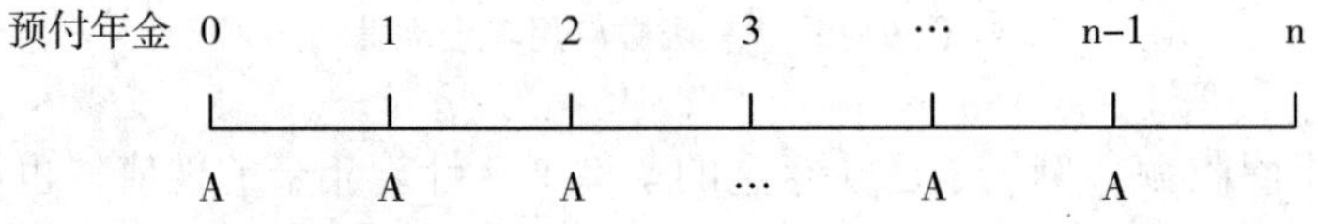

n期的预付年金与n期的普通年金，其收付款次数是一样的，只是收付款时点不一样。如果计算年金终值，预付年金要比普通年金多计一年的利息；如计算年金现值，则预付年金要比普通年金少折现一年，因此，在普通年金的现值、终值的基础上，乘上（1+i）便可计算出预付年金的现值与终值。

（1）预付年金的终值。预付年金的终值计算公式如下：

$$F_A = A \times \frac{(1+i)^n - 1}{i} \times (1+i)$$
$$= A \times \left[\frac{(1+i)^{n+1} - 1}{i} - 1\right]$$

$\left[\frac{(1+i)^{n+1} - 1}{i} - 1\right]$ 称为“预付年金系数”，记作［(F/A，i，n+1)-1］，可利用普通年金终值表查得（n+1）期的终值，然后减去1，就可得到1元预付年金终值。

【例9】将【例5】中收付款的时间改为每年年初，其余条件不变。

要求：第五年年末的本利和。

解法一：FA =A×[(F/A,i,n+1)-1]
=10000×[(F/A,5%,5+1)-1]
=10000×(6.8019-1)
=58019（元）

解法二：利用EXCEL，插入函数FV（Rate，Nper，Pmt，Type），见图0-7。

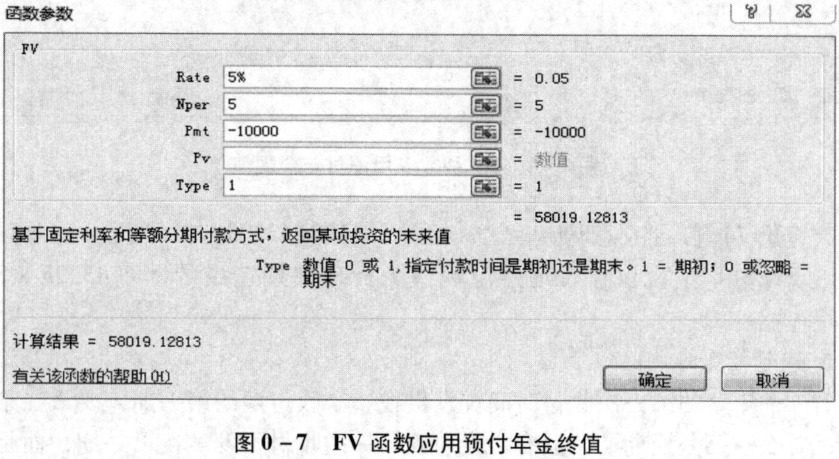

图0-7　FV函数应用预付年金终值

与【例5】的普通年金终值相比，相差（58019-55256）=2763元，该差额实际上就是预付年金比普通年金多计一年利息而造成，即55256×5% = 2762.80元

（2）预付年金的现值。预付年金现值的计算公式如下：

$$P_A = A \times \left[\frac{1-(1+i)^{-n}}{i}\right] \times (1+i)$$

$$= A \times \left[\frac{1-(1+i)^{-(n-1)}}{i}+1\right]$$

$\left[\frac{1-(1+i)^{-(n-1)}}{i}+1\right]$ 称为“预付年金现值系数”，记作［（P/A，i，n－1）+1］，可利用普通年金现值表查得（n－1）期的现值，然后加上1，就可得到1元预付年金现值。

【例10】将【例7】中收付款的时间改在每年年初，其余条件不变。

要求：第一年年初应一次存入多少钱？

解法一：

$$\begin{aligned} PA &= A \times [(P/A, i, n-1)+1] \\ &= 10000 \times [(P/A, 5\%, 5-1)+1] \\ &= 10000 \times (3.5460+1) \\ &= 45460 \text{（元）} \end{aligned}$$

解法二：利用EXCEL，插入函数PV（Rate，Nper，Pmt，Type），见图0－8。

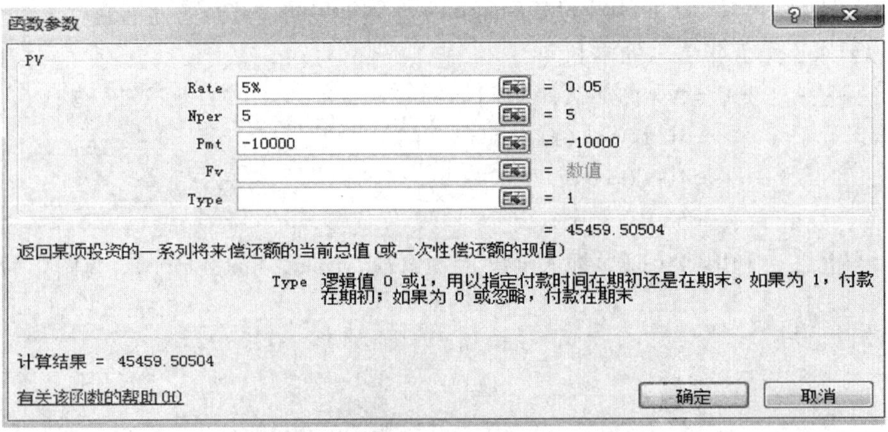

图0－8　PV函数应用预付年金现值

与【例7】普通年金现值相比，相差45460－43295＝2165元，该差额实际上是由于预付年金现值比普通年金现值少折现1期造成的，即43295×5%＝2164.75元。

3. 递延年金。

前二种年金的第一次收付时间都发生在整个收付期的第一期，要么在第一期期末，要么在第一期期初。但有时会遇到第一次收付不发生在第一期，而是隔了几期后才在以后的每期期末发生一系列的收支款项，这种年金形式就是递延年金，它是普通年金的特殊形式。因此，凡是不在第一期开始收付的年金，称为递延年金。将递延年金与普通年金作对比：

递延年金：

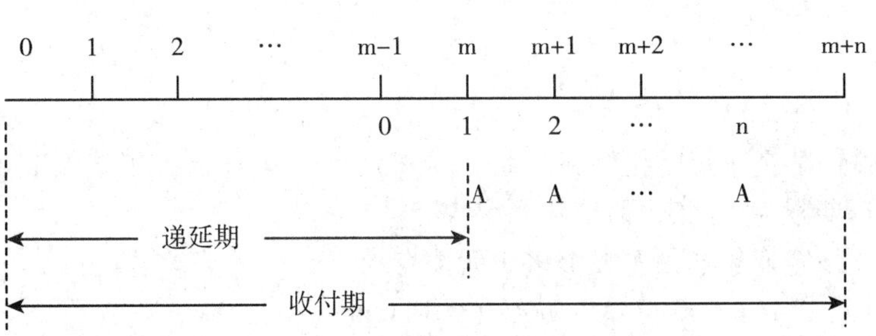

普通年金：

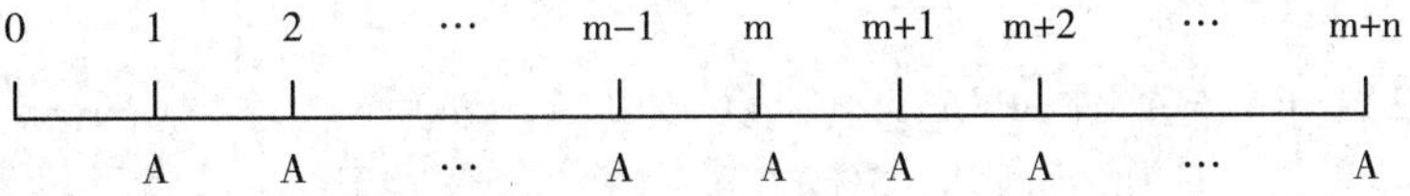

递延年金的第一次年金收付没有发生在第1期，而是隔了m期（这m期就是递延期），在第m+1期的期末才发生第一次收付，并且在以后的n期内，每期期末均发生等额的现金收支。与普通年金相比，尽管期限一样，都是m+n期，但普通年金在m+n期内，每个期末都要发生收支，而递延年金在m+n期内，只在后n期发生收支，前m期无收支发生。

（1）递延年金的终值。递延年金一共支付了n期。只要将这n期年金折算到期末，即可得到递延年金终值。所以，递延年金终值的大小，与递延期无关，只与年金共支付了多少期有关，它的计算方法与普通年金相同。

$$FA = A \times (F/A, i, n)$$

【例11】 某企业于年初投资一项目，估计从第5年开始至第10年，每年年末可得收益10万元，假定年利率为5%。

要求：计算投资项目年收益的终值。

解：$FA = A \times (F/A, i, n)$

$= 10 \times (F/A, 5\%, 6)$

$= 10 \times 6.8019$

$= 68.019$（万元）

（2）递延年金的现值。递延年金的现值可用三种方法来计算。

①把递延年金视为n期的普通年金，求出年金在递延期期末m点的现值，再将m点的现值调整到第一期期初。

$$PA = A \times (P/A, i, n) \times (P/F, i, m)$$

②先假设递延期也发生收支，则变成一个m+n期的普通年金，算出m+n期的年金现值，再扣除并未发生年金收支的m期递延期的年金现值，即可求得递延年金现值。

$$PA = A \times [(P/A, i, m+n) - (P/A, i, m)]$$

③先算出递延年金的终值，再将终值折算到第1期期初，即可求得递延年金

操作动画：投资组合预期收益模拟计算

操作动画：净现值模拟计算

操作动画：到期收益率模拟计算

的现值。

$$PA = A \times (F/A,i,n) \times (P/F,i,m+n)$$

【例 12】 某企业年初投资一项目，希望从第 5 年开始每年年末取得 10 万元收益，投资期限为 10 年，假定年利率 5%。

要求：该企业年初最多投资多少元才有利？

解（1）：$PA = A \times (P/A,i,n) \times (P/F,i,m)$
$= 10 \times (P/A,5\%,6) \times (P/F,5\%,4)$
$= 10 \times 5.0757 \times 0.8227$
$= 41.76$（万元）

解（2）：$PA = A \times [(P/A,i,m+n) - (P/A,i,m)]$
$= 10 \times [(P/A,5\%,10) - (P/A,5\%,4)]$
$= 10 \times (7.7217 - 3.5460)$
$= 41.76$（万元）

解（3）：$PA = A \times (F/A,i,n) \times (P/F,i,m+n)$
$= 10 \times (F/A,5\%,6) \times (P/F,5\%,10)$
$= 10 \times 6.8019 \times 0.6139$
$= 41.76$（万元）

从计算中可知，该企业年初的投资额不超过 41.76 万元才有利。

操作动画：贴现收益率模拟计算

微课：货币的时间价值

（四）永续年金

永续年金是指无限期的收入或支出相等金额的年金，也称永久年金。它也是普通年金的一种特殊形式，由于永续年金的期限趋于无限，没有终止时间，因而也没有终值，只有现值。永续年金的现值计算公式如下：

$$PA = A/i$$

微课：货币时间的价值（Excel 的操作）

【例 13】 某企业要建立一项永久性帮困基金，计划每年拿出 5 万元帮助失学儿童，年利率为 5%。

要求：现应筹集多少资金？

解：$PA = A/i$
$= 5/5\%$
$= 100$（万元）

现应筹集到 100 万元资金，就可每年拿出 5 万元帮助失学的儿童。

微课：投资的风险价值

步骤二　了解投资的风险价值

PPT：投资的风险价值

一、了解风险与收益的关系

若将一笔资金购买国债，3 年后确定能够收回本金和取得利息。若将这笔资金投入股市，3 年后有可能获得高于国债的收益，也可能造成本金亏损。投放在国债上的本利和是确定，几乎没有风险，我们认为是无风险的；投放在股市的资金，结果是不确定的，可能出现多种情况，这就是风险。

风险是对预期结果的不确定性，风险可能带来损失也可能带来收益。风险是客观存在，人们对于风险，需要识别、衡量、防范、控制并选择增加投资收益的机会。

风险≠危险

风险 =“危机”= 危险 + 机会

在市场经济社会，风险与收益正相关，这表明风险时刻伴随着收益的获取，欲想获取收益，必须承担风险。有财务专家提出“时间价值是理财的第一原则，风险价值是理财的第二原则”。风险的水平及其度量是直接影响投资分析的重要指标，对于不同风险水平的金融工具和投资项目来说，其回报率水平的确定要与其风险程度相匹配。

在投资组合理论出现之后，人们认识到投资多样化可以降低风险。当增加投资组合中资产的种类时，组合的风险将不断降低。当投资组合中的资产多样化到一定程度后，唯一剩下的风险是系统风险。系统风险是无法消除的、影响所有资产的风险，它是来自整个经济系统影响公司经营的普遍因素。投资者必须承担系统风险并获得相应的投资回报。在充分组合的情况下，投资人关注的是投资组合的风险。

二、投资风险的防范和应对

（一）识别风险

为了实现降低风险的目标，首先要做到识别风险。我们应尽量多地了解一些与理财相关的背景知识，如社会宏观经济环境、各种金融产品的基本特点、类别和功能等。同时也要掌握一些风险决策中定量与定性分析的方法，并在此基础上学会分析风险存在的原因，进行风险预测和评估，掌握识别风险的一些方法和技巧。

（二）降低风险

要了解各种风险可能造成的损失或造成的伤害程度、频率及范围，使其在可以承受的范围之内得到事先控制和全过程控制，避免出现过高风险带来的损失。例如，对个人金融产品的品种、投资金额、交易价格、成本费用都提前设定界限，不允许突破设定好的界限。

（三）分散风险

为了避免风险过于集中，在各种金融产品之间要合理地进行组合。除此之外，负债资金的总量和结构也一定要与未来现金流入的总量和结构相适应。对于个人贷款类产品，要坚持短期融资短期使用、中长期融资长期使用的原则，从而使风险能分散到理财的各个不同时期，避免出现过于集中的还债高峰。

（四）转嫁风险

在银行理财或保险理财中，可以通过银行的一些人民币理财和外汇理财等业务或者保险理财产品，将对个人和家庭可能造成的损失转嫁给银行或保险公司。在转嫁风险时，转嫁的作用是不可预见的，因此一定要做好成本和收益的控制与核算。

（五）接受风险

理财的风险是无法完全被规避的，因此在躲避不及的情况下，就要学会接受风险。接受风险带来的损失必须在个人和家庭自身可承受的范围内，不能让个人和家庭在面临风险时完全处于一种盲目的状态。

三、通过投资组合规避风险

（一）投资组合与风险的关系

随着个人理财服务业的蓬勃兴起，个人投资品种呈现多元化发展趋势。但是任何单一的投资理财产品都有其局限性，都有各自不同的风险特征，于是采取投资组合的方式来规避各种不同的风险成为个人理财的必然选择。通过调整各种投资产品在总投资中的比重，取长补短，能有效分散风险，获取持续稳定的收益，提高资金运用的灵活性，保障资金的安全，实现个人生活目标和经济目标，增强应对突发危险的保障性。

（二）通过分散投资规避风险

在理财过程中，个人理财既要关注资本收益率，也要重视面临的风险，最终在资本收益率和风险程度之间达到一定程度的均衡，这就是分散风险原理的出发点。分散就是增加投资的种类。投资者通过“把鸡蛋放在不同的篮子里”运用分散投资的策略，把有限的资金合理分配到多种投资方式中，可以使风险得以分散。

（三）针对个人经济条件采用不同的投资组合

投资组合要求根据个人的具体特点，选择最合适的投资工具组合，分散投资，使投资利润最大、风险最小、变现最快。

1. 低收入个人采用投资“一分法”“二分法”。投资“一分法”“二分法”适合低收入个人。由于个人收入低，首先考虑的是维持正常的个人生活，然后再考虑资金增值，因此，不适合高风险的投资品，选择银行储蓄或债券作为投资工具比较合适，在此基础上再考虑购买少量保险作为投资工具。

2. 中等收入个人采用投资“三分法”。投资“三分法”适合收入不高但稳定的个人。可选择变现性强的银行储蓄或债券等有价证券，或变现性较差但获利性较高、有一定风险的房屋等不动产，以及风险低、变现性差、基本不获利的保险，以满足个人长期发展的需要。其投资比例一般为1/3的银行储蓄、1/3的有价证券、1/3的不动产及保险。

3. 较高收入个人采用投资“四分法”。投资“四分法”适合收入较高、但风险意识较弱、缺乏专门知识或空余时间的个人。这样的投资者一般求稳。其投资组合为：现金或储蓄、债券等有价证券、保险、投资基金，其投资组合比例一般分别为30%、20%、10%、40%。选择一定比例的投资基金，委托专家投资比较稳妥。

4. 财力雄厚个人采用投资“五分法”。投资“五分法”适合于财力雄厚的个人，在“三分法”的基础上同时选择投资基金和股票（期货）。这样，既有风险大、获利大的投资工具，又有获利大、风险适中的投资工具，还有变现性好的投资工具，从而增强个人抵御风险的能力。在实现较高收益的同时，需要现金时能及时变现。“五分法”的投资组合比例一般为：现金、储蓄或债券30%，房地产25%，保险5%，投资基金20%，股票、期货20%。

5. 上述“一分法”“二分法”“三分法”“四分法”“五分法”是针对具有某些特征的客户，理财师在考虑具体的投资组合时还应思考社会经济发展处于不同的周期以及投资者个人的风险偏好等因素来综合考虑，投资种类和比例并不是一成不变的。

项目小结

项目知识点 个人理财业务的基本概念 个人理财规划的内容 现金规划 消费支出规划 教育规划 风险管理与保险规划 投资规划 纳税筹划 退休养老规划 财产分配与传承规划 个人理财规划的流程 个人客户经理岗位及任务 个人理财职业资格证书 货币的时间价值 投资的风险价值

项目技能点 实地了解个人理财服务岗位 了解个人理财规划的八项内容 熟练计算货币的时间价值 分析理财产品的主要内容、风险及收益

课堂活动

问题讨论

1. 有人认为，作为金融机构的个人客户经理来说，其首要职责是尽可能多地卖出本机构的金融产品，客户的理财规划是无关紧要的，你怎么看？

2. “不把鸡蛋放在同一个篮子里”固然不错，但是，是不是篮子越多越好？到底多少个篮子比较合适？

技能训练

技能训练一：

任务目标：树立正确的理财价值观念。

任务内容：12年前任先生和王先生同时从某大学毕业进入社会工作。经过5年的努力奋斗，俩人都有了40万元人民币的积蓄。7年前，他们花掉了30万元积蓄，任先生在长沙购买了一套房子，王先生购买了一辆高档轿车。如今任先生的房子市值90万元，而王先生的二手车市值只有3万元，俩人的资产有了很大的差异。任先生和王先生俩人收入相同，学历相同，社会经验也非常相近，为何俩人财富相差如此之多？试针对以上案例中两种不同的理财价值观念进行分组讨论。

赞成任先生理财价值观念的理由的是：

1. ________________

2. ________________

3. ________________

赞成王先生理财价值观念的理由的是：

1. ________________

2. ________________

3. ________________

技能训练二：

任务目标：认知个人理财服务岗位。

任务内容：以小组为单位，实地去银行、保险公司、证券公司等金融企业了解个人理财服务职业，熟悉个人客户经理岗位的内容和流程，并形成调研报告。

课后练习

一、单项选择题

1. 投资组合决策的基本原则是（　　）。

A. 收益率最大化　　B. 风险最小化

C. 期望收益最大化　　D. 给定期望收益条件下最小化投资风险

2. 假定某投资者购买了一种理财产品。该产品的当前价格是82.64元人民币，2年后可获得100元，则该投资者按复利计算的年收益率为（　　）。

A. 10%　　B. 8.68%　　C. 17.36%　　D. 21%

3. 风险报酬是指投资者因冒风险进行投资而获得的（　　）。

A. 利润　　B. 额外报酬　　C. 利息　　D. 利益

4. 甲某拟存入一笔资金以备3年后使用。假定银行3年期存款年利率为5%，甲某3年后需用的资金总额为34500元，则在单利计息情况下，目前需存入的资金为（　　）元。

A. 30000　　B. 29803.04　　C. 32857.14　　D. 31500

5. 如果某人现有退休金200000元，准备存入银行。在银行年复利率为4%的情况下，其10年后可以从银行取得（　　）元。[（F/P，4%，10）=1.4802443]

A. 240000　　B. 2960488.86　　C. 220000　　D. 150000

6. 关于标准离差和标准离差率，下列表述正确的是（　　）。

A. 标准离差是各种可能报酬率偏离预期报酬率的平均值

B. 如果以标准离差评价方案的风险程度，标准离差越小，投资方案的风险越大

C. 标准离差率即风险报酬率

D. 对比期望报酬率不同的各个投资项目的风险程度，应用标准离差率

7. 所谓财务自由是指（　　）。

A. 个人或家庭的收入主要来源于主动投资而不是被动工作

B. 个人对自己或家庭的财务现状有充分的信心，认为现有的财富足以应对未来的财务支出和其他生活目标的实现，不会出现大的财务危机

C. 有一定的储蓄资金可自由支配

D. 摆脱家庭债务危机

8. （　　）的目标，是帮助客户在其去世后分配和安排其资产和负债，并通过适当的方式减少财产分配与传承中发生的支出。

A. 税收筹划　　B. 遗产计划

C. 退休养老规划　　D. 资产配置

9. 有“全球金融第一考”之称的特许金融分析师，简称为（　　）。

A. CWM　　B. CFP　　C. RFP　　D. CFA

10. （　　）的主要目标，是确保通过各种可能的合法途径，帮助客户减少或者延缓税负的支出。

A. 纳税筹划　　B. 遗产计划

C. 退休养老规划　　D. 资产配置

11. （　　）则是通过对客户个人可用财务资源的规划，满足客户在退休阶段的个人财务需要。

A. 纳税筹划　　B. 遗产计划

C. 退休养老规划　　D. 资产配置

12. 理财规划师在为客户提供服务时总是会为个人或者家庭预留一定的现金量，遵守的是个人理财规划的（　　）原则。

A. 整体规划　　B. 提早规划

C. 现金保障优先　　D. 风险管理优于追求收益

13. 下列理财目标中属于短期目标的是（　　）。

A. 子女教育储蓄　　B. 按揭买房

C. 退休　　D. 休假

14. 理财规划流程的工作步骤是（　　）。

A. 理财营销，从事规划设计，进行决策和制订方案，实施理财方案，调整和改进实施方案，总结提升和持续理财服务

B. 调查个人（客户）信息，从事规划设计，进行决策和制订方案，实施理财方案，调整和改进实施方案，总结提升和持续理财服务

C. 调查个人（客户）信息，进行客户公关，从事规划设计，进行决策和制

订方案，实施理财方案，总结提升和持续理财服务

D. 调查个人（客户）信息，从事规划设计，进行决策和制订方案，实施理财方案，调整和改进实施方案，进行高级理财服务

15. 以下投资组合方法适用中等收入人群的是（　　）。

A. “一分法”　　B. “二分法”

C. “三分法”　　D. “四分法”

二、多项选择题

1. 影响资金时间价值大小的因素主要包括（　　）。

A. 计息方式　　B. 利率

C. 资金的用途　　D. 期限

2. 在复利计息方式下，影响利息大小的因素主要包括（　　）。

A. 计息频率　　B. 资金额

C. 期限　　D. 利率

3. 人们常常会犯的个人理财规划错误有（　　）。

A. 节俭生财　　B. 理财是富人、高收入家庭的专利

C. 理财是投机活动　　D. 只有把钱放在银行才是理财

4. 关于资金的时间价值，下列说法正确的是（　　）。

A. 从量的规定上看，货币的时间价值是没有风险和通货膨胀情况下的社会平均投资报酬率

B. 从表现形式上看，货币的时间价值表现为资金周转过程中的差额价值

C. 资金的时间价值就是指通货膨胀

D. 资金的时间价值是对风险的补偿

5. 对个人理财的内涵理解正确的是（　　）。

A. 个人理财不是理财产品推销，而是综合金融服务

B. 个人理财不是客户自己理财，而是专业人员提供理财服务

C. 个人理财不是针对客户某个生命阶段，而是针对客户一生

D. 个人理财不是一个产品，而是一个过程

6. 个人理财按其目的不同可分为（　　）。

A. 生活理财　　B. 理财顾问服务

C. 投资理财　　D. 综合理财服务

7. 个人理财规划的目标是（　　）。

A. 降低风险　　B. 财务安全

C. 增加收益　　D. 财务自由

8. 一般来讲，个人客户经理的主要任务有（　　）。

A. 负责金融机构与客户的联系

B. 为客户充当财务参谋

C. 研究分析客户的需要并将客户的需求与金融机构的产品营销结合起来

D. 情报收集与售后服务

9. 在投资理财活动中，面对风险表现出来的态度通常类型有（　　）。

A. 激进型　　　　　　　　　　B. 稳健型

C. 保守型　　　　　　　　　　D. 极端保守型

10. 保证财务安全是个人理财规划要解决的首要问题，一般来说，衡量一个人或者家庭的财务安全，应包括（　　）等内容。

A. 是否有稳定、充足的收入　　　　B. 个人是否有发展的潜力

C. 是否有充足的现金准备　　　　　D. 是否有适当的住房

三、判断题

1. 风险管理主要是通过合理地利用保险进行可保风险的管理，所以保险理财是完备理财计划不可缺少的一部分。（　　）

2. 在利率和计息期相同的条件下，复利现值系数与复利终值系数互为倒数。（　　）

3. 根据风险与收益对等的原理，高风险的投资项目必然会获得高收益。（　　）

4. 个人理财的终极目标是实现个人或家庭财务安全。（　　）

5. 如果客户最关心本金的安全性和流动性，则该客户很可能是风险追求者。（　　）

6. 个人客户经理不得随意公开或使用客户的秘密信息。（　　）

7. 停顿中的资金不会产生时间价值。（　　）

8. 一般情况下，风险与收益成正比，即风险越大，收益越高。（　　）

9. 单利计息是指在存贷期限内仅以本金乘以利率计算利息，不管时间多长，所生利息均不加入本金重复计算利息的计息方法。（　　）

四、简答题

1. 简要描述个人理财的目标是什么。

2. 很多年轻人认为理财是中年人的事，或是有钱人的事，到了老年再理财也不迟，这种观点正确吗？请说明理由。

3. 什么是货币时间价值？其表现形式如何？

4. 单利与复利的区别是什么？

5. 简述风险与收益的均衡关系。

五、实训题

实训任务：通过理财分析，掌握资金时间价值的计算和决策分析。

案例内容：

案例 1：某人拟于年初借款 42000 元，从年末开始，每年年末还本付息额均为 6000 元，连续 10 年还清。假设预期最低借款利率为 8%，问此人是否能按其计划借到款项？

案例 2：假定你想退休后（开始于 20 年后）每月取得 2000 元。假设这是一个第一次收款开始于 21 年后的永续年金，年报酬率为 4%，则为达到此目标，在这 20 年中，你每年应存入多少钱？

案例 3：有一对父母为两个孩子的大学教育攒钱。他们相差两周岁，大的将在 15 年后上大学，小的则在 17 年后。估计届时每个孩子每年学费将达到 21000

元，年利率为15%，那么这对父母每年应存多少钱才够两个孩子的学费？现在起一年后开始存款，直到大孩子上大学为止。

案例4：小王出租了一套房屋，每年租金收入2万元，年初收取。如果从第1年年初开始出租，共出租10年，利率为6%。那么，这10年的租金的现金价值与未来价值分别如何？

实训要求：从案例内容中选择2~3个案例，对其进行计算分析，提交分析决策结果，并在实训最后环节分享各自的分析思路。具体要求如下：

(1) 学员分组（按每组5人左右）。

(2) 每个小组从训练素材中选取2~3个案例。

(3) 对选取的案例进行分工，指派分析人员。

(4) 集中讨论，形成分析决策结果。

(5) 由组长发言阐述各自小组的分析思路与结果。

项目一

建立和管理理财客户关系

学习目标

通过本项目的学习，学生能够建立和管理客户关系，通过潜在客户的寻找、选择，在进行有效沟通的基础上，熟练搜集和整理客户信息，以便为之后的理财规划打好基础。

1. 掌握寻找潜在客户的技巧。
2. 了解潜在客户的选择方法。
3. 能对客户进行分类、熟练搜集和整理客户信息。
4. 能很好地维护客户关系。
5. 能判断客户的风险偏好。

项目任务

1. 通过与客户进行多种方式交流，尽可能多地搜集客户的财务信息和非财务信息。

2. 通过对客户信息的整理、客户关系的维护，更好地判断客户的风险偏好。

标志成果

成功签约的理财合同或协议。

客户风险偏好以及风险承受能力的判断结果。

内容导图

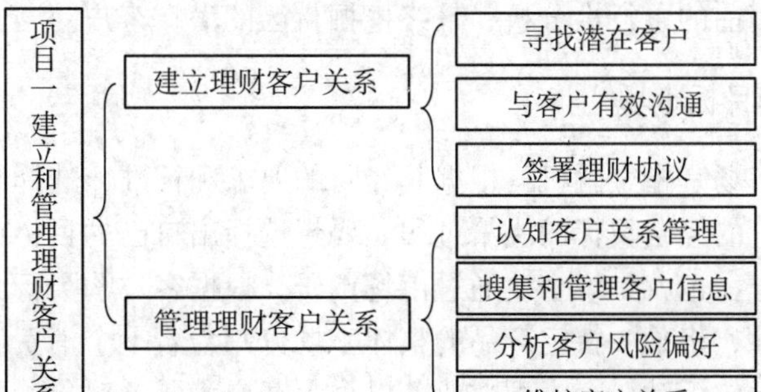

工作实例

理财师李笑笑女士

李笑笑女士，28 周岁，中国平安人寿保险公司广州分公司职员，响应公司职业经理人计划，接受了公司提供的相关训练与培训，并顺利地取得了理财规划师证书。李女士致力于从事理财规划行业，希望能以自身所学，为客户提供更为专业、全面的理财服务。

然而，万事开头难，对于李笑笑女士而言，如何在浩渺的人群中找到自己的理财客户以及怎样管理和维护好客户关系，成了她摆在案桌上的第一道难关。请结合本项目所学，提出相应的建议。

模块一　建立理财客户关系

微课：建立理财客户关系

PPT：建立理财客户关系

➢ 工作实例分析

精准的目标市场选择以及恰当的潜在客户寻找是建立客户关系的重中之重。为了帮助李笑笑女士更好地建立客户关系，我们需要掌握如何寻找潜在客户以及目标客户的选择方法，为后面客户关系的维护打好基础。

步骤一　寻找潜在客户

一、如何寻找潜在客户

潜在客户代表潜在或可能出现的业务机会，包括客户具有潜在需求、有购买能力、有购买决策权等。找到适合的潜在客户并不容易，因此，我们必须进行潜在客户分析，即金融机构为了将自己的产品或服务顺利地营销到消费者的手中，在进行营销之前对客户的消费心理、消费方式、消费习惯、消费需求的分析，其实质是进行营销前的可行性分析，最终挖掘自己的潜在客户。

（一）选择目标市场

选择目标市场是指金融机构根据其经营的要求和标准，选择某个或某几个目标市场作为可行的经营目标的决策过程。要想选择出自己的目标市场，首先要做的就是市场细分，也就是说企业通过市场调研，根据客户购买行为与购买习惯的差异性和类似性，将某一特定产品的整体市场分割为若干个消费者群体，以选择和确定目标市场的活动。个人理财业务以个人客户为服务对象，而个人客户市场一般按照性别、年龄、收入、家庭生命周期、职业、文化程度、民族等方面进行市场细分，如表 1－1 所示。

表 1－1　客户市场细分

市场细分	主要变量	细分市场要点
性别	男女构成	了解男女构成及消费需求特点
年龄	老年、中年、青年、少年儿童、幼儿等	掌握年龄结构、比重及各档次年龄的消费特征
收入	高收入、中收入、低收入	掌握不同收入层次消费特征、购买行为
家庭生命周期	探索期、建立期、稳定期、维持期、高原期、退休期	研究各家庭所属阶段的消费需求、数量和结构
职业	我国职业有 8 个大类、66 个中类、413 个小类，1838 个细类	了解不同职业的消费差异
文化程度	文盲、小学、初中、高中、大学（专科/本科/研究生）等	了解不同文化层次人群的购买种类、行为、习惯及结构
民族	汉族、壮族、回族、满族等多民族	了解不同民族的文化、宗教、风俗及不同的消费习惯

（二）寻找潜在客户

寻找潜在客户的方法包括网络寻找法、广告寻找法、介绍寻找法、资料查阅寻找法、委托助手寻找法、客户资料整理法、交易会寻找法、咨询寻找法、企业各类活动寻找法等。其中咨询寻找法是通过一些组织，特别是行业组织、技术服务组织、咨询单位等，他们手中往往集中了大量的客户资料和资源以及相关行业和市场信息，以咨询的方式寻找所需信息。企业各类活动寻找法是借助企业的公共关系活动、市场调研活动、促销活动、技术支持和售后服务活动等，通过这个过程中对客户观察、了解、深入地沟通。

（三）确定合格的潜在客户

客户找到后，要筛选合格的潜在客户。合格的潜在客户必须具备三个方面的条件：一是购买力；二是决定权；三是有需求。这三个要素缺一不可，只有当客户同时具备这三个方面的条件，才是合格的潜在用户。我们才能进行销售四步的工作，即：建立信任、展示产品、巧解异议、促成销售。对消费群体的准确定位，寻找合格的潜在客户是一种事半功倍的途径，也是产品销售的前提。

二、目标客户的选择方法

（一）目标客户的选择标准

金融机构选择目标客户的基本标准是终生价值大，占用工作资源少。一个目标客户终生价值或潜在价值的大与小，与客户的收入状况、资产状况、需求方案及与金融机构的合作倾向、关系、文化兼容性等息息相关。

潜在优质个人客户应符合以下标准：有良好的个人素质，较为完善的教育经历，法律意识强，注重社会公德和个人品质修养，社会关系良好，个人信用等级高；有较好的经营、创业能力；连续多年缴纳个人所得税税额高；有较高的人生追求和个人抱负；热爱生命，生活观念积极，身体状况良好，宗教信仰正常，无赌博、吸毒、道德败坏等恶习；在其他金融企业无不良信用记录；无犯罪记录；有金融意识，主观上有经常性的金融产品和服务需要；客观上有金融产品的购买能力和行为。

（二）目标客户选择方法

1. 目标客户选择原则。第一，选择目标客户要遵循客户的终生价值大于零的原则，要保证选定客户为金融机构带来效益。第二，遵循有效管理原则，要保证所选客户能被客户经理有时间、有精力、有效果与之充分沟通。第三，遵循资源匹配原则，要保证选定客户的数量与金融机构资源相对等、相匹配，使金融资源发挥最大功效，创造尽可能多的利润。

2. 目标客户选择方法。常用的策略有以下三种：一是捕鱼策略，即选定一个目标市场，按金融机构自身情况和对目标客户既定的标准选择。此策略尤其适用于初创企业。二是采蘑菇策略，在所到市场优先采只大蘑菇（以自身实力攻下所到市场的大客户），而将小蘑菇留给竞争对手。此策略尤其适用于老牌大金融机构。三是声东击西策略，为选择一时难攻的甲，而佯攻与甲有关联的乙，希望甲迫于表象而降。此策略尤其适用于甲乙两客户彼此间竞争激烈，双方都不愿对方与我们合作而获得更优外部资源支持。

➢ 工作实例分析

前文李笑笑女士采用介绍寻找法以及查询资料寻找法，确定目标客户以后，如何与客户进行有效沟通，采用怎么样的沟通技巧以及需要做出怎样的沟通准备，成为接下来的工作重心。

步骤二　与客户有效沟通

文本：人际沟通13句话让客户没法拒绝你

一、认知沟通的必要性

理财工作实际上是一项与客户不断有效沟通的工作。客户经理要帮助客户进行现金规划、消费规划、投资规划、养老规划、财产传承以及税收规划等，引导客户建立自己的理财目标，引导客户制定人生不同阶段的理财规划。所以，客户经理是最直接接触客户的人。如何赢得客户，如何应对客户的拒绝，如何让客户钟情于客户经理及其理财产品呢？有效沟通是赢得客户的关键，是理财工作的基础。

1. 同客户进行有效沟通，可以拉近同客户的心理距离。人类是情感的动物，要实现其社会属性，就需要彼此之间的情感互动，尤其是作为服务与被服务者而存在的经济群体，彼此间真诚的情感交流，可以舒缓由之前“陌生”所带来的紧张气氛，从而促进深入交流。

2. 同客户进行有效沟通，可以实现产品的情感升级。销售的实现，需要客户的了解。尤其是在当代社会，高速发展的经济形态使社会节奏变得越来越快，而此时的客户，他们需要的是在较短时间内了解更多的相关信息，他们也有学习和提高相关专业知识的期望。因而，此时同客户进行有效沟通，能够有效缓解客户购买前的无措感，实现对产品的情感升级，进而促进销售的成功实现。

3. 同客户进行有效沟通，可以实现企业文化的塑造。在当代社会，要想在市场上站稳脚跟，必须要有多元化的文化素养，只有通过同客户进行有效地沟通，才能让客户对企业的相关情况有更加清晰的了解，可以实现社会广告的效应。

二、与客户进行有效沟通的方式

在人际关系的规则中，有一条最重要的原则，那就是一个人事业上的成功，只有15%是由于他的专业技术，另外的85%要依赖人际关系、处世技巧。这充分说明了沟通方式的重要性。

1. 熟练掌握专业知识是开展有效沟通的前提。对于业内人士来说，熟练掌握专业知识是客户有效沟通的前提。交流是要借助一定的信息为传播媒介的，而此时的专业知识就是一种信息实体，要想实现沟通的进行，客户是作为被服务的对象而存在的，因而此时专业知识的传达可以拉近彼此的心理距离，在对同一产品或服务的了解中，客户与相关人员可以实现情感的交流。

2. 培养多方面的兴趣爱好提高沟通的质量。多方面的兴趣和爱好，能够在瞬间吸引住受众的眼球，找寻到同客户的心灵契合点，从而将陌生感驱除，代之以朋友间的友善交流，营造良好的交流氛围，这是实现沟通的前奏，同时也标志着交流的质量之优劣。对于服务者来说，多方面的兴趣和爱好就如同是化学反应中的催化剂，它能够在最短的时间内实现最好的效益，这也是实现沟通的关键性因素所在。

3. 耐心和微笑是进行有效沟通的密码。足够的耐心和真诚的微笑可以驱散彼此因陌生而带来的冷漠，取而代之的是彼此间信任机制的建立。对于服务者来说，对客户进行耐心的讲解，配之以会心的微笑，可以传达自身的深厚涵养，这样一种诚挚的情感交流，可以促进沟通的深入进行，它具有密码般的属性。同时在沟通的过程中，服务者在付出耐心和微笑的同时，也要做个有心人，善于体察他人的心境，主动关心他人，采取不同的方式使他们感受到自身的善意和温暖。这样的一种人文关怀能够在最大的程度上触动人们的情感神经，从而将沟通实现效益的最大化。

三、熟知沟通的步骤

（一）事前准备

第一，要设定好沟通的目标。意大利经济学家帕累托在对19世纪英国社会各阶层的财富和收益统计分析时发现：80%的社会财富集中在20%的人手里，而80%的人只拥有社会财富的20%。“二八法则”反映了一种不平衡性，但它却在社会、经济及生活中无处不在。遵循“二八法则”，客户经理对优质目标客户的开发能够更从容地抓住关键的少数客户，精确定位，加强服务，达到事半功倍的效果。

第二，要做好情绪和体力上的准备。沟通过程是美好的，同时也是艰苦的。客户经理事先一定要有充分的精神准备，以饱满的情绪和充沛的体力进行工作。

第三，要考虑外在信息收集，它包含客户的年龄、工作、性格、喜好等。这类信息是表象的，是可以提前收集的，它的作用是让客户经理与客户尽可能快地建立信任。

此时，客户经理就可以制订拜访计划及设计拜访计划（见表1-2），做拜访预约应注意的问题了。

表1-2 客户拜访计划

客户名称			拜访时间	
拜访地点			拜访级别	
客户基本情况				
客户优势与不足	优势			
	不足			
其他竞争对手基本情况	竞争对手一			
	竞争对手二			
此次拜访预期目标				
会谈主题				
客户可能需要的产品和服务				
客户经理准备提供的产品和服务				
拟向客户介绍哪些情况和提供哪些资料				
需要进一步了解的问题				
开始拜访时的策略				
客户可能提出哪些问题及如何回答	可能提出的问题		回答	

续表

可能出现的异议及处理方法	可能出现的异议	处理方法
客户合作态度不明确的策略		
客户拒绝时的策略		

（二）确认需求

优秀的客户经理在事前准确了解了目标客户的需求后，应该向目标客户介绍符合他们需求的产品和制订有针对性的理财方案。

首先，要善于通过提问（开放式问题和封闭式问题）的方式去引导客户参与话题的讨论。开放式的提问方式用于一些没有明确答案，需要对方提供比较详细的资料或信息的问题，优点是信息提供全面，气氛友好，缺点是浪费时间，容易偏离方向。封闭式的提问方式适用于需要明确答案的问题，客户一般都不愿轻易对此类问题做出回复，这时候要善用提问技巧了，这种方法节省时间，能控制谈话方向，但信息提供有限，气氛紧张。

其次，在跟客户交流时，要学会聆听、收集核心信息。所谓核心信息就是客户对于理财本身的各种反应。核心信息量大，相对复杂，要注意筛选加工即信息区分。苏格拉底说过："自然赋予我们人类一张嘴，两只耳朵，也就是让我们多听少说"。要让客户有充分的机会去讲，给客户充分的机会去发表意见，客户会觉得得到了尊重。通过主动聆听，客户经理可以从中寻找共同的利益点，思考对方话中所传达的信息，更清楚地了解客户的要求和想法。

最后，要注意回应确认。沟通过程必然有传递和接收这样一对关系，传递信息的一方必须收到另一方的回应，才能确切知道自己的信息是否已经准确无误地被对方所接收。客户产生的各种信息并非全部是真实的，要准确区分信息。客户经理在与客户进行沟通时，也可以选择在恰当的时候，取得客户的反馈，以确定所传递的信息已经准确地被客户所接收。不同的客户经理对于同样的信息会做出各自的判断而后产生行动，一是客户对于理财拒绝的判断，二是可能突破客户思维防线点的判断。对于客户的谈话，客户经理必须在恰当的时候巧妙地向客户做出回应，这样一方面尊重客户，另一方面可以借此取得客户的确认，以确保对客户所表达信息的理解无误。

（三）阐述观点、介绍理财服务与产品

客户经理要对客户简单描述符合既定需求的建议，以及建议的原因和实施方法。介绍理财服务与产品的目的是提高客户对理财服务与产品的认识和兴趣，促使客户做出相关决定。客户经理可以通过文字、图片、图像等作为辅助，向客户说明理财服务与产品的优点以及能为客户带来的效益，激起客户的投资理财兴趣。

（四）处理质疑

客户的质疑一般分为两种情况：一种是客户需要更多的信息，提出不同意见是希望能得到更多的补充介绍，这是客户对理财服务与产品有兴趣的表示。另一种是客户对理财服务与产品没有兴趣，质疑的目的是敷衍交流。在沟通过程中，当听到不同的意见或观点时，首先应对这些意见和观点做出思考和重新评估，然后再做出回应，不要马上反驳客户的意见。要先辨认客户的质疑是“真实反对”还是“烟雾式反对”。“真实反对”的客户往往需要更多的信息，客户经理应根据客户提出的问题，具体就每个细节再次提问，从而辨别客户的真实意思和需求。“烟雾式反对”的客户反对的原因不明确，表达笼统，客户经理应通过提问帮助客户找出原因。

（五）达成协议

达成协议之时，客户经理要对客户的支持表达感激之情，同时也对同事或其他合作伙伴给予的帮助表示真诚的感谢。之后，就是赞美和庆祝了，与他们分享成功和互相祝贺有利于推动下一次的合作。

（六）共同实施

达成协议后，仍然要保持积极合作的态度，按照既定的计划和安排执行，发现变化要及时沟通，商讨处理意见并尽快解决。

四、掌握不同类型的客户沟通技巧

一个客户经理在从事理财业务时，会遇到许多客户，这些客户几乎囊括各种各样的人。为了提高工作效率，每个客户经理都必须对各种不同类型的客户心理、性格特点进行认真总结。掌握不同类型客户的接待技巧，如表1－3所示。

表1－3　不同类型客户接待技巧

序号	类型	接待技巧
1	健谈型	不要让夸夸其谈的顾客把你引入毫不相关的其他话题中，要抓住一切机会将谈话引入正题
2	少言寡语型	要提出一些不能仅仅用“是”或“否”回答的问题，要比平日更具耐性，直至顾客开口
3	因循守旧型	这类顾客聆听但推迟购买，如果不及时采取行动将会失掉这部分顾客；如果服务和产品价格将上涨或者供给不足，及时向顾客指出
4	胆怯型	提供引导、保证和支持。帮助顾客克服购买恐惧心理，鼓励顾客，慢慢使其放松

续表

序号	类型	接待技巧
5	自我为中心型	这类顾客具有优越感。你要仔细聆听并且恭维他的自我主义，在合适的时候，向他征询意见
6	果断型	这类顾客很自信，知道需要什么。不要给这些顾客太长的营销解释，只给必要的细节，要严格忠于事实
7	精明型	这类顾客常常搬出其他的销售人员来对付某个销售人员，要应用巧妙的恭维来表达对他的判断和讨价能力的赞赏
8	怀疑型	对他的反对做出反应，但不要和他争论，要和他谈话，承认缺点，应用逻辑和已证明的事实
9	牢骚型	要特别快乐，不要被他的心情所影响，力图找到困扰他的麻烦是什么
10	条理型	这类顾客做事缓慢，似乎对你提出的每句话都在权衡，调整你的步伐和他保持一致，放慢速度，尽量向细节上扩展
11	依赖型	这类顾客在做决定时需要有人帮助，为了解顾客需要，你可以问他一些问题，然后说明你的产品能最好地满足其需求
12	挑剔型	这类顾客从来不会同意你的报价，必须强调质量和服务来表明你的服务和产品值这个价钱
13	分析型	这类顾客喜欢数据、事实和详细的解说，富有条理性，不慌不忙，需要做出正确结论，给他们的信息越多越好
14	感情型	这类顾客对个人感情看得极重，你应该和他们逐渐熟识，全身心地投入谈话并且保持自己的个性
15	固执型	这类顾客总是装出很重要的样子，向顾客表明你认同这种重要感，抬高顾客，同时也抬高自己，有可能的话向他致以真挚夸奖

➢ 工作实例分析

了解沟通技巧以及沟通前的准备，能够更好地为理财协议的签署打好基础，但是，理财协议包括哪些内容？在怎样的时机下，运用什么样的策略才能够顺利的签署协议呢？

步骤三 签署理财协议

客户经理要善于剖析客户理财意向，利用成交技巧，把握机会。最佳的成交时机是客户购买欲望最强、最渴望享受理财服务的时刻，是各方面条件都成熟的时刻。

一、捕捉成交时机

（一）排除重大异议时

客户经常会对金融产品提出质疑，客户经理应根据客户提出的问题，针对性地排除质疑。这个障碍解除时，客户正处于相对满意的状态，趁热打铁，及时提出协议签署请求，一般都能够有很好的收获。

（二）认同重大利益时

客户对客户经理推荐的理财服务和产品表示强烈的兴趣和赞同时，客户经理应该立即提出理财协议签署请求。

（三）发出购买信号时

向客户提供理财服务时，要仔细观察客户的一举一动，因为客户的外在语言往往暗示着成交的信号，如果破译了这些信号，那么成交的机会将大大增加。成交信号是顾客通过语言、行动、表情、姿态泄露出来的购买意图。客户经理一旦发现客户有接受意向，就要迅速地引导客户做出理财决定，实现交易。客户的理财信号一览表如表 1－4 所示。

表 1－4　　客户的理财信号一览

类型	语言信号	动作信号	表情信号	姿态信号
表现特征	客户询问理财时间、理财服务质量、理财产品金额、理财收益、市场评价、对手状况等信息	客户身体向前倾，点头对我们的看法表示同意，出现放松或愉悦的表情和动作，客户频频点头、细看说明书、用手触及协议	从客户的面部表情中辨别出客户意向。客户紧锁的双眉分开、上扬，神色活跃，态度更加友好，表情变得开朗，微笑自然，顾客的眼神变得很认真等	客户坐得离你较近；用积极的姿态和你说话；请你坐下来细谈等

二、运用成交策略

坚持成交三原则是主动、自信、坚持。不向客户主动地提出成交的要求，就像瞄准了目标，却没有扣动扳机一样，是永远不会命中目标的。自信在一个人的成功过程中，起着很大的作用。坚持就是客户经理不气馁、愈挫愈奋，向客户提出成交的要求。只要做到主动、自信、坚持，运用适当的成交策略，就有可能达到成功的目的。

（一）直接请求法

直接请求法实施的前提是客户经理对客户的成交动机胸有成竹，充满自信，感到确实有充分的把握。这种方法适用的条件是：目标客户性格直爽；熟悉客户；与内行交易；已经发出理财需求信号的客户。在提出直接请求时，客户经理要十分注意态度恳切，讲究言辞，从而使客户在心理上更容易接受成交请求。要讲究策略与技巧，适度的压力能成为成交的动机。

（二）利益成交法

客户接受理财服务和产品更关注利益，让客户获得高出自己的期望与付出的利益，对于成交会非常有利。客户经理必须注意适当的方法和技巧，让客户感觉自己所获得的利益超出所付出的成本即所提供的利益超出其期望值。相应的技巧是顺水推舟法和优惠成交法。顺水推舟法是满足客户提出的额外条件和要求，进一步把控主动权，从而顺理成章地完成成交。优惠成交法是理财师通过提供更加优惠的条件来促使客户选择理财服务和产品的方法。

三、签订理财合同或协议

双方当事人订立合同必须是依法进行的，必须符合法律、行政法规的规定。当事人必须就合同的主要条款协商一致。

（一）理财合同基本构成要素

协议名称（标题）；协议签订者姓名、地址或代理人姓名、地址；签订协议的出发点（依据和目的）；合作的基本内容；各方的权利和义务；经济责任和违约责任；争议的解决；协议的有效期限；协议的份数与保存；未尽事宜；协议的签章、日期。

（二）签订理财合同或协议

客户经理与客户就协议的具体条款进行详细的沟通后，应报金融机构有关部门审核。审核批准后，客户经理应同客户就协议签署的有关事宜进行洽谈。

签订合作协议之后，客户经理还需做好一些善后工作，祝贺客户、展望合作前景、询问客户的其他要求等，以加深和巩固已经取得的业务成果，不断地维护客户关系。

微课：管理理财客户关系

模块二　管理理财客户关系

PPT：管理理财客户关系

➢ 工作实例分析

在模块一中，我们掌握了建立客户关系的系列技巧及流程安排，但是，这并不是工作的结束，如何管理客户关系，维护客户关系，为客户提供长期而专业的理财服务，是理财规划师的使命所在。

步骤一 认知客户关系管理

一、客户关系管理的含义

客户关系管理是一种以客户为中心的经营理念，它借助信息技术在企业的市场、销售、技术支持、客户关系管理等各个环节的应用，以改善和增进企业与客户的关系，实现以更优质、更快捷、更富个性化的服务保持和吸引更多客户的目标，并通过全面优化面向客户的业务流程使保留老客户和获取新客户的成本达到最低化，最终使企业的市场适应能力和竞争实力有一个质的提高。

在以推销为中心的金融经营模式向以客户为中心的金融管理模式转变的情况下，客户关系管理的核心理念就是"客户就是上帝""客户的利益至高无上""市场永远是正确的，客户永远是对的"等。客户关系管理最大限度地改善、提高了整个客户关系生命周期的绩效，客户关怀成为客户关系管理的中心，其目的是增强客户满意度与忠诚度。客户的保持周期越长久，金融机构的相对投资回报就越高，带来的利润就会越大。因此，客户关怀的注意力在交易的不同阶段上，更注意产品和服务、沟通方式、销售激励和公共关系四个要素，在此基础上营造出友好、激励、高效的氛围。

二、对客户进行分类管理

（一）根据与客户可能成交的紧迫性分类

通常根据与客户可能成交的紧迫性，将客户分为渴望客户、有望客户、观望客户。所谓紧迫性是指客户对购买公司产品、服务的迫切程度。一般情况下，1个月内可能成交的客户，被称为渴望客户；3个月内可能成交的客户，被称为有望客户；超过3个月才能成交的客户，被称为观望客户。对于渴望客户，理财专业人员可以增加访问的频率与深度；对于有望客户，理财专业人员需要积极争取，主动出击；对于观望客户，理财专业人员需要做出进一步的判断与评估，然后安排访问的时间。

（二）根据客户对理财业务的价值分类

根据客户对理财业务的价值，我们把客户分为4类：白金客户、黄金客户、铁客户、铅客户。白金客户是理财业务中的"顶尖"客户，即与金融机构目前有业务往来的前1%的客户；黄金客户即"大"客户，即与金融机构目前有业务往来的随后4%的客户；铁客户即"中等"客户，即与金融机构有业务往来的随后15%的客户；铅客户即“小”客户，即所剩下来的80%的客户。客户的价值并非仅仅根据单次购买来判断，而需要预测该客户一生中可能购买的总和，即客户的终生价值。不同产品和服务有不同的“客户终生价值”。

（三）根据客户有无投资经验分类

根据客户有无投资经验，把客户分为有投资经验的客户和无投资经验的客户。例如中国银行在说明书中已标明理财产品适合于哪类客户，对无投资经验的客户可购买的理财产品，投资起点为5万元人民币（或等值外币），如果仅适合于有投资经验的客户购买，则其投资起点应为10万元人民币。

客户关系管理是一种双赢的策略，通过开发客户的终生价值，利于发现新市场和渠道，提高客户价值、客户满意度、客户利润贡献度、客户忠诚度，实现客户利益和金融机构利润最大化。通过客户分类管理，理财专业人员可以对不同的客户采取不同手段、提供不同等级的服务，有重点地对优质客户服务，使每一个客户都满意。一个满意的成熟客户能为企业带来的价值远高于一个新客户，而每一个成熟客户资源的流失所带来的损失远大于从一个新客户身上获得的补偿，这是培养客户忠诚度的关键。

步骤二　收集和管理客户信息

一、收集客户信息

客户信息的建立是通过金融机构创建客户档案信息库来实现的，金融机构利用计算机网络、数据库、资料表等方式，将客户各方面的信息进行搜集、分类、整理、归档，实行动态管理和传递，帮助管理人员、理财人员了解客户、把握客户。理财专业人员对客户进行分类分析后，将这些客户名单及其背景资料以客户资料卡或客户数据库的形式建立起客户档案，制作整理成客户名册，真实记录一个家庭从形成到解体的循环运动过程，这就是客户家庭生命周期记录。

（一）客户信息分类

根据客户信息的来源，可把信息分成两类，即一级信息和二级信息。一级信息是从信息源来的未经处理的事实，这些信息是没有经过变动、调整或根据有关人员的观点选择处理过的。二级信息包括报纸、杂志、电视、电台提供的信息，提供的是变动过的信息。

据客户信息的性质分类，可分为定量信息和定性信息。定量信息是可以进行数据统计，建立数学模型，并用数学模型计算分析的各项指标及其数值。定性信息则是对过去和现在的延续状况及最新的状况发生的一些信息资料，需要分析者凭借直觉、经验进行分析并做出判断。定性信息与定量信息应该是统一的，相互补充的。

据客户信息的内容分类，分为客户基本信息、客户财务状况信息和客户信用状况信息。客户基本信息包括客户的姓名、性别、民族、职业、职称、职务、住址、联系方式、家庭成员等。客户的财务状况信息主要是指客户家庭的资产负债状况、收支状况、财务分析资料等。客户信用状况信息主要是指客户的银行信誉、客户资金状况、客户的资产负债率、客户的创收能力、客户是否有风险性经营项目以及客户的担保记录、诉讼记录及实地了解和分析评价信息等。

（二）客户信息收集方法

1. 询问法。询问法是理财专业人员事先拟订调查项目，确定调查的内容或具体的问题，以某种方式向被调查对象提出，要求给予回答，由此获得信息资料。此种方法是调查的主要方法，适用于基本资料收集和意见征询及预测、分析。

2. 观察法。观察法是由理财专业人员直接在现场观察被调查对象的行为并加以记录而获取信息的一种方法。它适用于新理财产品的宣传及跟踪调查，有利于掌握客户对新理财产品的第一感觉和评价，以便及时回馈相关信息。

3. 集体思考法。集体思考法是理财专业团队通过讨论的方式来取得完整的信息的方法。集体思考法适用于重大决策和对更大范围客户信息资料的掌握。

4. 德菲尔法。德菲尔法是一种专家调查法，它是用背对背的判断来代替面对面的会议，采用函询的方式，依靠调查机构反复征求各个专家的意见，经过客观分析和多次筛选，使各种不同意见逐步趋向一致，得出客观实际的资料。它适用于重大决策和重要客户信息资料的调查。

二、管理客户信息

在竞争激烈的环境中，越来越多的金融机构认识到客户是最稀缺的资源，无论是开发新客户、还是维护老客户，客户信息的管理是最基础、最重要的工作，需要把客户信息看作核心资产来管理和维护。

（一）建立现代化的客户信息库

没有足够的客户信息，客户管理将成为“巧妇难为无米之炊”。金融机构在实施客户管理战略的时候，必须建立一个集中化的客户信息储存中心，强大的客户信息库将会成为客户关系管理的“聚宝盆”。

（二）有效建立客户评分标准

根据信息库资源对客户进行筛选评价，包括无关客户的筛选、现有客户的标注等。制定合理有效的客户评分标准或建立有效的客户评分模型。并通过不同客户的得分，为客户分类管理提供科学依据。

微课：客户风险测评与“风险矩阵”投资策略构建

（三）合理配置资源、改善信息管理流程

建立一个集中化的客户信息储存中心需要大量的资源，必须给客户信息管理分配更多的人力、物力、财力。信息的管理流程包括收集、储存、挖掘、分析和利用，要仔细审视每一环节，找出应该改进和可以改进的地方，采取切实的措施加以改进，这样客户信息的管理水平才能在合理流程的基础上得以提高。

（四）开展培训、团队合作

通过开展理财专业培训、信息管理培训，培养和提高理财专业人员的业务素质。理财专业人员和信息管理人员必须通力合作，齐心协力才能建好客户信息储存中心，提高客户信息的管理能力。

（五）对客户进行分类管理

由于客户类型不同，所整理的客户名册内容也有所不同。如一般家庭客户，其档案是包括姓名、年龄、职业、住址、家庭成员情况、兴趣爱好、性格、理财方式等信息。对具有相当潜力而当前是无利可图的客户，要继续保持联系，做到心中有数；对可能始终处于无利可图的客户及早采取其他措施或放弃，以节约成本。

操作动画：风险承受能力评估

步骤三　分析客户风险偏好

风险承受能力是个人理财规划当中一个重要的依据。不同风险偏好和承受能力的客户，应选择不同的投资产品或投资组合。

一、分析不同家庭生命周期的风险承受能力

美国学者 P. C. 格里克最早于 1947 年从人口学角度提出家庭生命周期概念。其是指家庭从建立到结束全过程所经历的时间。一般把家庭生命周期划分为形成（单身阶段）、扩展（新婚阶段）、稳定（满巢阶段一）、收缩（满巢阶段二）、空巢（空巢阶段）与解体（丧偶独居阶段）6 个阶段。也有学者分为新婚期、家庭拓展期、拓展完成期、家庭衰减期、空巢期和鳏寡期。6 个阶段的起始与结束，一般以相应人口事件发生时丈夫（或妻子）的均值年龄或中值年龄来表示，各段的时间长度为结束与起始均值或中值年龄之差。

一般来说，我国学者把家庭生命周期分为五段，即青年单身期、家庭形成期（结婚建立家庭生养子女）、家庭成长期（子女长大就学）、家庭成熟期（子女独立和事业发展到颠峰）、衰老期（夫妻退休到夫妻终老而使家庭消灭），家庭处于生命周期的不同阶段，其资产、负债状况会有很大不同，理财需求和理财重点

也将随之出现差异。

个人理财规划就是根据个人（家庭）不同生命周期的特点，针对学业、职业的选择到家庭、居住、退休所需要的财务状况，综合使用银行、证券、保险等金融工具，来进行理财活动和财务安排。

个人（家庭）不同生命周期的不同阶段特点及理财模式见表1－5。

表1－5 家庭生命周期不同阶段特点及理财模式

周期	单身期	形成期	成长期	成熟期	衰老期
家庭形态	父母家庭为生活重心	择偶结婚有学前子女	子女上中小学	子女进入高等教育	子女独立 退休生活
理财活动	求学深造 提高收入	量入为出 攒首付钱	偿还房贷 筹集教育款	收入增加 筹退休金	负担减轻、退休养老、遗产规划
投资工具	基金、股票、存款等	银行理财产品、基金定投、股票等	房产投资、基金、股票等	多元投资组合	降低风险，固定收益类产品为主
保险计划	意外险、 个人责任险	寿险、 重疾险	教育保险/少儿保险，重疾险/医疗险，家庭财产险（含责任险）	重疾险/医疗险，投资型保险，家庭财产险（含责任险）	养老险、医疗险

做一做

分析家庭所处生命周期

每个同学选择一个自己熟悉的家庭（含自己家庭），分析其所经历和将要进入的周期，了解其主要收支和面临的风险，寻找合适的理财模式。

二、判断客户的风险偏好

风险偏好不等同于风险承受能力，也不决定一个人的风险承受能力，反之，风险承受能力也不一定会改变风险偏好。风险偏好相反的两个人，可能有着同样的风险承受能力。根据客户风险承受能力、风险偏好及客户心理承受能力等方面的综合评估，我们可以对客户进行相应分类。目前，中国银行业将不同风险偏好的客户分为五类。

（一）非常进取型

非常进取型的客户一般是相对年轻、有专业知识技能、敢于冒险、社会负担较轻的人士，高度追求资金的增值，愿意接受高风险，以换取资金高成长的可能性，他们敢于投资股票、期权、期货、外汇、艺术品等高风险、高收益的产品与投资工具，操作的手法往往比较大胆，非常自信，追求极度的成功，常常不留后路以激励自己向前，不惜冒失败的风险，因此，他们对投资的损失也有很强的承受能力。

（二）温和进取型

温和进取型的客户一般是有一定的资产基础、一定的知识水平、风险承受能力较高的家庭，他们愿意承受一定的风险，追求较高的投资收益，但是又不会像非常进取型的人士过度冒险投资那些具有高度风险的投资工具。因此，他们往往选择开放式股票基金、大型蓝筹股票等适合长期持有，既可以有较高收益、风险也较低的产品。在个性上，通常很有信心，具有很强的商业创造技能，知道自己要什么并甘于冒风险去追求，但是通常也不会忘记给自己留条后路。

（三）中庸稳健型

中庸稳健型的人既不厌恶风险也不追求风险，对任何投资都比较理性，往往会仔细分析不同的投资市场、工具与产品，从中寻找风险适中、收益适中的产品，获得社会平均水平的收益，同时承受社会平均风险，因此，这一类型的客户往往选择房产、黄金、基金等投资工具。在个性上，有较高的追求目标，而且对风险有清醒的认识，但通常不会采取激进的办法去达到目标，而总是在事情的两极之间找到相对妥协、均衡的方法，因而通常能缓慢但稳定的进步。

（四）温和保守型

温和保守型的客户总体来说已经偏向保守，稳定是重要考虑因素，对风险的关注更甚于对收益的关心，更愿意选择风险较低而不是收益较高的产品，喜欢选择既保本又有较高收益机会的结构性理财产品，常常因回避风险而最终不会采取任何行动，往往以临近退休的中老年人士为主。在个性上，不会很明显地害怕冒险，但承受风险的能力有限。

（五）非常保守型

非常保守型的客户一般是步入退休阶段的老年人群、低收入家庭，家庭成员较多、社会负担较重的大家庭以及性格保守的客户，往往对于投资风险的承受能力很低，保护本金不受损蚀和保持资产的流动性是首要目标，然后才考虑追求收益。因此，这类客户往往选择国债、存款、保本型理财产品、投资连结保险、货币与债券基金等低风险、低收益的产品，通常不太在意资金是否有较大增值。在个性上，本能地抗拒冒险，不抱碰运气的侥幸心理，通常不愿意承受投资波动对心理的煎熬，追求稳定。

总之，每个人承受的风险情况都不一样，这和个人的个性、条件及家庭状况有很大关系。个性方面，有些人愿意接受较高风险以追求高获利；有些人只愿意承受部分的风险，获利只要高于平均就可以；有些人可能会为了安全放弃不错的获利机会，另一些人则什么风险都不愿意承担，只愿把钱放在银行里。除了个性以外，承担风险时还需要考虑以下的因素：年龄愈大，愈不能承担风险；年龄愈轻，愈能承担较大风险；家庭收入愈多，承担风险能力愈高；收入愈低，风险的承担能力愈低；家庭资产愈多，承担风险的能力愈高；资产愈少，就愈不能承担风险；资产的变现性越强，越能够承担风险；家庭负担愈重，愈不能承担风险；负担愈轻，承受风险的能力也较强。

步骤四 维护客户关系

一、客户关系维护的意义

客户关系维护的目的在于巩固同客户的关系，维护双方的合作利益，实现合作双方的共赢。如何维护客户是理财业务能否持续发展的关键。很多金融机构在理财业务中设立了专门的“客户关系维护岗”，其岗位职责是负责处理客户的业务查询、业务处理及投诉、对客户所反映的服务问题提出整改措施、负责搜集相关意见信息、定期提交服务品质工作报告等相关工作。

二、维护客户关系的手段

1. 稳定现有客户，突破潜在客户，发掘未来客户。首先是稳定现有客户，留住现有客户比只注重市场占有率和发展规模经济对金融机构利润奉献要大得多；留住现有客户还会使成本大幅度降低，确保老客户的再次光临，是降低营销成本和提高服务质量的最好方法。忠诚的客户愿意更多地接受我们的理财产品和服务，忠诚客户的理财支出是任意客户支出的 2～4 倍。其次是突破潜在客户，对潜在客户要及时采取措施进行重点攻克，通过大量的广告宣传和奖励活动，吸引潜在客户来初次体验理财产品和服务并使之尽快成长为老客户。最后是发掘未来客户。

2. 找出需要特别呵护的客户关系。不同的客户给我们带来的价值是不同的，有时候，即使是同一客户，给我们带来的价值也不是唯一的。归纳起来，客户带来的价值一般有以下四种：经济价值，即客户能直接带给金融机构的经济效益，主要表现为其经济盈利性，这是金融机构在考虑客户关系时首先考虑的因素。示范价值，即某一特定客户在接受理财专业人员的服务后给周边带来的示范效应，这一点是有目共睹的。推荐价值，即某一特定客户接受理财专业人员的服务后进行的口碑传播作用。能力价值，即金融机构从客户那里学到和吸收自身缺乏的知识的价值。可见，金融机构发展和维护客户关系，不能只着眼于客户的经济价值，还要兼顾其他，才会收益丰厚。

3. 增进感情交流，与客户建立良好关系。与客户的感情交流是企业用来维系客户关系的重要方式，日常的拜访、节假日的真诚问候、婚庆喜事、过生日时的一句真诚祝福、一束鲜花，都会使客户深为感动。由于客户更愿意与他们类似的人交往，他们希望与理财专业人员的关系不是简单的服务与被服务的关系。金融机构要快速地和每一个客户建立良好的互动关系，从心理上，努力和客户保持亲密关系，让客户在情感上忠诚于理财专业人员，对金融机构形象、价值观和理财产品产生依赖和习惯心理，通过为客户提供个性化的服务，使客户在理财过程中获得良好心理体验，能够和金融机构建立长久关系。

4. 制造客户离开的障碍。保留和维护客户的一个有效办法就是制造客户离开的障碍，使客户不能轻易跑去接受竞争者的理财服务。如耐心地处理客户的异议，经常地帮助客户；积极地将各种有利的情报提供给客户，包括最新的行业信息和政府信息等；提供给客户新理财产品信息；邀请重要客户参加公司奖励会，并根据情况请客户颁奖；邀请代表客户参观本金融机构，增强客户的了解；不断创新金融理财产品，理财产品品牌层次性细分等。

5. 培养忠实的高素质理财专业人员。忠实的理财专业人员才能够带来忠实的顾客，成功的理财专业人员总是从保持现有客户并且扩充新客户角度出发的。要保持客户忠诚必须从理财专业人员着手，注重对其培训、教育，为其提供发展、晋升的机会；为理财专业人员尽可能创造良好的工作条件，以利于他们高效地完成工作；切实了解理财专业人员的各种需求，并有针对性地加以满足；提倡内部协作的企业文化，倡导团队合作和协作精神。

项目小结

项目知识点　理财客户关系　潜在客户　客户沟通　理财协议　客户关系管理　客户风险偏好　家庭生命周期　客户关系维护

项目技能点　寻找潜在客户　客户信息的收集和管理　家庭生命周期的分析　客户风险偏好的判断　客户关系的维护

课堂活动

问题讨论

1. 在寻找潜在客户时，如何根据现实细分市场？

2. 如何与客户进行有效的沟通？

3. 通过对风险承受能力以及风险偏好的判断，讨论如何对不同风险承受能力以及不同风险偏好的客户进行理财产品的推荐？

技能训练

任务目标：风险偏好与风险承受能力测试

任务内容：结合身边人的具体情况，测试下自己或者同学的风险偏好和风险承受能力。

客户风险偏好与风险承受能力测试题

投资有风险，不同风险偏好和承受能力的客户，应选择不同的投资产品或投资组合。以下测试，帮助您更好地了解自己的风险偏好和风险承受能力。

（一）客户风险偏好测试

1. 风险投资于您而言：

A. 觉得很危险　　B. 可以尝试低风险

C. 比较感兴趣　　D. 非常感兴趣

2. 您的亲友会以下列哪句话来形容您：

A. 您从来都不冒险

B. 您是一个小心、谨慎的人

C. 您经仔细考虑后，会愿意承受风险

D. 您是一个喜欢冒险的人

3. 假设您参加一项有奖竞赛节目，并已胜出，您希望获得的奖励方案：

A. 立刻拿到 5000 元现金

B. 有 50% 机会赢取 5 万元现金的抽奖

C. 有 25% 机会赢取 10 万元现金的抽奖

D. 有 5% 机会赢取 100 万元现金的抽奖

4. 因为一些原因，您的驾照在未来的三天无法使用，您将：

A. 搭朋友的便车、坐出租或公车

B. 白天不开，晚上交警少的时候可能开

C. 小心点开车就是了

D. 开玩笑，我一直都是无照驾驶的

5. 有一个很好的投资机会刚出现。但您得借钱，您会选择融资吗？

A. 不会　　B. 也许　　C. 会

6. 您刚刚有足够的储蓄实践自己一直梦寐以求的旅行，但是出发前三个星期，您忽然被解雇。您会：

A. 取消旅行

B. 选择另外一个比较普通的旅行

C. 依照原定的计划，因为您需要充足的休息来准备寻找新的工作

D. 延长路程，因为这次旅行可能成为您最后一次豪华旅行

7. 如果投资金额为 50 万元人民币，以下四个投资选择，您个人比较喜欢：

A. 最好的情况会赚 2 万元（4%）人民币，最差的情况下没有损失

B. 最好的情况会赚 8 万元（16%）人民币，最差情况下损失 2 万元（4%）人民币

C. 最好情况会赚 26 万元（52%）人民币，最差情况损失 8 万元（16%）人民币

D. 最好情况会赚 48 万元（96%）人民币，最差情况损失 24 万元（48%）人民币

8. 如果您收到了25万元的意外财产，您将：

A. 存到银行　　B. 投资债券或债券型基金

C. 投资股票或股票型基金　　D. 投入到生意中

（二）客户风险承受能力

1. 您现在的年龄：

A. 60周岁以上　　B. 46~60周岁

C. 36~45周岁　　D. 26~35周岁

E. 25周岁以下

2. 您的健康状况如何：

A. 一直都不是很好，要经常吃药和去医院

B. 有点不好，不过目前还没什么大问题，我担心当我老了的时候会变得恶劣

C. 至少现在还行，不过我家里人有病史

D. 还行，没大毛病

E. 非常好

3. 是否有过投资股票、基金或债券的经历？

A. 没有　　B. 有，少于3年

C. 有，3~5年　　D. 有，超过5年

4. 您目前投资的主要目的是：

A. 确保资产的安全性，同时获得固定收益

B. 希望投资能获得一定的增值，同时获得波动适度的年回报

C. 倾向于长期的成长，较少关心短期的回报和波动

D. 只关心长期的高回报，能够接受短期的资产价值波动

5. 您投资的总额占您个人（或家庭）总资产（含房产等）的：

A. 低于10%　　B. 10%~25%

C. 25%~40%　　D. 40%~55%

E. 55%以上

6. 您预期的投资期限是：

A. 少于1年　　B. 1~3年

C. 3~5年　　D. 5~10年

E. 10年以上

7. 在您投资60天后，价格下跌20%。假设所有基本面均未改变，您会怎么做？

A. 为避免更大的担忧，全部卖掉再试试其他的

B. 卖掉一部分，其余等着看看

C. 什么也不做，静等收回投资

D. 再买入，它曾是好的投资，现在也是便宜的投资

8. 您有没有想过如果有一天您的财务状况发生很大的变化，比如说突然有一笔很大的开支，这笔开支可能会动用您10%的个人资产甚至更多：

A. 没想过，我感觉这种大变化不会在我身上发生

B. 经常想，我很担心整个生活都将变得一团糟，可是我又有什么办法呢

C. 想过一两次，感觉挺可怕的

D. 曾经想过一两次，但是我还年轻，无所谓的

9. 您对您目前的财务状况满意吗？

A. 不太好，常常要借钱

B. 刚刚好，我要特别小心打理

C. 我做得还行，一直按照我人生的规划在顺利进行

D. 特别好，现在想买什么就买什么

10. 当您退休后，您计划做什么：

A. 节俭地生活，避免把钱花光

B. 继续工作挣钱，因为我的养老金估计不够用

C. 享受人生，周游世界

D. 努力花钱，直到去见上帝之前还要给上帝带上一件最奢侈的礼物

（三）评分标准及分类

选 A 得 1 分，选 B 得 2 分，选 C 得 3 分，选 D 得 4 分，选 E 得 5 分

1. 风险偏好类型（最低 8 分，最高 31 分）

8～15 分为风险厌恶型，16～25 分为风险中性，26 分以上为风险偏好型。

2. 风险承受能力类型（最低 10 分，最高 44 分）

10～15 分为非常保守型，16～20 分为温和保守型，21～30 分为中庸稳健型，31～38 分为温和进取型，39 分以上为非常进取型。

课后练习

一、单项选择题

1. 根据客户信息的性质，可将客户信息分为定量信息和（　　）。

A. 定性信息　　B. 定基信息　　C. 一级信息　　D. 二级信息

2. 下列不属于理财规划师初次面谈的主要任务的是（　　）。

A. 向客户提出全面收集信息的要求

B. 了解客户的投资偏好

C. 了解客户的财务目标

D. 向客户解释个人理财的作用、风险和目标

3. 在沟通时，有的客户口若悬河、滔滔不绝、不着边际，这时理财规划师应该（　　）。

A. 改变提问的方式

B. 对客户所说的话进行录音并提炼要点

C. 适当的时候对客户所说的话进行总结和评论

D. 提醒客户放慢语速并有效引导客户的谈话议题

4. 客户关系管理的内容包括（　　）。

A. 寻找客户　B. 识别客户
C. 建立客户关系和维护客户关系　D. 后期处理

5. 建立客户关系是指将目标客户的（　）开发为现实客户。
A. 全部客户　B. 高端客户　C. 潜在客户　D. 贵宾客户

6. 以下不属于目标客户的选择方法的是（　）。
A. 捕鱼策略　B. 采蘑菇策略
C. 声东击西策略　D. 抓大放小策略

7. 以下不是客户信息收集方法的是（　）。
A. 询问法　B. 观察法　C. 问卷法　D. 德菲尔法

8. 子女长大就学，财务压力增大的时期是（　）。
A. 家庭形成期　B. 家庭成长期　C. 家庭成熟期　D. 衰老期

9、步入退休阶段的老年人群，属于（　）风险偏好类型。
A. 温和进取型　B. 中庸稳健型　C. 温和保守型　D. 非常保守型

10. 理财规划师在维护客户关系，留住客户的过程中，会人为制造客户离开的障碍，以下不属于制造离开障碍的是（　）。
A. 积极地将各种有利的情报提供给客户
B. 提供给客户新理财产品信息
C. 耐心地处理客户的异议，经常地帮助客户
D. 从心理上，努力和客户保持亲密关系

二、多项选择题

1. 根据与客户可能成交的紧迫性，将客户分为（　）。
A. 渴望客户　B. 有望客户　C. 观望客户　D. 希望客户

2. 理财师与客户建立信任关系需要注意的内容包括（　）。
A. 明确自身定位，树立专业形象　B. 关注客户的资产状况
C. 关注自身礼仪　D. 注意自己的工作态度

3. 需要告知客户的理财服务信息包括（　）。
A. 银行等金融机构的相关制度体系
B. 解决财务问题的条件和方法
C. 客户理财意识的不足之处
D. 了解、收集客户相关信息的必要性

4. 签署理财协议时的成交三原则是指（　）。
A. 主动　B. 自信　C. 坚持　D. 专业

5. 客户关系管理的内容包括（　）。
A. 市场管理　B. 营销管理　C. 客户服务　D. 技术支持

三、判断题

1. 客户关系是不需要维护的。（　）

2. 个人理财规划的基础是建立客户关系。（　）

3. 理财规划师在提供建议时为避免承担不必要的法律责任，不应该对某些财务指标给过于明确的承诺。（　）

4. 管理客户信息，建立现代化的客户信息库是非常必要的。 （ ）

5. 对客户进行分类管理，可以有效地节约成本。 （ ）

四、简答题

1. 与客户进行有效沟通的方式有哪些?

2. 简述我国的生命周期分类。

五、实训题

实训任务：测试客户的风险偏好和风险承受能力。

实训要求：上网搜集不同金融机构的客户风险偏好与风险承受能力测试题并进行比较分析，简述各自特点。

项目二

分析与诊断客户财务状况

学习目标

通过本项目学习，学生能够对客户财务现状进行准确分析诊断，找出客户家庭资产配置中存在的问题，为下一步提出有针对性的理财规划建议打下基础。

1. 能正确编制客户家庭资产负债表。

2. 能正确编制客户家庭收支表。

3. 能进行家庭财务报表相关财务比率计算，并能对比率数值进行分析判断。

项目任务

1. 通过与客户进行多种方式交流，在搜集了客户足够多的财务信息和非财务信息后，编制家庭资产负债表、家庭收支表。

2. 利用家庭资产负债表、家庭收支表中的相关数据，计算相关财务分析比率指标数值，并对指标的数值结果进行分析评估，为客户解读指标结果的内涵。

标志成果

编制完成的客户家庭资产负债表。

编制完成的客户家庭收支表。

客户家庭财务状况的诊断结论。

内容导图

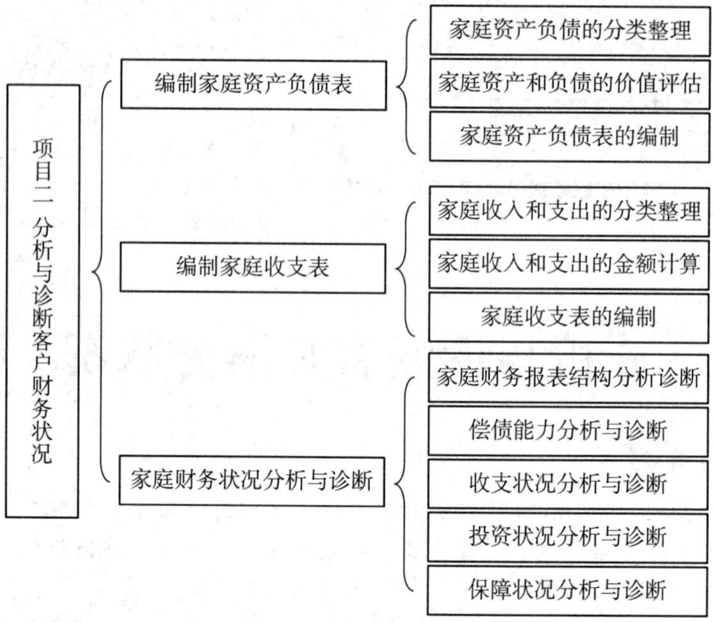

工作实例

客户：张鹏先生家庭

张鹏先生今年37周岁，在一家国有科研机构工作，每月收入有7000元。35周岁的太太在事业单位谋职，月收入5000元。两人的工作都非常稳定，收入还会随着资历的增长而不断上升。据张先生估计，每年的上升幅度约5%。此外，一套住房出租租金收入每月有2800元。

四口之家的月基本花销为2000元，其他养车及娱乐费用需2300元，因为两个女儿尚年幼，体质较弱，他们就每月备下500元医疗费。两个女儿学费每年合计3000元左右，各种兴趣班学费每年合计9000元。

张先生一家目前住在单位分配的宿舍中，两室一厅83平方米，不需要房租。2018年年初，他们购得商品房一套（即目前用于出租的房产），购买总价100万元，首付款中15万元为自己的储蓄，15万元是向朋友的借款，另商业贷款70万元，目前每月要还约5000元。这样，张先生一家每月结余约为4000元。

张先生本人购买了20年期定期寿险，保额20万元，同时购买了意外险，保额20万元。小女儿购买了医疗险，保额10万元。大女儿和小女儿都有基本保险。太太目前只有社会保险，单位并无团险，个人也未购买商业保险。每年在人身保险上的投入约3700元，另有去年购入的小汽车每年保费约1500元。

张先生和太太年终奖金共有25000元，年度花销主要在孝敬老人和旅行方面。虽然家庭的4位老人都已经退休，都有社会保险和退休金，能够保障生活且健康状况良好，每年只需要象征性地给点孝亲费，合计6000元。每年全家旅行一次，费用也在6000元左右。因此，家庭年度结余约7800元。

家庭资产方面，房子市值保守估计约110万元。小汽车价值约5万元、现金及活期存款3万元、货币基金2万元、股票基金10万元、债券基金18万元。商品房目前的商业贷款余额有67万元左右，向朋友借款15万元也尚未归还。

请根据以上信息，为张鹏先生编制家庭财务报表，并对其家庭财务情况进行分析和诊断。

模块一　编制家庭资产负债表

➢ 工作实例分析

对客户家庭财务状况进行分析与诊断，是为客户做理财规划的前提。首先，我们要为张鹏先生编制家庭资产负债表，了解家庭目前拥有的资产、承担的债务及净资产。

步骤一　对家庭资产和负债进行分类整理

在个人理财业务中，我们把家庭定义为任何共同享有财富、收入和支出的团体（也包括一个人的情况）。共同享有意味着他们共同提供资金，并对资金的使用和管理进行共同决策。因此，家庭的概念可以包括传统的已婚有子家庭、单亲家庭和同居家庭。大多数的资产在法律上是由一个人或一对夫妻所拥有的，但对于大多数个人的财务规划我们忽略了严格的所有权，因为我们要研究的是共同的个人财务规划决策。

微课：家庭资产和负债的分类整理与价值评估

PPT：家庭资产和负债的分类整理与价值评估

一、家庭资产的分类及整理

（一）家庭资产

家庭资产是指该家庭所拥有的经济资源，也就是家庭所拥有的能以货币计量的财产、债权和其他权利。其中财产主要是指各种实物、金融产品等资产；债权就是家庭成员外其他人或机构欠客户家庭的金钱或财物，也就是客户家庭借出去的，可到期收回的钱物；其他权利主要就是无形资产，如各种知识产权、股份等。能以货币计量的含义就是各种资产都是有价的，可估算出它们的价值或价格。不能估值的东西一般不算资产，如名誉、知识等无形的东西。另外就是家庭资产的合法性，即家庭资产是通过合法的手段或渠道取得，并从法律角度拥有完全的所有权。

（二）家庭资产的分类

1. 按资产的流动性分类：流动资产、固定资产流动资产是指现金、存款、证券、基金以及投资形成的收益等。所谓流动性，是指可以适时应付紧急支付或投资机会的能力，即变现的能力。

固定资产是指住房、汽车、物品等实物类资产；其中固定资产可分为投资类固定资产、消费类固定资产。投资类固定资产如投资性房地产等可产生收益的实物；消费类固定资产是家庭生活所必需的生活用品，它们的主要目标就是供家庭成员使用，一般不会产生收益（而且折旧贬值），如汽车、电脑、服装等。

2. 按资产的属性分类：金融资产、自用资产、奢侈资产

金融资产可以进一步细分为现金及现金等价物和其他金融资产。现金及现金等价物是家庭中流动性最强的资产，主要包括现金、银行存款、货币市场基金等，是家庭储备应急资金的主要来源，一般需要保持家庭 3 ~6 个月开销的资金量。其他金融资产是除现金及现金等价物以外的，能够带来增值收益的资产，主要包括股票、债券、基金、期权、期货、保险、贵金属投资等。这些是在个人财务规划中最重要的，因为它们是实现家庭财务目标的来源。

自用资产是我们每天生活要使用的资产，如房子、汽车、家具、家电、运动器材、衣服等。我们的个人财务目标之一就是为家庭进行适度的个人使用资产的积累。尽管它们不会产生收入，但它们可以提供消费，而这本应该是个人财务目标的一个主要方面。

奢侈资产也是个人使用的，但它们不是家庭必需的。奢侈资产与自用资产的主要区别在于，变卖时奢侈资产的价值高。

（三）家庭资产的整理

整理出一张家庭资产清单（见表 2 -1），可以为我们了解家庭的资产状况提供一个初步印象。对于大多数的个人财务规划而言，列出金融资产、自用资产、可以出售的主要奢侈资产等，就已经比较全面了。这些项目通过妥善的管理可以为我们提供未来的消费。

表 2 -1　　家庭资产清单

金融资产	自用资产	奢侈资产
现金、存款	住房	高端珠宝、首饰
股票	汽车	高端手表、皮具
债券	家具	高端艺术品、收藏品
基金	衣物、化妆品	私人游艇、飞机
应收账款	家居用品	度假别墅
保险的现金价值	厨房用具、餐具	其他奢侈资产
期权、期货投资	家庭维护设备、五金	
贵金属投资	运动器材、电视、音响	
其他金融资产	其他自用资产	

二、家庭负债的分类与整理

（一）家庭负债

家庭负债是指家庭的借贷资金，包括所有家庭成员欠非家庭成员的所有债务、银行贷款、应付账单等。

（二）家庭负债的分类

家庭负债根据到期时间长短分为流动负债和长期负债。

家庭流动负债主要是指日常应付的各种账单、信用卡透支、短期消费贷款和短期借款等。流动负债是一种短期经济责任，即短期债务，被要求在短时间内进行偿还，这就对家庭资产的流动性提出要求，一旦流动性不足，可能引发短期财务危机。

家庭长期负债主要指汽车贷款、房地产投资贷款、住房贷款、教育贷款、长期消费贷款等。这种负债本金较高，由于偿还期限较长，一般利率较高，所以有长期的还本付息的压力。随着住房贷款和汽车贷款的普及，家庭长期负债越来越多。如果长期负债数量或贷款期限不当，也会增加家庭偿还贷款的负担和压力，因此也需要科学合理地进行规划。

在个人理财业务中，我们通常把1个月内到期的负债认为是短期负债，1个月以上或很多年内每个月要支付的负债认为是长期负债，如按揭贷款的每月还贷就是长期负债。流动负债中也包括当月要支付的长期负债。这种区分方法与企业会计使用的方法相似，只是企业会计是以1年来区分流动负债和长期负债的。而家庭的财务周期取决于它们付款的频率，可能会是按每周、每两周或每月付款。虽然选择1个月是主观确定的，但它与账单付款的周期保持着合理的一致性，因此对于决策是非常有帮助的。通过列明当月应付的债务，我们可以防范当期收入不足偿债的风险。

（三）家庭负债的整理

表2-2为家庭负债清单，划分为两个大类。

表2-2　家庭负债清单

流动负债	长期负债
信用卡欠款	住房贷款
水、电、气等欠款	汽车贷款
待支付租金（如房租）	助学贷款
待支付的保险金	装修贷款、大额耐用消费品贷款
本月到期支付的长期贷款	投资贷款
其他流动负债	其他长期负债

➢ 工作实例分析

从家庭资产来看，张先生的家庭资产由金融资产和自用资产构成，包括现金、活期存款、货币基金、股票基金、债券基金、房产、汽车等。从家庭负债来看，张先生的债务包括房屋贷款、其他贷款。

了解到客户家庭的资产负债项目后，我们就需要对它们进行价值评估。

步骤二　对家庭资产和负债的价值进行评估

一、家庭资产的价值评估

（一）金融资产

这类资产通常根据市场情况确定它们的价值。我们持有这类资产的目的是资产增值或获得现金价值，因此它们的历史成本除了作为计税依据外，我们并不是很关心，因为我们所关心的是从中可以得到多少收益。

（二）自用资产和奢侈资产

这类资产确定价值的原则取决于客观条件。除了购买财产险时作为计算保额的依据之外，很多个人使用资产的价值与个人财务规划无关。未来的消费取决于通过劳动和投资所获得的未来收入，而不是靠变卖个人使用资产。因此如果计算了它们的重置成本并在资产负债表上增加了净资产，那就是错误的。当然自用住宅和汽车如果今后考虑出售则另当别论。资产的所有权是财务状况的重要组成部分。一个家庭在早期会购置一些基本资产，到了接近退休时已经有了一大堆这样的资产，即使这使客户的财务状况好转，但客户可能并没有打算卖掉其中的任何一件。

影响个人自用资产计价原则的另一个因素是家庭对未来的计划，特别是接近退休时的计划。如果一个家庭计划卖掉一些个人使用资产并将所得的资金作为退休基金的一部分，那么这些资产应按照市场价值减去处置的费用来确定价值。对于这部分资产通常是按照一般原则来处理的，但也会有例外：

1. 房子和汽车按照市场价值来确定价值。如果客户计划卖掉它们并将全部或部分款项用来购买其他物品（例如退休金、投资于一项生意），那就应该按照市场价值减去卖出时的所有费用来确定价值。

2. 所有其他个人的使用资产按照重置成本确定价值。对所有客户打算卖掉而且不打算重置的资产按照市场价值减去卖出时的所有费用来确定价值。需要注意的是，没有必要自找麻烦给每一件资产确定价值。将一般的家用资产合在一起估价，把房子和汽车分开即可。

3. 奢侈资产按照除房子和汽车以外的个人使用资产同样的方法确定价值。

通常对奢侈资产来说重置成本与市场价值会有很大差别。

二、家庭负债的价值评估

负债项目应该按照所欠金额的当前价值来计价。这与市场价值不同，因为如果利率发生变化，一笔贷款可能会比所欠余额多或少。例如，我们必须核对分期摊销的贷款计划中每期平均摊还额度或计算一笔按揭的贷款余额，因为利率的改变会使这两个额度发生很大的变化。

三、家庭净资产价值的计算

家庭净资产是指家庭实际拥有的财富，它等于家庭资产减去家庭负债以后的净值。通常，客户的家庭净资产数额越大，说明客户家庭财富越多，家庭净资产实力越强；如果一个家庭净资产小于零，则意味着家庭面临资不抵债的状况。

一般来说，家庭净资产会随着个人年龄增长和家庭生命周期的演变而逐渐增加。例如，在学生时期，个人的净资产会很少；在工作几年之后，会有一定的储蓄，家庭净资产会有较大的提高；在结婚生子之后，可能已经购买了住房和汽车，银行存款也有进一步提高，家庭净资产会再上一个台阶。

在进行长期的理财规划时，家庭净资产是一个十分重要的数据。如果确定将财富积累作为理财的一个目标，那么跟踪家庭净资产数据是一个很好的分析方法。

➢ 工作实例分析

我们对张鹏先生的家庭资产进行了价值评估，现金及活期存款3万元、股票及基金投资30万元，房屋资产市值110万元，汽车市值5万元。债务包括房贷67万元，其他负债15万元。家庭净资产66万元。

通过对资产和负债的价值评估，接下来我们将相关数据填入家庭资产负债表。

步骤三 编制家庭资产负债表

微课：编制家庭资产负债表

一、家庭资产负债表格式的选择

PPT：编制家庭资产负债表

家庭资产负债表是反映家庭在特定时间点上所拥有的资产、所欠的债务以及净资产的报表，在理财中具有十分重要的作用，在优化家庭消费结构、帮助家庭资产快速增值、建立家庭信用评价体系等方面发挥重大的作用。通过家庭资产负债表可以清楚地了解家庭的财务实力、短期偿还债务的能力、资产结构的变化情况和财务状况发展趋向，并据此合理估价。对于理财规划师来说，帮助客户将其家庭资产、家庭负债明确列出，可以解决两大问题：第一，让客户及时、准确地了解家庭的资产负债状况；第二，帮助客户精确、客观地对其未来家庭资产负债进行规划。

家庭资产负债表的编制要求是：简单、实用和适度谨慎。简单就是资产负债表中内容简明，易于理解和操作；实用就是要求各项目数据有利于进行家庭财务分析，从而有利于家庭进行理财规划；适度谨慎就是要求不高估资产、不低估负债，运用谨慎性原则的目的是在计算中充分估计风险的损失，避免虚计资产，保证财务信息的决策有用性。

由于家庭资产负债表不同于企业资产负债表，目前没有非常严格的格式规定。如表 2－3 所示，资产是按照流动性排列的，负债也是按照流动性（即偿还期的长短）排列的；如表 2－4 所示，资产虽然也是按照流动性排列，但是负债却是按照重要性排列（偿还期越长、金额越大的负债排在最前面），而这些排列方法目前都是允许的，重点是要把家庭最重要的、应该要在报表中反映的信息全部反映出来。

表 2－3　　　　家庭资产负债表

客户：　　　　年　月　日　　　　单位：

资产				负债			
类别	项目	金额	占总值比例	类别	项目	金额	占总值比例
金融资产	现金 活期存款 定期存款 债券 股票 基金 期货 保险现值 应收款项 其他			短期负债	信用卡欠款 短期银行贷款 短期个人借贷 其他短期负债		
自用资产	住宅 汽车 其他自用资产			长期负债	房屋贷款 汽车贷款 留学贷款 助学贷款 其他长期负债		
奢侈资产	私人飞机 度假别墅 其他奢侈资产						
合计	总资产			总负债			
净资产＝总资产－总负债							

表 2－4　　家庭资产负债表

客户：　　　　年　月　日　　　　单位：

资产项目	金额	负债项目	金额
现金及现金等价物		**长期负债**	
现金		住房贷款	
活期存款		教育贷款	
定期存款		大额消费品贷款	
货币市场基金		其他长期贷款	
现金与现金等价物小计		**长期负债小计**	
其他金融资产		**中期负债**	
股票		汽车贷款	
债券		旅游贷款	
基金		其他中期贷款	
其他金融资产小计		**中期负债小计**	
自用资产		**短期负债**	
住房		信用卡欠款	
汽车		其他短期负债	
自用资产小计		**短期负债小计**	
奢侈资产			
资产总计		**负债总计**	
净资产＝总资产－总负债			

二、家庭资产负债表的编制

➢ 工作实例分析

理财规划师遵循简单、实用和适度谨慎的原则，根据客户的需求编制财务报表。接下来，我们只需要将已经整理好的资产、负债数据填入报表即可。

张鹏先生家庭资产负债表见表 2－5。

表 2－5　　张鹏先生家庭资产负债表

客户：　　　　年　月　日　　　　单位：万元

家庭资产		家庭负债	
现金及活期存款	3	房屋贷款	67
货币基金	2	其他贷款	15
基金（股票型）	10		
基金（债券型）	18		
汽车	5		
房产（投资）	110		
合计	148	合计	82
家庭资产净值	**66**		

做一做

编制家庭资产负债表

分类整理自己家庭的资产、负债，据以编制一份家庭资产负债表，并分析它与企业资产负债表的异同。

模块二 编制家庭收支表

➢ 工作实例分析

家庭收支表是反映家庭在一段时间内收入和支出的财务报表，它可以揭示个人或家庭取得收入的能力和时间分布。例如，家庭的收入来源有哪些，支出项目构成及其比例是否合理，每月能结余多少用于投资等，以利于正确进行消费和投资决策。

前面我们已经为张鹏先生编制了家庭资产负债表，接下来为其编制家庭收支表。

步骤一 对家庭收入和支出进行分类整理

微课：家庭收入和支出的分类整理和金额计算

家庭收支表，也称为家庭现金流量表，是反映家庭主要收支情况的表格，这个表格能够使我们方便地看到家庭收支和结余的总体情况。由于在个人理财业务中我们不使用权责发生制的会计准则，家庭收支表其实是用收付实现制编制出来的，也就是说，我们在收入和支出实际发生时记录它们，而不是在其“应收”“应付”时记录。

家庭收支表通常由三个部分组成：家庭收入、家庭支出、家庭结余。

一、家庭收入

PPT：家庭收入和支出的分类整理和金额计算

1. 工资薪金收入。工资薪金收入包括家庭所有成员的工资、奖金、补助、福利等。这是家庭通过劳动所能获得较为稳定的收入来源，是人力资源创造出来的收入。

2. 投资收益。投资收益是通过投资所获得的利息收入、投资回报以及分红收入等。主要包括利息、股利以及投资利得等以金钱或已有财产衍生出来的收入。但理论上，任何投资都是有风险的，因此，投资收益可能会有一定的波动。

3. 自有产业的净收益。自有产业的净收益是通过经营所获得的各种收入，包括自有产业的收益、生意、佣金、店铺等。

4. 租金收入。租金收入是投资性房产或其他不动产用于出租后取得的租金收入。

5. 兼职收入。对于一般的家庭而言，这种收入大多数是非经常性的，但如果这些收入的数额比较大，又比较稳定，也会对客户的财务状况和收支状况产生影响，例如劳务报酬、稿酬等收入。

6. 其他收入。其他收入包括养老保险金收入、企业年金收入、失业保险金收入等，以及由于离婚后由另一方支付给本方的赡养费、生活费及子女教育费等。

家庭收入来源表如表 2 - 6 所示。

表 2 - 6　家庭收入来源表

工资薪金收入：剔除所有单位或公司预扣的内容——税、失业保险/养老保险等各项强制保险金
投资收益：股票、基金、债券等带来的投资回报收入
• 现金分红
• 净资本收益
• 利息收入
• 其他投资收入
自有产业的净收益：自有产业的收益、佣金等
租金收入
兼职收入：劳务报酬、稿酬等
养老保险金收入：主要指国家基本养老保险给付退休职工的收入
其他养老金收入：主要指企业年金及商业养老保险金给付客户的收入
失业保险所得：失业期间由政府给付失业人员的补助
离婚的赡养费、生活费及子女教育费
减：直接支付的所得税（如有）
加：多缴的所得税返还（如有）

二、家庭支出

家庭支出相对于家庭收入来说要繁杂得多。针对一般家庭来说，我们可以归类为以下 6 种：

1. 经常性支出。经常性支出是指每天、每周或每月生活中重复的必须开支。一般包括饮食、服饰、房租、水电、交通、通信、赡养、纳税、维修等多个支出项目，也就是我们经常所说的衣食住行。这些经常性支出虽然单项支出费用一般不会在家庭总支出中占比太高，但由于项目较多且多为生存、生活所必不可少的支出，因此，必须有充足的流动资金做最起码的保证，否则家庭生活将会受到严重困扰。

2. 教育支出。教育支出包括自身提升教育的开支以及子女教育的开支。子女的教育费用开支包括幼儿园、小学、初中、高中、大学等多个阶段。

3. 医疗保障支出。医疗保障支出主要包括门诊费、体检费、住院费、药品费、医疗器械等，这种开支除了出现较大疾病需要巨额资金外，一般占家庭开支比例不会太高。

4. 社交休闲支出。社交休闲支出主要包括人情往来、礼物及捐赠、旅游、休闲、娱乐费用、会员费、健身费用等。此类支出的安排会因家庭的实际财力和家庭成员的性格而有较大的差异。

5. 保险支出。保险费用支出包括人寿保险、医疗保险、财产保险等费用。

6. 其他支出。其他支出是指其他的、未包含在上述各项中的支出项目。如果某项其他支出在总支出中占比较大，对家庭财务状况有一定程度的影响，我们也应该把它单独列示出来。

家庭费用和经常性开支如表 2 -7 所示。

表 2 -7　　家庭经常性支出项目

支出项目	经常性开支
衣物（衣）	生活中的必需品，可以给家庭估算一个总的衣物开支数额
食物（食）	日常生活中各种饮食开支，包括在家就餐和在外就餐等情况的开支
住房（住）	住房：偿还房贷款本息、住房维修、住房保险等 租房：租金、租金中不包括的设施费用
交通（行）	汽车：偿还车贷款本息、汽油、维修、牌照、保险费 汽车租金：出租车费、公共交通费等
子女教育支出	包括幼儿园、小学、初中、高中、大学等教育费用
医疗保障支出	药品费、门诊费、住院费、体检费、医疗器械等
社交休闲支出	旅游、休闲娱乐费用、会员费、健身费用、人情往来、礼物及捐赠等
保险支出	人寿保险、医疗保险、财产保险等没有包含在其他项目中的保险费用
投资支出	如基金定投
其他支出	其他的未包含在上述各项支出中的项目

该表中住房贷款偿还的贷款本金和利息，从会计记账角度应该理解为资产的减少（例如拿 1 万元去还贷）引起负债的减少（欠银行本金减少 6000 元）和费用的增加（利息费用增加 4000 元），在个人理财业务中，我们统计支出金额，是为了核算家庭实实在在承担的现金流压力，于是我们将该笔资金流支出如 1 万元计入支出项目。支出（1 万元）和费用（4000 元）是财务上两个不同计算口径的概念。

该表归纳了开支计划的分类，客户可以根据该表来对自己的家庭开支进行分类。某些大类的项目可能非常重要，需要把它们分开。例如，一对夫妻都热衷于体育竞技项目的家庭，可能需要将运动器材、运动服装和费用的开支单独作为一个开支来进行记录。

➢ 工作实例分析

张鹏先生的家庭收入包括张先生和太太的月薪收入、房租收入、年终奖等。家庭支出包括了日常生活开支、子女教育费用、每月房贷支出、保险支出，另外还有养车和社交休闲支出、孝顺父母支出等。

张先生的家庭收入支出项目非常明确，接下来我们对收入、支出进行具体金额的计算。

步骤二　家庭收入和支出的金额计算

一、搜集记账所需的单据和凭证

现代家庭记账远比以前方便，可以通过手机记账 APP 实时记账，即使没有详细记录每一笔交易的习惯，但只要能保留所有的收支单据及资产负债凭证，每个月月底记一次账，基本上还是可以掌握当月份的收支储蓄与资产负债变动的状况，并对症下药寻求改善之道。

1. 工资收入及扣缴所得税、养老金等：工资转账凭单列明工资收入及扣缴的所得税与养老金及拨入银行工资账户的现金净收入。

2. 其他工作收入：临时劳务报酬、稿费与演讲费则根据领款的收据或领款当日便于便条纸上注明收入来源及金额。

3. 已实现资本利得或损失额：假使一个客户进出股市频繁，对照其交易账户，就可算出当月已实现的资本利得或损失额。

4. 理财收入额或投资收入额：根据房租契约计算房租收入，根据网上银行或存折补登方式查询存款利息收入。

5. 现金领取额：保留提款机凭单或参阅存折上的领款记录。

6. 现金消费支出额：保留所有现金支出发票或收据作为现金消费的记录。

7. 支付宝、微信或刷卡消费金额：保留付款凭证，确定支出金额及用途。

8. 保费支出额：根据保费合同或收据确定保费支出。

9. 还贷支出额：根据贷款合同或实际发生额确定支出。

二、汇总和计算客户的家庭收支

一般月底或次月初为月结日，也可以选择发薪日或是收到信用卡缴款单时当作月结日，只要每个月的周期一致，即可依据上述单据算出当月收支结余。

收入 = 工资收入 + 利息收入 + 便条纸记账收入 + 证券交易收入 + 其他收入

支出 = 现金消费发票、收据 + 便条纸记账支出 + 交通及餐饮支出等 + 信用卡消费额

+各项贷款缴款通知书所载的支出额+各项缴费金额+其他支出

收支结余=收入-支出

三、细分家庭收支表的项目

表2-8给出了家庭收支表的主要科目和可以进一步细分的细目。

表2-8　　家庭收支表主要项目与可进一步划分的细目

主要收入项目	可进一步划分的细目
工作收入A	本人（及配偶）的工资薪金、奖金、稿费、劳务费、个体工商经营所得
租金收入B	房屋或设备的租金
利息收入C	存款、债券、票据、股票股息等
已实现资本利得D	出售股票、赎回基金等的结算损益
转移性收入E	遗产、赠与、理赔金、赡养费、福利彩票或体育彩票中奖等
其他收入F	其他
收入合计G	**G=A+B+C+D+E+F**
消费支出——食J	柴米油盐、水果、饮料、在外用餐费、烟酒等
消费支出——衣K	服装、洗衣、理发、美容、化妆品、饰品等
消费支出——住L	房租、水费、电费、天然气、电话费、日用品等
消费支出——行M	加油费、出租车费、公交车费、地铁费、停车费、车保养费等
消费支出——教育N	学杂费、补习费、教材费、保姆费等
消费支出——娱乐O	旅游费、书报杂志费、视听娱乐费、会员费等
消费支出——医药P	门诊费、住院费、体检费、药品费、医疗器材等
消费支出——交际费Q	年节送礼、丧葬喜庆礼金、转移性支出等
消费支出小计R	**R=J+K+L+M+N+O+P+Q**
贷款支出S	车贷、房贷、信用卡及其他消费信贷等
产险保费T	住房险、家财险、机动车辆险、责任险保费等
寿险保费U	社保、寿险、意外伤害险、医疗费用险、疾病险、残疾收入险等保费
其他支出V	
支出合计W	**W=R+S+T+U+V**
当期收支结余X	**X=G-W**

➢ 工作实例分析

经过对前面数据的计算和分类，张鹏先生年工资收入为8.4万元、太太年工资收入6万元，他们的年终奖为2.5万元，另外年房租收入为3.36万元。

张先生家庭每年房贷支出6万元、年基本生活开销2.4万元、养车和娱乐约2.76万元、医疗费0.6万元、子女教育费用约1.2万元、孝顺父母及旅游费用

1.2 万元，人身保险费 0.37 万元，车险 0.15 万元。

有了这些分类项目金额，接下来我们填入家庭收支表。

步骤三　编制家庭收支表

收入总额减去支出总额，如果大于零，便可得到现金盈余，如果小于零则是收不抵支。对于家庭现金盈余，可以将其转化为储蓄、投资、购买资产或者偿还债务，这将会增加资产负债表中的净资产。而储蓄或投资的增加又将有助于提高未来的收入。相反，当收不抵支时，则亟须降低开支或者增加借款，否则可能增加未来的财务负担。

微课：编制家庭收支表

PPT：编制家庭收支表

一、家庭收支表格式的选择

家庭收支表的格式分为账户式（如表 2－9 所示）和报告式（如表 2－10 所示）。通常账户式的家庭收支表更加便于客户、特别是缺乏理财知识的客户理解，因此我们通常建议采用账户式家庭收支表。

微课：编制家庭报表注意事项

表 2－9　　家庭收支表（账户式）

客户：　　日期：20××/××/××—20××/××/××　　单位：元

收入项目	金额	百分比	支出项目	金额	百分比
经常性收入			**经常性开支**		
工资			基本生活开销		
奖金和津贴			子女教育费用		
租金收入			人寿和其他保险		
股息、利息、红利			应酬支出		
常规收入小计			房屋贷款支出		
临时性收入			其他支出		
捐赠收入			**固定支出小计**		
遗产继承			**临时性支出**		
临时性收入小计			电器维修费用		
			衣物购置费用		
			旅游费用		
			临时支出小计		
收入总计			**支出总计**		
收支结余					

表 2－10 家庭收支表（报告式）

客户： 日期：20××/××/××—20××/××/×× 单位：元

收支表项目		调整项目		调整后金额
项目	金额	项目	金额	
一、收入				
1. 工资薪金收入（工资、奖金、补贴、福利等）				
2. 投资收益（利息、租金、分红）				
3. 自有产业的净收益				
4. 租金收入				
5. 兼职收入				
6. 保障保险返还收入（养老保险金收入、商业养老保险金给付）				
7. 其他收入（补助、捐赠、返税等）				
收入合计				
二、支出				
1. 经常性支出（衣、食、住、行等）				
2. 教育支出				
3. 债务偿还支出				
4. 医疗保障支出				
5. 社交休闲支出				
6. 保险支出				
7. 其他支出				
支出合计				
三、收支结余				

二、家庭收支表的编制

➢ 工作实例分析

如果某客户家庭收入、支出项目具有一定的特殊性，而且额度比较大，理财师就需要根据情况对收支表进行灵活调整，以便更加清晰、合理地展示出客户家庭在常态下的收支情况，从而更加科学地为客户家庭做出下一步的资金安排和理财规划。

为明确张鹏先生家庭的月收支情况和年度总收支情况，我们根据客户的需求编制月收支表 2－11、月平均收支表 2－12、年度总收支表 2－13。

表 2－11　　家庭月收支表

客户：张鹏　　日期：20××/××/××—20××/××/××　　单位：元

月收入		月支出	
本人月收入	7000	房屋月供	5000
配偶收入	5000	基本生活费	2000
租金收入	2800	养车和娱乐	2300
		医疗费	500
合计	14800	合计	9800
每月收支净额	**5000**		

表 2－12　　家庭月平均收支表

客户：张鹏　　日期：20××/××/××—20××/××/××　　单位：元

月收入		月支出	
本人月收入	7000	房屋月供	5000
配偶收入	5000	基本生活费	2000
租金收入	2800	养车和娱乐	2300
年终奖金平摊	2080	医疗费	500
		旅游和孝亲费平摊	1000
		保险费平摊	430
		教育费平摊	1000
合计	16880	合计	12230
每月净收入（收入－支出）	**4650**		
备注：在编制月平均收支表时，按照惯例将年度性收支分摊至每月以便于统计计算。			

表 2－13　　家庭年度总收支表

客户：张鹏　　日期：20××/××/××—20××/××/××　　单位：元

年收入		年支出	
全年工资	144000	生活费（含养车、娱乐）	51600
年终奖金	25000	房屋还贷	60000
全年租金收入	33600	保费及产险支出	5200
		旅游和孝亲费	12000
		教育和医疗费	18000
合计	202600	合计	146800
年度结余（收入－支出）	**55800**		

做一做

编制家庭收支表

分类整理自己家庭或其他家庭的收支情况，据以编制一份家庭收支表，并分析它与企业利润表的异同。

微课：家庭财务报表的结构分析与诊断

PPT：家庭财务报表的结构分析与诊断

模块三　家庭财务状况分析与诊断

健康的家庭财务通常应该具备良好的资产负债结构、足够的紧急备付能力、多元化的收入来源、量入为出的财务负担、良好的资本积累习惯以及稳健的投资理财能力。编制家庭财务报表的目的是通过财务报表展示家庭财务状况，并通过各种指标的计算分析为财务决策做出科学的判断，使家庭理财规划建立在数据分析的基础之上，让家庭理财规划方案有据可依。

步骤一　家庭财务报表结构分析与诊断

一、资产负债结构分析与诊断

（一）资产结构

对于大多数家庭而言，资产中最为主要的部分是投资资产和自用资产。投资资产可以分为现金类资产、金融类投资资产以及实物投资资产。

现金类资产的特点是安全、具有很高的流动性，但收益少，甚至无收益。持有现金类资产的目的是满足家庭日常消费开支以及紧急备用需求。由于家庭日常消费开支一般可以从当期收入中得以满足，因此家庭仍必须保留一定额度现金类资产的主要目的是紧急备用。紧急备用金主要用来应付收入突然中断或支出突然暴增时的应急需要，以免家庭陷入财务困境。收入中断可能在两种情况下出现，一是失业，二是因意外伤害或身心疾病导致暂时无法工作。失业后再找到工作需要一段时间，时间长短取决于当时的经济景气状况和失业者自身的调整弹性。要找到与原工作收入相当的工作，经济繁荣时也许 3 个星期就可以，经济不景气时则需要一年半载。所以，应对失业的紧急备用金至少应该相当于 3 个月的生活支出，如果保守估计的话，需要相当于 6 个月的生活支出。另外，如果客户需要紧急医疗，或因为天灾、被盗等导致财产损失，需要重建或重购支出时，一时庞大的支出可能超出当时的收入能力，这时也需要一笔紧急备用金才能应付。因此，一般家庭持有现金类资产，应满足3～6个月生活支出，对于收入不稳定的家庭，可能需要更多额度紧急备用金。

金融类投资资产和实物投资资产是除工作收入之外的重要收入来源，持有投资资产的目的是获得更多的理财收入，通过不断的投资积累，更快地实现理财目标。但持有此类资产承担一定的风险，所以，投资资产的品种应根据经济情况进行合理调整，经济繁荣时持有高风险的资产比例高些，经济萧条时则要适当降低高风险资产的持有比例。另外，随着年龄的增长，持有投资资产的比重也会发生变化。年轻的时候收入较低，再加上结婚、生子、买房等大额支出，导致很难有多余积蓄进行投资，这一阶段投资资产的比重相对较低。但随着收入的逐渐提高，就应该为未来的长远理财目标提前做好资金储备。尤其是到了孩子学业完成阶段，家庭经济压力最小，收入最高，结余能力最强，投资资产的比重最大。而退休后，丧失了工作收入，社保退休金不能满足退休生活所需，这时需要逐渐变现投资资产，投资资产的比重会逐渐下降。

自用资产在一般家庭中占有较大比重，它虽然不带来收益，但却是日常生活所必需的。它可以再分为两类：一类是升值性资产，如房地产；另一类是折旧资产，如汽车、家具等。后一类资产所占比重不能太高，平时应注意控制这类支出，否则会影响以后生活质量的进一步提高。但前一类资产可以保值增值，特殊情况下可以满足现金需求，比如在出现财务危机时可以将其出售变现，退休时也可将大房子换成小房子以弥补退休金不足。

➢ 工作实例分析

从家庭资产构成来看，张先生家庭的流动资产（包括现金、活期储蓄及货币基金类资产）目前占总资产3.4%，这意味着即使发生一些意外情况，家庭拥有的高流动性资产也能够维持一段时间的开支。投资性资产占比93.2%，其中的投资性房产占总资产74.32%，金融资产仅占总资产19%。在固定资产上的投入所产生的每月租金收入仅占月总收入的17%，而且房地产的流动性较差而风险程度较高，可能存在财务安全隐患。应考虑今后多增加金融资产，从而获得更高的理财收入，同时要降低固定资产在总资产中所占的比重。

为使客户更加直观地了解家庭资产构成，我们可以利用饼形图或柱状图等来反映资产结构。张鹏先生的家庭资产结构图见图2－1。

（二）负债结构

负债是由家庭过去的经济活动而产生的现有责任，这种责任的结算将会引起家庭经济资源的流出。通常情况下，家庭总负债要小于总资产，否则就说明家庭现时财务状况相当糟糕，如果不及时采取改善措施，将面临被债权人清算的危险。但也并非不负债就是财务状况最好。适当负债往往可以提高生活质量。例如，在房价上涨的情况下适当负债可以提前拥有自己的住房，还可以获得房价上涨带来的资产增值。

年轻的时候，可以通过负债提高生活质量，负债比重相对较高。但随着年龄

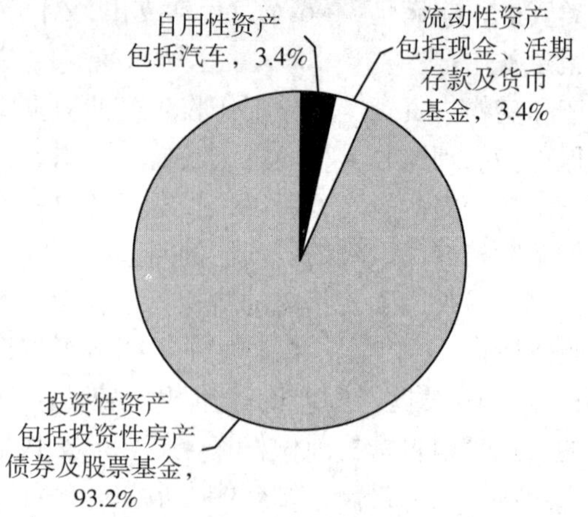

图 2－1　家庭资产结构

的增长，则应控制负债，临近退休时，应将负债降至较低水平甚至为零。安享晚年阶段，收入基本限定，更不应该负债，尤其是进行负债投资。

➤ 工作实例分析

为使客户更加直观地了解自己的负债构成情况，我们也可以利用饼形图或柱状图等来反映负债结构。客户张先生的家庭负债有两项，包括房屋贷款 67 万元、其他欠款 15 万元，如图 2－2 所示。

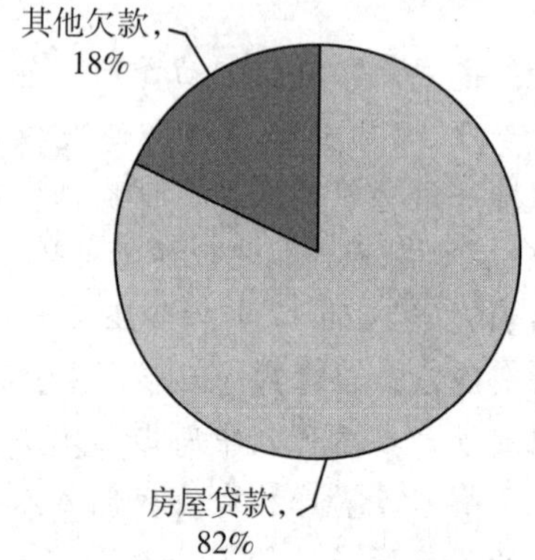

图 2－2　家庭负债构成

（三）净资产

资产减去负债即为净资产。一般来说，家庭净资产应为正。净资产额度越大，个人自有财富水平也就越高。年轻的时候，由于收入低，以及结婚生子、偿还房贷等原因，储蓄较少，净资产也较低，但随着年龄的增长，储蓄逐渐增加，净资产也应呈逐渐增长的态势。

假定某客户的收入处于该地区的中上水平，并已工作多年，其净资产可能出现如下情况：（1）净资产为负，说明财务状况糟糕，应尽快偿还近期债务，同时尽快增加收入；（2）净资产低于年收入的一半，说明有必要控制开支，更多地进行储蓄和投资，并注意增加收入；（3）净资产相当于半年到3年的收入，如果客户年轻，则其财务状况良好，如果客户即将退休，则仍要采取措施增加净资产；（4）净资产相当于3年以上的收入，说明财务状况良好。

（四）资产负债总体结构

在进行资产负债结构分析时，还要将资产、负债、净资产联系起来综合分析，并要注重分析其演变状况，要注意利用以下两个重要公式：

净资产＝资产－负债

期末净资产＝期初净资产＋本期收入－本期支出＋资产价值增减额

由此可以看出，增加资产和减少负债都会使净资产增加，增加收支盈余、资产发生增值同样可增加净资产。值得注意的是，在收支盈余或净资产不变的情况下，资产负债也会发生变化。例如，用到期存款偿还债务，使资产负债同时减少；借一笔钱来投资，使资产负债同时增加；用现金购置资产等经济活动只会改变资产负债内部结构，而不会改变净资产数额。

➢ 工作实例分析

我们将张鹏先生的资产、负债、净资产的构成列示如图2－3所示。可以发现负债额占到资产额的55%，张先生家庭资产负债率偏高。

文本：李先生家庭财务状况分析与诊断案例

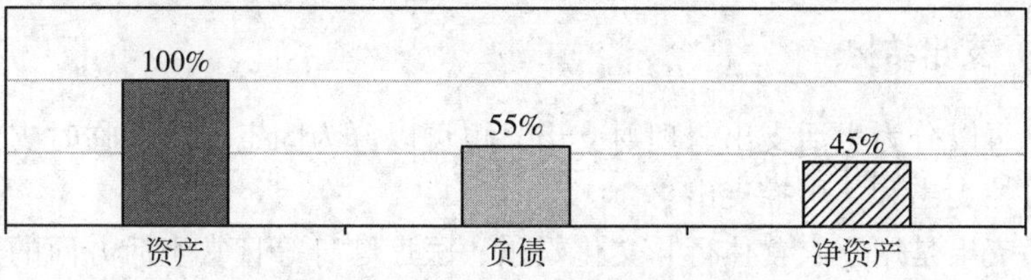

图2－3　客户张鹏先生家庭资产负债结构

二、收入支出结构分析与诊断

（一）收入结构

不同的收入来源结构决定了家庭收入的稳定性和成长性，所以，收入结构分析是财务分析的重要环节。家庭收入主要包括工作收入、理财收入等。工作收入包括工资、薪金、奖金、年终加薪、劳动分红、津贴、补贴、劳务报酬、稿酬等人力资本创造的收入，通常较为稳定，但有失业和丧失劳力的风险。理财收入主要包括利息、股利、资本利得、房租等以金钱或已有资产衍生出来的收入，通常随着金融环境的变化而变化，存在投资风险。

理财规划师应通过计算各类收入占总收入的比例，掌握客户收入的特征，根据客户的家庭类型，发现其收入方面存在的问题和改善的余地。比如刚踏入社会的年轻人只有工作收入，很少有理财收入，而退休的老人除了退休金，只有理财收入，几乎没有工作收入，因此，工作期间应逐步以理财收入替代工作收入，两者的结构状况的变化可以在一定程度上预示家庭未来的财务状况。

➢ 工作实例分析

从张鹏先生目前的家庭年度收入结构（图2－4）可见，张先生收入占51%，配偶的收入占32%，属于“丈夫占主导、二人携手创明天”型的家庭类型。其中，工资收入占到总收入的83%，房租收入占17%，显示家庭的收入来源较为单一，尤其缺乏金融资产的投资收入。

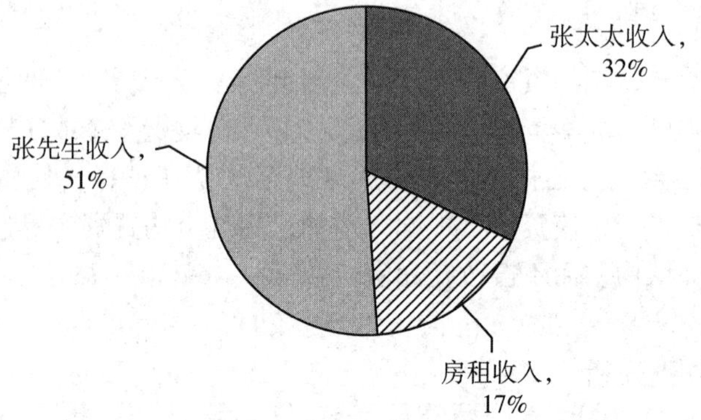

图2－4 家庭年收入结构

（二）支出结构

支出可以分为生活支出、理财支出，也可以分为固定支出和临时支出，还可以分为可控支出和不可控支出。

生活支出是用于衣食住行、文化娱乐、医疗健身等日常生活方面的开支，理财支出是用于偿还借款、支付投资手续费和保险费等方面的支出。

固定支出包括社会保障费支出、保险费支出、还贷支出、税收支出、物业费支出以及餐饮、交通、水电煤气等日常消费支出、医疗保健支出及子女教育支出。临时性支出包括度假旅游、捐赠、购置衣物、添置家具、娱乐等方面的支出。固定支出中的前五项为不可控支出，这部分支出在本期家庭预算中没有压缩的余地。

理财规划师应根据客户家庭的收支表计算各项支出占比及分类支出占比，以发现支出方面存在的问题，并提出改进方案和措施。

➢ 工作实例分析

从图2－5可见，在家庭支出构成中，张先生家庭目前的月总支出为12230元。其中，基本生活支出占总支出16%，养车及娱乐支出占19%，女儿的教育及医疗费占12%，旅游及孝亲费占8%，保险费占3%，房贷月供支出占42%。

虽然张先生家庭的基本生活支出较低，只占月总收入的12%，但其他支出包括养车、娱乐、教育、医疗等占月总收入的28%，说明家庭应注意控制基本开支以外的其他开支。目前可喜的是，张先生房屋的按揭还款占月总收入的30%，低于安全的界限40%。但是张先生家庭一年所要缴纳的保费只有5200元，其中1500元为车辆保险，人身保险只有3700元，占家庭年总收入不到2%，远低于10%的合理水平。家庭可能因此而未能获得足够的保险保障。

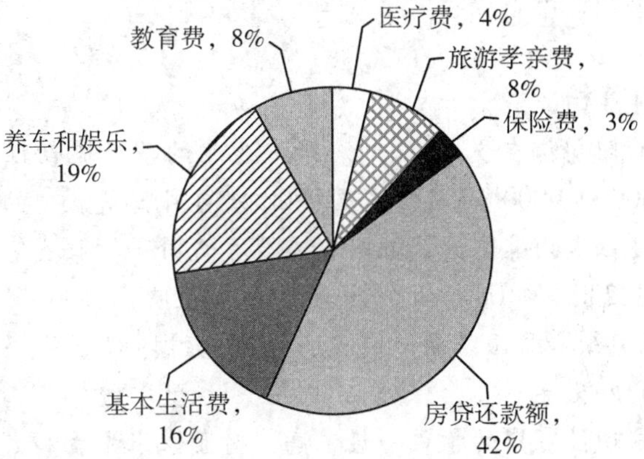

图2－5　家庭月支出结构

步骤二　家庭财务报表的财务比率分析与诊断

微课：家庭财务报表的财务比率分析与诊断

在分析客户财务状况过程中，经常运用财务比率。这些财务比率从不同方面反映了客户的财务状况、偿债能力、收支状况、投资状况、保障状况等相关信息，我们可以通过这些财务比率对客户的行为方式和心理特征进行分析，这对于保证理财规划方案的科学性和合理性具有十分重要的意义。

一、偿债能力分析与诊断

PPT：家庭财务报表的财务比率分析与诊断

偿债能力指个人对债务清偿的承受能力或保证程度，即个人偿还全部到期债务的现金保证程度，可分为短期偿债能力和长期偿债能力。

（一）短期偿债能力分析与诊断

1. 流动性比率。一般将客户的手头现金、活期存款、短期债券以及其他短期货币市场工具等“现金及现金等价物”视为流动性资产，流动性比率就是反映这一类资产数额与客户每月支出的比例，或者说客户的流动性资产能够支持几个月的支出。

操作动画：个人家庭财务分析

流动性比率＝流动性资产÷每月支出

资产的流动性与收益性通常成反比，即流动性较强的资产收益性较低，而收益性较高的资产其流动性则往往欠佳。因此，应根据客户的具体情况，兼顾考虑资产流动性与收益性两个方面，进而提出有价值的理财建议。对于一般客户，我们建议流动性比率保持在3～6（可以满足其3～6个月的开支）；对于工作非常稳定、收入有保障的客户来说，资产的流动性并非其首要考虑的因素，因此，可以将流动性比率保持在3，而将更多的流动性资产用于扩大投资，从而取得更高的收益；而对于那些工作缺乏稳定性、收入无保障的客户来说，资产的流动性相对更加重要，资产收益性的重要性倒在其次，因此理财规划师应建议此类客户保持较高的资产流动性比率，通常要求在6～12之间。

➢ 工作实例分析

流动性比率的理想值在3～6之间。张鹏先生的家庭流动性比率＝流动性资产÷每月支出＝50000/9800＝5.1，这里9800来自月收支表中的月度性支出。但有些客户家庭年度性支出非常大，此时也需要参考月平均收支表。所以我们也会同时测算50000/12230＝4.08。两个计算结果都表明：目前张先生的流动资产（包括现金、活期存款和货币基金）充足，至少能维持家庭4～5个月的开销，能够应付突发事件的发生。

但是，由于流动性资产的收益一般不高，对于像张先生和太太这样工作十分稳定，收入有保障的家庭来说，其资产流动性比例可以相对较低，维持在3左右即可，建议张先生可以将流动性资产保留3万元，从而将更多的资金用于资本市场投资，以获得更高的投资收益。同时建议张先生和太太申办个人贷记卡（信用卡），像张先生家庭这样的收入情况，一般可以申请到每人2万元/月的信用额度，以应对生活中的不时之需。

2. 债务偿还率。债务偿还率又称家庭月还贷比，它是衡量客户财务状况是否良好的重要指标。该比率是客户某一时期（可以是一个月、一个季度或一年）到期债务本息之和与收入的比值。

债务偿还率＝本期债务本息÷本期收入

对于收入和债务支出都相对稳定的客户，可以用年作为计算的周期。如果客户收入和债务数额变化较大，则应该以月为周期进行计算，这样才能更准确地反映客户的收入满足债务支出的状况，从而避免某些月份客户收入不足或到期债务较多而产生的财务问题。

一般认为，债务偿还率在0.4以下的个人，财务状况属于良好状态。如果客户的债务偿还率高于0.4，则在融资时会出现一定的困难。也有学者认为，要保持财务的流动性，该比率应该在0.36左右最为合适。当然，对于债务偿还率高的客户，我们应该进一步深入分析客户的资产结构、借贷信誉和社会关系情况之后再作出判断。

➢ 工作实例分析

张鹏先生家庭的债务偿还率＝5000/14800＝33.78%，低于经验数值40%，说明房屋贷款并未影响张先生家庭的正常生活。但为了增强盈余能力，张先生可以考虑通过延长债务偿还期限，将等额本金还款改为等额本息等方式，降低月供水平，维持家庭财务的持续发展。

（二）长期偿债能力分析与诊断

1. 资产负债率。资产负债率是客户总负债和总资产的比值，可以用来衡量客户综合还债能力。

资产负债率 = 总负债 ÷ 总资产

资产负债率的数值一般在 0 ~ 1。一般来说，客户应将该数值控制在 0.5 以下，以减少由于资产不足而可能出现的财务危机。

2. 净资产偿付比率。

净资产偿付比率 = 净资产 ÷ 总资产

由于负债总额与净资产之和等于总资产，所以资产负债率与净资产偿付比率为互补关系，其和为 1。

净资产偿付比率的变化范围也应该在 0 ~ 1。一般来说，客户的清偿比率应该高于 0.5，保持在 0.6 ~ 0.7 较为适宜。如果客户该比率太低，说明对外债务是其拥有资产的主体，甚至其日常开支也依靠借债来解决。就客户而言，一旦出现债务到期或收入水平下降的情况，其家庭就很容易面临损失资产甚至资不抵债的困境，严重时便会迅速破产。另外，偿付比率也不宜过高，过高的比率意味着客户负债很少甚至没有负债，说明客户没有合理利用财务杠杆提高个人资产规模，其财务结构需要进一步优化。由于我国居民大多仍然不习惯负债消费或负债理财，因此，国内客户的偿付比率一般都比较高，但在部分经济发达城市，居民偿付比率已经呈现逐步降低的趋势。

➢ 工作实例分析

张鹏先生的家庭资产负债率 = 82 ÷ 148 = 55.41%，净资产偿付比率 = 44.59%，这两项数据均反映家庭综合还债能力的高低。张鹏先生的家庭资产负债率为 55.41%，高于适宜水平，而偿付比率为 44.59%，又低于 50% 这一安全的水平，这就意味着当无法偿还过高的债务时，则可能导致家庭财务危机的发生。

二、收支状况分析与诊断

结余比率是客户一定时期内（通常为 1 年）结余和收入的比值，它主要反映客户提高其净资产水平的能力。这里的收入为税后收入。就客户个人而言，只有税后收入才是真正可支配的收入，所以，在测算结余比率时，应采用客户税后收入作为计算标准。

结余比率 = 结余 ÷ 税后收入

我国具有偏重储蓄的传统，国内客户的结余比率一般会比国外客户高。我国常用的年结余比率参考数值为是 0.3。通常客户的家庭年结余比率越高，说明该家庭越能够通过节约来增加家庭净财富，家庭“节流”能力越强。

➢ 工作实例分析

张鹏先生的家庭结余比例 =4650 ÷ 16880 =27.55%，这项数据反映家庭控制开支和增加净资产的能力。经验数值表明家庭月结余比例的经验数值应在 30% 以上，张先生的这项指标为 27.55%，显示了家庭储蓄能力较弱，虽然基本生活开支不高，但张先生家庭月结余低的原因在于，基本开支以外的其他开支，如养车、娱乐、教育、医疗等费用较大，应注意控制。由于张先生是双子女家庭，每月支出方面会比一般家庭高，孩子的教育、医疗费用又是无法免去的，因此张先生可以考虑从其他方面提高结余比例。

三、投资状况分析与诊断

净资产投资率是将客户的投资、生息资产与净资产的数值对比。这一比率反映了客户通过投资增加财富，实现财务目标的能力，其计算公式如下：

净资产投资率 = 投资或生息资产 ÷ 净资产

客户的投资资产或生息包括资产负债表中股票、债券、基金等金融资产以投资为目的储存的黄金和其他收藏品等。

除节约支出外，投资收益是提高净资产水平的另一个重要途径，甚至是主要途径。有研究认为，投资与净资产比率保持在 0.5 或稍高是较为适宜的水平，既可以保持合适的增长率，也不至于面临过多的风险。就年轻客户而言，其投资规模受制于自身较低的投资能力，因此其投资与净资产比率也相对较低，一般在 0.2 左右。

➢ 工作实例分析

张鹏先生的家庭净资产投资率 =30 ÷ 66 =45.46%，净资产投资率反映的是张先生通过投资增加财富以实现财务目标的能力，经验值应大于 50%。偏低的净资产投资率在目前的通胀压力下会使家庭财富受到侵蚀，无法满足今后的大额支出需求和退休养老等要求。

目前张先生的家庭投资资产的生息能力较弱，影响了家庭财富的积累，需要通过合理的资产组合达到最佳的投资回报率。如果调整资产配置结构，应该会有很大的增值潜力。

四、保障状况分析与诊断

保险覆盖率 = 家庭寿险总保额/家庭年收入总额，一般认为应大于 10，数值过低则反映家庭保障能力不够。

保费合理度 = 年交保障类保险保费总额/家庭年收入总额，一般认为应该大于 10%。

特别注意，“双十”原则，较适用普通大众，但不适用贫困的人和较富的人。该原则适用于保障性保险（例如意外险、医疗险、重大疾病保险、定期或终身寿险等保障型保险），并不适用于所有的保险（例如理财型保险）。

➢ 工作实例分析

从张鹏先生的家庭资产负债表和收支情况表中，我们可以看出张先生的家庭基本能作到量入为出，但节余不高，导致后续的压力较大。具体来说，张先生家庭既有房贷，又有私人借款的债务压力，还有双子女的家庭结构导致教育金和家属生活费用双倍支出。

张先生现在所拥有的保障力度，仅 40 万元，是远远不够的。要有合理的基本保险规划，要注意“双十原则”，即保费是年收入的10%，保障是年收入的 10 倍。因此就张先生家庭而言，寿险保障方面要考虑完整，同时意外险和医疗保障也要周全。在子女保障方面，着重考虑重大医疗保险和住院保险。部分家庭财务比率见表 2－14。

表 2－14　部分家庭财务比率

指标体系		指标公式	理想经验值
偿债能力	短期偿债	流动性比率＝流动性资产÷每月支出	一般 3～6；收入稳定 3，收入不稳定 6～8
		债务偿还率＝本期债务本息÷本期收入	一般要低于 0.4，0.36 左右较为合适
	长期偿债	资产负债率＝总负债÷总资产	<0.5，与净资产偿付比率之和为 1
		净资产偿付比率＝净资产÷总资产	>0.5，合理区间 0.5～0.7
收支状况	结余能力	结余比率＝结余÷税后收入	应控制在 30% 以上
	理财能力	财务自由度＝年理财收入÷年支出	>0.2
投资状况	投资能力	净资产投资率＝投资或生息资产÷净资产	保持在 0.5 或稍高，年轻客户一般在 0.2
	投资回报	投资回报率＝投资收益÷投资性资产（期初值）	合理区间 4%～10%
保障状况	保险保额	保险覆盖率＝家庭寿险总保额÷家庭年收入总额	大于 10，过低反映保障能力不足
	保险结构	保费合理度＝年交保障类保险保费总额÷家庭年收入总额	10% 以上

做一做

家庭财务状况分析与诊断

请根据前面编制好的自己家庭的资产负债表及收支表，计算相关财务比率，并对自己的家庭财务状况进行分析与诊断。

项目小结

项目知识点 家庭资产 家庭负债 家庭净资产 金融资产 自用资产 奢侈资产家庭收入 家庭支出 家庭资产负债表 家庭收支表 资产负债结构 收入支出结构 流动性比率 债务偿还率 资产负债率 净资产偿付比率 结余比率 净资产投资率 保险覆盖率 保费合理度

项目技能点 编制家庭资产负债表 编制家庭收支表 家庭财务报表财务比率的计算与理解 家庭财务状况的分析与诊断

课堂活动

问题讨论

1. 在编制家庭资产负债表时，如何根据实际情况对家庭资产与负债进行价值评估？

2. 在编制家庭收支表时为什么一般不使用权责发生制的会计处理基础？

技能训练一：

1. 设计一套关于客户财务和非财务信息的调查问卷，并选定一个客户对象，完成问卷调查。

2. 根据调查问卷，将所收集的客户信息填入表 2－15。

表 2－15 客户信息记录表

项目		本人	配偶	其他成员
客户基本信息	姓名			
	出生日期			
	参加工作时间			
	工作单位/职业			
	职称			
	工作安全程度			
	退休日期			
	婚姻状况			
	健康状况			
	联系地址			
	联系电话			
家庭资产				
家庭负债				
家庭收入				
家庭支出				

技能训练二：

任务目标：完成客户家庭财务状况分析与诊断。

任务内容：根据实训任务一所整理的客户信息，完成以下任务：

1. 编制客户家庭资产负债表。

2. 编制客户家庭收入支出表。

3. 从财务报表结构、偿债能力、收支状况、投资状况、保障状况等多个角度，对客户家庭财务状况进行分析与诊断，撰写分析与诊断报告。

课后练习

一、单项选择题

流动性比率＝流动性资产÷每月支出，一般建议流动性比率保持在（　　）。

A. 3 以下　　B. 10 以上　　C. 3～6　　D. 以上都行

二、多项选择题

1. 家庭资产按照流动性分为（　　）。

A. 流动资产　　B. 金融资产　　C. 自用资产　　D. 固定资产

2. 家庭资产按照属性分为（　　）。

A. 金融资产　　B. 流动资产　　C. 自用资产　　D. 奢侈资产

3. 以下属于现金及现金等价物的是（　　）。

A. 现金　　B. 银行存款　　C. 货币市场基金　　D. 股票

4. 以下属于家庭负债的是（　　）。

A. 应付账单　　B. 银行贷款　　C. 信用卡透支　　D. 租金

5. 以下财务指标为互补关系，其和为 1 的是（　　）。

A. 资产负债率　　B. 债务偿还率

C. 净资产偿付比率　　D. 流动性比率

6. 家庭要有合理基本的保险规划，要注意“双十原则”，即（　　）。

A. 保费是年收入的 10%　　B. 保障是年收入的 10%

C. 保费是年收入的 10 倍　　D. 保障是年收入的 10 倍

三、判断题

1. 家庭资产是通过合法的手段或渠道取得，并从法律角度拥有完全的所有权。（　　）

2. 客户的名誉、知识等无形的东西属于家庭无形资产。（　　）

3. 在个人理财业务中，我们通常把一个月内到期的负债认为是短期负债，一个月以上或很多年内每个月要支付的负债认为是长期负债。（　　）

4. 流动负债中不包括当月要支付的长期负债。（　　）

5. 负债项目应该按照所欠金额的当前价值来计价。（　　）

6. 客户的家庭年结余比率越高，说明该家庭越能够通过节约来增加家庭净财富，家庭“节流”能力越强。（　　）

四、简答题

1. 请阐述家庭资产中金融资产、自用资产、奢侈资产通常包括哪些。
2. 请阐述家庭负债中流动负债？长期负债通常包括哪些。
3. 什么是家庭资产负债表？有什么作用？
4. 什么是家庭收支表？有什么作用？

五、实训题

实训题一

实训任务： 掌握常见的财务分析指标公式及理想经验值。

实训要求： 独立思考，补充表 2－16 内容。

表 2－16　　常用的家庭财务比率

指标体系		指标公式	理想经验值
偿债能力	短期偿债	流动性比率＝	
		债务偿还率＝	
	长期偿债	资产负债率＝	
		净资产偿付比率＝	
收支状况	结余能力	结余比率＝	
	理财能力	财务自由度＝	
投资状况	投资能力	净资产投资率＝	
	投资回报	投资回报率＝	
保障状况	保险保额	保险覆盖率＝	
	保险结构	保费合理度＝	

实训题二

实训任务： 分析与诊断客户财务状况。

案例内容： 客户刘能先生今年 33 周岁，在一家外企做销售主管，月基本工资 8000 多元，加上月度奖金大概 10000 元。妻子李丽今年 30 周岁，是一家幼儿园的老师，工资在 3000 元左右，工资不高但相当稳定。夫妻俩每年还有年终奖金 15000 元左右。宝宝刘小强今年 6 周岁，现在上幼儿园，每月教育费用 1000 元。家里请了一个全日制的阿姨，每月工资 1200 元；刘能先生单位福利很好，平日家庭开销比较低，每月的生活费仅 1500 元左右。另外，刘先生每年逢年过节、生日等孝敬父母约 8000 元。

刘先生家目前在住的房子价值 65 万元，是按揭购买，如今还有 30 万元的贷款尚未还清，采用的是等额本息的还款方法，现每月还款 4000 元。另外，他们两人在应酬上的支出每月需要 1000 元左右。

除此之外，他们还拥有一套价值 40 万元的店面，是全额付款的，双方父母家里各赞助了一些。目前用于出租，但租金并不稳定，好的情况下月租金有 5000 元左右，全年平均月租金 3000 元。

刘先生家的金融投资主要集中在股票和基金。其中在股市的投资有 30 万元，现在价值20万元。剩下的11万元投资于各式各样的基金。其中包括南方稳健成长基金，招商安泰股票基金、平衡型基金、招商现金增值基金和先锋基金，华宝兴业的宝康消费品和灵活配置基金，华夏现金增利和回报基金，以及博时的裕富和现金收益基金。每年能获得股息、利息12000元左右。目前家里有现金和活期存款5万元，定期存款20万元，定期美元存款3.25万美元（约合人民币20万元）。

刘先生为自己和家人都购买了保险，在保险上的开支每年达到了1.5万元。其中养老金账户金额已达13万元。

实训要求：

（1）为刘先生编制家庭资产负债表。

（2）为刘先生编制家庭收支表。

（3）对刘先生家庭财务情况进行分析和诊断。

项目三

配置银行理财产品

学习目标

通过本项目的学习，学生能够掌握银行理财产品类型、风险和收益特点及适应人群，能够根据客户特点对银行产品进行配置。

1. 熟悉银行各类储蓄业务及其特点。
2. 熟悉银行各类银行卡及主要优势。
3. 熟悉银行各类信贷业务及其特点。
4. 熟悉人民币和外汇理财产品、QDII 产品特点。

项目任务

1. 调查分析各银行推出的储蓄产品、各类银行卡及个人信贷业务。
2. 调查分析当前各银行主要人民币理财产品及收益情况。
3. 调查分析当前各银行主要的外汇理财产品、QDII 产品及收益情况。
4. 通过比较不同的银行理财产品，提出适应客户的理财计划。

标志成果

掌握银行理财产品的选择策略；

为客户配置合适的银行理财产品。

内容导图

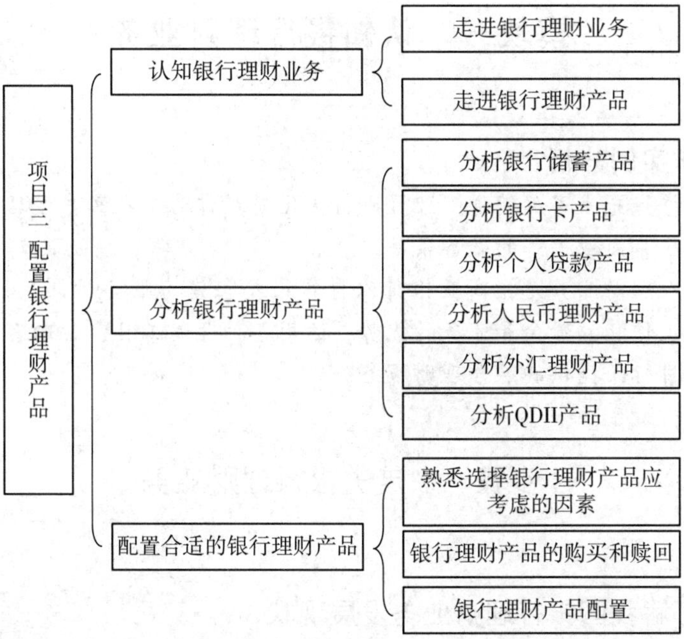

工作实例

客户：许巍先生家庭案例

50多周岁的许巍先生与太太均为中学教师，拥有十余年的教学经验。收入和各项福利比较稳定，扣除必要的生活成本之外，二人的消费水平并不高。此外，家中无债务，没有儿女。许先生和太太虽然不从事金融行业，但对投资倒是饶有兴趣。特别是许先生，他的“股龄”已经有8年了。许先生夫妇曾靠教学收入、投资获利购置了两套房产。许先生家庭资产负债状况见表3－1。

表3－1　许巍先生家庭资产负债状况　单位：万元

家庭资产		家庭负债	
现金及活期存款	5	房屋贷款	0
定期存款	0	其他贷款	0
基金	15		
股票	35		
自用住房	298		
合计	353	合计	0
家庭资产净值	353		

根据以上信息，请对许先生家庭金融资产配置给予优化建议。

微课：我国银行理财业务分析

微课：认知银行理财业务

PPT：认知银行理财业务

模块一　认知银行理财业务

➢ 工作实例分析

如何对许巍先生家庭的资产配置进行优化呢？作为个人客户经理，认知银行理财业务是从事岗位工作的必备条件。

银行个人理财业务是指商业银行以自然人或家庭为服务对象，利用其网点、技术、人才、信息、资金和业务的优势，运用各种理财工具，帮助客户达成生活目标和投资目标而提供的综合理财服务。

步骤一　走进银行理财业务

一、了解我国银行理财业务发展现状

随着金融市场的不断发展完善以及个人财富的不断增长，个人理财业务在20世纪90年代中期开始出现，其标志是1996年中信银行广州分行设立私人银行部，客户只要在私人银行部保持最低10万元的存款，就能享受该行的多种财务咨询。1997年，中国工商银行上海市分行向社会推出了理财咨询设计、存单抵押贷款、外汇买卖、单证保管、存款证明等12项内容的理财系列服务。1998年，中国工商银行在上海、天津、浙江等5家分行进行“个人理财”业务的试点。1999年，中国建设银行在北京、上海、天津、广州、深圳等10个城市的分行建立了个人理财中心。2000年，中国工商银行上海市分行成立了以杨韶敏等6位优秀理财员工姓名命名的“个人理财工作室”。2001年，中国农业银行推出“金钥匙”金融超市，为客户提供“一站式”理财服务。2002年，交通银行上海分行推出以“理财规划”为理念的个人理财中心服务新模式。2003年个人理财业务竞争战役打响，从某种意义上来说，2003年可以称之为“理财元年”，在短短的一年内，各家商业银行积极推行品牌化战略，多种理财品牌纷纷登场亮相。自招商银行推出了“金葵花”理财品牌之后，中国工商银行推出了“理财金账户”，中国建设银行推出了“乐当家”，中国农业银行推出了“金钥匙”，交通银行推出了“圆梦宝”，民生银行推出了“非凡理财”，广发银行推出了“真情理财”。各家银行一改过去局部化、分散式的营销方式，充分整合，精心包装，统一营销推广，开发了各种专属理财产品来打造自己的特色和核心，在延伸服务、附加服务方面也各出高招，各种市场推广活动令人眼花缭乱。进入2004年，伴随着股票热、基金热的渐趋冷却，各家银行纷纷推出了外汇和人民币理财产品，比如中国建设银行“汇得盈”、交通银行“得利保”、中国银行“春夏秋冬”、浦发银行

“汇理财”、民生银行“民生财富”等，可谓琳琅满目，人民币理财产品成了2004年个人理财的又一高潮。

为规范商业银行个人理财业务发展，2005年9月29日，中国银监会颁布了《商业银行个人理财业务管理暂行办法》和《商业银行个人理财业务风险管理指引》，这标志着我国商业银行个人理财业务的发展又上了一个新的台阶。2006年4月17日，中国人民银行同银监会、国家外汇管理局联合下发了《商业银行开办代客境外理财业务管理暂行办法》，允许境内机构和居民个人委托境内商业银行在境外进行产品投资。2006年7月，工商银行推出了国内第一只QDII理财产品，挂钩欧元兑美元汇率，拉开了商业银行开展代客境外理财业务的序幕。

随着我国居民理财意识的加强，商业银行推出的理财产品种类不断增多，我国的个人理财业务发展很快，特别是近几年资本市场的快速发展，与资本市场挂钩的理财产品占有大量的市场份额，如新股申购型理财产品、股票挂钩型理财产品、信托类理财产品、QDII理财产品等，这些品种的增加不仅丰富了理财市场，同时也为投资者提供了更多的选择机会。表3－2显示2019年4601家金融机构发行47300只理财产品，到2021年已经有4602家金融机构发行了48069只理财产品。个人理财业务逐渐发展成为个性化程度高、全方位、现代化的金融服务。

表3－2　2019～2021商业银行销售额统计情况

年份	银行数量（家）	理财产品数量（只）	理财资金账面余额（亿元）
2019	4601	47300	23.40
2020	4604	66047	19.19
2021	4602	48069	25.80
合计	13807	161416	68.39

资料来源：银行业理财登记托管中心。

二、了解商业银行个人理财业务的特征

1. 从单一的银行业务平台向综合理财业务平台转变。商业银行个人业务由单一的储蓄业务向多元化的银行资产、负债、中间业务一体化发展。随着政策的逐步放宽，除向客户提供传统的银行业务外，通过与券商、保险公司、基金管理公司、信托公司等非银行金融机构合作，国内银行已经逐步向着为客户提供证券、保险、信托、基金、黄金买卖等金融服务、各类支付结算业务以及理财规划服务等金融产品综合服务平台的方向转变，客户可以从银行获得“一揽子”金融服务。

2. 从单一网点服务向立体化网络服务转变。银行个人理财服务渠道的发展走过了从单一、片面到整体、全局，再到多元、一体化发展的轨迹。随着信息技术、互联网技术的发展和进步，能提供24小时银行服务的自助银行、网上银行、电话银行、手机银行等日益受到客户青睐，传统的分支网点的业务比重逐年

下降。

3. 从同质化服务向品牌化服务转变。金融品牌是为金融产品设计的名称、术语、符号或图形，其目的是用来辨认金融机构各自的产品服务，并使这一金融产品和服务与其他金融机构的产品和服务得以区别。随着市场竞争的逐步深入，各行为了突出自己的业务和服务特色，陆续推出了自己的品牌。个人理财品牌一旦在用户心目中树立了良好的形象和声誉，就会大大提高金融品牌的附加值和银行的商誉，这对银行整体形象的提高有着不可低估的作用。

4. 从大众化服务向个性化服务转变。个人理财的精髓和主要方向，或者它的动力来自它的个性化服务。因为每个家庭在生命的不同周期阶段其理财要求是不一样的，每个人对于风险的承受偏好程度也不一样，所以根据每个家庭不同的生命阶段、不同的偏好、不同的投资需求来进行个性化服务和产品创新，是未来我们个人理财市场发展的方向。

5. 从无偿服务逐步向收费服务转变。银行作为企业，依据服务成本和市场竞争情况合理地收取费用，为投资者带来回报，是无可非议的。从客户角度来讲，由于付出了费用，就有权利向银行提出服务质量标准上的要求，以获取相应价值的服务甚至超值服务；从银行的角度来看，既然实行了收费机制，就要实现服务承诺，通过提供优质服务来提高客户的忠诚度与满意度。

做一做

比较不同银行的理财服务

搜集中国银行、中国建设银行、民生银行和汇丰银行的理财产品，就其产品品种和服务进行对比，并就其产品的多样性、方便性、盈利性和风险性等方面做出初步的判断，写出书面报告。

三、了解商业银行开展个人理财业务的优势

商业银行作为金融领域最重要的组成部分，在个人和家庭理财中的地位举足轻重。银行理财体现出了覆盖范围广、跨行业发展等重要特点。由于银行在整个经济中的特殊地位，银行理财有着自身得天独厚的优势。

1. 资金实力雄厚。根据《巴塞尔协议》的最低资本充足率要求，商业银行在持续经营的全过程中，必须时刻将资本充足率保持在8%以上。而且，我国的商业银行特别是国有商业银行有国家的大力扶持，与其他理财服务企业相比，银行的资金更加雄厚。

2. 信誉好、安全性高。银行在金融机构中的诚信是最高的，多年来的稳健经营也给人们以信誉良好的印象。银行受中央严格的存款准备金制度和中国银行保险监督管理委员会的监管，保证了客户的资金安全。

3. 网点众多、快捷便利。商业银行的网点众多，分行、各级支行、分理处、

储蓄所遍布各地，资金的划拨非常快捷。同时，银行业务已渗透进了老百姓生活的方方面面，人们对银行业务的操作流程非常熟悉，这也使人们对银行更有感情，更愿意通过银行理财。

4. 理财更专业、更客观。银行各部门分工明确、细致，并配有经验丰富和专业的理财人员。银行同时代理了多家公司的不同产品，客户有条件跳出某一公司产品的束缚，从不同公司中挑选最合适的产品。

步骤二 认知银行理财产品

银行理财产品是由商业银行自行设计并发行的理财计划工具，一般是指通过将募集到的资金根据产品合同约定投入相关金融市场及购买相关金融产品获取投资收益，并根据合同约定分配给投资人的一类理财产品。广义的银行理财产品泛指商业银行向市场提供的能满足客户理财欲望和需求、与货币资金运动联系在一起的各种服务。它既包括新型的银行理财产品，也包括传统的银行服务业务。

银行代理理财产品是指由商业银行代销的由其他金融机构经营的金融产品。按照分业经营的原则，基金、股票、保险等产品本来是由基金管理公司、证券公司和保险公司等经营的，但由于商业银行具有强大的经营网络、服务手段和良好信誉，具有代理其他金融机构进行产品销售的得天独厚的优势。这就使得商业银行在发展中间业务和理财业务时，代理理财产品往往成为其重要的内容。

具体而言，目前国内商业银行所提供的个人理财产品大致有以下几种类型：一是银行存贷类金融产品，主要包括个人储蓄存款、个人住房按揭贷款、个人消费类贷款等；二是银行投资类金融产品，主要包括债券型理财产品、信托型理财产品、结构性理财产品和 QDII 型理财产品等；三是银行代理类理财产品，主要包括代理保险、代理证券业务、代理外汇买卖等；四是银行结算类金融产品，主要包括转账支付、通存通兑、信用卡支付、电子银行等。

◆ 拓展阅读

私人银行

私人银行服务（简称“私人银行”），是指商业银行与特定客户在充分沟通的基础上，签订有关投资和资产管理合同，客户全权委托商业银行按照合同约定的投资计划、投资范围和投资方式，代理客户进行有关投资和资产管理操作的综合委托投资服务。具体来讲，就是银行等金融机构利用自身在金融咨询、投资理财、服务网络等方面的专业优势，由理财专家根据客户的资产状况和风险承受能力，帮助客户合理而科学地将资产投资到股票、债券、保险、基金、储蓄等金融产品中，从而满足客户对投资回报与风险的不同需求，以实现个人资产的保值与增值，银行等金融机构则可从中收取服务费，是金融机构为拥有高额净财富的个人，提供财富管理、维护的服务，并提供投资服务与商品，以满足个人需求的一种服务活动。

私人银行的业务范围覆盖较广，它包括资产管理服务、保险服务、信托服务、税收咨询及计划、遗产咨询及计划、房地产咨询等。2021 年我国上市银行私人银行业务规模达到 12. 36 万亿元。其中，招商银行私人银行客户总资产达 3. 39 万亿，户均资产规模达到 2780. 43 万元，是唯一私人银行管理资产规模超 3 万亿元的 A 股上市银行。另外，工商银行、中国银行、建设银行、农业银行和平安银行等 5 家私人银行资产管理规模截至 2021 年底大于 1 万亿元的银行，其资产规模分别为 2. 32 万亿元、2. 16 万亿元、2. 02 万亿元、1. 85 万亿元、1. 41 万亿元。

模块二　分析银行理财产品

➢ 工作实例分析

银行理财产品的品种既有传统的银行服务，也有不断推出的创新产品。个人理财客户经理应该对银行各类理财产品了如指掌。

许巍先生家庭有 35 万元投资于股票市场，15 万元投资于基金，现金及活期存款 5 万元。许先生的投资组合主要集中在风险相对较高的证券类投资上，安全性较高的银行理财产品相对不足。

步骤一　分析银行储蓄产品

微课：分析银行储蓄产品

我国人民币储蓄主要有活期储蓄、定期储蓄、通知存款、教育储蓄等类型。

一、活期储蓄

PPT：分析银行储蓄产品

活期储蓄是指不受金额和存期的限制，储户可以随时存取的一种储蓄存款。活期储蓄 1 元起存，多存不限，储蓄机构发给存折或银行卡作为存取凭证，开户后可随时凭折或卡存取。

活期存款的优缺点：无固定存期、可随时存取、存取金额不限，但利率最低，不适合作为大笔资金的长期投资。

活期存款的适用对象：适于居民小额的随存随用的生活零用结余存款。由于活期储蓄的利率最低，一般只用于经常性生活用款或一般开支。

操作动画：储蓄品种

活期存款的理财建议：建议储户将每月固定收入（如工资）存入活期存折，并可以以代扣代缴的形式缴纳水电费、电视费等费用。而且应该定时核查，一旦发现活期账户结余了大笔的存款，应该随时支取转为其他金融资产。

二、定期储蓄

按存取方式定期储蓄分为整存整取、零存整取、存本取息等种类。

（一）整存整取

整存整取定期储蓄是指储户确定存期后，一次整笔存入，到期后一次性整笔支取本金和利息的一种定期储蓄。整存整取的起存金额50元，存期分为3个月、半年、1年、2年、3年和5年6个档次。本金一次存入，银行发给存单，凭存单支取本息。在开户或到期之前可向银行申请办理自动转存或约定转存业务。存单未到期提前支取，按活期存款计息。

整存整取的优缺点：一是利率较高。定期存款利率高于活期存款，是一种传统的理财工具。定期存款存期越长，利率越高。二是可约定转存。储户可在存款时约定转存期限，定期存款到期后的本金和利息将自动按转存期限续存。三是可质押贷款。如果定期存款临近到期，但又急需资金，储户可以办理质押贷款，以避免提前支取造成的利息损失。四是可提前支取。如果储户急需资金，可办理提前支取。未到期的定期存款，全部提前支取的，按支取日挂牌公告的活期存款利率计付利息；部分提前支取的，提前支取的部分按支取日挂牌公告的活期存款利率计付利息，剩余部分到期时按开户日挂牌公告的定期储蓄存款利率计付利息。五是受时间限制，如果提前支取，利息损失较大。

整存整取的适用对象是长时间不动用、不追求高风险高收益的资金。

整存整取的理财建议：一是在整存整取的同时，储户不妨把大额的款项拆分开来，这样不但利息不会损失，而且万一出现需要提前支取或者应急的情况，也不会“牵一发而动全身”，避免利息损失。二是很多储户存款到期忘记去取款，结果超期的利息只按照活期计算，如果和自动转存结合起来，到期之后可自动转存，就算忘了日期也不用担心了。三是大笔的长期闲散资金应该考虑大额定期存单和大额可转让定期存单。

（二）零存整取

零存整取定期储蓄是指储户为实现约定期限和金额，分期存入，每月固定存款一次，到期后一次性整笔支取本金和利息。这种储蓄方式是为了适应储户将零星小额结余款项积零成整的需要而设置的，可用于筹集子女教育经费、购置耐用消费品和住房款项等。该种储蓄5元起存，存期分为1年、3年、5年3个档次，尤其适合低收入者生活节余积零成整的需要。

零存整取的优缺点：一是零存整取利率较高，也可约定转存、质押贷款和提前支取。二是存入时负担较小，积少成多，可培养理财习惯。三是受时间限制，如果提前支取，利息损失较大。四是每月存入，较麻烦，但随着网上银行的普及，客户可通过网上银行办理存款业务。

零存整取的适用对象：适用于工薪族或“月光族”，可以逐渐半强制性地为自己将来的开支积累一些资金。

零存整取的理财建议：这种储蓄一旦约定了存款金额，就必须每个月按时存款，如果中途因为特殊原因漏存，那么下个月一定要补上，如果没有补存，那么这份合同就视同违约，到期支取时对违约之前的本金部分按实存金额和实际存期计算利息；违约之后存入的本金部分，按实际存期和活期利率计算利息。

（三）存本取息

存本取息定期储蓄是指约定期限，储户一次存入本金，定期分次支取利息，到期支付本金的一种定期储蓄。该储蓄品种一般5000元起存，存期分为1年、3年和5年3个档次。开户时，整笔存入按约定期限（可1个月或几个月）分次取息，到期还本。

存本取息的优缺点：一是可多次支取利息，灵活方便。二是可质押贷款。三是可提前支取。客户需要提前支取本金时，按照整存整取定期存款的规定计算存期内利息，并扣除多支付的利息。四是起存金额较高。

存本取息的适用对象：适用于照顾对象的消费。如：为老年人存养老金，为孩子存上学费用等，它存入的方法是约定存期、整笔存入，然后分次取息，最后到期一次支取本金。

存本取息的理财建议：对于一些有大笔资金较长时间不用、又不愿意投资一些有风险产品的储户，不妨考虑采用“存本取息+零存整取”的组合模式，一方面能获得较高的收益，另一方面则能把产生的利息再存起来，达到“利滚利”的效果。具体操作是，先把资金按照存本取息的模式一次性存入银行，然后再和银行约定一个“每月自动转息”的业务，这样既不用每个月到银行取息再转存，同时也能把这部分利息再利用起来，获取更大的组合收益。

此外，与上述几种定期储蓄相比客户使用较少的还有整存零取和定活两便等定期储蓄形式。整存零取定期储蓄是指储户约定存款期限，一次存入本金，定期分次支取本金，到期支付利息的一种定期储蓄。起存金额1000元，存期为1年、3年和5年，支取期分为1个月、3个月或半年一次。定活两便储蓄既有定期之利，又有活期之便。50元起存，可随时支取。储户开户时不必约定存期，银行根据存款的实际存期按规定计息。实际存期在3个月以内（不含3个月）的，其利息按销户时的活期利率计算，实际存期在3个月以上（含3个月）的，按销户时的同档次整存整取定期存款利率打6折计算。

三、通知存款

通知存款是指客户在存入资金时不需约定存期，但在支取时要提前通知银行，约定支取日期和金额的存款业务。它介于活期与定期之间，使客户能更灵活地存取资金，并获得较高利息收入。通知存款存入时，客户可自由选择通知存款品种（1天通知或7天通知），不论实际存期多长，通知存款业务只按客户提前通知的期限长短划分为1天通知存款和7天通知存款两个品种。客户一次存入，可以一次或分次支取。银行按支取日挂牌公告的相应利率水平和实际存期计息，利随本清。通知存款最低起存金额为人民币 5 万元。

通知存款的特点：收益高，资金支取灵活。客户不仅可获得高于活期存款的利率，并且可以随时支取存款。

通知存款适用于储蓄期限不定的大笔资金。

通知存款的理财建议：可以实施专有积利存款计划，客户可按最短 8 天（7 天通知存款）或 2 天（1 天通知存款）为周期对通知存款的本金和利息进行自动滚存，并可根据实际需要定制通知存款转账周期和存期。还可提供自动转存定期存款服务。客户可约定在通知存款存期结束后将本金和利息自动转存为定期存款。

四、其他类型储蓄

（一）大额可转让定期存单

大额可转让定期存单储蓄是一种固定面额、固定期限、可以转让的大额定期存款储蓄。发行对象既可以是个人，也可以是企事业单位。大额可转让定期存单无论单位或个人购买均使用相同式样的存单，分为记名和不记名两种。两类存单的面额均有 100 元、500 元、1000 元、5000 元、10000 元、50000 元、100000 元、500000 元共 8 种版面。大额存单期限包括 1 个月、3 个月、6 个月、9 个月、1 年、18 个月、2 年、3 年和 5 年共 9 个品种。大额存单的利率普遍上浮，高于定期存款。个人投资者购买大额存单的起点金额每家银行规定不同，例如 2019 年有些银行规定是 20 万元，有些银行规定是 30 万元。

（二）活期支票储蓄

支票是出票人签发的，委托办理支票存款业务的银行或其他金融机构在见票时无条件支付确定的金额给收款人或持票人的票据。活期支票储蓄是活期储蓄的一种形式。储户需要开立活期支票储蓄户的，可以由单位出具证明向银行申请，经银行审核批准即可开户。储户开出的支票有效期一般自出票日起 10 日内。储户如需要购买商品或支付劳务费、公用事业费、医药费等可通过支票办理结算。

五、储蓄存款技巧

1. 阶梯存储法。如果把钱存成一笔多年期存单，一旦利率上调就会丧失获得高利息机会，如果把存单存成 1 年期，利息又太少，为此可以考虑阶梯存储法。此法流动性强又可以获得高利息。具体步骤是：如手中有 5 万元可分别用 1 万元开 1 年期存单，1 万元开 2 年期存单，1 万元开 3 年期存单，1 万元开 4 年期存单，1 万元开 5 年期存单，1 年后，就可以用到期的 1 万元再去开设一个 5 年期存单，以后年年如此。5 年后，手中所持有的存单全部为 5 年期，只是每个存单到期的年限不同，依次相差 1 年。这种储蓄方法既可以跟上利率调整，又能获取5年期存款的高利息。

2. 存单四分存储法：如果现在有10万元并且在1年内有急用，而且每次用钱的具体金额时间不确定，那么最好选择存单四分存储法，即把存单分为四张，即10000元一张、20000元一张、30000元一张、40000元一张。这样一来，假如有10000元需要周转，只要动用10000元的存单便可以了，避免了需要10000元也要动用“大”存单的情况，减少了不必要的损失。

3. 利滚利存储法：所谓利滚利存储法又称“驴打滚存储法”，即存本取息储蓄和零存整取储蓄有机结合的一种储蓄法。具体步骤：假如有3万元，可以把它存成存本取息储蓄，1个月后取出存本取息储蓄的第1个月利息，再用这1个月利息开设一个零存整取储蓄户，以后每个月把利息取出后存入零存整取储蓄，这样不仅存本取息得到利息，而且其利息在参加零存整取后又取得利息，此种储蓄方法只要长期坚持就会有丰厚回报。

4. 交替存储法：与阶梯存储法类似，只是期限和存单份数不同。如果有5万元，不妨把它分为2份，每份2.5万元，分别按半年期、1年期存入银行。若半年期存单到期，有急用便取出，若不用便按1年期再存入银行，以此类推。每次存单到期后都存为一年期存单，这两张存单的循环时间为半年，若半年后有急用可取出任何一张存单，这种储蓄方法不仅不会影响家庭急用，也会取得比活期更高的利息。

5. 采用自动续存法：根据银行规定，自动续存的存款以转存日利率为计息依据，当遇降息时，如果钱是自动续存的整存整取，并正好在降息不久到期，则储户千万不要去取，银行会自动在到期日按续存约定转存，并且利率还是原来的利率。

6. 少存活期、到期支取：同样存钱，存期越长，利率越高，所得利息就越多，如果手中活期存款一直较多，不妨采用定活两便或零存整取的方式，因为一年期的利率大大高于活期利率。

7. 选择合理的存款期限：在利率很低的情况下，由于1年期存款利率和3年期、5年期存款利率相差很小，因此个人储蓄时应选择3年期以下的存期。这种方法可方便地把储蓄转为收益更高的投资，同时也便于其在支用时利息不受损失。

8. 选择零存整取：该储种是以积数即每日存款的累加数为计息总额，其采用的利率为开户日的银行利率，因此储户不妨逐日增加存款金额，提高计息积数，它可以在降息的情况下获得以前银行较高的存款利息。

➢ 工作实例分析

许巍先生家庭的现金及活期存款为5万元，这类资产流动性最高但收益率极低。在目前活期存款利率仅为0.3%的情况下，具有稳定职业的许先生及太太二人并不需要储备5万元现金类资产，通常保留家庭3~6个月开支的备用金即可，因为本期开支可以从本期收入中得到补偿。因此我们建议许先生保留1.5万元（即5个月的开支，占生息资产2.73%）以备不时之需，可再分为活期储蓄和货币基金两部分。

步骤二　分析银行卡产品

微课：分析银行卡产品

一、认知银行卡

银行卡是由银行发行的具有消费信用、转账结算、存取现金等全部或部分功能的卡片式信用支付工具，包括借记卡、信用卡等。

PPT：分析银行卡产品

借记卡是指银行发行的一种要求先存款后消费的银行卡。借记卡与储户的储蓄存款账户相连结，卡内消费、转账、ATM 取款等都直接从存款账户扣划，不具备透支功能。

信用卡是由商业银行或信用卡公司对信用合格的消费者发行的信用证明。持有信用卡的消费者可以到特约商业服务部门购物或消费，再由银行同商户和持卡人进行结算，持卡人可以在规定额度内透支。信用卡消费是一种非现金交易付款的方式，消费时无须支付现金，待账单日后再进行还款。

信用卡消费信贷的特点：一是循环信用额度。我国发卡银行一般给予持卡人25～50 天的信用周期，持卡人的信用额度因人而异，从几百元到超过 10 万元不等。二是具有无抵押无担保贷款性质。三是一般有最低还款额要求。我国银行规定的最低还款额一般是应还金额的 10%。四是信用卡提供的通常是短期、小额、无指定用途的信用。五是信用卡除具有信用借款外，还有存取现金、转账、支付结算、代收代付、通存通兑、额度提现、网上购物等功能。

二、使用信用卡的融资功能

操作动画：信用卡融资

1. 信用额度：信用额度指银行根据信用卡申请人的信用记录、财务能力等资料为申请人事先设定的最高信用支付和消费额度。发卡机构将根据持卡人信用状况的变化定期调整信用额度。

2. 免费融资：贷记卡持卡人用信用卡进行透支支付，可享受免息还款期待遇。即持卡人用信用卡消费后，从银行记账日至发卡银行规定的到期还款日之间为免息还款期。免息还款期由三个因素决定：客户刷卡消费日期、银行对账单日期和银行指定还款日期。

文本：信用卡改革

◆ 拓展阅读

享受信用卡免息还款期的优惠

张先生申请了某银行信用卡。按发卡行规定，每月 5 日为账单日，23 日为还款日，则该银行就为客户提供了最长为 48 天的免息优惠（各行规定不同）。如张先生在 1 月 4 日消费 1000 元，则这笔款项计入当月账单，那么免息还款期就是当月 4 日～23 日这段时间，为 19 天；若张先生在 1 月 6 日消费 1000 元，则这笔款项计入下月账单，那么到2月23日才需要偿还这部分透支额。那么免息还款期就是1月6日~2月23日这段时间，为48天，在这48天里可以免费占用银行的资金，相当于从银行获得了一笔无息贷款，解决了张先生的临时资金缺口，实现了提前消费。

如果贷记卡持卡人在规定的还款日只偿还了最低还款额或未能支付上月所有信用卡消费，则不再享受免息还款期待遇，即从银行记账日起，所有消费金额均要支付利息。发卡银行对贷记卡持卡人未偿还最低还款额和超信用额度用卡的行为，分别按最低还款额未还部分、超过信用额度部分的5%收取滞纳金和超限费。

3. 循环信用功能：循环信用是一种按日计息的小额、无担保贷款。持卡人可以按照自己的财务状况，每月在信用卡当期账单的到期还款日前，自行决定还款金额的多少。当持卡人偿还的金额等于或高于当期账单的最低还款额，但低于本期应还金额时，剩余的延后金额就是循环信用余额。持卡人如果在当期选择了循环信用，那么在当期就不能享受免息还款期的优惠。

◆ 拓展阅读

信用卡的还款策略与利息计算

李女士的账单日为每月5日，到期还款日为每月23日。4月5日银行为李女士打印的本期账单包括了她3月5日~4月5日的所有交易账务：本月账单周期里李女士仅有一笔消费：3月30日，消费金额为1000元；李女士的本期账单列印“本期应还金额”为1000元，“最低还款额”为100元。不同的还款情况下，李女士的利息分别为：

若李女士于4月23日前全额还款1000元，则在5月5日的对账单中循环利息为0；若李女士于4月23日前只偿还最低还款额100元，则在5月5日的对账单的循环利息为17.4元。具体计算如下：

1000元×0.05%×24天(3月30日至4月23日)+(1000元-100元)×0.05%×12天(4月23日至5月5日)=17.4元

4. 预借现金功能：预借现金（取现）服务是银行为持卡人提供的小额现金借款，满足持卡人的应急之需，让持卡人的资金融通更自在从容。一旦有现金紧急需要，持卡人可持信用卡在自动柜员机24小时自由取现。国际卡还可在全球的自动柜员机上方便地提领当地货币。预借现金额度根据持卡人的用卡情况设定，包含在信用卡的信用额度内，具体规定各发卡行不同，一般贷记卡取现额度为信用额度的50%。预借现金交易不享受免息还款期待遇，自银行记账日起按日利率（例如0.05%）计收利息至清偿日止。同时还应承担预借现金金额的3%计算的手续费，最低收费额为每笔30元人民币或3美元。

做一做

分析不同银行信用卡的优势和不足

上网搜集各大银行信用卡的协议条款，并逐项进行比较，分析各自的优势和不足，从中选择不同客户群体最适合的信用卡并向大家推荐。

三、银行卡的使用技巧

1. 银行卡不要太多。很多人的钱包里放满了五花八门的银行卡，有时甚至记不起那张信用卡该在哪个时候还款。其实对于一般的工薪族来说，1～2张储蓄卡（借记卡）、1～2张信用卡（贷记卡）就足够。借记卡可以承担储蓄功能；信用卡可以满足消费结算的需要。这样的搭配，完全可以满足一般人的日常生活需要。

2. 按期还款最划算。根据各银行信用卡的统一规定，如果客户在免息还款期内仅归还部分借款但高于最低还款额，银行将收取持卡人全部透支款的利息，而非未归还部分借款的利息。这意味着客户放弃了免息还款待遇。而透支款日利率为万分之五，即年利率为18%，这是非常高的利率。银行卡分期付款通常不计利息，但是要收取一定的手续费。持卡人在消费前最好要先查清楚自己卡中的可用余额和分期付款额度，并且计算一下手续费是否是自己愿意承受的。尽量在规定期限还清全部款项，减少非必要的利息支出。

3. 签名和密码的选择。以签名作为信用卡的消费凭证是国际银行业的主流，从安全性角度来讲，这种信用卡不用设密码，仅凭签字就可消费，尤其是通过网上银行消费，一般只要知道持卡人姓名、卡号、信用卡到期日以及查询密码就有可能被盗用。因此很多国内持卡人认为，密码比签名更安全。但是使用密码也有一些坏处，就是保管密码的责任则转嫁到了持卡人身上，也就意味着“损失自负”，一旦发生信用卡被冒用的事件，使用签名的持卡人的权益往往能得到更好的保护和补偿。

4. 避免用信用卡取现金。信用卡现金透支款没有免息还款期。如果持卡人用信用卡直接透支现金，银行将自透支日起计收利息。与此同时，持卡人还要为此支付现金透支手续费。因此，持卡人若非紧急现金支付，应尽量避免用信用卡提取现金，取现金最好使用借记卡。

5. 免息分期活动。通常客户在收到银行对账单的时候，同时也能收到银行一张宣传单，可以免息分期付款。例如买笔记本电脑、手机等。很适合那些喜欢购物，而又一时没有那么多钱的朋友。但需要注意一点的就是，虽然说的是免息，但物品价格可能比市价高一些的，实际上就是把利息算在总价里的。所以在做决定的时候要考虑到这一点。

6. 用信用卡进行基金投资。基金是一般人最容易上手的投资理财工具，持卡人若以信用卡定期定额购买基金，可享受先投资后付款及红利积点的优惠。在基金扣款日刷卡买基金、到信用卡结账日才缴款，持卡人不但可赚取之中的利息，若是遇上情势喜人，基金净值上涨，等于还没有付出成本就赚到报酬。

7. 谨防信用卡丢失或被盗。申请信用卡前应该先了解银行的信用卡风险条款，不要申请一些高风险银行的信用卡，这些银行通常将信用卡风险转嫁至持卡人身上，将信用卡丢失被盗后的损失让持卡人承担。而好的银行则承诺会承担挂失前48小时内的被盗损失。因此，一旦用户发现卡片丢失、被盗等情况应该立即联系银行挂失。

8. 尽量不要有溢出款。溢出款就是还清透支金额后剩余的钱，这些剩余的钱放在信用卡里是不计利息的，这些钱存在信用卡账户里面如果取现金银行一样要收手续费，唯一的选择就是消费掉。

9. 信用卡年费多种方式可免。例如在开卡促销期就免除当年的年费，或者在持卡期间通过指定次数的刷卡活动免除年费，还有一种是用消费积分来冲减年费。

步骤三　分析个人贷款产品

微课：分析个人银行贷款产品

PPT：分析个人银行贷款产品

一、认知个人银行贷款

个人贷款是指商业银行向个人客户发放各种信贷资金，以满足其各种资金需求，个体客户在约定期限内还本付息的信贷行为。

个人贷款具有品种多、用途广、手续便利、还款方式灵活等特点。

个人贷款产品主要包括贷款对象、贷款利率、贷款期限、还款方式、担保方式和贷款额度六要素。

个人贷款按产品用途的不同，可分为个人住房贷款、个人消费贷款和个人经营贷款三类；按担保方式的不同，个人贷款产品又可以分为个人抵押贷款、个人质押贷款、个人保证贷款和个人信用贷款四类。

抵押担保贷款是指借款人或第三人不转移对法定财产的占有，将该财产作为贷款的担保。借款人不履行还款义务时，贷款银行有权依法以该财产折价或者以拍卖、变卖财产的价款优先受偿。

质押担保贷款是指借款人或第三人转移对财产的占有，将该财产作为贷款的担保。质押担保分为动产质押和权利质押。动产质押是指借款人或第三人将其动产移交贷款银行占有，将该动产作为贷款的担保。当借款人不履行还款义务时，贷款银行有权依法以动产折价或以拍卖、变卖该动产的价款优先受偿。权利质押是指以汇票、支票、本票、债券、存款单、仓单、提单、依法可转让的股份、股票、商标专用权、专利权、著作权中的财产权利等《担保法》所规定的可以质押的，或贷款银行许可的质押物作为担保。当借款人不履行还款义务时，贷款银行有权依法以该权利凭证的折价、拍卖、变卖的价款优先受偿。

二、个人贷款产品的理财策略

1. 尽量选择优惠利率贷款。贷款产品理财应针对上述六个要素，选择最有利的组合。其核心是在获得所需贷款的同时尽量减少利息开支。在多种贷款品种中有优惠利率的尽量选择优惠利率贷款，在不同贷款期限利率不同的情况下，应尽量选择最低利率的期限组合。如果贷款用于投资，当投资收益高于贷款利息的情况下，应尽可能提高贷款额度。有些贷款办理过程中附加有其他费用，这些费用应与利息一起考虑。

2. 符合公积金贷款条件的应尽量用足公积金贷款。就住房贷款而言，商业性贷款的贷款对象比公积金贷款更宽泛，适合更多的个人客户，但公积金贷款利息负担比商业性贷款低。符合公积金贷款条件的应尽量用足公积金贷款的优惠政策。

3. 贷款期限要与收支结余匹配。选择贷款期限的出发点应是节约利息支出，选择贷款期限应在对未来合理预见的基础上“就短不就长”，但“就短”要注意不要设定为在自身支付极限情况下的最短期限。房贷期限的确定，在考虑尽可能选择最低利率的同时，要考虑月供要与收支节余相适应，不能因还贷过多影响日常生活。如果借款者善于投资且投资收益比银行同期贷款利率更高，那么在选择贷款期限上就可适当偏长些。

4. 慎用固定利率。在确定利率条款时要慎用固定利率，固定利率房贷是银行为购房人提供的在一定期间内贷款利率保持固定不变的人民币贷款业务，在贷款合同签订时即设定好固定的利率，无论贷款期内市场利率怎样变动，借款人都按照固定的利率支付利息。在利息不断上调的情况下，很多人倾向选择固定利率的房贷产品。但假如今后又碰上减息周期，采用固定利率房贷反而会有损失。

5. 认清个人贷款存在的风险要素。在考虑上述因素的同时，必须充分考虑个人贷款的风险：偿还不起贷款本息而被银行罚息，加大利息支出；由于在贷款时错误地估计了自己可承受的贷款额度，无法偿还贷款本息，抵押品被没收；资金宽裕时却无法提前还款，从而损失利息。另外，如果借款人购买的是汽车等消费品，还要承担购买商品贬值的风险。

◆ 拓展阅读

住房贷款还款策略案例

1. 轻松入住型还款策略。

王先生今年28周岁，月收入为4200元。近期购买了一套80万元的住房，房子要一年后交付，目前王先生租房，每月需付房租600元。交房后王先生要进行装修，结婚也得有大额费用支出，因此在贷款前3年王先生还款压力很大。目前王先生最大月供承受能力为3000元，他申请贷款50万元，期限20年。银行为其设计了以下还款方案：第一阶段（3年）2700元/月；第二阶段（8年）

4000 元/月；第三阶段（9 年）2781.77 元/月。

与等额本息还款法每月归还 3310.84 元相比，在第一阶段王先生每月少归还 600 多元。与等额本金还款法（首付款月供）4183.33 元相比，王先生每月少归还近 1500 元。王先生还款压力轻松了，并且他的利息支出也比等额本息法少。

三种还款方式利息之间的差别是：等额本息法利息总额为 294601.62 元；等额本金法为 253050.02 元；组合还款法则为 281631.08 元。

该还款计划的优势是：前期月供低于等额本息法；前期还款压力小，可实现轻松入住；月供金额可自由选择；可节省利息支出。该种方案适用于：前期收入较少，职业前景良好，收入稳步攀升的人群。

2. 金色晚年型还款策略。

张先生今年 45 周岁，家庭月收入为 6500 元，夫妻双方预计 10 年后退休，月收入会下降至 3500 元左右。张先生购买了一套高层住宅，他需要贷款 50 万元，期限 20 年。银行为其设计了以下还款方案：第一阶段（10 年）4349.14 元/月；第二阶段（10 年）1593.92 元/月。

与等额本息还款法每月还款 3310.84 元相比，第二阶段张先生每月要少还款 1500 多元。通过组合还款法，张先生在晚年可以轻松享受生活的乐趣。同时通过还款额的调整，张先生在整个贷款期少支付近 4 万元的利息。

三种还款方式利息之间的差别是：等额本息法利息总额为 294601.62 元；等额本金法为 253050.02 元；组合还款法则为 213166.84 元。

该还款方式的优势是：充分考虑借款人退休前后的收入变化；在职期间可增加还款金额，退休后降低还款压力，安享晚年；可节省利息支出。该种方案适用于：40 周岁以上，有稳定职业及收入的人群和退休后可享受养老保险的人群。

3. 轻松理财型还款策略。

陈先生今年 35 周岁，为私营企业的经理。由于积累了较多资金，他为自己购买了一套别墅。但考虑到自己所从事的行业竞争加剧，预计未来收入会有所减少，按照目前的每月收入 10000 元的水平，他希望能够在经济状况良好的时期集中偿还贷款，节省利息。他向银行申请按揭贷款 50 万元，期限 15 年，银行为他提供的组合还款方案为：第一阶段（5 年）5500 元/月；第二阶段（5 年）4000 元/月；第三阶段（5 年）1379.35 元/月。

与等额本息还款法月还款 3964.39 元相比，在第三阶段月还款节省了近 2600 元，张先生还款压力低了许多，并且他的利息支出比等额本息少。

三种还款方式利息之间的差别是：等额本息法利息总额为 213590.22 元；等额本金法为 190050.01 元；组合还款法则为 152761.23 元。

该还款方式的优势在于：根据自有资金的情况，前期可集中还款；一样的还款，不一样的利息，实现轻松理财；支持阶段性集中还款，个性化程度高。该种方案适用于：有一定经济实力的事业成功人士；投资意识强，希望节省利息支出的人群；预计短期内有国债或定期存款到期的人群；希望提前归还贷款的人群。

4. 一生关怀型还款策略。

李小姐今年 27 周岁，与未婚夫共同购置住房。她向银行贷款 50 万元，期限

30 年。两人目前每月收入总共为 4000 元，考虑到交房后要装修、结婚，因此前两年还款压力较大。小两口计划结婚后一年就生孩子，他们希望能在小孩念到高中及大学时能预留出一部分教育支出。李小姐预计自己 55 周岁退休，希望退休后无明显还款压力。银行为她提供的组合还款方案为：第一阶段（2 年）2100 元/月；第二阶段（13 年）3100 元/月；第三阶段（7 年）1800 元/月；第四阶段（5 年）3500 元/月；第五阶段（3 年）1249.16 元/月。

与等额本息还款法每月还款 2696.34 元相比，李小姐在退休后每月还款减少了 1400 多元，通过组合还款方式，李小姐 30 年的还款额度与自己生活安排非常吻合。

三种还款方式利息之间的差别是：等额本息法利息总额为 470682.44 元；等额本金法为 379050.03 元；组合还款法则为 440169.61 元。

该还款方式的优势在于：根据人生不同阶段的收入及支出，充分兼顾利息支出，在购房的同时实现轻松理财。

步骤四　分析人民币理财产品

微课：分析人民币理财产品（上）

微课：分析人民币理财产品（下）

PPT：分析人民币理财产品

一、认知人民币理财产品的种类

人民币银行理财产品有着不同的投资领域，据此理财产品大致可分为债券型、信托型、挂钩型及资本市场型。

（一）债券型理财产品

债券型理财产品是早期银行理财产品的唯一品种。在这类产品中，个人投资者要与银行签署一份到期还息的理财合同，并以存款的形式将资金交由银行经营，之后银行将募集的资金集中起来开展投资活动，投资的主要对象包括短期国债、金融债、央行票据以及协议存款等期限短、风险低的金融工具。在付息日，银行将收益返还给投资者；在本金偿还日，银行足额偿付个人投资者的本金。

这类产品风险较低、收益比较稳健，在市场不发生特别大变动的时候，这一类型的理财产品收益也基本能够符合银行预先设定的标准。但是，与之相对应的，投资者获取的收益也比较低，比较适合保守型投资者的需求。

对于投资者来说，投资于这些产品可以获得比较稳健的收益，且收益率水平一般都高于同期的定期存款产品，因此不妨作为定期存款的替代产品，而一些投资期限短的产品，如 3 个月期，则可以在一定程度上作为现金管理的工具。这类产品主要适合崇尚稳健收益、投资风格保守的投资者，以此类型的产品作为投资对象，可以以较低的风险获得高于定期存款的收益，另外一种方案则是把此类型的产品作为投资组合的一部分，可以起到降低投资组合风险、保障一定收益的作用。

做一做

比较不同银行的债券型理财产品

搜集各大银行的债券型理财产品，进行比较分析。

（二）信托型理财产品

信托型理财产品也被称为银信连结理财产品，投资于商业银行或其他信用等级较高的金融机构担保或回购的信托产品，也有投资于商业银行优良信贷资产受益权信托的产品。信托型产品根据其资金运用方式，又可以分为固定收益型和浮动收益型。如果以贷款、租赁、买入返售、同业存放以及附回购条件投资等方式来运用理财资金的，为固定收益型；如果以证券投资、股权投资、产业投资、新股申购等方式来运用理财资金的，则为浮动收益型。

信托型理财产品与债券类产品相比有以下不同：一是投资资产不同。债券类产品大多投资于央行票据、国债、政策性金融债和银行储蓄存款等，都是银行可以直接购买或持有的金融产品，信托型理财产品的投资资产是银行不能购买或持有的信托产品。二是关系人结构不同。债券型理财产品关系人结构简单，只有投资者和发行银行，而信托型理财产品关系人结构较为复杂，除投资者和发行银行参与外，信托公司、担保银行、托管银行（也可能是担保银行或其分行）也都不同程度地参与了该项业务。三是收益模式不同。债券类产品投资于短期国债、金融债、央行票据以及协议存款等金融工具，从而获得较为稳健的收益。信托型理财产品主要投资于实体项目，项目收益率事先已经测算，盈利预测具有一定的真实性，而银行将募集的资金投资于有银行提供担保的信托产品，从而与实业项目结合起来，实现了收益的稳定性。

信托型理财产品的操作流程如下：首先银行寻找一家信托公司合作，从信托公司处拿到信托项目并设立专项账户，然后把信托项目包装成理财产品向公众发售，募集资金，专款专用并对专项账户的资金使用进行严密监控。一般来说，银行业的信托理财产品收益要低于纯粹的信托产品，但它们的预期收益率也不错，信托型理财产品的收益率比普通理财产品至少要高出20%左右。此外，不同于纯粹的信托产品上百万元、上千万元的投资门槛，银信连结理财产品则可以通过5万元起投资低起点来分享信托相对较高的收益率。不过，目前的信托投资公司普遍存在着片面强调高收益性的问题，往往隐匿了其内在的风险。由于信托投资机构在信托交易中充当贷款人和投资人的角色，如果监管不力，信托资金便很容易受到威胁。

信托型理财产品对于投资者来说，少量的资金既可以参与分享较高的收益，但不可以提前赎回，流动性差，且需要承担一定的信用风险。因此，适用于有较高的风险承受能力，且对流动性要求不高的个人客户。对于商业银行，产品的开发成本小，基本上是资产管理的性质，只收取手续费，但需承担一定的风险且收益有限。

◆ 拓展阅读

“建行财富三号”股权投资类人民币理财产品

“建行财富三号”六期股权投资类人民币理财产品，投资期限 5 年，自 2009 年 4 月 29 日～2014 年 4 月 28 日，首次购买起点 30 万元。该产品通过中国对外经济贸易信托有限公司成立“建银三号股权投资基金资金信托”，主要投资于中国境内优质的拟上市企业股权、股权收益权及公众公司的定向增发等。闲置资金可投资于银行存款、货币市场基金、新股申购和债券回购，以及可转债和上市公司再融资、短期借款、信贷资产转让等高流动性、低风险金融产品。

（三）挂钩型理财产品

挂钩型理财产品，也称为结构性理财产品，是指理财资金通过购买期权、互换等方式参与衍生产品运作，其收益通常表现为与某些国内、国际市场指标挂钩的理财产品。这类产品有的与利率区间挂钩，有的与美元或者其他可自由兑换货币汇率挂钩，有的与商品价格挂钩，还有的与股票指数挂钩。

由于这种产品与股票、利率、汇率挂钩，风险肯定高于前面所述的两种理财产品。但是一些结构性的设计，可以在一定程度上起到锁定收益的作用。与其他理财产品相比，这类产品结构复杂，挂钩资产多元化，有一定的本金要求。对于投资者来说，结构型理财产品一般产品期限较长，收益结构较复杂，需要客户对外汇、利率、股市走势有一定的认识，有一定的本金要求，但可能获得较高的收益，这种多种组合资产配置的结构型产品一般承诺保本。对于风险承受能力适中、对所挂钩的股票和市场有一定了解的投资者，较为适合参与这种类型产品的投资。对于商业银行来说，开发此类产品要求一定的人力、物力，较高的操作运作能力，这类产品的门槛较高，主要针对高端投资者，需要一定的市场投入。需要提醒的是，在选择结构性产品前，尤其是与股票市场所挂钩的理财产品，需要多做点功课，仔细衡量结构设计中的各个细节。

操作动画：银行理财产品

做一做

比较不同银行的挂钩型理财产品

搜集各大银行的挂钩型理财产品，进行比较分析。

二、认知人民币理财产品的收益类型

（一）保证收益型

保证收益型理财产品，是指商业银行按照约定条件向客户承诺支付固定收益，银行承担由此产生的投资风险，或银行按照约定条件向客户承诺支付最低收益并承担相关风险，其他投资收益由银行和客户按照合同约定分配，并共同承担

相关投资风险的理财产品。

目前银行推出的部分短期融资券型债券理财、信托理财产品、银行资产集合理财属于这类产品。投资对象包括短期国债、金融债、央行票据以及协议存款等期限短、风险低的金融工具。这类产品计算简单，投资期限灵活，适合那些追求资产保值增值的稳健型投资者，例如毕业不久的年轻人、退休人员等。

文本：保本浮动收益——平安银行智能日添利人民币理财产品说明书

（二）保本浮动收益型

保本浮动收益型理财产品是指商业银行按照约定条件向客户保证本金支付，本金以外的投资风险由客户承担，并依据实际投资收益情况确定客户实际收益的理财产品。

保本浮动收益型理财产品的优点是预期收益可观，缺点在于投资者要承担价格指数波动不确定性的风险。该类产品比较适合有一定风险承受能力的进取型投资者，如组建了家庭的中青年人士，收入稳定增长而且生活稳定、注重投资收益的投资者。

文本：非保本浮动收益——中国建设银行“乾元－私享”荟2019年第60期私人银行人民币

（三）非保本浮动收益型

非保本浮动收益型理财产品是指商业银行根据约定条件和实际投资收益情况向客户支付收益，并不保证客户本金安全的理财产品。

该类产品一般预期收益较高，有些产品投资期限会较长，因此，该类产品比较适合风险承受能力强、资金充裕的投资者。

三、研读银行理财产品说明书

购买银行理财产品，首先要读懂产品说明书，尤其是要关注说明书中产品投资方向、风险等级和实现收益条件等方面的描述。

文本：非保本浮动收益型——工银灵通快线银行理财产品说明书

◆ 拓展阅读

建行“乾元—日鑫月溢”（按日）开放式资产组合型非保本浮动收益型人民币 理财产品说明书（局部）

一、产品要素

产品名称	“乾元—日鑫月溢”（按日）开放式资产组合型非保本浮动收益型人民币 理财产品
产品类型	非保本浮动收益型产品
内部风险评级	三盏警示灯
适合客户	稳健型、进取型、激进型个人客户 以及机构客户
本金及收益币种	人民币
产品规模	产品募集上限为5亿元，下限50万元 中国建设银行可根据市场情况等调整产品规模上下限，并至少于调整规模上下限之日之前2个产品工作日进行公告。

续表

预期年化收益率	2.15%
产品发行时间	2020.01.01 01：00 – 2099.12.31 15：30
产品成立日	2020年1月1日
产品期限	无固定期限中国建设银行有权提前终止产品。中国建设银行提前终止产品时，将至少于提前终止日之前2个工作日进行公告。
产品运作周期	每1个自然日为产品的1个运作周期。
认购起点金额	个人及机构客户：10万元人民币
追加认购金额单位	人及机构客户：1000元人民币的整数倍
产品收益计息规则	1. 投资期内按照单利方式，根据客户每笔投资本金金额、每笔投资本金参与理财的天数及对应的实际年化收益率计算收益。 2. 客户赎回申请提出日至赎回投资本金和收益延迟/分次兑付日期间，赎回的投资本金不另计投资收益及存款利息。 3. 客户持有产品至产品提前终止日，产品提前终止日至投资本金和收益兑付日期间，投资本金不另计投资收益及存款利息。

二、投资管理

本产品所募集的全部资金归集一并运用，投资于存款类资产、货币市场工具、货币市场基金、标准化固定收益类资产、非标准化债权类资产、以及其他符合监管要求的资产组合。

各类资产的投资比例为：存款类资产0~90%，货币市场工具0~90%，货币市场基金0~30%，标准化固定收益类资产0~90%，非标准化债权类资产0~90%，其他符合监管要求的资产组合0~90%。具体各类型资产比例为：活期存款0~90%，定期存款0~50%，质押式回购0~90%，买断式回购0~50%，交易所协议式回购0~30%，货币市场基金0~30%，国债0~50%，可转换债券0~30%，其余标准化固定收益类资产0~90%，非标准化债权类资产0~90%，其他符合监管要求的资产组合0~90%。

三、理财收益

1. 收益计算公式。

客户收益＝投资本金×实际年化收益率×产品期限(天数)÷365

2. 计算示例。

情景1：假设客户购买本产品10万元，持有本产品12天，中国建设银行公布的客户年化收益率为2.15%，则：

客户收益＝100000.00×2.15%×12÷365≈70.68（元）

情景2：假设客户于T日购买本产品10万元，T+20日赎回4万元，T+120日赎回剩余6万元。T日，中国建设银行公布：客户预期年化收益率2.15%，客户持有本产品期间，中国建设银行公布：自T+50日始，客户预期年化收益率3.00%。客户收益为：客户本金4万元（投资期20天），T日到T+20日实际年化收益率等于预期年化收益率2.15%，则客户收益＝40000.00×2.15%×20÷

365≈47.12（元）；客户本金6万元（投资期120天），T日到T+49日实际年化收益率等于预期年化收益率2.15%，T+50日到T+120日实际年化收益率等于预期年化收益率3.00%，则：

客户收益＝60000.00×2.15%×50÷365＋60000.00×3.00%×70÷365
≈176.71＋345.21＝521.92（元）

情景3：假设客户投资本金为10万元，持有本产品6天，客户购买本产品时，预期年化收益率为2.15%，实际客户赎回时年化收益率等于0，且投资于基础资产的本金未按时足额回收导致本金亏损2000元，则：

在到期日应兑付客户的收益＝100000.00×0×6÷365－2000.00＝－2000.00（元）

（一）投资方向和风险等级

以某银行发行一款挂钩型产品为例，该产品提供到期日100%投资本金保证，挂钩2只商品期货牛奶和小麦，表现以点对点比较计算。如果一年半后牛奶及小麦表现没有下跌，可获取最低18%的投资收益，收益率最高达50%。此款产品在到期保本之外，有机会赚取最高50%的可能，但实际收益取决于商品的表现状况而定。

回报收益率是吸引投资人作出购买决策的要素之一，但是收益率是需要一个比较基准的。如果资本市场普遍繁荣，甚至出现大牛市，也许50%的投资回报都没有问题。但在市场萧条时，10%恐怕也很难实现。因此，理财产品的收益情况实际上是基于投资环境和投资方向而言的。投资人需要客观看待收益率的数字，冷静斟酌收益率的高低。

文本：七个小案例教您选购理财产品

在统一投资期和投资环境下，投资人可以遵循“风险与回报正相关”的常识，根据“投资方向”和“风险等级”综合选择适合自己的理财产品。

（二）保证收益率和预期最高收益率

《商业银行个人理财业务暂行办法》规定，保证收益理财产品或相关产品中高于同期储蓄存款利率的保证收益，应是对投资人有附件条件的保证收益，不得利用个人理财业务违反国家利率管理政策变相高息揽储。因此，“保证收益”是有附加条件的“保证收益”。附加条款可能是银行具有提前终止权，或银行具有本金和利息支付的币种选择权等，且附加条件带来的风险由投资人承担。因此，投资人不可将理财当成存款来对待。对于理财产品宣传中提及的收益率，投资人需要从以下四方面仔细打量这些诱人数字的含义。

1. 预期最高收益率不代表实际收益率。以市场上对以往所有银行理财产品的表现追踪来看，达到预期的概率并不高，一切还要视产品投资方向的相关表现及产品的设计情况而定。

2. 收益率是否为年化收益率。年化收益率是将整个投资周期的收益率转换成按每年收益计算的收益率。例如：一款产品预计18个月可以取得18%收益，折算成年收益率仅为12%。一款产品预计半年可以取得8%的收益，折算成年化收益率应为16%。

3. 收益率的测算方法不同结果有差异。详细阅读产品预期收益率的测算数据、测算方式和测算的主要依据，投资人还需关注收益率预测模型中有关外生变量的相关变化。

4. 投资的币种引起的汇率损失。投资人有可能要承担相应的汇率损失，从而削减真正的收益。假设投资一款投资美国市场的 QDII 的产品，即使实现了 10% 的收益，实际收益也会随着人民币的大幅升值而缩水。

（三）认购期

通常一款产品的认购期都在 20 天左右，投资人先不要急于购买。这样可以有更多时间斟酌一下产品的适合程度，也可以进一步观察其投资方向的市场走势。如果资金比较多，还可以做一个 7 天通知存款（5 万元以上）或购买几天货币市场基金，打一个时间差，也可以赢得一笔不错的收益。

（四）终止条款

银行的提前终止权相当于投资人卖给银行一个期权。因为关系到投资人放弃了根据市场状况调整资金投向的权利，因此投资人在卖出期权后，享受到比无银行提前终止权的同类产品高的收益率，高出的部分实际上就相当于期权费。投资人需要审慎考虑其中的代价。

有极少数理财产品设计了投资人的提前终止权，但是这仅相当于银行向投资人出售了一个期权。但因为投资人享受这项权利而需要支付这笔期权费，收益率也会相应变低。在阅读时，要留意关于这方面的规定。

（五）提前赎回

理财产品的提前赎回，一般分两种情况：一是投资人与银行均无提前终止权，因此不能提前赎回。二是投资人可以提前赎回，这种赎回权利还进一步细分为：随时支持赎回和只可以在某一规定时间的赎回。

例如：有一款产品对于提前赎回的描述是这样的："产品交收日（2022 年 3 月 20 日）后每年的 3 月、6 月、9 月或 12 月的第三个营业日，此保本投资产品将准许提早赎回，本行会收取相关费用、损失及开支。"该款产品即为投资人有权提前赎回但要列支相关费用的类型。

通常来讲，提前赎回都需要支付相关的费用，同时不再享受到期保本或保证收益的条款。如果这笔费用的成本过高，甚至超出了此段投资期的投资收益，建议投资人慎重考虑。若真有财务流动需求或急需资金，投资人可以咨询该产品有无质押贷款等增值业务，这样可以保障产品的稳健运行，也满足了不时之需。

（六）到期日、到账日

到期日意味着产品到期、停止运行。银行要等在"到账日"才会把投资人的本金和投资所得返还到投资人账户，这中间会有稍许时间差。

（七）相关费用

投资人应该全面了解产品涉及的认购费、管理费、托管费、赎回费的计算方法，实际收取人和收取时间，结合费用、收益和服务的综合情况来判断成本的高低，而不是简单以某项费用衡量产品的成本。

四、人民币理财产品的理财策略

面对多种多样的人民币理财产品，投资者应该根据风险偏好与风险承受度以及家庭生命周期阶段，对不同类型的理财产品进行权衡比较。

1. 要把握理财产品的特点。如果是购买以短期融资券为配置重点的固定收益类人民币理财产品，投资者不能一味地追求高收益，而是应该了解短期融资券的信用等级，寻找风险与收益匹配度较好的产品。如果是购买浮动收益类结构型的人民币理财产品，由于收益结构相对复杂，投资者要了解产品的收益结构，至少对可能出现的结果有一个心理预期。同时，由于此类产品的最高预期收益率并不代表所能获得的真实收益率，实际收益率很有可能低于预期收益率，甚至有可能收益率为负，本金受到亏损。因此投资者需要根据自己的风险承受能力理性选择。

2. 知晓风险。任何投资都是有风险的，投资者在购买理财产品时一定要有风险意识，慎重策划自己的理财方案。同时，投资者必须面对加息的利率风险。如果央行决定加息，定期储蓄存款利率不断调高，那么购买人民币理财产品的收益，可能要低于未来储蓄的收益。

3. 判断挂钩标的未来趋势。新型人民币理财产品需要投资者具有一定的金融学基础知识，需要对不同的挂钩市场和投资方向有所判断。比如对与汇率挂钩的产品，投资者就需要对汇率的未来走势有一个初步的判断，然后再选择看涨或者看跌的产品。一般来说，与证券指数挂钩的产品比较简单，在判断上可以参考该证券指数的历史走势以及目前的经济状况，大致分析一下产品的收益结构，再决定是否进行投资。

4. 关注理财产品的流动性。投资者选择理财产品，需要从盈利性、安全性和流动性三个方面综合考虑。有的银行产品会在协议书中附带一条“不得提前支取”的条款，这就存在一个问题，在投资期限内，投资者需要承担利率上升的风险。目前新开发的产品期限已经大大缩短，一般3个月、半年、1年，而且部分理财产品已经允许提前赎回，有的甚至承诺产品发行后可以在一定时期进行赎回，流动性已有所增加。

5. 选择恰当银行。在各家银行的产品差异很小的情况下，投资者应购买服务质量好的银行的产品。在购买之前，要仔细阅读各银行所提供的合同条款。

做一做

研读人民币理财产品说明书

登录银行网站，阅读分析不同类型的人民币理财产品说明书，分析其特点。

微课：分析外汇理财产品

PPT：分析外汇理财产品

步骤五　分析外汇理财产品

一、认知外汇理财产品

外汇理财产品是用外币进行投资的产品。目前各银行推出的产品以美元、欧元等外币为主，主要用于投资外币结构性存款。所谓外币结构性存款，是指在普通外汇存款的基础上嵌入某种金融工具（主要是各类期权），通过与利率、汇率和指数等的波动挂钩或者与某实体的信用情况挂钩，从而使存款人在承受一定风险基础上获得较高收益的业务产品。目前各家银行都推出了不少外币理财产品，收益率多在5%以上，可弥补人民币升值带来的缩水，且有所盈余。但投资者需注意选择期限较短的理财产品，以规避长期来看人民币升值带来的风险。

◆ 拓展阅读

建信理财私行精选福星安稳固收类封闭式美元产品
2022年第1期产品说明书(局部)

一、产品要素

产品名称	建信理财私行精选福星安稳固收类封闭式美元产品2022年第1期
产品类型	固定收益类，非保本浮动收益型
内部风险评级	两盏警示灯
适合客户	谨慎型、稳健型、进取型、激进型个人投资者
本金及收益币种	美元
发售规模	产品募集上限为1亿份，下限为500万份
产品募集期	2022年11月23日9：00至2022年11月29日15：00
产品成立日	2022年11月30日
产品期限	189天
产品到期日	2023年6月7日
产品认购及确认	1. 本产品以金额认购，仅支持美元认购。 2. 本产品在成立日对认购申请的有效性进行确认。 3. 募集期产品份额净值为1.000000美元/份。 4. 认购份额=认购金额÷1.000000。
业绩比较基准	4.5%
认购金额	财富管理级及以上个人投资者1美元起购，认购金额以1美元的整数倍递增；其他个人投资者购买本产品，100万美元起购，认购金额以1美元的整数倍递增。
投资收益	本产品无分红机制，投资运作情况体现为产品净值变化。

二、投资管理

投资范围和投资比例：

投资范围	投资比例
1. 境外资产 固定收益类：现金、银行存款、可转让存单，及其他符合监管要求的资产。	固定收益类资产的投资比例为100%。
2. 境内资产 固定收益类：现金、银行存款、同业存单，及其他符合监管要求的资产。	

三、理财收益说明

（1）产品到期收益测算：投资者收益 $= M_0 \times (P_i - P_0)$

M_0：投资者持有份额；P_i：投资者到期时产品份额净值；P_0：投资者购买时产品份额净值

（2）计算示例：假设投资者于募集期内认购本产品，投资本金为10000000.00美元，购买产品时份额净值为1.000000美元，折算份额为10000000.00份。产品到期时，产品份额净值为1.043200美元，则：

兑付给投资者的资金为：$10000000.00 \times 1.043200 = 10432000.00$（美元）

1. 固定收益类外币理财产品、浮动收益类外币理财产品。

固定收益类外币理财产品有多种投资期限、多个币种可供选择，收益与同期银行外币定期存款相比高出许多。这类产品比较适合稳健风格的投资者。

浮动收益类外币理财产品的收益因投资挂钩标的物不同而有高低差异。随着理财逐步全球化，这类产品的设计越来越复杂，投资的范围也越来越广，与石油、黄金和汇率等挂钩，预期收益也十分可观。但高收益必然带来一定的风险，需要投资者有相应的风险承受能力。

2. 个人外汇存款类、实盘操作类、浮动收益类、结构投资类和期权类。

个人外汇存款是指居民将自有的外币现钞或国外汇入的外汇直接存入银行并获得利息。

实盘外汇买卖是由银行根据国际外汇市场行情，提供即时外汇交易牌价，接受客户的委托，为客户把一种外币兑换成另一种货币，获取汇率差价。交易币种有欧元（EUR）/美元（USD）、澳元（AUD）/美元（USD）、英镑（GBP）/美元（USD）、美元（USD）/日元（YEN）等。其中，欧元/美元、美元/日元、英镑/美元三大货币组合的交易量占了整个市场的90%。

浮动收益类产品是指收益率随着市场利率浮动，即每隔一段时间收益率被重新调整一次，且合约中不包括期权调控的外汇投资工具。

结构类投资工具是指将基础产品如储蓄、浮动收益产品等，与利率期权、汇率期权等相结合，并在合约中体现这种期权的复合产品。

期权类产品是指客户向商业银行买入或出售的在未来某一时刻或一定期限内，以特定汇率购进或卖出一定数额的某种外汇的权利。

二、外汇理财产品的风险特征

1. 市场风险。外币理财产品主要投资于国际金融市场的外币结构性存款、货币掉期、高等级债券、欧洲商业票据和拆放境外同业等产品，存在较大的市场风险。目前外资银行推出的理财产品，有的与香港红筹股挂钩，有的与新兴市场债券挂钩，有的与商品指数以及国际市场黄金、石油挂钩。随着美元与人民币利差的进一步拉大，许多商业银行通过各种汇率、利率工具，投资境外外币衍生产品提高资产收益率和资产配置效率的意愿比较强烈，一旦市场出现大的逆转，外币理财市场将面临较大的风险。

2. 操作风险。目前银行大量推出创新理财产品，内控建设和风险管理往往相对滞后，在一定程度上增加了因操作失误或欺诈给商业银行带来的风险。有的银行对创新的理财产品没有严格的内部管理制度，有些经办人员对相关操作规程不熟悉，或者分支行超计划销售等，都存在较多的风险隐患。

3. 流动性风险。对可提前终止的理财产品，如果因为市场利率变化出现大规模赎回，可能影响银行的流动性，特别对资金头寸比较紧张的股份制银行影响较大。此外，部分商业银行的理财资金还存在管理不规范的现象。一些商业银行没有按理财产品协议使用资金，发生理财资金挪用等问题。

三、选择外汇投资产品应考虑的因素

投资者应当注意到，商业银行的信誉度不同，外汇产品的信用等级也随之不同。合约设计不同，收益和风险差别也会很大。如外币存款是一种保本投资，其收益主要随利率而变化，而外币买卖赚取汇率差价，风险则相对较高。投资者在选择外汇理财产品时主要应考虑以下几个因素：

1. 收益率。外汇结构性存款产品的收益率有名义收益率与实际收益率之分。通常固定收益率的外汇结构性存款的实际收益率与名义收益率相同。与利率挂钩的外汇结构性存款实际收益率与名义收益率则有可能相差很大。很多情况下，银行给出的收益率都是名义收益率，只有在一切要求都满足条件时客户才可能得到银行承诺的收益。

2. 期限。目前各家银行推出的结构性存款的期限多在6个月至6年之间。外汇理财产品的投资期限越长，客户承受的风险越大。当然，投资期限越长，产品的收益率越高。客户在选择投资之前一定要分析未来市场的利率和汇率的走势，并规划自己的资金使用。

3. 流动性。即外汇结构性存款是否可以转让、银行与客户是否可以提前终止、是否可以办理质押贷款等。目前各家银行的外汇结构性存款都不能转让。在客户是否可以提前支取问题上，部分产品规定，在任何条件下客户都不得提前支取，另外一些产品虽然可以提前支取，但也得交纳很高的违约金。银行提前终止结构性存款有可能给客户带来损失。在是否可以办理质押贷款方面，各家银行的规定有所不同，客户在购买时要注意比较。

4. 其他。挂钩的利率种类、利率水平、利率变动范围等因素也会对客户的收益产生影响。以与利率挂钩的外汇结构性存款为例，目前美元产品采用的主要是与LIBOR（伦敦银行同业拆借利率）挂钩，我国的港币采用的多及HIBOR（香港同业拆借利率）挂钩。挂钩利率的变动范围至关重要，如果是外汇理财产品的挂钩利率，必须落入指定范围才可以获取收益。利率变动范围越大对客户越有利。

四、外汇理财产品的理财策略

1. 注重产品基本面。不同的外汇理财产品在币种、收益率、期限等方面各不相同，究其本质，最大的差别应是产品在投资方向、利率、汇率或其他基本面上的不同，应注重分析产品投资或挂钩的对象，尤其要注意分析产品的整体运作安排。虽然同为外币理财，但不同币种因其利率、汇率走势的不同其理财产品的收益率也会有所差别。

2. 注重实际收益。有的外汇理财产品的收益率下限甚低，但上限普遍较高，借以吸引投资人。投资人需注意，高收益率背后隐藏较大风险。最佳收益率和预期收益率并不等于实际收益率。因为最佳收益率和预期收益率是要达到一定条件才能实现，即产品收益参照的汇率、利率、黄金价格或指数等要达到协议所规定的水平。投资人在期待高收益率的同时，也要承担这些观察指标带来的风险。

3. 注重风险。外汇理财产品大多在产品说明书中明确提示各种风险。对于保守型投资人，固定收益产品是个不错的选择，其收益稳定，且比同期存款利率高，风险也小。浮动收益产品则适合能承受高风险、期待高收益的投资人，但这类产品结构较复杂，投资人应对金融市场和金融产品有所了解，对国际经济走势有一定判断。虽然理财产品的收益有不断升高的势头，但高收益产品的增加并没有改变银行理财产品市场的特点，目前银行理财产品仍以稳健的固定收益为主。由于商业银行不得无条件向客户承诺高于同期储蓄存款利率的保证收益率，这意味着最终实际投资收益存在着不确定性。同时，选择外汇理财产品一定要注意锁定汇率风险。

4. 注重投资期限。根据一般的投资定律，在市场利率不稳定的情况下，投资者应采用短期策略，避免损失。

5. 巧用提前终止权。不少投资外币理财的人都有这样的担心：想购买美元固定收益的理财品种时，又怕美元升息后，收益反而低于市场利率，而此时终止权又在银行手里，银行不会提前终止理财，投资人就得不到高收益；反之，若利息下降，银行会提前终止理财交易，投资者就拿不到预期理财收益，显得有些“不对等”。现在有的银行也给了投资人终止权，因而打消了投资人这些顾虑，以最大限度地保障投资的灵活性。

微课：分析 QDII 理财产品（上）

微课：分析 QDII 理财产品（下）

PPT：分析 QDII 理财产品

文本：QDII 产品——中银稳健增长（R）产品说明书

步骤六　分析 QDII 理财产品

一、认知 QDII 理财产品

合格境内机构投资者（Qualified Domestic Institutional Investor，QDII），是指在人民币资本项目不可兑换、资本市场未开放条件下，在一国境内设立，经该国有关部门批准，有控制地允许境内机构投资境外资本市场的股票、债券等有价证券投资业务的一项制度安排。

对个人投资者来说，QDII 可以实现代客境外理财业务，投资者将手上的人民币或是美元直接交给银行，让银行代为投资到国外的资本市场上去。QDII 最重要的意义在于拓宽了境内投资者的投资渠道，使投资者能够真正实现自己的资产在全球范围内进行配置，在分散风险的同时，充分享受全球资本市场的成果。

◆ 拓展阅读

"亚洲创富精选"QDII 产品说明书（摘选）

一、产品要素

产品名称	"亚洲创富精选"开放式代客境外理财产品
产品类别	人民币开放式非保本浮动收益理财产品
本金及收益币种	投资本金币种：人民币　　兑付本金币种：人民币 兑付收益币种：人民币
发售规模	发售上限 100 亿元人民币
投资期限	无固定期限
投资起始日	2007 年 10 月 2 日
产品募集期	2007 年 9 月 24 日 ~2007 年 9 月 28 日
产品封闭期	2007 年 10 月 2 日 ~2008 年 1 月 3 日
募集期是否计算存款利息	是（募集期内利息部分不计入产品份额）
产品单位	份（产品投资起始日 10000 份 =10000 元人民币）
投资起始金额	5000 元
追加申购金额	最低 1000 元
产品开放日	封闭期后，每周二
提前终止权	建设银行有提前终止权
附属条款	不可办理质押及存款证明

二、投资管理

1. 基础资产。

本产品投资于摩根富林明资产管理有限公司旗下的与亚洲（包括澳大利亚）经济相关的基金，组成积极管理投资组合。除上述之资产类别外，境外管理人还可以选择现金、债券基金及短期货币市场工具进行动态资产配置。本产品不直接投资于上市公司股票及债券。

2. 投资限制。

（1）产品所投资之基金数量不得少于 2 支。（2）所投资的单只基金资产市值在任一时点不得超过产品资产总额之 70%。（3）只可为对冲风险而投资于掉期合约、远期合约、期货、期权及认股权证等金融市场上流通的衍生金融工具。（4）不得投资于商品类衍生产品、对冲基金。（5）产品所投资的基金如果出现分红等情况，本产品一般选择收取现金作为产品资产进行再投资。

3. 产品运作流程。

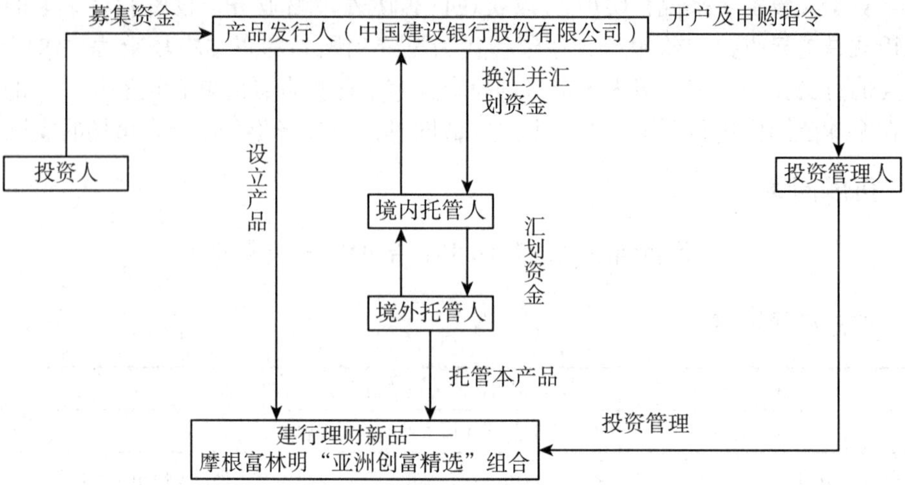

4. 参与主体。

（1）产品发行人：中国建设银行股份有限公司，负责产品设立发行，募集人民币资金，代投资人购汇结汇，每个开放日接受并确认投资者申购、赎回申请，定期向投资人披露产品信息等。

（2）投资管理人：摩根富林明资产管理有限公司，按照投资目标要求，负责对本产品的境外投资管理。

（3）境内托管人：交通银行股份有限公司，作为托管人托管本产品用于境外投资的全部资产，在境外托管人处开设外汇资金及证券结算账户。

（4）境外托管人：北美信托银行，负责本产品的证券托管、资金结算、并提供境外投资活动的有关信息。

（5）投资人：个人和机构投资人，有意愿投资国际金融市场，具备较强风险承受能力，希望通过境外专业化的资产管理机构为其管理投资资产的投资人。

“亚洲创富精选”QDII 产品净值公告　　发布时间：2020－12－23

“亚洲创富精选”代客境外理财产品于2007年10月2日成立，期初人民币单位净值1.000000元，美元单位净值0.132892元。2020年12月17日产品美元单位净值为0.250324元，美元净值较前一个信息公告上涨0%。按照约定汇率折算，产品提前终止日单位净值为人民币1.637194元。

时间	产品美元单位净值	涨跌幅	“亚洲创富精选”产品人民币申购单位净值	“亚洲创富精选”产品人民币赎回单位净值
2020－12－17	0.250324	0.00%	—	1.637194
2020－12－16	0.250332	－1.23%	—	1.637246
2020－12－8	0.253462	1.29%	1.654093	1.654093

续表

时间	产品美元单位净值	涨跌幅	“亚洲创富精选”产品人民币申购单位净值	“亚洲创富精选”产品人民币赎回单位净值
2020-12-1	0.250232	0.84%	1.633064	1.633064
2020-11-24	0.24815	2.15%	1.629229	1.629229
2020-11-17	0.242933	2.30%	1.590458	1.590458
2020-11-10	0.237469	4.76%	1.561121	1.561121

QDII 产品独特的投资优势在于以下三点：

1. 投资范围更广、机会更多。QDII 产品可投资于国际资本市场（包括欧洲、美国、日本以及新兴市场等），使投资范围不再局限于国内。

2. 分散风险优化资产配置。随着国内资本市场不确定因素的不断增加，A 股的市场系统性风险越来越复杂。通过 QDII 产品进行全球化投资不仅可以有效分散单个市场的投资风险，有助于提高经风险调整后的投资回报水平。而且，全球投资可以在一定程度上降低投资单一市场（比如美国）所面临的汇率风险。因此，在目前的市场环境下，引入全球化投资工具，不仅有助于国内投资者分散国内理财风险，而且有助于推动国内投资者参与国际市场投资，分享全球经济增长的成果，实现财富增值。

3. 投资工具品种更丰富。与国内资本市场相比，金融机构的 QDII 投资范围更广泛、品种更多，更具灵活性和多样性，QDII 可投资的品种除海外资本市场挂牌交易的股票和债券外，还可投资存托凭证（包括 GDRs、ADRs 和 EDRs）、资产抵押证券、公募基金（包括股票基金、债券基金、房地产信托基金和交易所交易基金等）、结构性投资产品等。投资品种的扩充为获取更好的投资收益奠定了基础。

二、QDII 理财产品的风险特征

通过 QDII 进行境外投资，除了要面临证券投资的一般风险（如市场风险、信用风险、流动性风险、利率风险及投资管理人风险等）外，还要关注海外投资的特别风险。特别风险主要包括：

1. 汇率风险。境外投资产品是以人民币筹集资金，但以美元等外币进行投资。美元等外币相对于人民币的汇率的变化将会影响本产品以人民币计价的资产价值，从而导致投资的资产面临潜在风险。

2. 境外市场投资风险。境外投资要考虑各国汇率、税法、政府政策、对外贸易、结算、托管以及其他运作风险等多种因素的变化导致的潜在风险。此外，境外投资的成本、境外市场的波动性均可能会高于本国市场，也存在一定风险。

相比较成熟市场而言，境外新兴市场往往具有市场规模较小、发展不完善、制度不健全、市场流动性较差和市场波动性较高等特点，投资于新兴市场的潜在风险往往要高于成熟市场，从而导致资产面临更大地波动性和潜在风险。

3. 政治法律风险。由于各国或地区的法律法规方面的原因，导致某些投资行为受到限制或合同不能正常执行，从而面临损失的可能性。所投资国家或地区可能会不时采取某些管制措施，比如，资本或外汇控制、对公司或行业的国有化、没收资产以及征收高额税款等带来的不利影响。所投资的国家或地区政治经济局势变化（如罢工、暴动和战争等）或法令的变动，对市场造成波动，也会给投资收益造成直接或间接的影响。

4. 金融衍生工具投资风险。投资于金融衍生产品，包括期货、远期、掉期、期权以及其他结构性产品，由于金融衍生产品杠杆效应广、价格波动较为剧烈，在市场面临突发事件时，可能会导致投资亏损高于初始投资金额。

三、QDII 理财产品的投资策略

进行 QDII 理财时，应考虑的因素包括：投资的市场、投资比例的分配、投资人的投资水平、可以投资的范围、费率水平、服务质量、产品流动性以及认购起点等。

1. 投资的市场。一般来说，投资于股票市场的理财产品的风险要高于投资于债券的理财产品。另外，有些产品并不是投资于单个市场，而是按比例投资于不同的市场中。所以，选择 QDII 产品首先要看它投资于什么市场，然后结合自己的风险承受能力来选择。如果风险承受能力比较低，最好不要购买投资于股票市场的产品。

2. 投资比例的分配风险还与它在各种资产上的投资比例有关。QDII 通常投资于境外多种不同的资产，不同的投资结构其收益和风险的不同是选择产品时必须考虑的，大比例投资于股票上的理财产品风险同样会比较高。

3. 投资人的投资水平。购买 QDII 产品要看管理人的投资风格、投资经验、以往的业绩，这些都与投资的收益和风险紧密相关。同样的情况下，要选择投资经验丰富、以往业绩突出的投资经理管理的产品。

4. 选择产品的考虑因素。不同产品投资的认购起点金额、管理费水平、是否可终止等方面也应作为选择产品的因素。

5. 根据自身的风险偏好选择。如果自身具备一定的风险承受能力，有思想准备愿意承担一定的风险，可以考虑收益较高的产品。

6. 适当考虑人民币升值的预期。对于 QDII 产品而言，在人民币升值的背景下，汇兑损失永远是一个无法回避的硬伤。以人民币购买的 QDII 产品，必然要经历一个将人民币换成外汇进行境外投资，待境外投资收益汇回后，银行再将外汇换成人民币支付给投资人的过程。如果人民币一年的升值幅度在 5% 左右，QDII 产品的收益必须高于这个比例，否则就可能导致本金的损失收益。

模块三　配置合适的银行理财产品

➤ 工作实例分析

许巍先生家庭生息资产为 55 万元。生息资产由现金及活期存款、基金和股

票三部分组成。基金和股票这部分高风险资产在生息资产中占比高达90.9%，我们认为许先生拥有股票投资经验，但仍需降低高风险投资比例，适当增加低风险资产及无风险资产。在增加低风险资产及无风险资产时，需要重点考虑一些关键因素，并熟悉银行理财产品的购买及赎回程序。

步骤一　熟悉选择银行理财产品应考虑的因素

微课：选择银行理财产品应考虑的因素

PPT：选择银行理财产品应考虑的因素

一、选择银行理财产品应考虑的关键因素

（一）是否能确保本金安全

不同的投资者对于产品的风险承受能力存在着很大差异，是否具有保本设置，便是判断产品风险程度高低的一大依据。通常来说，在设置了保本条款的产品中，银行往往会通过“安全垫”的设置，将大部分资金投入一些固定收益类的标的中，如债券等，以保障投资者到期时本金的安全，而小部分的资金则投向一些高收益高风险的标的，这部分投资理想的话，可以提升整个投资计划的总收益率。反之，如果这部分投资收益不显著，或是出现亏损情况，有了安全垫这层保护网，投资者也可以保证本金安然无恙。在一些理财产品中进行的是部分保本设计，如保障92%本金，这一条款的意思是产品在运行的过程中，至少可以保证92%的本金安全。以此为目标，银行可以减少无风险投资的比例，多投入一些资金到高风险的产品中去。对于投资者来说，以可能牺牲一部分本金作为前提，希望换得实现更高收益的机会。如果产品没有说明具有保本或是部分保本设计，也就是说，本金可能出现亏损，且可能出现的亏损幅度要视市场的情况来决定。相对来说，这样的产品风险就会高一些。

（二）该产品是如何获取收益的

保本的设计迎合了部分投资者追求本金安全的愿望，但是对于任何一个投资者来说，保本显然是不够的，他们更加希望自己进行的投资能够获得满意的收益回报。在理财产品的投资过程中，收益率是投资者最为关心的一个问题，但事实上，最关键的问题并不是某一个预期数字，而是我们所投入的资金是通过怎样的模式获得收益的，这是投资者最需要了解的一个问题。如对于一些投向于货币市场工具的理财产品，它们获得收益的途径是，将募集来的资金用于购买各种货币市场产品，如国债、银行间票据等，这些债券、票据的收益便可为投资者带来资金的增值。一些投向于信托计划的理财产品，往往是将募集来的资金用于某一项目的贷款计划，获得略高于市场水平的利息收益。直接投资于证券市场，则是近来银行理财产品的主要方向。如一些新募集的理财产品计划，投资标的为A股市场的股票与基金，这种理财产品的收益主要由所投资股票和基金获得的收入来体现。当市场表现不佳时，这种产品会遭受到较大的损失。

（三）最坏结果是什么

明白了理财产品获得收益的原理，最现实的问题便是，投资者所准备投入的这款产品可以获得的预期收益大约是多少。很多投资者在选择理财产品时，往往是冲着那个最吸引眼球的最高预期收益而来，但事实上，弄清楚在最糟糕的情形下所获得的收益，要比了解最优状况下可能获得的最高预期收益有意义得多。

除了预期最高收益之外，一些银行在进行理财产品的介绍时，也会引用一些历史的数据作为测算的依据，得出的结果往往非常理想。对于测算结果，投资者同样应当客观对待，一方面历史数据可以反映出产品投资中一些变量之间的关系，对于未来的投资具有一定的参考意义，另一方面投资外部环境不断发生变化，以历史推测未来并不完全可靠，因此与其关心最高预期收益与测算结果，倒不如关心这款产品最糟糕的收益是多少，会在什么样的情形下发生。

（四）产品的流动性如何

投资期限与产品的流动性同样也是投资者所关心的问题之一。在理财产品中，比较典型的一类产品是投资期限固定，如 1 年、2 年，但每隔一段时间，例如每 3 个月提供一次提前赎回的机会，如果投资者观察到产品收益的走势并不理想，可以提前离场以减少自己的损失和机会成本。相对来说，这一类产品在流动性上具备优势，便于投资者作出进退自如的选择。

有一些产品，只给出一个预期的投资期限，在这个投资期限内，如果触发到某个条件，产品便会提前终止，即主动权掌握在银行的手中，这个时候客户就应该多考虑一下，如果满足条件，终止自己的这项投资，是不是会给自己造成不利的影响。

（五）怎样获取产品的相关信息

由于大部分理财计划的期限为半年以上，期限较长的理财产品存续的时间甚至长达 3 ~ 5 年。在此期间之内，随时了解产品的确切信息，以对投资策略及时进行调整，也是投资者必备的一项功课。在一些客户对于理财产品的投诉中，由于信息披露不透明而引发的矛盾也不在少数。银行的网站是了解产品信息的主要平台。对于一些基金类的理财产品，大部分银行会在网站上按周公布产品的净值状况，部分理财产品则按月公布产品的收益情况，但对于一些挂钩型产品，由于采用的是与一揽子产品挂钩的方式，往往没有直接的渠道了解到产品的最新情况。就此类产品而言，投资者需要了解挂钩标的数据的来源，如挂钩股票的产品，股票价格从哪些终端可以进行查询，如何获取挂钩利率、汇率产品的准确相关数据等。

二、分析理财产品合约和理财产品说明书应关注的条款

1. 预期收益。产品的资金投向不一样，其收益情况会有所不同。如果投资

人想得到确定的收益，一般收益也不会太高；如果敢于冒收益较低甚至本金亏损的风险，那么投资人将有机会获得远高于固定收益的利润。

2. 产品币种。产品的币种不同对应的收益率的差异较大，因为币种相互之间除了利率差异之外，还有相互兑换的差价问题。所以投资人在投资的时候不仅要看收益率，而且要看投资的是哪种货币。

3. 管理期限。管理期限与投资人的流动性需求直接相关。如果 3 个月以后会用到这笔钱，就不要去选择 6 个月期的理财产品，因为即使这款产品允许提前赎回，但由于高额的赎回费用会使投资者得不偿失。

4. 保本条款。一般投资人会比较关注保本条款，毕竟保本是大多数投资人的心理底线。但是应该明白的是风险与收益是成正比的，保本产品的收益率一般不会太高。

5. 产品期限和最低认购额度。有的银行理财产品有最低认购额度和期限要求，并且在理财期内，不允许提前支取，产品的质押率也不超过70% ~90%，因此手头没有闲钱的投资人不宜购买。

6. 变现性如何。流动性是投资理财产品不可忽略的重要问题，投资人要明确资金的闲置期大概有多长，根据资金用途不同在变现性不同的产品中配置相应的比例。例如：信托类产品中，信托贷款类产品占其大多数。这类产品收益较为稳定，预期几乎全部都能实现，但时间一般也比较长，适合闲置资金较多的投资人，而对变现性要求较高的投资人可以关注新股申购类产品。

7. 产品终止权。投资人要弄清楚，终止权掌握在银行手中还是在自己手中。若由银行掌握终止权，则产品的收益相对会高一些。

8. 选择银行。投资人应选择形象佳、硬软件好、地理位置优越、可以大区域通存通兑的银行。注意是否开设“提醒服务”“自动续存”“夜市储蓄”等特色服务。

9. 仔细阅读合同条款。大部分认购者在申购时只关心收益率能达到多少、是否保本等，并没有认真研读要达到预期最高收益的苛刻条件。投资人要认真看各款理财产品的说明书，要关注的内容有“产品类型和风险等级”“募集期和起息期”“到期日和返还日”“认购费、手续费”“投资方向和终止条款”等。

10. 知晓风险。如果央行再次加息，获得购买人民币理财产品的收益，可能要面临低于未来的储蓄收益的风险；人民币理财计划往往有期限限定，在理财期投资人不能提前取款，因此，投资银行理财产品要知晓可能发生的风险，做到心中有数。

微课：银行理财产品的购买和赎回

步骤二　银行理财产品的购买和赎回

PPT：银行理财产品的购买和赎回

一、银行理财产品的购买

银行理财产品可以采取银行柜台购买、电子银行（网上银行或手机银行）

购买等方式。

柜台购买是传统的方式，也是众多中老年人和一些不太熟悉其他操作方式的客户的习惯方式。由于柜台办理业务的时间成本高、效率低，特别是存在排队等待的现象，让很多人宁愿不投资也不想去银行。因此，专业理财人员应提醒客户在顾客比较少的时间段前来银行办理，主动指导客户采用智能柜员机进行自助操作，或开办网上银行或手机银行在家办理业务。

电子银行（网上银行、手机银行）是指银行通过互联网向客户提供开户、销户、查询、对账、行内转账、跨行转账、网上证券和投资理财等传统服务项目的一种服务方式。客户选择最常使用的银行账户，到该家银行的柜台办理网上银行，可以把同一家银行所有的账户维护进来。使用网上银行可以自己进行账户查询、转账、将活期存款设定为定期存款、交电话费、还信用卡、购买或赎回理财产品等。

二、银行理财产品的赎回

银行产品的赎回期限一般有两种，一种是按照合同规定的期限赎回，另一种是提前赎回。

封闭式银行理财产品不能提前赎回，这主要是由理财产品的投资目标来确定的，例如：信托类理财产品，资金进入大项目后就很难提前赎回。不能提前赎回，对人民币理财产品来讲，是为了规避加息的风险，而对外汇产品来讲，是为了规避人民币升值带来的汇率风险。

开放式理财产品为客户设置了“赎回”条款，能够满足客户短期闲置资金的增值和流动性的双重需求，允许客户在开放期间随时赎回。如果在升息背景下，部分理财产品的收益有可能出现低于银行存款利率的情况，从而影响投资人的收益。这时如果理财产品设有客户提前赎回权，投资人就可以通过提前赎回产品，避免升息带来的利率风险，保障投资收益。因此，投资人应注意银行理财产品是否设有“客户提前赎回”的权利。

微课：银行理财产品配置案例分析

步骤三　银行理财产品配置

➢ 工作实例分析

PPT：银行理财产品配置案例分析

许巍先生家庭银行理财产品配置

一、家庭备用金（占比：2.73%）

许先生家庭现金及活期存款 5 万元。现金及活期存款流动性高但收益率极低。我们认为，在目前活期存款利率仅为 0.3% 的情况下，工作稳定的许先生一家并不需要储备 5 万元家庭备用金，通常保留家庭 3 ~6 个月的生活支出即可。我们建议许先生保留 1.5 万元（3000 ×5，占生息资产 2.73%）以备不时之需，并且分为货币基金和活期储蓄两部分。

二、减少股票投资及基金投资（占比：60%）

目前许先生投资了15万元基金和35万元股票，占生息资产约90.9%。尽管许先生具备一定的投资能力和较高的风险承受能力，但考虑到资产安全以及许先生和太太5年后即将退休，我们建议其将高风险资产配置比例降至60%，即33万元。

三、增加低风险资产及无风险资产（占比：37.27%）

剩余的20.5万元可投资于低风险资产及无风险资产，如3年或5年定期存款、银行理财产品等。

（一）定期存款选择

中国人民银行决定，自2015年10月24日起，下调金融机构人民币贷款和存款基准利率，以进一步降低企业融资成本。同时，对商业银行和农村合作金融机构等不再设置存款利率浮动上限。建议许先生将10.5万元购买3年期或5年期银行定期存款，可参考收益率较高的邮储银行或城商行，可参考表3－3。

表3－3　　2022年各大银行存款利率大比拼

银行名称	活期	三个月	六个月	一年	两年	三年	五年
工商银行	0.3	1.35	1.55	1.75	2.25	2.75	2.75
农业银行	0.3	1.35	1.55	1.75	2.25	2.75	2.75
建设银行	0.3	1.35	1.55	1.75	2.25	2.75	2.75
中国银行	0.3	1.35	1.55	1.75	2.25	2.75	2.75
交通银行	0.3	1.35	1.55	1.75	2.25	2.75	2.75
招商银行	0.3	1.35	1.55	1.75	2.25	2.75	2.75
浦发银行	0.3	1.4	1.65	1.95	2.4	2.8	2.8
上海银行	0.3	1.4	1.65	1.95	2.4	2.75	2.75
徽商银行	0.3	1.4	1.65	1.95	2.5	3.25	3.25
邮储蓄银行	0.3	1.35	1.56	1.78	2.25	2.75	2.75
兴业银行	0.3	1.4	1.65	1.95	2.4	2.8	2.8

（二）银行理财产品选择

无论是国有大型商业银行、股份制银行或是城商行，它们的理财收益率在进入2019年以后依然延续了2018年下滑的趋势，目前国有大型银行理财平均收益为4.11%。根据总体数据情况来看，中小银行理财平均收益率为4.24%，比国有大型商业银行高出13个基点。

建议许先生将剩余10万元购买银行理财产品，不妨关注下当地的中小型银行，它们的利率一般要优于国有大型银行，可以获取更多的利息收入，可参考表3－4。

经调整后的许先生家庭资产负债情况如表3－5所示。

表3－4 2019年6月27日银行理财产品预期收益排名情况（部分）

序号	产品名称	发行银行	起始金额（万元）	理财期限	预期年化收益率（%）	收益类型
1	金丝路增值系列—鑫利盈专属2019第54期人民币理财产品	西安银行	10	365天	5.8	非保本浮动收益型
2	金丝路增值系列—鑫利盈专属2019第53期人民币理财产品	西安银行	10	365天	5.8	非保本浮动收益型
3	创盈系列E1996	青岛农商行	5	99天	5.8	非保本浮动收益型
4	长盈聚金白金专属封闭式净值型理财计划（2019032期）	长安银行	30	735天	5.3	非保本浮动收益型
5	熊猫理财功夫系列D计划理财产品166期子产品	天府银行	5	203天	5.2	非保本浮动收益型
6	金钻第19033期776天型	杭州银行	100	776天	5.2	非保本浮动收益型
7	金葫芦宏值168人民币理财产品	葫芦岛银行	1	364天	5.2	非保本浮动收益型
8	熊猫理财功夫系列D计划理财产品167期子产品	天府银行	5	364天	5.2	非保本浮动收益型
9	农银私行·安心得利·灵珑2019年第15期公募净值人民币理财产品	农业银行	100	731天	5.0	非保本浮动收益型
10	盈利宝389号理财产品	阜新银行	5	371天	4.9	非保本浮动收益型

资料来源：网贷天眼，https：//news.p2peye.com/article－545911－1.html。

表3－5 家庭资产负债状况 单位：万元

家庭资产		家庭负债	
活期及货币基金	1.5	房屋贷款	0
定期存款/银行理财产品/债券	20.5	其他贷款	0
基金	15.0		
股票	18.0		
房产（自用）	298.0		
合计	353.0	合计	0
家庭资产净值	353.0		

项目小结

项目知识点　银行理财产品　银行代理理财产品　银行储蓄产品　银行卡　个人银行贷款　人民币理财产品　外汇理财产品　QDII

项目技能点　分析当前各银行推出的各类储蓄业务及其特点　分析当前各银行推出的各类银行卡的特点　分析当前各银行推出的个人信贷业务的特点　分析主要的银行理财产品类型、风险和收益特点及适应人群　为不同风险偏好及风险承受能力的客户配置合适的银行理财产品

课堂活动

问题讨论

针对当前市场在售的银行理财产品，分小组讨论一种组合，制定面向特定客户的理财策略。

技能训练

任务目标：银行理财产品配置

任务内容：广东的张先生，62 周岁，2 年前从政府部门退休，老伴是企业职工，5 年前已经退休。夫妻俩未和子女住在一起，但两餐饭全家人在一起吃。退休收入：老张 3000 元/月，老伴 500 元/月。儿子、女儿已成家，无须经济资助，且儿女每月各孝敬 1000 元。家庭月基本生活开支大约在 2000 元，其他支出约 500 元。家庭现存款大约有 30 万元，均为一年期定期存款，且近期到期，自住房屋约值 25 万元。双方都有社会保险，老张单位有住院费用报销 80% 的福利，老伴已经购买了门诊医疗保险。

请根据以上资料，请你从银行理财产品配置角度为该客户优化金融资产配置。

课后练习

一、单项选择题

1. 活期存款的特点不包括（　　）。

A. 无固定存期、可随时存取　　B. 存取金额不限

C. 利率最低　　D. 适合作为大笔资金的长期投资

2. 整存整取的金额起点为（　　）。

A. 1 元　　B. 5 元　　C. 50 元　　D. 5 万元

3. 零存整取的存期不包括（　　）年。

A. 1　　B. 2　　C. 3　　D. 5

4. 存本取息的起存金额为（　　）。

A. 50 元　　B. 1000 元　　C. 5000 元　　D. 5 万元

5. 通知存款最低起存金额为人民币（　　）。

A. 50 元　　B. 1000 元　　C. 5000 元　　D. 5 万元

二、多项选择题

1. 商业银行个人理财业务的特征包括（　　）。

A. 从单一的银行业务平台向综合理财业务平台转变

B. 从单一网点服务向立体化网络服务转变

C. 从同质化服务向品牌化服务转变

D. 从大众化服务向个性化服务转变

E. 从无偿服务逐步向收费服务转变

2. 商业银行开展个人理财业务的优势包括（　　）。

A. 资金实力雄厚　　B. 信誉好、安全性高

C. 网点众多、快捷便利　　D. 理财更专业、更客观

3. 整存整取的存期分为（　　）。

A. 3 个月　　B. 半年　　C. 1 年

D. 2 年　　E. 3 年　　F. 5 年

G. 6 年

4. 按担保方式的不同，个人贷款产品可以分为（　　）。

A. 个人抵押贷款　　B. 个人质押贷款

C. 个人保证贷款　　D. 个人信用贷款

5. 外汇理财产品按照产品设计思路和运用金融工具的不同可以分为(　　)。

A. 个人外汇存款类　　B. 实盘操作类

C. 浮动收益类　　D. 结构投资类

E. 期权类

6. 通过 QDII 进行境外投资，除了要面临证券投资的一般风险（如市场风险、信用风险、流动性风险、利率风险及投资管理人风险等）外，还要关注海外投资的特别风险，主要包括（　　）。

A. 汇率风险　　B. 境外市场投资风险

C. 政治法律风险　　D. 金融衍生工具投资风险

三、判断题

1. 支票是出票人签发的，委托办理支票存款业务的银行或其他金融机构在见票时无条件支付确定的金额给收款人或持票人的票据。（　　）

2. 非保本浮动收益理财产品是指商业银行根据约定条件和实际投资收益情况向客户支付收益，并不保证客户本金安全的理财产品。（　　）

四、简答题

1. 目前国内商业银行所提供的个人理财产品大致有哪些类型？

2. 什么是私人银行服务？

3. 对于整存整取，你有什么理财建议？

4. 选择银行理财产品应考虑的关键因素有哪些？

五、实训题

实训任务：优化客户家庭金融资产结构。

案例内容：

单亲家庭母亲失业 如何走出“高危期”

刚刚大学毕业，就要担负起养家的重任，收入不高的年轻人既要养活自己，还要赡养失业的母亲。相依为命的母子俩如何理财才能走出困境？

小逸于去年法语专业毕业，他很顺利地找到了第一份工作，到某外资企业从事翻译工作。虽然月收入在起步阶段并不是很高，大概3000元左右，但总算使家庭的收入多了一个来源。

1. 家庭收入低生活压力大。

因为小逸的父母在他小时候就离异了，他一直跟着母亲生活，母亲原本的月收入有4000元，可身在外贸纺织企业的她在不久前失业了，公司在宣布倒闭时给了她1万元的“安抚金”。这样一来，对这个两口之家来说，小逸成了唯一稳定的收入来源，他的压力可不小。

如今，在补贴母亲1000元伙食费，再除去自己琐碎的生活花销，包括上下班车费、餐费、置衣和娱乐费用后，能够结余1000元就很不错了，他在考虑将其中一部分尝试基金定投，开始他的理财第一步。而母亲则只能领取失业金，据小逸介绍不会超过500元，且只能领取两年。好在她母亲现在48周岁，再过两年正好达到退休年龄标准，可以领取退休金了，这笔费用大概有每月1500元左右。

现在每月的家庭开销集中在伙食费、公共事业费、通信费等，大约2000元。随着母亲的失业，月结余吃紧。

由于小逸第一年工作，这次的年终奖金领到了3000元。其中2000元在过年的时候用作孝敬老人和送礼拜年了。

2. 有一定资产积累需重新规划投资。

在小逸父母离异后，父亲每月给小逸一定的生活补贴，近年来保持800元直到他大学毕业。节俭的小逸将这笔零花钱存放了下来，大约有4万元了。

家庭其他定期存款有10万元，活期及现金有1万元。投入股市的资金有10万元，只是市值已减半，至于基金、债券等其他的投资方式，小逸的母亲倒是没有参与。现在居住的房屋地段不错，虽然是房龄18年的老房子，但单价可以达到每平方米1.7万元，一套50平方米的二居室价值85万元。目前家庭总资产总计105万元（见表3-6）。

虽然家庭资产过百万元，但房产占了绝大部分，而金融资产的比例很小。如何在如今月结余吃紧的情况下，让这笔资产增值是小逸最大的问题，是继续投资风险较大的股市，还是转战基金、债券？自己想要开始的基金定投是否值得一试？又该选择何种类型的基金呢？

3. 理财目标以购房与父母养老为主。

小逸现在才24周岁，但不得不为买房而考虑，他希望可以在30周岁前筹到第一笔“首付+装修款”，这也是为结婚打下基础。看着节节攀升的房价，他该如何积累这笔资金呢？

谈到保险，小逸说自己是个十足的门外汉，连有哪些险种都搞不清，他和母亲的保障限于社保范围。因此，他希望专家可以在他现有的经济情况下提出保险方案，“如果现在买不起，也可以等到30周岁时再买。”如果可以给予一个长期的保险规划方案，小逸就十分受用了。

至于母亲的养老金，他们也没有细致规划过，这次失业后母子俩倍感压力，怎样才能让母亲未来的养老不犯难呢？

表3-6　家族资产负债情况

月度性收支状况（元）			
收入		支出	
本人月收入	3000	房屋月供	0
配偶收入	0	伙食费	1000
其他收入	500	其他生活开销	2000
		医疗费	0
合计	3500	合计	3000
每月结余	500		
年度性收支状况（元）			
收入		支出	
年终奖金	3000	保费支出	0
其他收入	0	其他支出	2000
合计	3000	合计	2000
年度结余	1000		
家庭资产负债状况（万元）			
家庭资产		家庭负债	
活期及现金	1	房屋贷款	0
定期存款	14	其他贷款	0
股票	5		
房产（自用）	85		
合计	105	合计	0
家庭资产净值	105		

实训要求：

（1）对客户家庭财务状况进行分析与诊断。

（2）对客户家庭的金融资产结构进行优化。

项目四

配置保险理财产品

学习目标

学生在完成本项目的学习后，能够掌握主要保险理财品种的特点、理财功能以及产品选择的技巧，为客户家庭配置合适的保险理财产品。

1. 能够判断客户家庭面临的各种风险。
2. 熟悉保险理财产品的类型。
3. 掌握各类保险理财产品的配置技巧。

项目任务

1. 到保险公司了解保险理财的业务品种。
2. 按照保险公司的要求制作一份保险理财规划书。

标志成果

正确分析客户家庭面临的具体风险。

针对客户需求，为其选择合适的保险理财产品。

完成客户家庭保险理财产品配置方案。

内容导图

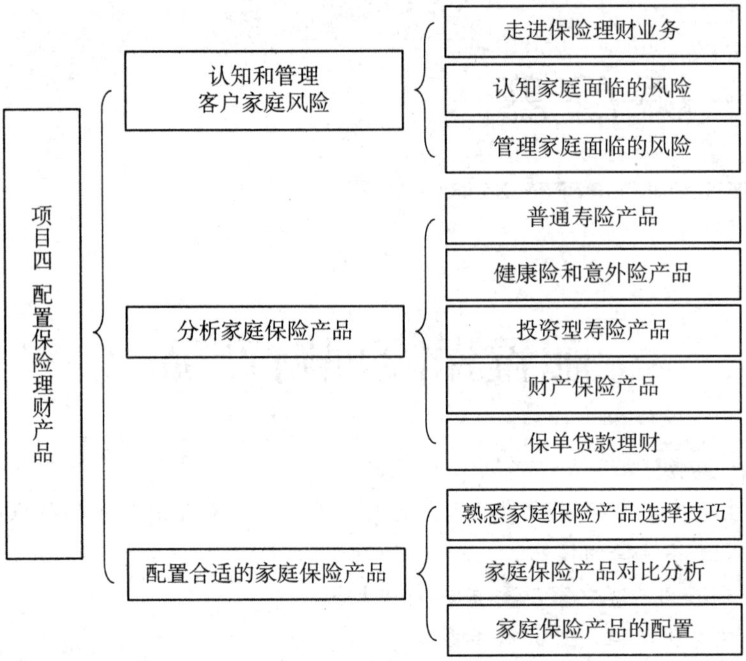

▶▶工作实例

客户：万鹏先生实例

客户万鹏先生和妻子林莉，今年都是32周岁，两人比较注重自己的生活品质，所以平时开销较大。由于没有房贷车贷，经济压力并不算大，但是，两人的宝贝女儿万倩倩今年4周岁，再过两年就要上小学，万鹏先生夫妇二人都有大学以上学历，也希望能给女儿营造一个良好的教育和生活环境，同时为家人提供有效的安全保障，这也让他们为将来的经济压力感到担忧。

万鹏先生是一名律师，每月收入9000元，林莉是公司行政人员，每月工资5000元。支出方面，每月物业管理费、停车费及水电等约700元，两人日常生活开销2700元，交际应酬支出1500元，林莉购买衣物、化妆品支出1000元，其他休闲类开销平均每月1600元，计算总支出为每月7500元左右，这样结余大约6500元。林莉的年终奖为1万元，万鹏的年终奖根据律所业务情况，可以拿到2万~4万元，这也成为他们主要的投资和储蓄来源。

该家庭投资的主要渠道是股票和网络平台的理财产品，目前股票市值8万元，但股市波动较大，难以估计收益，短期内没有变现的打算。理财产品和银行存款共4万元，平均年化收益率为5%。两人的自有房产目前市值180万元，汽车15万元，短期内没有购置房产和车辆的打算。

基于以上情况，万先生前来寻求专业人士，希望能帮助他做好家庭保险理财规划。如果你是这位专业人士，你会怎么做呢？

模块一　认知和管理客户家庭风险

➢ 工作实例分析

正确地分析和判断客户家庭所面临的风险状况，是为客户配置合适的保险理财产品的重要前提。为了帮助万鹏先生做好保险理财规划，我们首先要对万先生的家庭风险状况进行分析，并确定合适的风险管理方法。在此之前，我们需要掌握个人和家庭普遍面临的风险类型，理解各类风险的含义，进而结合万先生的具体情况，分析他的风险状况。

步骤一　走进保险理财业务

一、我国保险业发展现状

现代保险业最早的形式是海上保险，发源于14世纪中叶以后的意大利。新中国成立以后，我国开始创立与发展人民保险事业。在改革开放的市场化环境下，我国的保险业发展迈入了新阶段。保险市场主体不断增加，多家保险公司竞相发展的新市场格局已形成，截至2022年6月6日，保险业协会共有会员350家。其中：保险集团（控股）公司13家，财产保险公司86家，人身保险公司93家，再保险公司14家，资产管理公司15家，保险中介机构72家，地方保险协会（含中介协会）43家，保险相关机构14家。同时，我国保险业务持续发展，市场潜力巨大。据统计，2021年我国保险业资产总额达24.89万亿元，同比增长6.82%；净资产总额2.93万亿元，同比增加6.47%。原保险保费收入达到4.49万亿元，保险业为全社会提供保险金额12146万亿元，原保险赔付支出1.56万亿元，同比增长12.24%。另外，保险业监管方面也在不断完善，1998年11月，中国保险监督管理委员会（简称“保监会”）成立，为我国保险市场的规范运行奠定了基础，2018年3月，银监会、保监会职责整合，组建形成中国银行保险监督管理委员会（简称“银保监会”），作为国务院直属事业单位，旨在维护银行业和保险业合法、稳健运行，防范和化解金融风险，保护金融消费者合法权益，维护金融稳定。

二、保险理财的特征

1. 安全性。保险是一种合同行为，客户的权益受法律及合同的双重保护。保险合同一旦签订，在保险公司系统中会进行备案，客户手中的纸质合同即使丢失、损毁或被盗，也容易获取补发的凭证，不影响原保单的效力。

2. 长期性。寿险或部分健康险保单期限短则5年，长则终身，保单利益常

微课：认知和管理客户家庭风险

PPT：认知和管理客户家庭风险

操作动画：保险基础

操作动画：保险原则

操作动画：保险合同

常涉及两代人，是家庭进行长期投资理财的重要手段之一。

3. 专业性。保险公司通过专业化、规模化的投资运作与保险保障相结合，提供了独特的投资产品形态，在长期投资方面拥有专业化的特长。

4. 融资性。一是风险融资，即当被保险人发生保单保障范围内的风险时，其本人或受益人可得到保险金。二是直接融资，许多长期性的保单都有质押借款条款，满足条件的被保险人或投保人可向保险公司申请借款。

微课：认知家庭风险与保险

步骤二　认知家庭面临的风险

古人云："天有不测风云，人有旦夕祸福"，我们常常听说风险无处不在，似乎能感受到它就围绕在身边，或者目睹事故的发生和蔓延，甚至亲身遭受到风险带来的损失和痛苦。那么我们究竟怎么定义风险？在保险理论中风险又有怎样的特定含义呢？

一、认知风险

（一）什么是风险

风险一般是指某种事件发生的不确定性。从广义上来说，只要某个事件的发生存在着两种及以上的可能性，就意味着该事件存在风险。从概率论的角度来理解，若事件发生的概率是 1 或 0，就不存在风险，因为 1 代表必定会发生，0 代表一定不会发生；若概率在（0，1）之间时，表明事件发生存在不确定性，即存在风险。

在保险的理论与实务中，风险具有特定的含义，即表示损失发生的不确定性。由于保险是在被保险人发生保险事故而遭受经济损失或人身伤害时提供经济补偿和保障的一种风险管理手段，因此保险只探讨损失发生的不确定性，而一般风险还包括积极事件，即盈利的不确定性。

（二）风险的构成要素

一般认为，风险由风险因素、风险事故和损失三个要素构成，它们共同决定了风险的存在、发生和发展。

1. 风险因素。风险因素是指促使某一特定风险事故发生，或增加其发生的可能性，或扩大其损失程度的原因或条件。风险因素是风险事故发生的潜在原因，是造成损失的原因。例如，对于建筑物而言，风险因素是建筑材料的质量等；对于人而言，风险因素是身体的健康状况和年龄等。

2. 风险事故。风险事故又称风险事件，是指造成人身伤害或财产损失的偶发事件，是造成损失的直接原因。只有通过风险事故的发生，才能导致损失，风险事故意味着风险的可能性转化成了现实性。

3. 损失。在风险管理中，损失指非故意的、非预期的、非计划的经济价值的减少，即经济损失。在保险实务中，通常将损失分为两种形态，即直接损失和间接损失。直接损失指财产本身的损失和人身伤害，间接损失指由于直接损失引起的额外费用损失、收入损失和责任损失等。图 4 – 1 为风险三要素之间的关系。

文本：家庭所面临的风险图解

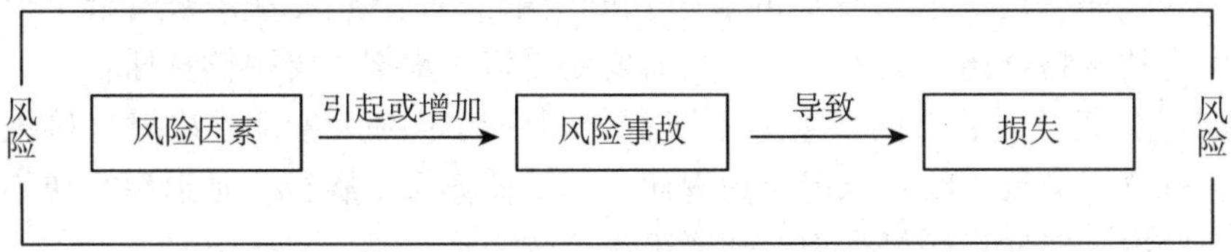

图 4 – 1　风险三要素之间的关系

二、认知家庭面临的风险

接下来我们以家庭为研究对象，主要从经济损失的角度，分析一般家庭在生活中会遇到的风险种类。

（一）认知人身风险

1. 生命风险。个体的死亡不仅会导致所在家庭额外费用的增加，更会在未来带来家庭收入的减少，给家庭其他成员造成长期的经济损失。

2. 健康风险。健康状况不佳或身体遭受损伤，也同样会造成两种财务损失，即收入损失与额外费用。非预期的额外费用主要包括住院费、手术费、门诊费、药费、护理费、检查费等。

（二）认知财产损失风险

财产风险是指可能导致财产发生灭失、损害和贬值的风险。家庭所拥有或使用的财产包括不动产和动产两大类，最常见的不动产是住宅，动产包括除不动产之外的所有有形和无形财产，常见的家庭不动产包括：住所内的财物，如家具、电器、衣物等；贵重的个人物品，如金银器物、珠宝、收藏品等高价值财产；交通或作业工具，如家用机动车、电动车、农用机械等。

这些财产物品都有遭受风险的可能，例如，建筑物因火灾、台风、暴雨等风险事故的发生而遭到损毁，家庭物品因盗窃而发生的丢失，汽车因碰撞、刮擦等原因遭到损坏等。财产损失将直接导致家庭的资产减少和支出增加，给家庭的经济活动带来一定的负面影响。随着人们生活水平的提高和社会科技的进步，家庭财物的价值也日趋增加，大面积房屋、豪华装修、私家汽车、奢侈品等高价值的物品越来越常见，人们将更加注重家庭财产的保护和财务风险控制。

（三）认知责任风险

责任风险指因个人或团体的疏忽或过失行为，致使他人遭受人身伤害或财产损失，按照法律、合同、道义应承担经济赔偿责任的风险。家庭成员面临的责任主要包括侵权责任和违约责任。

1. 侵权责任。指家庭成员在日常活动中，由于疏忽、过失等行为造成他人的损失，或虽无过错但根据法律规定应对受害人承担的民事责任。例如，汽车撞伤了行人，如果是属于驾驶员的过失，就应依法对受害人或其家属给予经济赔偿；家中的宠物咬伤了他人，则主人需要对受害人承担损害赔偿责任。

2. 违约责任。若合同当事人不履行合同中约定的义务，或法律直接规定的义务，就可能导致违约并承担违约责任。例如债务人不履行、延迟履行或不完全履行合同中的偿债责任等行为，即属于违约的表现。

责任风险将导致个人和家庭的支出增加，导致财务状况恶化。

➢ 工作实例分析

从家庭情况来看，万鹏先生的家庭主要面临各成员的人身风险、不动产及高价值动产的损失风险、家庭侵权责任风险等。接下来，我们需要学习家庭风险管理的方法和程序，并对万先生家庭可能面临的风险进行科学的管控。

微课：家庭保险需求分析

步骤三　管理家庭面临的风险

一、明确家庭风险管理目标

在进行家庭风险管理之前，首先要明确家庭风险管理的目标，这个目标就是满足个人和家庭的效用最大化，即以最小的成本获得尽可能大的安全保障。个人风险管理活动必须有利于增加个人和家庭的价值和保障，必须在风险与收益之间进行权衡。家庭风险管理的目标可以分为损失前目标和损失后目标。

（一）损失前目标

损失前目标是指风险事故发生之前，风险管理应达到的目标，它主要包括以下四个目标。

1. 经济合理目标。风险管理必须经济合理，只有这样才可以保证其总目标的实现。所以在损失发生前，风险管理者应比较各种风险处理工具、各种安全计划以及各种防损技术，并进行全面细致的财务分析，谋求最经济、最合理的处置方式，实现以最小成本获得最大安全保障的目标。

2. 减轻担忧，提升安全状况目标。风险的存在可能导致家庭成员的人身伤亡或者财产损失，所以当人们意识到周围潜在风险时，必然会出现忧虑和恐惧，感到焦虑不安，因此家庭风险管理应给予家庭成员足够的安全保障，以减轻对潜在损失的烦恼和担忧，使个人和家庭都能保持平和的精神状态，给个人和家庭创造安全的生活和工作空间。

3. 个人和家庭责任目标。个人一旦遭受风险损失，影响的绝不仅仅是自身，因为每个人都需要承担一定的家庭责任和社会责任，所以不可避免地会影响到与之有关联的其他个人、家庭，以及社会上的相关成员。所以家庭应该有个良好的风险管理计划，将风险损失降低，认真履行家庭义务，树立良好的家庭形象。

4. 合法性目标。家庭并不是独立于社会之外的个体，它受到各种各样法律以及规章制度的制约。因此，家庭也应该对自己的各项行为加以合法性的审视，以免不慎违反相关规定。

（二）损失后目标

再完美的风险管理计划也不可能完全消除家庭的风险，因此还要确定家庭风险管理的损失后目标。主要包括以下几点：

1. 减少风险危害。损失一旦出现，应该及时采取有效措施予以补救，防止损失的扩大和蔓延，将已出现的损失后果降到最低限度。

2. 提供损失补偿。风险事故发生后，需要及时地向个人、家庭提供经济补偿，以维持家庭的生活秩序，而不使其遭受灭顶之灾。一般而言，家庭的自保能力是比较有限的，所以在损失发生后迅速地获得经济补偿，才能保证家庭生活的稳定。

3. 保证收入稳定。一个收入稳定的家庭才能够正常发展。及时提供经济补偿，可以实现个人和家庭收入的稳定性，为家庭的美好生活奠定基础。

4. 防止家庭破裂。风险事故的发生可能直接导致个人严重的人身伤亡，对于一个完整的家庭造成不可挽回的损失。所以如果没有一份强而有力的保障，个人一旦发生风险，整个家庭可能会随之崩溃。因此，风险管理的目标应该在最大限度内保持家庭关系的连续性，维持家庭的和谐稳定发展，防止家庭的破裂。

5. 促进后续发展。为了实现持续发展目标，必须建立高质量的风险管理计划，及时有效地处理各种损失结果，从而使个人和家庭在损失发生后，能够迅速地获得补偿，并为继续发展创造良好的条件。

二、了解家庭风险管理方法

（一）控制型风险管理技术

针对家庭存在的风险因素，积极采取控制技术以消除风险因素，或减少风险因素的危险性。其重点在于在事故发生前，降低事故发生的频率；在事故发生时控制损失继续扩大，将损失减少到最低限度。控制型风险管理技术主要包括避免、预防、抑制等方法。

（二）财务型风险管理技术

由于种种因素的制约，且防范风险的各项措施也具有一定的局限性，所以某些风险事故的损失后果是不可避免的。因此需要通过财务风险管理技术，从经济上降低发生损失的成本，减轻家庭在事故发生后的经济困难和精神忧虑，为维持正常的家庭生活提供财务基础。财务型风险管理技术主要包括风险自留、风险转移。

想一想

家庭风险管理

针对万鹏先生的家庭风险状况，可以采取哪些风险管理方法？

三、掌握家庭风险管理程序

家庭风险管理需要遵循科学的程序，管理计划的实施构成一个风险管理的过程，并且周而复始，动态循环。图 4－2 为风险管理流程。

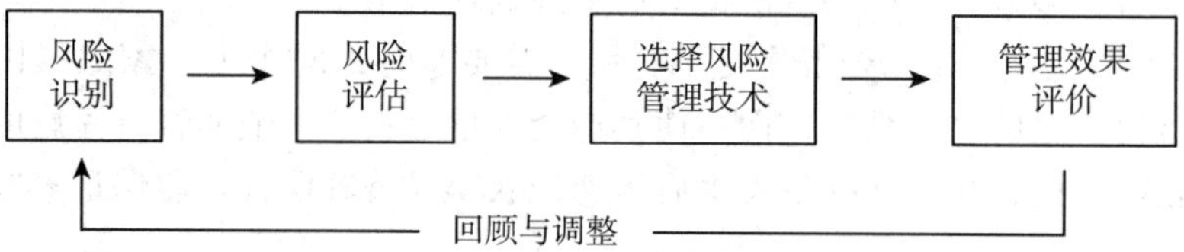

图 4－2　风险管理流程

（一）风险识别

识别和分析家庭风险是整个风险管理程序的基础。所以首先要采取有效的方法和途径识别家庭的各种潜在风险，并进行经验判断和归纳整理，对风险的性质予以鉴定。

危害个人和家庭生存和安全的风险各种各样，有必要进行适当的分类，以便不重不漏地识别和分析风险。一方面可以通过感性认识和历史经验来判断；另一方面则是通过对各种客观的资料（如医疗记录、家庭结构、工资收入表、分期付款表等）和风险事故记录进行分析、归纳和整理，以及必要时的专家访问，从而发现各种风险及其损失情况，寻找其规律。

风险识别阶段通常包括：（1）分析个人和家庭的日常状况；（2）分析人、物和活动中所存在的风险因素，判断发生风险损失的可能性；（3）分析所面临的风险可能造成的损失及其形态，如人身伤亡、财产损失、收入中断和民事责任等。此外，需要鉴定风险的性质，以便采取合理有效的处理措施。

（二）风险评估

在识别个人和家庭面临哪些可能的风险事故之后，需进一步分析风险事故发生的概率及引起损失的程度，在此基础上，做出是否需要处理、优先处理哪些风险的判断，为选择合理的风险管理决策提供依据。

风险评估的分析指标主要有三个，即损失概率、损失程度及损失的变异性。衡量以上指标一般需要运用概率论和数理统计方法。

（三）选择风险管理技术

在风险识别和评估的基础上，根据风险性质、损失概率、损失程度及家庭的经济承受能力选择适当的风险处理手段。这是风险管理中最为重要的环节，也是难点所在。

风险处理手段的选择是一种综合性的科学决策。决策时，既要针对风险的实际状况，又要根据个人或家庭的资源状况，还要注意各种风险处理手段的可行性与效用。风险处理手段的选择，一般说来，不是一种风险选用一种手段，而常常是将几种手段组合起来。只要合理组合，风险处理就会做到成本低、效益高，即以最小的成本获得最大的安全保障。由于家庭的自保能力相对企业而言是十分有限的，所以在采用了一些控制型的手段对相关风险进行处理之后，选择一份合适的保险也是非常必要的。因为保险最基本的功能就是保障，它能够使家庭以支付少量的保险费为代价换取高额的经济保障。

（四）管理效果评价

当个人和家庭确定了合适的风险管理计划后，就进入了实施阶段。假设某人认为自己需要购买商业车辆保险以分散驾驶事故带来的损失，那么他可以选择通过网络、电话或者去保险公司营业厅进行购买，并根据自身的风险状况和经济能力选择适当的保险产品和保障额度等。如果他认为可以将这些风险自留，但需要一定的储蓄作为损失融资来源，那么他就必须保留足够的存款。

风险管理的程序在实践中并不是一劳永逸的，而是一个需要随时进行监控和调整的过程。随着家庭经济条件、家庭所处周期、外部环境的变化，个人和家庭需要对原有的风险管理安排的有效性和合理性进行回顾、检查和修正，不断完善自己的管理计划。

模块二　分析家庭保险产品

微课：守护家庭的“七张保单”

➢ 工作实例分析

通过模块一的学习，我们已经帮助万鹏先生识别其家庭面临的各类风险，并且对这些风险进行了损失评估，在此基础上，选择合适的风险管理的技术，完成了对万先生家庭的初步风险管理规划。

我们明确了商业保险在万先生家庭风险管理和理财规划中的重要地位，接下来我们将学习具体的保险产品，只有熟悉各类产品的性质和功能，才能在后续的保险理财产品配置方案设计中做出更加科学合理的选择。

微课：分析人身保险产品

PPT：分析人身保险产品

操作动画：人身保险

步骤一　分析普通寿险产品

人寿保险简称寿险，是以人的生命为保险标的的一种保险，被保险人在保险责任期内生存或死亡，由保险人根据保险合同给付保险金。普通人寿保险是以个人为投保对象的生存保险、死亡保险和两全保险的总称。

（一）生存保险

生存保险是以被保险人在保险期满时生存为给付保险金条件的一种人寿保险。只有当被保险人一直生存到保险期限界届满时，保险人才按照合同规定支付生存保险金；如果被保险人在保险期限内死亡，保险人不承担保险责任，并且不退还保费。

生存保险具有较强的储蓄功能，主要为了满足被保险人在一定时期内的生活所需；或者在退休后或指定日期获得养老保险金，以弥补年老后的收入损失。在实际业务中，常见的生存保险更多地表现为储蓄性的年金保险、养老保险等。

生存保险的具体操作一般是，保险双方规定若干个期限或年龄，被保险人生存至相应的期限则可以得到对应的保险金。另一种方式，如年金保险，则规定从某一期限（一般是退休以后）开始，只要被保险人生存就能一直领取约定的保险金，直至被保险人身故。

（二）死亡保险

死亡保险是以被保险人的死亡为给付保险金条件的保险。按照保险期限的不同，可分为定期死亡保险和终身死亡保险。

定期死亡寿险，是以被保险人在保险合同规定的一定期限内发生死亡事件而由保险人给付保险金的一种人寿保险。保险期间通常为 1 年、5 年、10 年、20 年。该保险不积累现金价值，所以被认为是无任何投资功能的“纯粹”的人寿保险。定期死亡险的保费低廉，适合收入不高或在短期内承担一项危险工作的人士购买。

终身死亡寿险，为被保险人提供终身的死亡保障，无论被保险人何时死亡，保险人都要给付保险金。终身寿险是一种不定期的死亡保险，被保险人可由此得到终身的保险保障。该保险可以防备因被保险人的意外身故造成家庭其他成员失去经济来源，适合作为家庭经济支柱的人购买。由于提供长期保障，终身寿险的缴费方式也有不同的选择，一种是趸交，即一次性把保险费全数缴清；另一种是期交，即选择按月、按季度或按每年缴一次保费，连续交若干次。期交保费可以每期等额缴纳，或者按递减金额缴纳，这样可以减少后期的缴费负担。

（三）生死两全保险

生死两全保险又称生死合险，是将生存保险和死亡保险合二为一的保险，无论被保险人在保险期间死亡，还是到保险期届满时生存，保险人均按合同给付保险金，因此该保险具备双重保障性，费率也较高。

步骤二　分析投资型寿险产品

投资型人寿保险最大的特点是既具有保障功能，又具有投资理财功能。主要包括分红保险、万能保险和投资连结险。

视频：（正）最常见的香港保险问题

视频：（反）六分钟教你看清香港保险

（一）分红保险

分红保险，就是指保险公司在每个会计年度结束后，将上一会计年度该类分红保险的实际经营成果优于定价假设的盈余，按一定的比例、以现金红利或增值红利的方式，分配给客户的一种人寿保险。分红保险保单持有人在获得保险保障之外，还可以获得保险公司分红，与保险公司共享经营成果。在发达国家和地区，分红保险已运行 200 多年，是抵御通货膨胀和利率风险的主力险种。

红利分配的方式主要有两种，现金红利和增额红利。现金红利是直接以现金的形式将盈余分配给保单持有人。目前国内大多保险公司采取这种方式。增额红利是指整个保险期限内每年以增加保险金额的方式分配红利。

（二）万能保险

万能保险指具有保险保障功能并设有单独保单账户，且该账户能提供最低收益保证的人寿保险。2015 年 2 月，我国取消万能保险不超过 2.5% 的最低保证利率限制，若保险公司开发万能型人身险最低保证利率高于 3.5%，应报送监管单位审批。万能寿险之所以“万能”，是因为在投保以后可以根据人生不同阶段的保障需求和财力状况，调整保额、保费及缴费期，确定保障与投资的最佳比例，让有限的资金发挥最大的作用。例如，只要满足一定条件，保单的个人账户价值足以支付保单的相关费用，保险期间投保人甚至可以暂时缓交、停交保费，改变保险金额，使得保单继续有效。

（三）投资连结险

投资连结险，集保障和投资于一体，在提供死亡和附加医疗等人身保障的同时，保险公司还会使用投保人支付的保费进行投资，让客户获得投资收益。一般每款投资连结险都会提供不同的账户进行选择，账户区别主要反映在投资领域（如基金、股票、期货、银行存款），账户资金投资比例不同，导致账户收益和风险存在差异，有利于满足用户的不同投资选择。投资部分的回报率是不固定的，保单价值将根据保险公司实际投资收益的情况确定。

步骤三　分析健康险产品

健康保险是以人的身体为标的，当被保险人因意外事故或疾病造成残疾、死亡、医疗费用支出以及丧失工作能力而使收入损失时，由保险人给付保险金的一种人身保险。

健康保险的费率与被保险人的年龄、健康状况密切相关，承保条件相对严格，保险公司往往要求被保险人进行体检，规定观察期或自负额。因此，在年轻、健康时购买最有利。健康保险包括医疗保险、疾病保险、失能保险和护理保险。根据给付方式不同，可以分为三类：

文本：人身保险伤残评定标准行业标准

1. 给付型。被保险人罹患合同约定的疾病或出现约定的情况时，保险公司给付保险金。保险金的金额是确定的，一旦确诊，保险公司即一次性给付。目前重大疾病保险属于此类型。

2. 报销型。保险公司按照被保险人实际支出的医疗费用，在保单约定的额度和比例进行报销。如一般的疾病门诊和住院医疗保险就属于报销型。

3. 津贴型。被保险人发生合同约定的情况时，保险公司在一定期限内按约定金额进行支付，直至被保险人该状态消失。如住院补贴险，即按照被保险人住院的天数每天支付确定金额的补贴；失能保险在被保险人处于失能状态时，按月或季度给予一定金额的补贴。这些都属于津贴型健康保险。

文本：人寿保险的起源

步骤四　分析意外伤害保险产品

微课：航空意外险配置

人身意外伤害保险是指在约定的保险期内，因发生意外事故而导致被保险人死亡或残疾，支出医疗费用或暂时丧失劳动能力，保险公司按照约定支付一定数量保险金的一种保险。

意外险具有短期性、灵活性、保费低廉、保障高等特点，一般不需要进行体检，投保方便快捷。常见的意外险有旅游意外险、交通工具意外险、综合意外险、老年人意外险、青少年学生意外险等。

微课：分析财产保险产品

步骤五　分析财产保险产品

给家庭财产购置保险，分散财产损失风险是非常有必要的。下面我们介绍几类常见的家庭财产保险产品。

PPT：分析财产保险产品

（一）普通家庭财产险产品

家庭财产保险是以家庭住宅和存放在固定场所的物质财产为保险标的的一种

财产保险，购买者为城乡居民，区别于公司法人财产保险。普通家庭财产综合保险，主要承保三大类财产：房屋本身及附属设备、室内装潢，以及室内财产。另外还有多种附加险可供消费者选择。

普通家庭财产险负责赔偿在保险合同载明的地址（保险地址）内，由于遭受保单责任范围内的事故造成保险标的的损失。具体责任范围包括：火灾、爆炸、雷击、台风、洪水等13种自然灾害（不含地震）；飞行物体及其他空中运行物体坠落；发生事故后，为防止、减少保险标的损失而支付的必要合理费用。

主要的附加险种有：室内财产盗抢险、家用电器用电安全险、管道破裂及水渍险、居家责任险等。

（二）家庭机动车辆保险产品

机动车保险已成为我国财产保险业务中最大的险种，根据原保监会披露的信息，2017年我国机动车保险原保费占所有财产险原保费比例达70%以上。

我国机动车保险分为强制保险和商业车险。其中强制保险为国家通过法律法规明确规定机动车所有人必须购买的保险，依照《中华人民共和国道路交通安全法》的相关规定，我国机动车的所有人或者管理人，须投保机动车交通事故责任强制保险（简称“交强险”），此保险属于第三者责任险。而商业保险是由投保人自主选择购买的保险，用以补充强制保险责任范围以外的损失保障。

操作动画：财产保险

（三）家庭责任保险产品

责任保险属于广义的财产保险，是以被保险人对第三者应承担的经济赔偿责任为保险标的的一种保险。随着我国法治建设的逐步完善，个人和家庭在生产活动和日常生活中遭遇责任风险的概率进一步增大。如果购买了责任保险，家庭成员由于过失和疏忽造成第三方的人身伤亡或财产损害，依法应承担的赔偿责任以及法律费用，就可以转移给保险人。使得家庭能妥善地处理民事责任纠纷，尽快地恢复到正常、有序的生活。

文本：家庭成员责任保险适用案例

市面上的责任保险种类多样，适用于个人和家庭的几种产品主要有居家责任保险、监护人责任险、宠物责任保险、职业责任险等。

（四）个人资金账户保险产品

个人资金账户保险主要承保账户被盗刷、盗用，或被不法分子威胁、挟持的状态下被迫损失资金的风险，而遭遇诈骗后主动将资金交付给他人的情况则属于除外责任。根据承保的账户种类不同，个人资金账户保险可以分为实体账户保险、网络平台账户保险，以及综合账户保险。实体类账户包括个人名下的借记卡、信用卡（含附属卡）、存折、网银账户等；网络平台账户主要指第三方支付账户、各类理财平台的充值账户、网络虚拟账户（如游戏账户）等；综合账户险则是将个人名下相关的各类账户都纳入保障范围，这些账户要求被保险人实名开户，以确定是属于被保险人自己所拥有的资产。

步骤六　分析保单贷款理财

保险单除了能给被保险人提供保障以外，有些具有现金价值的保单还具有资金融通的功能，可以用来进行贷款。

利用保单贷款有两种方式：一种是将保单抵押给保险公司，由保险公司进行贷款操作；另一种是将保单以质押的方式向银行贷款。如果向保险公司贷款，被保险人能享受一定的优惠政策，主要包括：一是贷款手续简便。保单本身作为抵押物，不再需要其他的抵押物，由于投保人是保险公司的客户，前期投保时已做过相应的调查，在贷款时审核的手续会相对简便，放款时间也较银行更快。二是贷款利息较低。相较于银行的同期贷款利率，保险公司的利率有一定的优势。三是保留保单利益。贷款期间保单的效用不受影响，保障功能和分红、返还等利益依然保留。

虽然保单贷款可以作为一种融资工具，但也有一定的局限性。保单贷款的注意事项主要有以下几点：

1. 具有现金价值的长期性保单才能提供贷款，而短期消费型的保单，如意外险、短期健康险、机动车保险等无法用来贷款。

2. 贷款的本金和利息不能超过保单的现金价值，否则会导致保单的永久失效。各保险公司会根据不同的保单规定贷款额度的上限，如太平洋人寿规定保单贷款的最高限额是现金价值的 80%，中国人寿则规定这一比例为 70%。贷款期限也有一定的要求，一般最长可为 6 个月，不过到期后可以继续使用贷款本金，只需归还利息。

3. 对于享受了保费豁免、减额缴清或保单垫付等优待性条款的保单，则无法再获得保单的贷款。

因此，如果家庭购买了长期性的保单，又遇到需要短期资金周转应急的情况，不妨利用手上的保单来进行贷款，在获得融资的同时，继续享有保单中规定的权利。

微课：家庭保险产品的选择技巧

做一做

选择保险种类

根据前文引例，分析万先生的家庭可能需要购买哪些种类的保险产品。

PPT：家庭保险产品的选择技巧

模块三　配置合适的家庭保险产品

➢ 工作实例分析

在模块二中，我们学习了适用于个人和家庭的保险种类，主要包括人身安全、身体健康和财产安全等方面的保障，还涉及了责任风险、保单融资等内容。在掌握各类保险产品功能和特征的基础上，我们将学习选择保险产品的技巧，并通过对比市面上的同类产品，分析它们的优缺点，完成万先生家庭的保险配置方案设计。

步骤一　熟悉家庭保险产品的选择技巧

在帮助客户配置家庭保险产品之前，我们需要掌握相关产品的选择技巧，了解购买产品的注意事项，尤其是会影响到客户的保障效果、资金变动和理赔金额的条款和规定，需要格外注意。这样一方面能够优化配置方案，另一方面也能避免购买保险后发生不必要的纠纷。

一、选择普通寿险的技巧

人寿保险品种多样，覆盖人群范围广泛，在购买寿险时，有一些基本的规定需要注意，否则有可能会让消费者蒙受较大的损失。

（一）尽量提早购买时间

寿险产品一般会规定投保人的年龄范围。对于年龄起点，有的是从0周岁开始可投保，有的则规定更大年纪的人才能投保；另一方面，也规定了最高投保年龄，一般在55～65周岁，续保年龄可适当放宽，当然也有专门针对中老年人设计的产品。从费率角度看，寿险产品的费率会随着投保年龄的增加而提高，保障期限则可能相应缩短，可选择的保险金额度也会下降。图4－3是某保险公司2021年热销的两全寿险产品，不同投保年龄的男性投保人30万元的保额年保费价格。由此可以看出，投保年龄越大，保费增加的幅度也越大。

视频：手把手教你识破重疾险套路

视频：医疗险和重疾险的区别

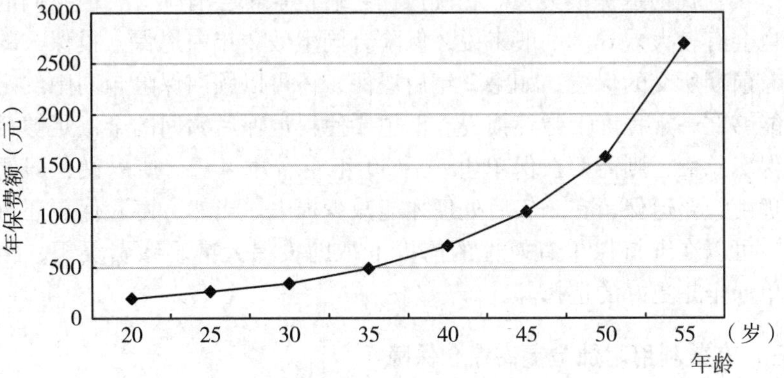

图4－3　年保费随投保年龄的变化趋势

同时，年轻的投保人被要求进行保前体检的概率更小，因为随着年龄的增长，某些疾病的发病风险增加，保险公司对于年龄大的投保人会更加谨慎。因此，需要让客户及早建立保险意识，尽早购买合适的寿险产品。

（二）注意几个关键时间点

购买寿险产品后，并不意味着高枕无忧，还需要提醒客户注意几个关键的时间节点，这些时间点和期限的规定会直接关系到客户所交的保费多少，或能够得到的赔付金额。

1. 10天：购买保险的“后悔药”。人寿保险是一个长期险种，缴费期限跨度也较大，总保费额度较高，因此设置了10~15天的“犹豫期”，一般从投保人确认收到保险合同后开始计算时间，犹豫期为某些冲动消费的投保人提供了后悔的机会。在犹豫期内，投保人可以无条件退保，保险公司在收取少量的工本费之后将已交保费全部退还。投保人可以利用这段时间，仔细研读保单条款，做好将来的缴费计划，对自己的保单再做一次权衡。但一旦错过了犹豫期的时间，保险期限内再退保就会承担较大的损失。

2. 60天：迟交保费的缓期“闹钟”。在寿险保单存续期间，考虑到投保人有资金临时周转不灵或遗忘缴费等情况，保险公司设置了一个“缴费宽限期”，一般是从应当缴费的日期起顺延60天，只要在这段时间内交齐保费，保单效用不会受到影响。如果被保险人不幸在这60天中遭受保险事故，保险公司依旧会承担赔偿给付责任，不过会扣除欠缴的保费和利息。

3. 1年：赔付金额差10倍。有些寿险合同会将1年的期限作为一个全额赔付金额的“分水岭”，即在保单生效后1年以内，被保险人因疾病导致身故或全残，只能获得相当于保险金额10%的给付及所缴保费，保险责任终止。而这1年以内因意外事故，或1年以后因疾病导致死亡或全残，则可以获得全数保险金。这样的规定是为了防止某些有疾病在身又没有在承保风险审核中发现的投保人，利用保单获取责任范围外的赔付。当然，对于没有这类企图的正常投保人，也需要遵守这样的规定，在理赔时应注意这个时间点。

4. 2年：提前退保损失大。在犹豫期之后退保都会有损失，但不同的时间退保所得也会有较大差异。一般来说，保险合同生效2年内退保，投保人的损失几乎是所有前期所交的保费；如果2年后退保，还可以领回保险合同中约定的现金价值，能够在一定程度上弥补损失。但想要使得退保后领回的金额足够覆盖前期所交的保费总额，则需要在保单生效后30年左右才可行。所以说，即便投保人有各种理由想要退保，在2年后处理才能减少损失。当然，寿险保单还有多种保全措施，可以在维持保单有效性的前提下帮助投保人减轻缴费负担，相较于退保，保单保全是更好的选择。

（三）有效利用附加险提高综合保障

在购买人寿保险的主险以后，可以选择适当的附加险，将主险中没有覆盖到的人身风险加入保障范围，提高保单的综合保障作用。人寿保险的附加险主要包括意外伤害保险和医疗保险，购买附加险以后，保单既能保障被保险人的死亡和残疾风险，又能给予被保险人在生存时的健康呵护，或者得到主险之外的更高额度的保险金给付。

在主险以外购买附加险，相对于单独购买另外的保险，其主要优势在于可以节省保费。以某保险公司的长期重大疾病保险为例，投保人是30周岁男性，缴费期限20年，购买1万元保额，年缴保费为370元；而该公司定期寿险的附加重疾险，对于同样条件的投保人，提供1万元保额保障，每年却只需缴费56元，两者保费相差300多元。如果投保人有重大疾病保障的需求，那么选择在寿险中附加该类保险，比单独购买更加经济实惠。

二、选择投资型寿险的技巧

（一）根据投资意向选择产品种类

当前市场上的投资型寿险产品主要有分红险、万能险和投连险，但不是所有人都适合购买所有的险种，要根据投保人的投资意愿、风险承受能力和经济实力为其配置产品。分红险主要适合风险承受能力较低，有稳健理财需求的投保人；万能险适合需求弹性大，风险承受能力低，希望保险产品有更多灵活性的投保人；投连险则适合收入较高，投资理念成熟，追求高收益同时有较强风险承受力的投保人。但无论选择哪种产品，必须要明确的是，保险产品首要的功能是保障，获取投资收益应排在次要的位置，不宜过分强调甚至夸大保险产品的投资功能。

（二）注重考察保险公司盈利能力

投资型寿险的投资回报具有不确定性，投保人实际能获得的收益取决于保险产品本身的条款规定、投资市场行情、国家相关政策，以及保险公司投资管理能力等因素。在其他外部条件差异不大的情况下，保险公司自身的盈利能力显得尤为重要。

以分红保险为例，原保监会规定，保险公司70%的可分配盈余必须分给保单持有人，但由于红利只是一种预期的收益而非保险公司承诺的保证收益，所以只有当保险公司的投资收益和企业经营状况良好时，客户才能享受到一定比例的分红。投连险的收益则更依赖于保险公司对投资资金的运用，所以一定要购买业绩优良、投资能力强的保险公司的投资型寿险产品。经营状况不佳的保险公司的投资能力相对较弱，投资产品收益甚至有可能低于定期存款。

（三）寿险产品适合长期性投资

对于想要进行短线投资的消费者来说，投资型寿险产品并不是良好的选择。以分红保险为例，红利领取方式多样，客户可以自己选择，如每期领取现金、抵缴保费、累积生息，或是增加缴清保险的金额等。但如果想充分发挥分红险的投资功能，投保人应选择红利累积的方式进行再投资，让钱生钱。通过较长年份的有效累积，才能使资金有较大幅度的增值。再比如，万能险的收益计算基数是保单的账户价值，即保费扣除初始费、账户管理费等费用后的资金，期交的万能险前5年初始费的扣除比例相对较高，实际进入投资账户的资金少，而往后扣除的比例会逐渐降低。因此长期持有万能险的收益会更高。

三、选择健康险和意外险的技巧

（一）优选保险种类

健康险中的重大疾病保险和医疗保险都有不同的种类，应根据客户的实际情况和经济条件进行选择。

重大疾病保险有针对不同人群和性别的分类产品，比如成年男性客户，患系统性红斑狼疮（多见于女性）或骨髓灰质炎（少儿多发）的概率小，则不需要选择带有这类保障的重疾险。再比如，患乳腺癌、宫颈癌的女性患者数量逐年增加，保险公司顺势推出了女性重大疾病保险，仅承保几类多发性重疾，保费相对低廉。另外，重大疾病保险还有定期型和终身型的区别，前者规定有限的保险期限，包含生存给付责任；后者终身受保，含确定死亡给付责任，保费相对较高。

医疗保险根据补偿方式不同，可分为费用补偿型、定额给付型和综合型。费用补偿型保险的给付一般规定，在社会医疗保障支付完以后，对其未予赔付的部分作为基数计算赔偿金额，而定额给付型则不存在此规定。另外，医疗保险对于被保险人的自付额，赔偿次数，每次赔偿的限额或给付的期限有相关规定，在选择产品时需要注意。

（二）观察期内风险自负

观察期是指保险合同生效一段时间后，保险人才对被保险人因疾病而发生的医疗费用履行给付责任。这是保险公司用于自我保护的条款，因为人类的疾病有一个渐变的发展过程，可能投保人在投保时已经患病而不自知，或者已知而不告知不检查，如果很多投保人刚投保就产生医疗费用，尤其是重大疾病保险，一经确诊即可获得保险金，那么对保险公司来说是很不公平的，也会催生更多道德风险。通常医疗住院保险的观察期是自合同生效日起30天至90天，重大疾病保险为半年甚至一年，在观察期内发生的医疗费用支出，保险公司不负赔付责任，但可以退还已缴保费。

（三）尽量避免重复投保

对于补偿型医疗保障的健康险和意外险来说，保险公司的赔付仅仅以被保险人所花费的医疗费用为限，不会使被保险人获得多于其支出费用的利益。所以即使投保人购买了高额医疗保障，或者多份类似产品，也无法获得更多的、累加的赔偿。所以需要帮助客户分析自身身体状况，预估医疗开支，避免保费的浪费。

想一想

在选择人身保险产品过程中，有哪些“坑”容易被投保人忽视，需要提醒他们特别关注？

四、选择家庭财产类保险的技巧

文本：高收入家庭怎么选保险4大技巧

文本：个人税收递延型商业养老保险在我国开通试点

（一）确定适当的保险金额

财产保险的保额与人身保险不同，由于财产类保险的赔款遵循损失补偿原则，超过保险价值部分得不到赔偿，而且重复投保也不能获得多重赔偿，所以财产保险的保额并不是越高越好。反之，如果保险金额低于保险价值，虽然可以少交保费，但发生保险事故后只能按比例获得赔偿，家庭财产不能得到充分的保障，也是得不偿失的。通常可根据以下方法来估算家庭财产的价值：对于普通家财险，房屋及装潢的保险金额根据购置价或市场价确定，室内财产的保险金额根据出险时的实际价值分项目确定。汽车保险的车辆损失部分，根据车辆购置价格减去折旧来确定。责任险则根据一次事故可能造成第三方的损失金额来估算。

（二）科学组合主险与附加险

家庭类的财产险在主险之外，通常有多种附加险供投保人选择。一方面是因为主险保障了最常发生的风险事故，满足大多数消费者的基本需求，而附加险的设置则给了人们更多样的灵活选择，当然也会增加保费支出。另一方面，财产险对于保障范围有较多的限制，很多风险和状况属于除外责任，但某些除外风险是可以满足精算要求纳入可保风险范围之内的，同时又有很多消费者需要获得这些风险保障，那么这类风险可以通过附加险的形式加入保单。

根据投保人的家庭风险状况，选择适当的附加险，在风险保障的全面程度和费用经济性之间寻求平衡。例如比较老旧的房屋，水暖管使用时间长，水压不稳定，容易发生爆裂，则适合附加水暖管破裂险。住宅楼层较高，窗户外没有护栏，楼下紧邻街道的住户，容易发生高空坠物责任风险，有必要购买居家第三者责任险。对于经验不足的驾驶员，在购买车辆保险时，应当考虑附加车上人员责任险、划痕险、玻璃单独破碎险、不计免赔特约险等，以获得较为充足的保障。再比如，若是车上新增设备较少或者价值不高，就没有必要购买车辆新增设备损失险。

（三）注意除外责任

财产保险的责任范围设定有两种情况：一种是列明责任制，即保单中列出各项保险责任，除此之外均不受保单保障；另一种是除外责任制，即除了保单中列出的除外责任，其他全部属于保障范围，这类保险的责任范围显然更大，更有利于被保险人的举证。无论是哪种保单，投保人都需要认真研读除外责任，因为财产保险的责任认定和损失计算相对复杂，不可想当然地凭自己的理解来看待保单，否则很容易发生索赔纠纷。例如车辆损失保险承保车辆因自然灾害和意外事故造成的车辆本身的损失，但并不是所有的自然风险都在保障范围内，也不是所有的意外事故保险公司都会负责，如车辆在检修期间发生意外就不能获得赔偿。再比如家庭财产被盗窃遭受损失，保单规定有明显的盗窃痕迹，经公安机关认定有盗抢事实的情况才属于保险责任，如窗外钩物类的盗窃损失则是除外责任。

➢ 工作实例分析

掌握选择保险产品的技巧，可以让我们对保险产品进行初步的筛选，避免因为对产品情况不熟悉或对合同条款的误解，造成保费损失，引起后续的纠纷。下面我们通过对比市面上的同类产品，具体分析它们的优缺点，以便为万先生家庭配置合适的保险产品。

步骤二　家庭保险产品对比分析

微课：选购保险理财产品

随着社会环境的不断变化，消费者的需求也呈现差异化、多样化、精细化的发展趋势，保险公司为满足客户的要求，占据市场地位，也不断开发、调整，推出新的保险产品。2017 年我国仅寿险公司就有 85 家，市面上销售的保险产品更是五花八门，那么我们如何为客户挑选到合适的产品呢？下面我们选取了各类险种中具有代表性的产品，通过分析对比，学习筛选产品的方法。

一、普通人寿保险产品对比

微课：家庭保险产品对比分析

普通人寿保险中单纯的生存险和死亡险内容较为简单，产品也不多，此处我们以生死两全保险为例进行比较分析（见表 4－1）。在对比两全寿险时，重点关注的问题有：对投保人条件的限制（主要是年龄）、保险期限、缴费方式、保障内容、保额情况、其他权益等。

PPT：家庭保险产品对比分析

表 4－1　两全寿险产品对比

项目	产品一 福享安康两全保险	产品二 安行天下（2017）两全保险	产品三 安行宝两全保险（2.0 增强版）
保险公司	平安保险公司	天安人寿保险公司	太平洋保险公司
投保年龄	18 个月～50 周岁	18～55 周岁	18～60 周岁
保险期限	至 80 周岁	至 85 周岁	20/30 年
缴费方式	年交	等额年交或减额年交	年交，3/5/10 年缴清
基本保额	20 万元	10 万元	10 万元

续表

项目	产品一 福享安康两全保险		产品二 安行天下（2017）两全保险		产品三 安行宝两全保险（2.0 增强版）	
保障内容	身故保险金	按下列两者的较大值给付身故保险金：（1）合同所交保险费之和的 128%；（2）身故当时合同的基本保险金额	疾病身故或全残保险金	疾病身故或身体全残保险金 = 保险实际交纳的保险费 × 给付比例，其中给付比例的规定如下：因疾病身故或身体全残时处于岁保单生效对应日后 18 ~ 40 周岁，比例为 160%；41 ~ 60 周岁，比例为 140%；61 周岁以后比例为 120%	疾病身故或全残保险金	同产品二
			意外伤害身故或全残保险金	遭受意外伤害，并自意外伤害发生之日起 180 日内因该意外伤害导致身故或身体全残的，按合同基本保险金额的 100% 给付	意外伤害身故或全残保险金	遭受意外伤害，并自意外伤害发生之日起 180 日内因该意外伤害导致身故或身体全残的：（1）若身故或确定全残时未满 75 周岁，给付合同的基本保险金额；（2）若年满 75 周岁，给付 0.5 倍合同的基本保险金额
			其他情况意外身故	重大自然灾害意外：按基本保险金额的 2 倍给付；自驾车意外：按基本保险金额的 10 倍给付；航空意外：按基本保险金额的 25 倍给付；特定公共交通工具意外：按基本保险金额的 10 倍给付	其他情况意外身故	重大自然灾害意外：按基本保险金额的 10 倍给付；交通工具意外：按基本保险金额的 10 倍给付；法定节假日意外：按基本保险金额的 10 倍给付；乘坐电梯意外：按基本保险金额的 10 倍给付；＊若出险时超过 75 周岁，则给付金额均减半
	生存保险金	合同所交保险费之和的 128%	生存保险金	合同所交保险费之和的 120%	生存保险金	（1）保险期间为 20 年的，给付合同所交保险费的 110%；（2）保险期间为 30 年的，给付合同所交保险费的 120%

续表

项目	产品一 福享安康两全保险	产品二 安行天下（2017）两全保险	产品三 安行宝两全保险（2.0 增强版）
其他权益	保单贷款、保费自动垫交	无	无

表 4-1 中列出了三个产品的关键信息，从中我们可以看出，虽然保障的内容大致都可分为期满生存金和身故保险金给付，但每个产品都具有各自的特点和优势，可以根据投保人的实际情况加以选择。

如在投保年龄方面，产品一能接受的投保人范围更广。产品一和产品二的保险期限是到确定的年龄，但产品三是从投保日起规定两种时间长度，假如投保人年龄小于 50 周岁，则他选择保障 30 年的产品三，就比选择产品一能更早领取到生存金，由于死亡风险随年龄增长有升高的趋势，那么他能拿到该笔资金的可能性也更高。

缴费方式上，产品二和产品三更灵活，且基本保额较低，如果允许购买多份产品，则给了投保人更多自主权，能按需增加总保额。但产品一的优势在于设置了保单贷款和保费自动垫交条款，能够满足投保人更多样的资金需求，而其他两个产品则没有相应的功能。

产品对比最关键的部分是保障内容，这三个产品都包含了身故保险金和期满生存金给付，但产品二和产品三将导致身故的原因进行了区分，对于意外伤害，尤其是因乘坐交通工具、重大自然灾害等事故造成的伤害，给予了更高金额的保障。产品二、产品三细分出不同情况的意外事故，并增加不同的给付金额，使得保单持有人能在特定情况下获得更多的赔付，也相应增加了产品的吸引力。细致对比这两款产品，保障内容大同小异，但值得注意的是，产品三将事故发生时 75 周岁以上被保险人单列出来，给付金额减半，这是保险公司控制被保险人高龄风险的一种方式。那么对于年龄较大的投保人来说，也许产品二是更适合的选择。

二、投资型人寿保险产品对比

目前市面上较为受欢迎的投资型寿险产品主要是分红型寿险，这里我们以分红险为例，进行对比分析（见表 4-2）。

表 4-2　　分红型寿险产品对比表

项目	产品一 鑫福一生分红险	产品二 鑫享人生保险	产品三 欣福年年分红型保险
保险公司	中国人寿保险公司	泰康人寿保险公司	平安保险公司
投保年龄	0~70 周岁	0~59 周岁	18~60 周岁
保险期限	终身	至 99 周岁	终身
缴费方式	年交，3/5/10 年缴清	年交	年交

续表

项目	产品一 鑫福一生分红险		产品二 鑫享人生保险		产品三 欣福年年分红型保险	
保障内容	身故保险金	投保时年龄为18周岁及以上，且于合同生效之日起一年内身故，按合同所交保险费的120%给付身故保险金。 因前述以外情形身故，按身故当时下列两者的较大值给付： 1. 合同基本保险金额； 2. 合同现金价值	身故保险金	1. 如果在年满80周岁后的首个合同的年生效对应日（不含该日）之前身故，身故保险金的数额等于下列两者中的较大值：①合同所交保险费之和；②合同现金价值。 2. 如果在上述时间之后身故，身故保险金的数额为零	身故保险金	按身故当时下列两者的较大值给付： 1. 主险合同所交保险费减去截止到被保险人身故之前最近的保单周年日（含该保单周年日）累计应领生存保险金及关爱生存保险金之和； 2. 合同现金价值
	生存保险金	自合同生效年满三个保单年度的年生效对应日起，至合同约定的祝福金领取日前，每年按基本保险金额的15%给付。自合同约定的祝福金领取日起，每年按基本保险金额的12%给付	生存保险金	1. 犹豫期结束的次日生存，给付保险金额的10%； 2. 自合同生效日至年满60周岁后的首个合同的年生效对应日（不含当日）前，每年给付保险金额的10%	生存保险金	1. 被保险人选择60周岁的保单周年日开始领取，则自此时起，每月按主险合同基本保险金额给付生存保险金。 2. 选择交费期结束后开始领取，则自此时起，每月按主险合同基本保险金额给付生存保险金
	祝福保险金	若生存至合同约定的祝福金领取日，按合同所交保险费给付祝福金。 领取日为：40周岁、45周岁、50周岁、55周岁、60周岁、65周岁、70周岁、75周岁、80周岁和85周岁十种，投保人选择其中一种	养老金、祝寿金、长寿金	1. 养老金：60至80周岁，在每一个合同的年生效对应日给付保险金额的10% 2. 祝寿金：80周岁后的首个合同年生效对应日生存，给付已缴纳的保险费总额 3. 长寿金：81至99周岁，在每一个合同的年生效对应日给付保险金额的10%	关爱生存保险金	1. 被保险人选择60周岁的保单周年日开始领取，则自此时起，每年按主险合同基本保险金额给付生存保险金。 2. 选择交费期结束后开始领取，则自此时起，每年按主险合同基本保险金额给付生存保险金
红利领取方式	1. 现金领取； 2. 累积生息		1. 现金领取； 2. 累积生息； 3. 转入被保险人的万能险账户（若有）		1. 累积生息； 2. 抵交保险费； 3. 购买交清增额保险	

续表

项目	产品一 鑫福一生分红险	产品二 鑫享人生保险	产品三 欣福年年分红型保险
其他权益	保单贷款、身故保险金可转换成年金领取	保单贷款、保费自动垫交、减额投保、意外身故或高残豁免剩余保费	保单贷款、保费自动垫交

文本：给孩子买保险的4大技巧

文本：王先生家庭保险配置案例

分红型寿险产品，一方面，相比于普通的两全寿险，最突出的优势在于其设置了分红金，虽然不同产品对此项金额领取方式的规定有一定的差别，但在保险公司经营情况良好的前提下，能够保证投保人有相应金额的红利收益。另一方面，除了基本的生存金和身故保险金以外，各产品都在保险期内设置了其他生存金的发放规则，此类生存金的名称、领取时间和金额各有不同，实质上是将生存金分散到不同时期领取，鼓励被保险人健康生活，更加长寿。

下面我们对以上三个产品进行投保案例试算，比较同等投保条件下，保单持有人分别能够获得多少保险金。

假设王先生投保年龄为30周岁，选择交保费期限为10年，红利领取方式均为累积生息，并按中等利率估算分红金额，王先生在80周岁时（已满80周岁，未到合同年生效对应日）不幸身故。根据每个产品的规定，分别计算王先生能够获得的保险公司给付的金额（各产品基本保额对应的保费、预期红利、现金价值等，均为对应条件下的预估金额，仅用于本案例作对比参考）：

1. 产品一：若王先生选择基本保额2万元，祝福金领取年龄为60周岁，则年交保费为1万元，合计交保费10万元。王先生将获得祝福金10万元；生存保险金为33周岁至60周岁前每年领取基本保额的15%，共8.1万元；60周岁至80周岁每年领取基本保额的12%，共4.8万元；受益人获得身故保险金2万元（或合同现金价值，以高者为准）。另外，预计王先生累积获得该保险公司分配的红利30万元。那么，王先生及受益人共获得54.9万元，是缴纳保费金额的5.49倍。

2. 产品二：若王先生选择基本保额2.5万元，则年交保费为1万元，合计交保费10万元。王先生将获得的生存金为犹豫期后的0.25万元，以及30周岁至60周岁每年领取基本保额的10%，共计7.75万元；养老金为60周岁至80周岁，每年给付保险金额的10%，共5万元，祝寿金和长寿金无法获得；受益人获得身故保险金10万元（或合同现金价值，以高者为准）。另预计累积获得该保险公司分配的红利32万元。那么，王先生及受益人共获得54.75万元，大约是缴纳保费金额的5.5倍。

3. 产品三：若王先生选择基本保额1000元，生存金和关爱生存金从60周岁开始领取，则年交保费为1.9万元，合计交保费19万元。王先生将每月领取生存金1000元，共24万元；每年领取关爱生存金1000元，共1.9万元；受益人获得身故保险金为保单现金价值约20万元。预计累积获得该保险公司分配的红利32.5万元。那么，王先生及受益人共获得78.4万元，大约是缴纳保费金额的4.13倍。

通过计算我们可以得出，对于王先生的例子来说，产品一和产品二获得的保险给付和保费支出比要优于产品三。不过，对于不同条件的投保人，计算的结果可能会有所不同，因此我们需要根据投保人的实际情况、保障需求和资金状况进行测算，以得到最适合的保险产品。另外，分红险中很大一部分的给付金来自保险公司的红利，因此，在选择保险公司的时候也需要更加谨慎，注重考察保险公司的盈利能力。

三、医疗保险产品对比

医疗保险主要包括门急诊、住院、护理保险等，下面以住院型医疗保险产品为例进行分析（见表4－3）。

表4－3 住院型医疗保险产品对比

项目	产品一 健康尊享C款保险		产品二 平安e生保百万医疗保险		产品三 华夏医保通保险	
保险公司	泰康人寿保险公司		平安保险公司		华夏人寿保险公司	
投保年龄	0～64周岁		0～60周岁		0～65周岁	
保险期限	1年		1年		1年	
缴费方式	一次交清		一次交清		一次交清	
等待期	合同生效之日起30日		合同生效之日起30日		合同生效之日起30日	
保障内容	住院医疗费用	因住院治疗产生的必要合理的费用。包含床位费、膳食费、手术费、诊疗费、监护人陪床位费等	住院医疗费用	因住院治疗产生的必要合理的费用。住院累积最高给付日为180天	住院医疗费用	同产品一
	特殊门诊医疗费用	包含门诊恶性肿瘤治疗、门诊肾透析费、器官移植后门诊抗排异治疗、门诊手术治疗	指定门诊医疗费用	同产品一	指定门诊医疗费用	同产品一
	住院前后门急诊费用	住院治疗前（含住院当日）7日和出院后（含出院当日）30日，因与住院相同原因而接受门急诊治疗（不包含特殊门诊医疗费用）	住院前后门急诊费用	住院治疗前后（含住院、出院当日）7日，因与住院相同原因而接受门急诊治疗（不包含特殊门诊医疗费用）		

续表

项目	产品一 健康尊享C款保险	产品二 平安e生保百万医疗保险	产品三 华夏医保通保险
续保条件	可自动续保，首两次续保可能会进行健康检查和调整保险条件；第三次及以后续保不会因健康状况变化而终止续保。除非产品停售，或被保险人年满99周岁	可自动续保，不会因健康状况变化而终止续保。除非产品停售，或被保险人年满100周岁	可自动续保，不会因健康状况变化而单独调整保费或终止续保。除非产品停售，或被保险人年满100周岁
其他权益	若连续三个保单年度未出险，则后期续保享受保费优惠	无	无

住院型医疗保险一般为短期保险，每年可续保，但需要看清保单规定的续保条件。在保障范围方面，几个产品差异不大，因此需要在细节上加以比较。如产品三相对而言缺少住院前后的门诊医疗保障，而产品二对住院医疗的时间和出院后门诊的天数有更多的限制。另外，为了鼓励投保人长期购买，产品一还有续保优惠政策。我们在比较健康险产品时，还需要注意一些费用是否有分项限额，如果是定额给付的津贴型产品，要注意对给付期间和次数的限制。

做一做

参照上述方法，对三个以上的重大疾病保险产品进行对比分析。

四、个人意外保险产品对比

个人意外保险因其适用面广，保费较低，投保手续简便而广受消费者欢迎。一方面，由于意外险一般不要求被保险人进行体检，只对投保年龄和职业有一定要求，核保流程短，可以很方便地在各种网络终端购买，另一方面，寿险公司和财产险公司都可以销售短期意外险，因此市场上该类产品的数量众多，消费者的选择空间较大。

根据适用情境不同，个人意外保险产品可以分为交通意外险、旅游意外险、特定活动意外险和综合意外险，还有专门针对老人和少儿的意外保障产品。意外险多为一年以内短期险种，旅游类和特定活动类的意外险一般以天数计算，可以根据活动时间灵活调整。相较于其他意外险，境外旅行类的综合意外保险保障的内容较多，涉及的问题较复杂，下面以该类保险进行产品对比分析（见表4-4）。

表4-4　境外旅行类意外险产品对比

项目	产品一众安境外旅游意外保险（英美加澳地区）	产品二 倍安心境外旅行保险	产品三 安联全球旅行保险
保险公司	众安保险公司	工银安盛人寿保险公司	德国安联保险公司
投保年龄	1~85周岁	60天~70周岁	60天~90周岁

续表

项目	产品一众安境外旅游意外保险（英美加澳地区）		产品二 倍安心境外旅行保险		产品三 安联全球旅行保险	
保险期限	1～90 日可选		1 年内可选		1～180 天可选	
保障内容及保险金额	意外及医疗保障	1. 意外身故及伤残（附加高风险运动意外伤害保险）：25/50/100 万元； 2. 自驾和公共交通意外伤害双倍给付：25/50/100 万元； 3. 医疗费用（含门诊和住院）：3/10/30 万元； 4. 每日住院津贴（30 日为限）：0 或 100 元/天	意外及医疗保障	1. 意外身故及伤残：30/60 万元； 2. 住院医疗费用：30/60 万元； 3. 门急诊医疗费用：1 万元； 4. 牙科门诊医疗费用：0.4/1 万元； 5. 每日住院津贴（10 日为限）：0 或 600 元/天	意外及医疗保障	1. 意外身故及伤残：30/50/100 万元； 2. 猝死保障：5 万元； 3. 医疗费用（含门诊和住院）：15/30/80 万元； 4. 每日住院津贴（30 日为限）：100/200 元/天； 5. 绑架及非法拘禁每日津贴（30 日为限）：0 或 500 元/天
	救援服务	1. 紧急医疗运送和送返：40 万元； 2. 身故遗体运返（丧葬费用以 1.6 万元为限）：20 万元； 3. 亲属慰问探访费用：2 万元	救援服务	1. 紧急医疗运送和送返：40 万元； 2. 身故遗体运返（丧葬费用以 1.4 万元为限）：40 万元； 3. 亲属慰问探访费用：1/2.5 万元	救援服务	1. 紧急医疗运送和送返：60/100/200 万元； 2. 身故遗体运返（丧葬费用以 2 万元为限）：20/100/200 万元； 3. 亲属慰问探访费用：0.5/0.8/2 万元
	旅行不便保障	1. 旅行延误（每满 4 小时赔偿 300 元）：600/900 元； 2. 行李延误（每满 8 小时赔偿 500 元）：1000/2000/3000 元			旅行不便保障	1. 旅行变更：0.5/1/2 万元； 2. 旅行延误（每满 5 小时赔偿 300 元）：600/1200/1800 元； 3. 行李延误（每满 6 小时赔偿 500 元）：1000/1500/2000 元； 4. 签证拒签保障（限申根签）：0 或 500 元
	个人财物及责任保障	1. 旅行证件损失：2000/5000 元； 2. 个人随身财物（每件物品限额 1000 元）：1000/2000/5000 元； 3. 银行卡盗刷：0.5/1/2 万元； 4. 个人责任：10/20/50 万元			个人财物及责任保障	1. 旅行证件损失：0.5/0.8/2 万元； 2. 个人随身财物（每件物品限额 1000 元）：0.3/0.5/1 万元； 3. 银行卡盗刷：0.5/1/2 万元； 4. 个人钱财损失（酒店保险箱内遭盗抢）：1000/1500/2000 元； 5. 旅行期间家财保障：3000/5000/8000 元； 6. 个人及宠物责任：50/80/100 万元

续表

项目	产品一众安境外旅游意外保险（英美加澳地区）	产品二倍安心境外旅行保险	产品三安联全球旅行保险
其他事项	附加高风险运动意外伤害保障，含跳伞、潜水、攀岩、探险活动等高风险运动	提供24小时海外救援服务，包括医疗援救、医疗转运、住院医疗垫付、协助找回遗失行李和证件、电话医生医疗咨询、在线翻译服务等	救援网络广泛分布全球五大洲，200多个国家和地区。境外救援机构可直接垫付医疗费用

对比表4－4中的三个产品，可以看到保障内容以境外医疗和救援协助为主，这也是在境外旅游的消费者最关注和最需要的保障，因此选择该类产品应该首先了解保险公司的医疗救援服务，包括其服务的内容，提供服务的效率，救援网络能够覆盖的地区，与之合作的境外医疗机构的资质等，确保意外事故发生之后被保险人能够得到及时和安全的救助。

旅游保险会在各个承保事项中设置不同的保险金额，对应不同的保费标准，以方便投保人根据需求进行选择。另外，旅游地点、时间长短、被保险人年龄等都会影响保费金额。以上述产品为例，产品三的保障项目最全，保险金额的设置也更高，假设投保人30周岁，准备购买7日的境外旅游意外险，若选择产品三中最高保额等级的保障，则需支付308元的保费，而产品一中最高保额等级保障的保费仅为168元，几乎是产品三的一半。因此，如果投保人认为需要购买高额的保障，或者看重旅行不便保障、个人财物及责任保障的项目，那么可以选择产品三。

另外，需要注意产品保障内容的一些细节，如产品一可以承保高风险运动，而这类风险在另两个产品中是除外责任，如果投保人计划参加此类活动，则产品一更适合。再比如，产品一和产品三中都承保航班和行李延误的风险，但具体的赔偿规则有差异，产品一对行李延误的时间规定更长，而产品三对航班行程延误规定的时间更长，投保人在选择时可以先查询所乘航班的历史准点情况，再考虑是否有必要购买此类保障。

五、个人汽车保险产品对比

机动车保险是我国财产保险市场中占比最大的一类险种，提供车险产品和服务的保险公司数量众多，但产品同质化较严重，保障内容大同小异，因此各保险公司为了在车险市场中占据竞争优势，主要在价格和附加服务方面下功夫，以此来吸引客户。

随着网络化进程的加快，现在很多保险公司都可以在网页或手机上进行快速报价和投保，下面选取三家保险公司的网上商城中的个人机动车保险产品进行对比（见表4－5），重点比较三家公司所提供的特色服务和网站服务体验。

表 4－5　　个人汽车保险产品对比

项目	产品一 天安汽车保险		产品二 大地汽车保险		产品三 中华联合汽车保险	
保障内容	交强险	第三者的死亡伤残、医疗费用、财产损失，最高限额 12.2 万（法定）	交强险	同产品一	交强险	同产品一
	基本险种	1. 车辆损失险； 2. 商业第三者责任险	基本险种	同产品一	基本险种	同产品一
	附加险种	1. 全车盗抢险； 2. 玻璃单独破碎险； 3. 自燃损失险； 4. 车身划痕损失险； 5. 发动机单独损坏险（涉水行驶等损失险）； 6. 司机座位责任险； 7. 乘客座位责任险； 8. 不计免赔特约险	附加险种	1. 全车盗抢险； 2. 玻璃单独破碎险； 3. 自燃损失险； 4. 司机座位责任险； 5. 乘客座位责任险； 6. 不计免赔特约险	附加险种	1. 全车盗抢险； 2. 玻璃单独破碎险； 3. 车身划痕损失险； 4. 司机座位责任险； 5. 乘客座位责任险； 6. 不计免赔特约险； 7. 钥匙丢失或损坏费用补偿险
特色服务	1. 设置全年 7×24 小时车险理赔报案电话及手机 APP 理赔； 2. 万元以下案件极速快赔； 3. 全国通赔，单证齐全可就地理赔； 4. 免费救援服务：拖车 50 公里、派送燃油、更换轮胎、电瓶充电、派送钥匙； 5. 上门服务：主动上门送单，主动上门收取索赔材料，及时受理索赔； 6. 修车检验及维权服务		1. 设置全年 7×24 小时车险理赔报案电话； 2. 万元以下案件，索赔手续齐全，当天赔付； 3. 全国通赔，单证齐全可就地理赔； 4. 无限次非事故救援服务； 5. 免费车辆安全检测； 6. 酒后代驾服务； 7. 人伤温情关怀服务：协助调解、传递温情		1. 设置全年 7×24 小时车险理赔报案电话； 2. 万元以下案件，索赔手续齐全，1 个工作日赔付； 3. 全国通赔，单证齐全可就地理赔； 4. 全年两次非事故免费救援服务； 5. 单据免费快递上门服务； 6. 承保、理赔、灾害天气提醒、节假日慰问等短信服务； 7. 人伤绿色通道：紧急救治、温情探视等人文关怀服务	

续表

项目	产品一 天安汽车保险	产品二 大地汽车保险	产品三 中华联合汽车保险
网站服务体验	1. 网站快速报价，专人电话回访服务； 2. 主页设置“特色服务”、“了解车险”（保障范围简介）、“如何购买”、“理赔服务”板块，将关键信息清晰列出； 3. 设置“服务中心”页面，含保单查询下载、理赔进度查询、增值服务、网点查询、保险条款下载、投诉咨询等板块； 4. 设置“天安车友圈”页面，含自驾游优惠信息、维修保养知识、保险知识、车友交流分享等板块； 5. 设置“车易赔”手机APP，提供便捷理赔服务	1. 网站快速报价，专人电话回访服务； 2. 主页设置“特色服务”、“险种介绍”（保障范围简介、购买建议）、“购买流程”、“理赔流程”板块； 3. 设置“服务中心”页面，含新手操作指南、保单查询验真、发票下载、理赔进度查询、保险条款下载、交通违章查询、投诉咨询等板块	1. 网站快速报价，专人电话回访服务； 2. 主页设置“险种介绍”（保障范围简介）、“购买须知”、“理赔流程”板块； 3. 设置“服务中心”页面，含特色服务介绍、购买指南、保单查询验真、保险条款下载、保险常见知识、投诉咨询等板块

做一做

对比上述三个保险公司的车险产品，分析各自利弊，并通过网络感受各家保险公司的服务。

步骤三　家庭保险产品的配置

微课：家庭保险产品配置案例分析

PPT：家庭保险产品配置案例分析

➢ 工作实例分析

万鹏先生家庭保险理财产品配置方案

（一）万鹏先生家庭基本信息提炼

1. 家庭成员信息。万鹏，32 周岁，律师，有基本社保，年收入 12.8 万～14.8 万元。

林莉，32 周岁，公司职员，有基本社保，年收入 7 万元。

万倩倩，4 周岁，无保险保障。

2. 家庭财务状况。工资收入 19.8 万～21.8 万元，理财产品收益 2000 元。房屋管理及日常生活费用支出 4.08 万元，应酬支出 1.8 万元，购买衣物、化妆品支出1.2万元，其他休闲类开销1.92万元。合计年度支出9万元。

自有房产一套，市值180万元，汽车一辆，价值15万元。股票市值8万元，理财产品和银行存款共4万元，平均年化收益率5%。

3. 客户期望：为孩子提供良好的生活和教育环境。完善家庭保险保障。

（二）万鹏先生家庭风险情况分析

根据万鹏先生的家庭情况，分析家庭所面临的几类主要风险：

1. 生命安全风险。万鹏和林莉夫妇都只有基本的社会医疗保险，但这远远不足以覆盖他们老年生活的支出。每个人都有死亡的风险，无论是因意外还是疾病，尤其随着年龄的增长，老年期间的生命风险将逐步增加。所以应当尽早安排具有终身保障性质的长期寿险。

2. 意外风险。万鹏夫妇都处在事业上升的关键时期，尤其是万先生，由于其职业性质的原因，常常需要外出，意外风险增加。而他一旦发生严重意外，将导致家庭的收入受到严重的影响，也无法达成他想要给家人提供良好生活条件的愿望，甚至成为家庭的负累。

3. 健康风险。据了解，万鹏的身体状况良好，平时也坚持锻炼，但是林莉的体质相对较弱，时常会有感冒、咽喉炎等轻微疾病，从外勤转为行政人员后情况有所好转，但免疫力依然较弱。万倩倩目前为止没有患过重大疾病，但体检显示血糖偏低，或与其饮食习惯有关。虽然一家人的身体状况没有严重的问题，但健康风险不容忽视，尤其是林莉的免疫力较低，更加容易罹患其他重大疾病，所以需要加强健康方面的保障。

4. 财产损失风险。万鹏夫妇仅有一套自住房产，且短期内没有购置新房产的计划，所以该项财产对于他们来说非常珍贵，也是家庭得以安定生活的保证，如果房屋遭受重大事故而损毁，将给这家人带来巨大的损失和诸多的不便，所以可以适当考虑购买房屋财产保障。

5. 投资风险。目前万先生家庭的投资渠道较为单一，股市波动较大风险难以预测，银行存款和网络理财产品的投资金额不高，而且也存在一定的风险。可以考虑增加投资渠道，利用投资组合方式分散风险，也可以选择一些投资性质的保险来增加收益。

（三）万鹏先生家庭保险需求分析

通过评估万鹏先生家庭面临的风险，我们可以较为清晰地知道该家庭需要哪些方面的保障。对应其家庭的风险状况，分析万先生的保险需求主要有以下几类：

1. 人寿保险。推荐选择具有分红性质的两全寿险，兼顾收益的同时，能够提供生存和死亡的两类保障。

2. 健康保险。夫妻二人以重大疾病保险为主，并为孩子选择少儿类的相关保险。如果经济条件允许，可以增加购买普通疾病门诊和住院医疗保险。

3. 意外伤害保险。万鹏先生相对更需要综合意外伤害保障，其次是万倩倩，林莉也可以考虑适当购买保额较低的意外伤害保险，或者短期性保险，如旅游意外险等。

4. 家庭财产保险。根据房屋和室内财产价值购买家庭财产保险，另在购买车辆保险时，注重车上人员的安全保障和第三方责任保障。

（四）万鹏先生家庭保险产品配置

根据万鹏先生家庭的保险需求，在市场上寻找合适的保险产品，确定合理的保险金额和费用。为万先生家配置的保险产品示例如表 4－6 所示。

表 4－6　　万鹏先生家庭保险产品配置

被保险人：万鹏

险种名称	保险利益	保险期限	保额	保费
A 公司两全人寿保险（分红型）	身故保险金	终身	30 万元	9000 元/年 共交 20 年
	期满金	至 85 周岁	20 万元	
	保险公司分红	保单有效期内	从缴费第三年起开始领取，分红金额根据保险公司上年度经营情况确定（预期年化收益率 4.5% 以上）	
A 公司附加综合意外伤害险	意外身故或残疾	至 85 周岁	30 万元	
	意外医疗	至 85 周岁	10 万元	
A 公司附加重大疾病保险	重疾保险金 失能保险金	终身	30 万元	

被保险人：林莉

险种名称	保险利益	保险期限	保额	保费
A 公司两全人寿保险（分红型）	身故保险金	终身	15 万元	6000 元/年 共交 20 年
	期满金	至 85 周岁	10 万元	
	保险公司分红	保单有效期内	从缴费第三年起开始领取，分红金额根据保险公司上年度经营情况确定（预期年化收益率 4.5% 以上）	
A 公司附加重大疾病保险	重疾保险金 失能保险金	终身	20 万元	
A 公司附加医疗保险	住院医疗保险金 住院津贴 住院前后门急诊保险金	至 85 周岁	20 万元	

续表

被保险人：万倩倩

险种名称	保险利益	保险期限	保额	保费
B公司 少儿保险	身故保险金	终身	5万元加当时账户价值	4000元/年 共交10年
	大学教育金	18～22周岁	每年2.5万元	
	婚嫁金	26周岁	4万元	
B公司附加 意外伤害保险	意外伤害保险金 住院医疗保险金 住院津贴	每年续保	3万元	100元/年
财产类保险				
险种名称	保险利益	保险期限	保额	保费
家庭财产保险	房屋及附属设备 室内装潢 室内财产	每年续保	20万元	100元/年
汽车保险	交强险 车辆损失险 第三者责任险 车上人员责任险	每年续保	车辆损失：15万元 第三者责任：20万元 车上人员责任：10万/座	5000元/年

做一做

通过网络查找保险公司产品，思考万鹏先生家庭的保险配置有哪些地方可以进行修改和优化。

项目小结

项目知识点　生存保险　死亡保险　两全保险　健康保险　意外伤害保险　分红险　万能险　投资连结险　家庭财产保险　机动车保险　家庭责任保险　资金账户安全保险　保单贷款　保险产品选择技巧　保险产品对比

项目技能点　准确认知家庭风险；掌握家庭风险管理程序和方法；了解各类家庭保险产品；掌握保险产品选择技巧；对保险产品进行对比分析和筛选；为家庭配置合适的保险产品。

课堂活动

问题讨论

1. 一般家庭会面临哪些方面的风险？如何运用风险管理技术进行家庭风险控制和管理？

2. 从投资和保障的不同角度看，你认为哪种保险比较好？

3. 如何确定合适的家庭财产保险的保险金额？

4. 选择家庭责任保险产品时应注意哪些问题？

技能训练

任务目标：进行客户家庭风险分析并配置保险理财产品。

任务内容：收集客户资料，分析客户家庭的风险状况，进而分析客户的保障需求，并针对这些需求配置适当的保险理财产品。

1. 收集客户及家庭成员的信息，包括基本信息、财务信息和理财目标。

2. 根据收集的信息分析客户家庭面临的风险，并选择适当的风险管理方法。

3. 从商业保险的角度分析客户的保障需求。

4. 根据以上资料的分析为客户家庭选择合适的保险产品。

课后练习

一、单项选择题

1. 风险是由风险因素、风险事故和（　　）三个要素构成。

A. 损毁　　B. 风险结果　　C. 损失　　D. 风险责任

2. （　　）是指在未能识别和衡量风险及损失后果的情况下，被迫采取由自身承担后的风险处置方式。

A. 风险抑制　　B. 风险转移　　C. 被动自留　　D. 主动自留

3. 终身寿险是一种（　　）的死亡保险，被保险人可得到终身的保险保障。

A. 只能期交　　B. 只能趸交　　C. 定期　　D. 不定期

4. （　　）不是健康保险的保险金的给付方式。

A. 给付型　　B. 实物型　　C. 报销型　　D. 津贴型

5. 下列财产中不属于家庭财产险可保的标的为（　　）。

A. 房屋及附属设备　　B. 室内财产

C. 有价证券、古玩　　D. 家用电器

6. （　　）中，保险人负责赔偿因发生意外事故，造成保险车辆上人员的人身伤亡，依法应由被保险人承担的经济赔偿责任。

A. 第三者责任保险　　B. 车上人员责任险

C. 盗抢险　　D. 车辆损失险

7. 一般采用强制保险方式的是机动车辆保险中的（　　）。

A. 车辆损失险　　B. 全车盗抢险

C. 不计免赔特约险　　D. 交强险

8. 下列事故属于居家责任保险赔偿范围的是（　　）。

A. 阳台上掉落的物品砸坏邻居的汽车

B. 保姆在家工作时意外受伤

C. 家庭成员的财物受损

D. 家中宠物意外受伤

二、多项选择题

1. 家庭的财务型风险管理技术主要有（ ）。

A. 风险自留　　B. 保险的风险转移

C. 风险分散　　D. 非保险的风险转移

2. 家庭风险管理程序包括的步骤有（ ）。

A. 风险识别　　B. 风险评估

C. 选择风险管理技术　　D. 管理效果评价

3. 下列属于投资型人寿保险的是（ ）。

A. 生死两全保险　B. 分红保险　C. 万能保险　D. 投资连结保险

4. 下列属于家庭财产保险的附加险的是（ ）。

A. 室内财产盗抢险　　B. 管道破裂及水渍险

C. 家用电器用电安全险　　D. 玻璃单独破碎险

5. 下列说法正确的是（ ）。

A. 在犹豫期内，投保人可以无条件退保

B. 犹豫期内退保，投保人几乎没有损失

C. 缴费宽限期内发生保险事故，保险公司不承担赔偿给付责任

D. 超过缴费宽限期还未补交保费，则保单完全失效

三、判断题

1. 某人购买了股票，可通过保险转移购买股票的风险。（ ）

2. 选择风险管理技术是指根据风险性质、损失概率、损失程度及家庭的经济承受能力选择适当的风险处理方法。（ ）

3. 在健康险规定的观察期内，被保险人因疾病支出的医疗费用，保险人不负责。（ ）

4. 在车辆保险中，如果购买了不计免赔特约险，则可以在车辆损失保险赔偿时不计算免赔额（率），但在车辆第三者责任险赔偿时不能享受不计免赔。（ ）

5. 享受了保费豁免条款的保单，还可以利用保单进行贷款。（ ）

6. 所有的人身保险都不存在重复保险的情况。（ ）

四、简答题

1. 在医疗健康保险保单中，常常会设置观察期条款。规定观察期的原因是什么？若观察期内产生医疗费用，保险公司是否需要承担赔偿责任？

2. 列举机动车保险的车辆损失险中常见的附加险种，并简要说明各附加险的保险责任。

3. 利用保单向保险公司进行贷款有哪些优势和限制？

五、实训题

实训题一

实训任务： 保险理财产品的配置。

案例内容： 王芳芳女士是个体经营户，已购买人寿保险，但随着年龄的增大，并没有购买社保的她觉得很有必要购买一款健康保险，于是来到保险公司进

行咨询。业务员小李接待了王女士，经过初步了解，得知王女士保险意愿高，财务情况良好，把王女士列为优质客户。小李了解到王女士的相关信息如下：客户基本信息：王芳芳，年龄：34 周岁，学历：本科。丈夫刘海，职业：公司文员，学历：大专，35 周岁。家庭财务状况：刘海年工作收入 20 万元，王芳芳年工作收入 15 万元，年生活支出 16 万元，人寿险年缴保费 8060 元。有一套自住房价值 105 万元，目前还剩下贷款 50 万元未偿还，年还贷本息 57000 元，另有自用代步小轿车一辆，价值 10 万元。银行存款 6 万元，年利息收入 500 元。

经过业务员询问，王女士的寿险中没有重大疾病和医疗费用补偿的责任，而王女士希望能有至少 30 万元的长期重大疾病保障，同时需要一定的医疗保障，尤其是住院费用的补偿。

实训要求：

（1）根据题目信息，完成客户家庭财务状况整理和分析；

（2）进行客户健康险需求分析；

（3）向客户推荐健康险产品。

实训题二

实训任务：保险理财产品的配置。

案例内容：夏城先生，现年 40 周岁，大学毕业，在某国有企业任职，目前年收入约有 30 万元。妻子董婷，35 周岁，在某事业单位工作，月收入 3000 元，生活很有规律，工作单位每年都提供职工体检福利。儿子夏小云 10 周岁，小学生，成绩优秀且活泼好动。夏先生的父母年过七旬，身体健康，与他们同住，无退休金。而夏太太的父母均已去世。

夏太太曾经从工作单位分得一套两居室，现已出租，月租金 1000 元，当前市值约 30 万元。目前一家人住在自己购买的一套商品房中，房款已付清，当前市值约 70 万元。家中有自用汽车一辆，无贷款，当前市值约 20 万元。金融资产中，现金及活期存款 10 万元，定期存款 20 万元，稳健型投资基金 20 万元，基金年收益率约为 3.5%。

每月生活费的开支方面，夏先生 8000 元，夏太太 2000 元，夏小云 800 元，夏先生父母 1500 元。夏先生家庭目前基本生活费总计 12300 元。夏先生之前没有为自己和家人购买商业保险，只有在乘坐飞机时购买航空意外险。财产方面，只有汽车保险，年缴保费 4000 元。

经估算，夏太太未来生活费现值为 95 万元，夏小云生活费现值为 7 万元，夏小云的教育费用现值为 89 万元，赡养父母支出现值为 25 万元。夏太太未来收入现值为 92 万元，房租收入现值为 43 万元。预计身故丧葬费用：夏先生 3 万元，夏太太 2 万元。夏先生有意为自己购买一份人寿保险，如果自己不幸遭受意外身亡，希望家属的生活品质不会有太大的变化。

实训要求：

（1）根据题目信息，完成客户家庭财务状况整理和分析；

（2）进行客户寿险需求分析；

（3）向客户推荐寿险产品。

项目五

配置证券理财产品

学习目标

通过本项目的学习，学生能够掌握证券理财业务各产品的特点，并且能够结合其特点帮助客户配置合适的证券理财产品，实现客户的理财目标。

1. 熟悉常见证券理财产品的投资选择。
2. 掌握证券理财产品的投资策略。
3. 能够合理配置证券理财产品。

项目任务

1. 实地考察银行、证券、保险三大金融机构有关证券理财产品的业务流程。
2. 能够利用有关证券投资基础知识分析各类证券理财产品。
3. 能够完成客户证券理财产品的合理配置，实现客户的理财目标。

标志成果

掌握各类证券理财产品的投资策略与配置方法。

完成客户证券理财产品的配置方案。

内容导图

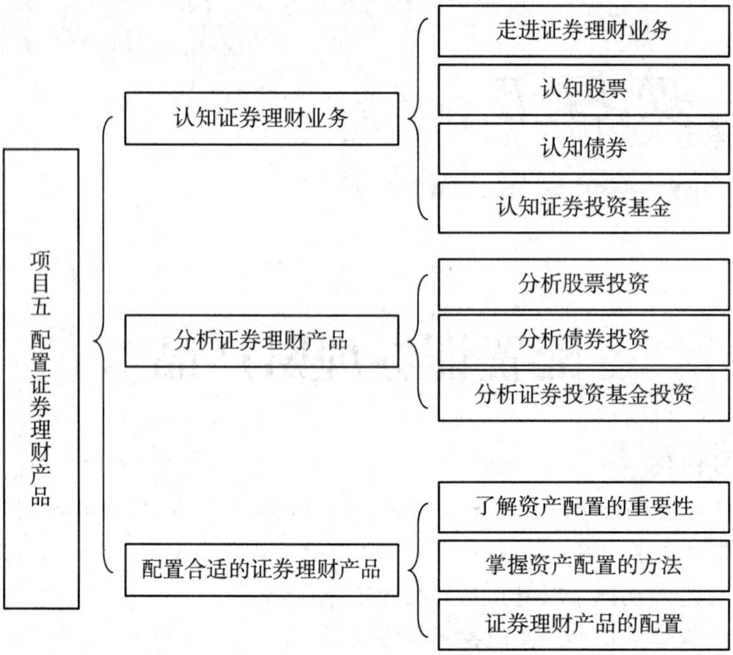

▶▶工作实例

客户：孙雷红先生实例

孙雷红先生今年54周岁，某国企中层干部，月基本工资13000元，年收入20万元。妻子杨莎莉今年49周岁，某高中教师，每月工资5000元，年收入10万元，工资不高但相当稳定。夫妻双方均享有单位提供的基本保障。女儿孙俪今年23周岁，在某知名大学就读大四。夫妻双方的父母均已退休，并且都有稳定的退休金。目前，家庭拥有一套200万元的自住房和一辆20万元的小轿车，没有负债。孙先生平日工作较忙，家庭日常开销比较低，每月3500元左右，不包括女儿每月的生活费2000元。孙先生以前没有投资理财的经历，也没有科学的理财观念，只是常听朋友说投资有风险。

2020年初，孙先生看到身边很多亲戚朋友都在炒股票和买基金，刚好自身有些闲钱，很想尝试一下。终于在身边亲戚朋友的鼓励与支持下，孙先生于2020年2月用家庭闲散资产中的10万元进行了证券理财产品的投资。其中，8万元投资了朋友推荐的两只股票贵州百灵（002424）和新华传媒（600825），剩下的2万元投资了两只证券投资基金。由于孙先生平时忙于工作，再加上对股票和基金投资不懂，因此，自孙先生投资股票和基金后除了偶尔看看基本没有进行任何操作，一直持有到2022年至股票总价值剩5万元左右，基金总价值剩1.5万元左右。孙先生思考再三决定将其所有投资全部卖出，共亏损3.5万元左右。此次失败的投资经历，虽然没有对孙先生的家庭带来什么影响，但是却给孙先生本人带来不小打击。自此，孙先生对于投资理财抱着非常谨慎的态度，并开始学习一些基础的理财知识。

阅读完本案例，作为理财规划师的你会给孙先生提供怎样的投资建议呢？

模块一　认知证券理财业务

微课：认知证券理财业务

PPT：认知证券理财业务

➢ 工作实例分析

证券理财的关键之一是熟悉证券理财业务。孙先生在进行证券投资理财时并没有对证券理财产品进行分析，甚至对其投资的股票、基金等理财工具完全不了解。比如，股票投资有什么特点、适合哪些投资者配置，基金理财有什么特征、适合哪些投资者配置等。同时，孙先生自身也没有明确的理财目标，所以出现亏损的概率很大。

在进行证券投资理财时，如何完成证券理财产品的合理配置？首先我们要熟悉证券理财业务，认知各类证券理财产品。

步骤一　走进证券理财业务

一、了解我国证券理财业务的发展现状

自 1990 年正式成立证券交易所以来，我国的证券理财市场发展非常迅速，为企业融资发挥了重要的作用，同时又作为居民理财的一个重要方式，吸收了大量的社会闲散资金，对于我国的经济建设起到了重要作用。20 世纪 90 年代初期，我国证券公司相对较少，因为存在行业门槛和市场的刚性需求，所以这个阶段先拿到经营牌照的证券公司发展非常迅速。到 1992 年左右，国内各大券商基本形成了各自的稳定格局。再到 1998 年，我国正式颁发《证券法》，从法律的高度给证券公司的行为制定了经营规范。从此，我国的证券公司走上了规范化的发展道路。在 2007 年，我国沪深两市资本总市值居全球资本市场第三位，日均成交额接近 2000 亿元，成为全球最活跃的资本市场之一。2009 年 10 月，我国启动了创业板，发展至今已经实现了数千亿的融资总额。伴随 2012 年新三板的正式上市，加上我国的 3 家商品期货交易所、1 家金融期货交易所，我国已经拥有了一个多层次、立体化的证券交易市场体系，与之相生的就是我国众多的证券公司。

传统的证券公司主要的盈利模式是经纪业务，特别是我国的券商。从 1990 年我国证券交易所成立开始，券商的主要盈利点就是股票交易的手续费，多年来基本上没有太大的改变。然而，随着现代互联网技术的发展，作为我国资本市场核心载体之一的证券公司面临着佣金快速下滑、网点不断增加、监管日趋严格、

竞争更加激烈等严峻形势，盈利能力面临重大挑战，迫切需要转型突破，各家证券公司也纷纷奋力开拓居民理财业务市场。只是由于起步相对较晚，受限于渠道数量和客户基础、风险偏好、业务体系建设等因素，证券公司目前在理财业务市场的份额相对银行、保险、第三方理财等机构而言，反而处于了劣势。

直到 2012 年 5 月中国证监会召开证券行业创新大会，会议就证券公司创新发展思路及改革措施进行讨论，创新成为证券行业的主旋律。在当前国内外经济形势下，改革创新是证券行业发展的必然趋势，其本质是服务实体经济，满足客户需求，提升行业核心竞争力，发挥资本市场中介功能和服务水平，实现行业可持续发展。但是我国证券行业的现实发展状况与服务实体经济及资本市场持续健康发展的要求相比，还有比较大的差距。创新能力不足，过度依赖传统业务，经纪、投行、自营“老三驾马车”约占总收入的 80%，其中经纪业务收入占 60%以上，不利于证券行业长期稳定发展。此次创新大会推出的创新举措多达 11 项，其中涉及证券公司业务、治理结构及行业格局等多方面，包括扩大证券投资、资产管理投资范围、简化新业务新产品审批、扩大证券公司金融产品代销、支持跨境发展、推动营业部转型、改革证券公司风险控制指标等多方面。

目前，随着我国国民收入的不断增长和理财意识的不断觉醒，我国国民对财富管理的需求愈加强烈，人们不再满足于原来的股票和国债交易服务，而是需要一站式的财富管理服务。因此，证券公司必须加大产品创新的力度，以客户为中心，坚持向财富管理方向转型才能改变单纯依靠佣金收入的盈利模式。当前，随着各大证券公司的日益重视，整个证券行业在居民理财业务市场份额已呈现快速上升的趋势，证券公司经纪业务向财富管理转型已经成为证券行业的普遍共识。而如何在产品、服务及组织结构方面开展创新、寻求突破，则成为在经纪业务转型大背景下抢得先机，开拓业务新“蓝海”的关键所在。

二、了解证券理财业务的特征

1. 证券理财业务的规模与我国股市行情走势的关联程度很高。当证券市场行情走势向好的时候，投资者数量和开户人数、活跃账户数量增加非常明显，证券理财业务规模得到快速上升；但是，一旦证券市场行情走势恶化，证券市场规模就会逐渐萎缩，众多的投资者纷纷离场，从而使得证券理财业务整体规模急剧下降。

2. 证券理财行业佣金率呈下降趋势。自 2002 年，我国出台《关于调整证券交易佣金收取标准的通知》实施以来，整个证券行业经纪业务的佣金率就一直呈现出下滑的趋势。2002 年，我国证券行业经纪业务的平均佣金比率为 0.298%，到 2011 年底，证券经纪业务平均佣金比率降至了 0.081%，并且还在不断下降，到 2012 年的 0.076%，下滑幅度高达 74.500%。由于证券公司还不能普遍提供差异化的、满足客户需求的增值服务，仍然主要进行着同质化竞争，从而加剧了佣金率下滑的趋势。

3. 经纪业务收入在收入结构中的占比呈现出下降的趋势，同时证券公司的非经纪业务大幅度提升。我国券商的收入结构中，证券经纪业务收入占比一直都保持了50%以上。近几年来，证券公司逐渐发展多样化的经营方向，国内的券商已经开展了包括证券经纪业务、证券自营业务、投资银行业务、资产管理业务等多种业务。虽然这些业务的收入占比不大，但是逐年呈现增长的趋势，这样就使得证券公司传统经纪业务收入比例进一步下降。

4. 证券理财业务实现从“以业务为中心”向“以客户为中心”经营理念的转变。近年来随着证券理财行业的改革创新，证券公司不断整合资产管理、投资银行和自营业务的各项业务优势，加大产品创新力度，提高投资顾问队伍的专业素养，改变过去传统的以业务为中心的经营理念，以客户为中心，针对不同类型的客户提供各种标准化、人性化和网络化的理财服务。

5. 证券理财业务从通道服务向财富管理转型。随着居民财富的积累和通货膨胀的日益加剧，市场需要能够满足居民财富保值增值的产品和服务。近年来，国内证券公司纷纷推进经纪业务转型，打造理财服务品牌和新型客户服务体系，推动证券公司经纪业务从通道服务向财富管理转型，不仅是顺应行业发展趋势的要求，也是经纪业务转型升级的目标模式，更是对证券公司业务功能的全面升级和业务角色的重塑再造。面对行业内外部的激烈竞争和客户日益增长和丰富的理财需求，证券公司唯有通过不断创新，构建出以客户为中心的财富管理体系，才能踏上新的发展之路。

三、了解证券理财业务的优势

1. 具有一定的渠道和客户基础。证券行业经过近30年的发展，已经积累了一定规模的分支机构渠道和客户基础。截至2018年底，我国131家证券公司营业网点数量已经超过了10376家，A股自然人客户数已经达到1.46亿户，头部券商的客户数量基本已达到千万级以上，一般证券公司的客户规模也基本达到百万级以上。这些客户普遍具有较强的风险承受能力和风险偏好。

2. 具有较强的投研能力。证券行业经过近30年的积累和磨炼，基本都建立了具有较强投资能力和研究分析能力的专业团队，在高风险产品和业务领域都基本具有了一定的生存能力和竞争力。如果发展证券理财业务，基本都具备了各类风险等级和品种全覆盖的研究和投资能力基础。

3. 具有一定规模的渠道业务运营和营销人才团队。证券行业分支机构网点的人员都是在残酷的市场竞争中求生存的，普遍具备较强的应对日益严格监管的能力，较强的市场营销意识和合规风控运营意识，这对于发展需要具备更强的个人客户营销能力的证券理财业务而言，他们先天已具备了一定的基础。

4. 拥有较为完善的管理体系。证券行业是一个高度严格监管的行业，特别是经过了近几年分类评价的严格监管淬炼后，各家证券公司的合规管理能力、业务运营控制能力更是进一步提高，都基本建立了较为完备的业务管理和人员管理控制体系。

5. 具有较强的信息技术系统建设能力。证券公司是以股票交易起家的，这也就决定了证券公司的信息系统相对于第三方理财机构、信托、保险、银行等金融机构而言在时效性、速度、保障性、安全性等方面不弱丝毫，甚至更强。因此，发展证券理财业务信息支持系统对证券公司而言不算难事。

步骤二　认知股票理财

一、了解股票的本质

股票是一种由股份有限公司在筹集资金时向出资人发行的，用于证明股东所持股份的凭证。它是一种有价证券，我国上市公司的股票是在上海证券交易所和深圳证券交易所进行交易。

二、熟悉常见股票的种类

（一）按上市地区划分

就注册地在中国内地的上市公司来说，其发行的股票因为上市地区不同主要分为以下几种：

A股：指人民币普通股票，它是由我国境内的公司发行，供境内机构、组织或个人（不含台、港、澳地区投资者）以人民币认购和交易的普通股股票。实行“T+1”交割制度，有涨跌幅限制，参与投资者为中国大陆机构或个人。

B股：即人民币特种股票，它是以人民币标明面值，以外币认购和买卖，在境内（上海、深圳）证券交易所上市交易的。以前只对国外投资者开放，现国内投资者只要有美元就可以开户投资。

H股：指在中国注册成立并获得中国证券监督管理委员会批准到香港上市的公司。这些在香港证券市场上市、以港币或其他货币认购及买卖的中国内地企业股份称为“H股”。

N股：指在中国大陆注册、在纽约上市的外资股。

S股：指注册地、主要生产或者经营等核心业务在中国大陆，但是在新加坡交易所上市挂牌的企业股票。

（二）按股东权利划分

普通股是指在公司的经营管理和盈利及财产的分配上享有普通权利的股份，代表满足所有债权偿付要求及优先股股东的收益权与求偿权之后，对企业盈利和剩余财产的索取权。它构成公司资本的基础，是股票的一种基本形式，也是发行量最大、最为重要的股票。

优先股是公司在筹集资金时给予投资者某些优先权的股票。首先，优先股有固定的股息，不随公司业绩好坏而波动，并且可以先于普通股股东领取股息；其次，当公司破产清算时，优先股股东对公司剩余财产有先于普通股股东的要求权。但优先股股东一般不参与公司的红利分配，持股人也无表决权，不能以此来参加公司的经营管理，故风险较小。

（三）按投资的主体划分

国有股是指有权代表国家投资的部门或机构以国有资产向公司投资形成的股份，包括以公司现有的国有资产折算成的股份。由于我国大部分股份制企业都是由原国有大中型企业改制而来的，因此国有股在公司股权中占有较大的比重。国家通过控股的方式，用较少的资金控制了更多的资源，巩固了公有制的主体地位。

法人股是指企业法人或具有法人资格的事业单位和社会团体以其依法可经营的资产向公司非上市流通股权部分投资所形成的股份。根据法人股认购的对象，可分为境内发起法人股、外资法人股和募集法人股三种。

社会公众股是指我国境内个人或机构，以其合法财产向公司可上市流通股权部分投资所形成的股份。我国公司法规定，单个自然人持股数不得超过该公司股份的5‰。

想一想

根据前文引例，对于孙先生这样初次投资股市的投资者，我们应该建议其怎么投资？另外，谈一谈普通股和优先股的区别。

步骤三　认知债券理财

一、了解债券的本质

债券是政府、金融机构、工商企业等机构直接向社会筹集资金时，向投资者发行的承诺按照规定利率支付利息，并按约定条件偿还本金的债务凭证。

债券反映了发行人和投资者之间的债权债务关系，债券发行人即债务人，投资人即债权人，债券是这一关系的法律凭证。

二、熟悉债券的基本要素

债券虽有不同种类，但基本要素却是相同的，主要包括债券面值、债券价格、债券还本期限与方式和债券利率四个要素。

债券的票面金额是债券到期时偿还债务的金额。债券面值包括两个基本内容：一是币种；二是票面金额。面值的币种可用本国货币，也可用外币，这取决于发行者的需要和债券的种类。面额印在债券上，固定不变，到期必须足额偿还。

债券价格是指债券发行时的价格。理论上，债券的面值就是它的价格。但实际上，由于发行者的种种考虑或资金市场上供求关系、利率的变化，债券的市场价格会发生变化。也就是说，债券的面值是固定的，但它的价格却是变化的。因此，发行者计息还本，是以债券的面值为依据，而不是其价格。

债券利率是债券利息与债券面值的比率。债券利率分为固定利率和浮动利率两种。债券利率一般为年利率，面值与利率相乘可得出年利息。影响债券利率的因素主要有银行利率水平、发行者的资信状况、债券的偿还期限和资金市场的供求情况等。

债券还本期限是指从债券发行到归还本金之间的时间。债券还本期限长短不一，有的只有几个月，有的长达十几年，还本期限应在债券票面上注明。债券发行者必须在债券到期日偿还本金。

三、熟悉常见债券的种类

常见债券的种类见表 5－1。

表 5－1　常见债券的种类

划分标准	种类	划分标准	种类
发行主体	政府债券	偿还期限	短期债券
	金融债券		中期债券
	公司债券		长期债券
利率是否固定	固定利率债券	性质	有担保债券
			无担保债券

想一想

根据前面的引例，假如孙先生要进行债券投资应该怎么选择？另外，对比分析以上各类债券风险与收益的高低。

步骤四　认知证券投资基金理财

一、了解证券投资基金的本质

证券投资基金是指通过向社会公开发售基金份额，集中投资者的资金，形成独立资产，由基金托管人托管，由基金管理人管理和运用资金，以投资组合的方式进行证券投资的一种利益共享、风险共担的集合投资方式。

二、熟悉常见证券投资基金的种类

常见证券投资基金的种类见表5－2。

表5－2　　常见基金的种类

划分标准	种类	特点
运作方式	封闭式基金	基金份额固定、在证券交易所交易、不得申请赎回
	开放式基金	基金份额不固定、在约定的时间和场合交易、可申请申购或者赎回
法律形式	契约型基金	我国全部是契约型基金
	公司型基金	美国绝大多数是公司型基金
投资对象	股票基金	基金资产80%以上投资于股票
	债券基金	基金资产80%以上投资于债券
	货币基金	主要投资于货币市场工具
	混合基金	同时以股票、债券等为投资对象，实现投资与收益的平衡
投资目标	增长型基金	以资本增值为基本目标
	收入型基金	以稳定的经常性收入为目标
	平衡型基金	既注重资本增值又注重当前收入
募集方式	公募基金	向社会公众公开发售基金份额和宣传推广基金，募集对象不固定
	私募基金	采取非公开方式，面向特定投资者募集发售的基金

想一想

想一想除上述各类基金以外，我国还有哪些种类的基金？

模块二　分析证券理财产品

微课：分析股票投资

PPT：股票的投资分析

➢ 工作实例分析

从工作实例来看，孙先生在进行证券投资理财时，不仅对证券理财业务不熟悉，甚至对其投资的股票、基金等证券理财产品也都不了解，更谈不上合理选择投资。

通过模块一的学习，我们熟悉了证券理财业务和各类证券理财产品，接下来我们还要掌握各类证券理财产品的特点和投资策略。只有掌握各类证券理财产品的特点和投资策略，我们才能选择合适的证券理财产品进行投资。

操作动画：股票的投资分析

文本：不同股票的投资策略

步骤一　分析股票投资

一、了解股票的投资特点

1. 收益性。收益性是股票投资最基本的特征之一，它是指股票可以为投资者带来收益的特性。股票的收益来源可以分成两类：一是来自股份公司的利润分配，认购股票后，持有者即对发行公司享有经济权益，这种经济权益的实现形式是从公司领取股息和分享公司的红利；二是来自股票的溢价收益，当股票的市场价格高于买入价格时，卖出股票就可以赚取差价收益，这种差价收益称为资本利得。

2. 风险性。风险性是指股票收益的不确定性。股票可能给投资者带来收益，但这种收益是不确定的，股东能否获得预期的股息红利收益，完全取决于公司的盈利情况，利大多分，利小少分，无利不分；公司破产时可能血本无归。股票的市场价格也会随公司的盈利水平、市场利率、宏观经济状况等因素的影响而变化，如果股价下跌，股票投资者会因股票贬值而蒙受损失。因此，人们经常说股票的风险性与收益性是并存的。

3. 流动性。流动性是指股票可以在依法设立的证券交易所上市进行交易、转让或买卖。股票持有人虽然不能直接从股份公司退股，但可以从股票交易市场上很方便地卖出股票来变现。

4. 参与性。参与性是指股票持有人有权参与公司重大决策的特性。股票持有人作为股份公司的股东，有权出席股东大会，体现对公司经营决策的参与权。

5. 永久性。永久性是指股票所载有权利的有效性是始终不变的，因为它是一种无期限的法律凭证。股票的有效期与股份公司的存续期间相联系，两者是并存的关系，这种关系实质上反映了股东与股份公司之间比较稳定的经济关系。

二、熟悉常见股票的投资选择

股票是一种高风险、高收益的投资工具，可以满足个人或家庭资产的增值需求，比较适合激进型的个人或家庭投资者配置。依据划分的标准不同可将股票分为不同种类，不同种类股票的风险和收益大小不同。投资者在进行股票的投资选择过程中，一定要依据自身的实际情况慎重考虑，做到合理配置。

（一）普通股和优先股的投资选择

普通股是股票的一种基本形式，也是发行量最大、最为重要的股票。普通股的股东对公司的管理、收益享有平等权利，根据公司经营效益分红，收益不固定、风险较大，是一种激进型的理财方式，比较适合激进型的个人投资者或家庭生命周期处于单身期、形成期和成长期的家庭投资者配置。

优先股是享有优先权的股票。优先股的股东对公司资产、利润分配等享有优先权，其收益固定、风险较小，是一种激进偏稳健型的理财方式。优先股投资门槛较高，比较适合想投资股票但又不想承担太大风险的，有一定资产规模的，中高净值的个人或家庭投资者配置。

➢ 工作实例分析

本工作实例中，孙雷红先生投资的贵州百灵和新华传媒就属于普通股，相对于优先股来说其风险较大。考虑到孙先生个人的实际情况和家庭所处生命周期，在条件允许情况下，建议孙先生优先选择投资优先股而不是普通股。

（二）绩优股和蓝筹股的投资选择

绩优股主要是指业绩优良且比较稳定的公司股票，公司规模不一定大。这些公司经过长时间的努力，具有较强的综合竞争力与核心竞争力，在行业内有较高的市场占有率，形成了经营规模优势，利润稳步增长，市场知名度很高。例如，个股济川药业。济川药业是集中西医药、中药药妆、中药保健产品研发、生产制造、商贸流通为一体的国家级高新技术企业集团，是全国制药工业百强企业。长期以来公司的成长能力和盈利能力都比较稳定，其中公司的净利润、每股收益和销售毛利率等指标均排在同行业的前6名，属于典型的绩优股。

绩优股投资回报率比较稳定，是一种激进偏稳健型的理财方式，比较适合激进偏稳健型的个人投资者或家庭生命周期处于形成期和成长期的家庭投资者配置。

蓝筹股是指在股票市场上那些在其所属行业内占有重要支配性地位、业绩优良、成交活跃、红利优厚的大公司的股票。蓝筹股规模大，经营管理良好，创利能力稳定，股价波动小、红利优厚、走势稳健、市场形象良好。例如，个股中国平安。中国平安保险（集团）股份有限公司，以保险业务为核心，提供包括保险、银行、证券、信托等多元化金融服务的全国领先的综合性金融服务集团。个股中国平安是行业的龙头股，公司的每股收益、净利润、净资产收益率等指标均排在行业第一，属于典型的蓝筹股。

蓝筹股的投资回报率和股价都比较稳定，是一种激进偏稳健型的理财方式，比较适合激进偏稳健型的个人投资者或家庭生命周期处于形成期和成长期的家庭投资者配置。

（三）周期性股票和非周期性股票的投资选择

周期性股票是指支付股息非常高（当然股价也相对高），股价表现与经济周期相关性很高的股票。周期性股票的股价起落与经济的起落基本一致，随着经济周期的盛衰而涨落，是数量最多的股票类型。例如，个股中信证券。中信证券主要从事经纪业务、投行业务、自营业务及资产管理等业务，是券商股龙头，具有比较明显的周期性，股价跟随经济的起落而起落，个股行情走势牛熊交替。

周期性股票多为投机性股票，风险和收益都比较高不宜过多配置，是一种比较激进的理财方式，适合追求高风险、高收益的激进型个人投资者或家庭生命周期处于单身期的家庭投资者配置。

非周期性股票是指那些生产必需品公司的股票，不论经济走势如何，人们对这些公司产品的需求都不会有太大变动，经济繁荣、经济减速或衰退都不会对其股价构成较大影响。所以，这类股票也被称为防守型股票，是在市场状况不佳期间投资者规避风险的防守型品种，重点包括医药、食品饮料、商业零售等板块。例如，个股海天味业。海天味业是调味行业龙头，公司产品以酱油为主，多种调味品为辅。作为生活中常用的调味品，无论经济好坏都需要使用，经济周期的交替对其影响不大。

非周期性股票是在经济周期处于低谷，证券市场持续下跌或因前景不明朗大幅震荡时，适合个人或家庭投资者用来规避风险的品种，是一种防守型理财方式。

（四）成长股和投机股的投资选择

成长股是指处于快速发展阶段的公司所发行的股票，发行时规模不大，公司的管理良好、利润丰厚，产品在市场上有较强竞争力的上市公司的股票，多数出现在高科技或新型商业模式等创造新需求的领域。例如，个股宁德时代。2018年6月11日，宁德时代新能源科技股份有限公司人民币普通股股票创业板上市。公司是国内率先具备国际竞争力的动力电池制造商，专注于新能源汽车动力电池系统、储能系统的研发、生产和销售，核心技术包括在动力和储能电池领域，材料、电芯、电池系统、电池回收二次利用等全产业链研发及制造能力。2017年公司动力锂电池出货量全球遥遥领先，达到11.84GWh，并与国内多家主流车企建立合作关系，是国内率先进入国际顶尖车企供应链的锂离子动力电池制造商。公司股价由最初的开盘价30.17元上涨到现在的370.30元，涨幅达到1127.38%。

成长型股票看上去很美，但不是每个人都适合投资。首先，投资者要具备很强的专业和技术背景，投资者如果看不懂这些公司的业务，就很难作出正确的投资判断；其次，成长型公司规模相对较小，其产品和技术还在不断完善，而市场需求也需要培育，没有人能保证它们一定能大获成功。因此，投资成长型股票需承担额外的不确定性风险，是一种高风险、高回报的激进型理财方式，适合激进型的个人投资者或家庭生命周期处于单身期和成长期的投资者配置。

投机股是指那些易被投机者操纵而使价格暴涨或暴跌的股票。投机股通常是内地的投机者进行买卖的主要对象，由于这种股票易涨易跌，投机者可以在短时间内赚取相当可观的收益。投机股价格波动幅度大，在短期内其价位涨幅远远超过投资股，是急功近利者追求的对象。例如，个股中烟香港。中烟香港是中国烟草的全资子公司，作为“烟草第一股”，上市后被各大投机者爆炒，成为投机者的操作对象，属于典型的投机股。

投机股风险很大，如买卖不当，很可能出现股价暴跌而使投机者倾家荡产。因此，投机股是一种较高风险和收益的理财方式，适合短期内追求高收益的投机者，一般的个人或家庭投资者不建议配置。

三、掌握股票的投资应用

证券类理财产品中，股票的本质与特征决定它是一种高风险、高收益的理财方式，比较适合激进型的个人投资者或家庭生命周期处于单身期、形成期和成长期的家庭投资者配置。

在个人或家庭理财中不宜配置过多这种高风险产品。虽然它可以实现个人或家庭投资者的收益性目标，但是它也存在巨大风险性，稍有不慎可能血本无归，给整个家庭造成重大影响。因此，在个人或家庭理财中投资者应该认真分析，根据自身家庭情况与特点进行合理配置。

➢ 工作实例分析

根据前文引例，针对孙雷红先生个人实际情况，平时工作较忙，对金融市场不了解，也没有成功的投资理财经历，应该建议孙先生尽量少参与股票的投资。由于股市的风险性较大，并且需要经常关注市场信息和个股走势。因此，孙先生可考虑投资银行理财产品，债券、基金等理财工具。如果孙先生坚持要参与股市的投资，依据孙先生个人的实际情况和家庭所处生命周期，可建议孙先生将此前投资的贵州百灵和新华传媒替换成比较典型的蓝筹股或者绩优股。

步骤二　分析债券投资

微课：分析债券投资

一、了解债券的投资特点

PPT：债券的投资分析

1. 偿还性。偿还性是指债券有规定的偿还期限，债务人必须按期向债权人支付利息和偿还本金。这是由债券反映的债权债务关系的性质决定的。

2. 流动性。流动性即是债券的变现能力，它是指债券持有人可按自己的需要和市场的实际情况，转让债券收回本息的灵活程度。债券有规定的偿还期限，到期前不能兑付。但是，债券持有人在债券到期前如需现金，可到证券市场转让变现，也可到银行等金融机构进行质押贷款。

3. 安全性。安全性是指债券持有人的收益相对固定，不随发行者经营收益的变动而变动，并且可按期收回本金。

操作动画：债券

4. 收益性。收益性是指债券能为投资者带来一定的收入。这种收入主要表现为利息，即债券的投资报酬。在实际经济活动中，债券收益可以表现为两种：一种是债权人将债券持有到期满，这样在期限内，其可以按约定的条件分期、分次获得利息或者到期一次性获得利息；另一种是债权人在期满之前将债券转让，这样有可能获得超过购入时债券价格的价差。

5. 风险性。债券安全性尽管比较高，但不是说投资债券就没有任何风险。债券的风险主要有两种：一种是价格风险，价格风险包括两部分，即违约风险和利率风险；另一种是便利性风险，这种风险不可简单地用货币来衡量，但它仍是一种成本，比如赎回风险、再投资利率风险、市场风险。

二、熟悉债券的交易场所

发行和买卖债券的场所称为债券市场，包括债券的发行市场（一级市场）和债券的流通市场（二级市场）。

1. 场内交易市场。在证券交易所内买卖债券所形成的市场，就是场内交易市场。在证券交易所申请上市的债券主要是企业债券，但国债一般不用申请即可上市，享有上市豁免权。

2. 场外交易市场。场外交易市场是指在证券交易所以外进行债券交易的市场，包括银行间交易市场和柜台交易市场。银行间交易市场是债券的批发市场，成员均为商业银行、证券公司、保险公司、基金等金融机构投资者。个人和非金融机构投资者不能进入，交易方式为询价方式，交易金额较大。而柜台交易为债券的零售市场，投资人为个人或非金融机构投资者，交易方式为做市商式，交易金额相对较小，柜台交易为场外交易的主体。

三、掌握债券的投资策略

（一）利率策略

利率策略是指投资者应根据自己对未来利率走势的判断来挑选债券。当投资者预测未来利率水平将会下降时，应重点投资于长期债券，因为将来一旦市场利率水平下跌，长期债券的市场价格就会上涨。反之，若预测未来市场利率水平可能会上升，那么为了规避利率上升对债券市场价格造成的不利影响，投资者应重点投资于短期债券。

（二）消极策略

消极策略是指投资者投资于分散化的债券组合，并持有很长一段时间。债券组合的好处之一在于可以通过息票利息的方式定期向投资者提供经常性收入。对那些希望能够在较长时间内获得稳定利息收益，又不愿承担频繁交易所产生的交易成本的投资者来说，消极投资策略很有意义。

消极策略不要求投资者必须只关注非常安全但收益率很低的债券。投资者可以构建一个债券投资组合，组合的风险水平可通过分散化投资被有效降低。分散化投资的目的在于降低某个债券发行人违约给投资者带来的风险。为了降低利率风险，投资组合甚至还可以尝试在多种债券投资期限之间分散投资。

（三）期限匹配策略

期限匹配策略是指投资者精心挑选债券，让债券产生收益的时间点刚好与未来支出项目发生的时间点相匹配。比方说，家里的小孩现在 8 周岁，则父母可能考虑投资于期限为 10 年的债券，以便将来债券到期时收回的本金可以用于支付孩子上大学的费用。另一种做法是在快要退休之前投资于债券组合，那么在退休以后夫妻俩就可以定期获得息票利息收益，用这笔钱来应付日常开支。期限匹配策略比较保守，因为该策略的主要目标是应付未来的生活开销，而非获得高于整个债券市场平均收益率的高回报。

四、掌握债券的投资技巧

（一）利用时间差提高资金利用率

一般债券发行都有一个发行期，如半个月的时间。若在此段时间内都可买进，最好在最后一天购买；同样，在到期兑付时也有一个兑付期，最好在兑付的第一天去兑现。这样，可减少资金占用的时间，相对提高债券投资的收益率。

（二）利用市场差和地域差赚取差价

通过上海证券交易所和深圳证券交易所进行交易的同品种国债，它们之间是有价差的。利用两个市场之间的价差，有可能赚取差价收入。同时，可利用各地区之间的地域差，也可赚取差价收入。

（三）卖旧换新技巧

在新国债发行时，提前卖出旧国债，再连本带利买入新国债，所得收益可能比旧国债到期兑付的收益高。这种方式有个前提条件是必须比较卖出前后的利率高低，计算是否合算。

（四）选择高收益债券

债券是收益介于储蓄和股票、基金之间的一种投资工具，安全性相对比较高。所以，在债券投资的选择上，不妨大胆地选购一些收益较高的债券，如企业债券、可转让债券等。特别是风险承受能力比较高的家庭，更不要只盯住国债。

（五）注意选择债券投资时机

债券一旦上市流通，其价格就要受多重因素的影响，不断波动。这对于投资者来说，就面临着投资时机的选择问题。时机选择得当，就能提高收益率；反之，投资效果就差一些。

五、熟悉常见债券的投资选择

债券这种投资工具在个人或家庭理财中主要是实现收益性和安全性目标，是一种安全、保守的家庭理财方式。债券比较适合保守型的个人或家庭投资者配置，也可作为降低投资组合风险的工具。依据不同的划分标准可将债券分为不同种类，各不同种类债券的风险和收益大小也不同。投资者应根据自己的实际情况进行选择，做到合理配置。

（一）政府债券、金融债券和公司债券的投资选择

政府债券是政府作为发行人而发行的债券。它的利息享受免税待遇，其中由中央政府发行的债券也称公债或国库券；而由各级地方政府机构如市、县、镇等发行的债券就称为地方政府债券。该类债券是以政府的税收和政府提供担保，具有充分安全的偿付保证，一般认为是没有风险的投资。因此，政府债券是债券品种中风险最低和最安全的理财方式，比较适合厌恶风险的保守型个人投资者或采取保守型理财方式的家庭投资者配置。具体实例如表 5－3 所示。

表 5－3　　2016 年记账式附息（八期）国债

债券全称	2016 年记账式附息（八期）国债	债券简称	16 国债 08	债券代码	019536
发行量	900.6 亿元	发行价	100 元	计息方式	固定利率
期限	30 年	发行票面利率	3.52%	交易市场	上海证券交易所
起息日期	2016－04－25	到期日期	2046－04－25	发行起始日	2016－04－22
上市日期	2016－04－27	发行单位	中华人民共和国财政部	付息方式	周期性付息
币种	人民币	剩余期限	9656 天	每年付息日	04－25，10－25

金融债券是由银行和非银行金融机构发行的债券。我国金融债券主要由国家开发银行、进出口银行等政策性银行发行。金融机构一般有雄厚的资金实力，信用度较高，往往有良好的信誉。因此，金融债券的投资风险也比较低，仅次于政府债券，比较适合保守型的个人投资者或采取保守型理财方式的家庭投资者配置。具体实例如表 5－4 所示。

表 5－4　　国家开发银行 2018 年跨市场第三期金融债

债券全称	国家开发银行 2018 年跨市场第三期金融债	债券简称	国开 1803	债券代码	018009
发行量	50 亿元	发行价	100 元	计息方式	固定利率
期限	20 年	发行票面利率	4.59%	交易市场	上海证券交易所
起息日期	2018－08－01	到期日期	2038－08－01	发行起始日	2018－07－30
上市日期	2018－08－02	发行单位	国家开发银行	付息方式	周期性付息
币种	人民币	剩余期限	6832 天	每年付息日	08－01

公司债券是由非金融性质的企业发行的债券。因为一般的工商企业的资信水平比不上金融机构和政府，所以公司债券的风险在此类债券中最大，因而其利率一般也比较高。因此，公司债券比较适合能承受一定风险并对收益有一定要求的保守型个人或家庭投资者配置。具体实例如表 5 -5 所示。

表 5 -5　　深圳市格林美高新技术股份有限公司 2012 公司债券

债券全称	深圳市格林美高新技术股份有限公司 2012 年公司债券	债券简称	12 格林债	债券代码	112142
发行量	8 亿元	发行价	100 元	计息方式	累进利率
期限	8 年	发行票面利率	6.65%	交易市场	深圳证券交易所
起息日期	2012 -12 -21	到期日期	2020 -12 -21	发行起始日	2012 -12 -21
上市日期	2013 -01 -24	发行单位	格林美股份有限公司	付息方式	周期性付息
币种	人民币	剩余期限	400 天	每年付息日	12 -21

（二）短期债券、中期债券和长期债券的投资选择

短期债券是为筹集短期资金而发行的债券，一般期限在一年以内。短期债券在此类债券中流动性最强，收益最低，比较适合短期内对资金流动性要求较高的保守型个人或家庭投资者配置，如表 5 -6 所示。

表 5 -6　　2019 年记账式贴现（四十八期）国债

债券全称	2019 年记账式贴现（四十八期）国债	债券简称	19 贴债 48	债券代码	020325
发行量	100 亿元	发行价	98.743 元	计息方式	贴现债券
期限	0.4972 年	发行票面利率	—	交易市场	上海证券交易所
起息日期	2019 -11 -11	到期日期	2020 -05 -11	发行起始日	2019 -11 -08
上市日期	2019 -11 -13	发行单位	中华人民共和国财政部	付息方式	—
币种	人民币	剩余期限	176 天	每年付息日	—

中期债券是期限在 1 年以上，5 年、7 年或 10 年以下的债券。中期债券在此类债券中既有一定流动性，又能获取一定收益，比较适合短期内对资金流动性没有要求的保守型个人或家庭投资者配置，如表 5 -7 所示。

表 5 -7　　中国农业发展银行 2019 年第二期金融债券

债券全称	中国农业发展银行在上海证券交易所发行 2019 年第二期金融债券	债券简称	农发 1902	债券代码	018082
发行量	50 亿元	发行价	100 元	计息方式	固定利率
期限	3 年	发行票面利率	3.28%	交易市场	上海证券交易所

续表

债券全称	中国农业发展银行在上海证券交易所发行 2019 年第二期金融债券	债券简称	农发 1902	债券代码	018082
起息日期	2019 - 05 - 13	到期日期	2022 - 05 - 13	发行起始日	2019 - 05 - 09
上市日期	2019 - 05 - 15	发行单位	中国农业发展银行	付息方式	周期性付息
币种	人民币	剩余期限	908 天	每年付息日	05 - 13

长期债券是发行者为筹集长期资金而发行的债券，偿还期限为 10 年以上。长期债券在此类债券中流动性最差，收益最高，适合长期内对该笔资金流动性没有要求，且想获取较高稳定收益的保守型个人或家庭投资者配置，如表 5 - 8 所示。

表 5 - 8　国家开发银行在上海证券交易所 2014 年第一期金融债

债券全称	国家开发银行在上海证券交易所 2014 年第一期金融债	债券简称	国开 1401	债券代码	018003
发行量	25 亿元	发行价	100 元	计息方式	固定利率
期限	15 年	发行票面利率	5.85%	交易市场	上海证券交易所
起息日期	2014 - 04 - 15	到期日期	2029 - 04 - 15	发行起始日	2014 - 04 - 11
上市日期	2014 - 04 - 17	发行单位	国家开发银行	付息方式	周期性付息
币种	人民币	剩余期限	3437 天	每年付息日	04 - 15

（三）公募债券和私募债券的投资选择

公募债券是指按法定手续，经证券主管机构批准在市场上面向所有投资者公开发行的债券。公募债券的流动性和安全性高于私募债券，收益相对较低，比较适合对流动性有一定要求的保守型个人或家庭投资者配置。

私募债券是指面向特定群体投资者发行的债券。该债券的发行范围很小，不采用公开呈报制度，债券的发行和转让也有一定的局限性，流动性较差。但是，私募债券利率水平一般比公募债券高，其投资者大多数为银行或保险公司等金融机构。

六、掌握债券的投资应用

证券类理财产品中，债券的本质与特征决定它是一种安全、保守的家庭理财方式，在个人或家庭理财中主要是实现收益性、流动性及安全性目标。投资债券不仅可以获得固定的利息收入，还可以在二级市场流通买卖或转让获取差价。

因此，债券是一种风险较低、收益较稳定的保守型理财方式，适合保守型的个人投资者和家庭生命周期处于衰老期的家庭投资者配置，也可作为降低和分散投资风险的工具。

➢ **工作实例分析**

针对孙雷红先生这类平时工作较忙，对金融市场不了解甚至没有投资理财经历和正确理财观念的投资者，债券其实是他们可以选择的一种既安全，收益又稳定的理财工具之一。可建议孙先生考虑减少之前股票的投资比例，增加债券的投资比例。

步骤三　分析证券投资基金投资

一、了解证券投资基金的投资特点

微课：大数据分析证券投资基金投资

1. 集合理财，专业管理。基金将众多投资人的资金集中起来，委托基金管理人共同投资，表现出一种集合投资的特点，有利于发挥资金的规模优势，降低投资成本。基金管理机构一般拥有大量的专业投资研究人员，他们不但掌握了广博的投资分析和组合管理知识，而且在投资领域积累了丰富的经验。将资金交给基金管理人管理，使中小投资人也能够享受到专业化的投资管理服务。

2. 组合投资，分散风险。中小投资人由于资金量小，一般无法通过购买不同的股票分散投资风险，而基金通常会购买几十种甚至上百种股票，投资人持有基金就相当于用很少的资金购买了一揽子股票，某些股票下跌造成的损失可以用其他股票上涨的盈利来弥补，因此可以充分享受到组合投资、分散风险的好处。

PPT：证券投资基金的投资分析

3. 利益共享，风险共担。基金实行“利益共享、风险共担”的原则。基金投资人是基金的所有者，基金投资收益在扣除由基金承担的费用后的盈余全部归基金投资人所有，并依照各投资人所持有的基金份额比例进行分配。为基金提供服务的基金托管人、基金管理人只能按规定收取一定的托管费、管理费，并不参与基金收益的分配。

操作动画：证券投资基金

4. 严格监管，信息透明。为切实保护基金投资人的利益，增强投资人对基金投资的信心，各国基金监管机构都对基金业实行严格的监管，对各种有损投资人利益的行为进行严厉的打击，并强制基金进行较为充分的信息披露。在这种情况下，严格监管与信息透明也就成为基金的一个显著特点。

5. 独立托管，保障安全。基金管理人负责基金的投资操作，本身并不经手基金财产的保管，基金财产的保管由独立于基金管理人的基金托管人负责。这种相互制约、相互监督的制衡机制，对基金投资人的利益提供了重要的保护。

二、熟悉开放式基金的投资

（一）开放式基金的购买

操作动画：基金定投

开放式基金跟封闭式基金不同，其基金的规模并不固定，可视投资者的需要追加发行。因此开放式基金的交易可分为：基金的初次发行，基金日常申购与赎回。

1. 开放式基金的初次认购。基金在刊登招募说明书等法律文件后，开始向法定的投资对象进行招募，首期募集规模一般都有一个上限，投资者可按基金的认购价格进行认购。

开放式基金除规定有认购价格外，通常还规定由最低和最高认购额。在募集期中投资者一般可以多次申购，但根据有关法律和基金契约的规定对单一投资者持有基金的总份额有一定的限制，如不得超过本基金总份额的10%等。

2. 开放式基金的日常申购。开放式基金宣布成立后，经过规定的日期，基金便可进入日常的申购和赎回。在日常的申购中，基金规模原来的上限仍有效，当基金规模达到其上限时，该基金就只能赎回而不能申购了，这在形式上有点像股票的涨停。单个投资者持有基金份额的限制，在日常的申购期内也同样有效。

具体来看，可通过四大渠道投资基金：到银行营业网点购买；到有代销资格的券商营业部购买；到基金公司直销柜台申购；到基金公司网站上申购。

办理完申购和赎回的数个工作日内，投资者可以到销售点打印成交确认单或交割单（基金管理公司一般也会定期给投资者邮寄一段时间的交易清单）。至此，整笔交易就全部完成了。开放式基金的申购金额和赎回份额的计算同其他的证券品种的买卖一样，投资者在进行开放式基金的申购和赎回时，也同样会关心其申购和赎回价格是怎样确定的。

3. 开放式基金的日常赎回。开放式基金成立后，一般会有一段时间的闭锁期，在该期间不接受基金的赎回，闭锁期结束以后，投资者就可以进行日常的赎回。投资者于T日申购的基金如果成交，一般在T+2日就可以赎回。若基金出现大量的赎回，基金规模在规定期限中达不到最低金额要求时，基金将被终止。

（二）开放式基金的价格

开放式基金申购和赎回价格的确定与股票及封闭式基金交易价格的确定有很大的区别，开放式基金申购和赎回的价格是建立在每份基金净值基础上的，以基金净值再加上或减去必要的费用，就构成了开放式基金的申购和赎回价格。而封闭式基金的交易价格则基本上是由市场的供求关系决定的。

开放式基金申购时的费用及基金份额计算公式如下（假定申购费用由基金申购人承担）：

基金的申购费用 = 申购金额 × 申购费率

基金申购的份数 =（申购金额 − 申购费用）/T日基金单位净值

开放式基金赎回时的费用及投资者所得的赎回金额计算方法如下（假定赎回费用由基金赎回人承担）：

基金的赎回金额 = 赎回份数 ×T日基金单位净值

基金的赎回费用 = 赎回金额 × 赎回费率

投资者获得的赎回金额 = 赎回金额 − 赎回费用

【案例阅读】

开放式基金的计算

一位投资者有 10 万元用来申购开放式基金，假定申购的费率为 1.5%，基金的每份净值为 1.50 元，那么这位投资者需要支付的申购费用为 0.15 万元，其申购的基金份数为：(10 万 - 0.15 万) /1.50 = 65667 (份)。

对于日常赎回，一位投资者要赎回 10 万份基金，假定赎回费率为 0.5%，基金的每份净值为 1.50 元，那么这位投资者的赎回金额为 15 万元，需支付的赎回费用为 15 × 0.5% = 0.075 (万元)，实际可得到的金额为 14.925 万元。

三、熟悉封闭式基金的投资

开放式基金一般不上市交易，可通过银行申购和赎回，基金规模不固定，基金单位可随时向投资者出售，也可应投资者要求买回；封闭式基金有固定的存续期，其间基金规模固定，一般在证券交易场所上市交易，投资者可通过二级市场买卖基金单位。由于封闭式基金成立之后不能赎回，除了成立之时投资者可以在交易所或者指定单位购买之外，一旦封闭式基金成立，投资者只要拥有证券账户，也可以很轻松地像购买股票一样购买封闭式基金。

操作动画：货币市场基金

操作动画：互联网金融理财

四、掌握证券投资基金的投资策略

(一) 分期购入法

如果投资人做好了长期投资基金的准备，同时又有一笔相当数额的稳定资金，可以采用分期购入法进行基金投资。这种方法是每隔一段固定的时间（月、季或半年），以固定等额的资金去购买一定数量的基金单位。该方法的功能是在一定时间内分散了投资基金以较高的价格认购的风险，长期下来，就从总体上降低了购买每只基金的平均成本。有经验的投资者能避免孤注一掷，不至于将全部资金买了最高价格的基金。

(二) 定期赎回法

投资基金时，买卖方法是因人而异的。有人看好行情就会把钱全部投进去，反之就全盘撤出；有人则分散购进，定期赎回。实践证明，后者比前者更胜一筹。因为在不同的价格上赎回，既减少了时间性的风险，又避免了在低价位时无可奈何地斩仓，尤其适合一些退休老人，作为定期支付生活费之用。该办法是一次性认购或分期投资某一基金，在一段时间后，开始每月卖出部分基金单位，投资者便可每月收到一笔现金。

(三) 固定比例投资法

固定比例投资法是将一笔资金按固定的比例分散买进几只不同种类的基金，

当某只基金价格飙升后，就卖出这只基金的基金单位，从而使原定的投资比例保持不变。这样不仅可以分散投资成本，抵御投资风险，还能见好就收，不至于因某只基金表现欠佳或过度奢望价格会进一步上升而使到手的收益成为泡影或使投资额大幅度上升。例如，投资人决定分别把 50%、35% 和 15% 的资金各自买进股票基金、债券基金和货币市场基金。当股市大涨时，假设股票增值后投资比例上升了 20%，便可以卖掉 20% 的股票基金，使股票基金的投资仍维持 50% 不变，或者追加投资买进债券基金和货币市场基金，使它们的投资比例也各自上升 20%，从而保持原有的投资比例。如果股票基金下跌，就可以购进一定比例的股票基金或卖掉部分等比例的债券基金和货币市场基金，恢复原有的投资比例。

当然，这种投资策略并不是频繁地一有变化就调整，有经验的投资者大致遵循这样一个准则：每隔三个月或半年才调整一次投资组合的比例，股票基金上涨 20% 就卖掉一部分，跌 25% 就增加投资。

◆ **拓展阅读**

基金拆分

基金拆分又称拆分基金，是指在保持基金投资人资产总值不变的前提下，改变基金份额净值和基金总份额的对应关系，重新计算基金资产的一种方式。

基金拆分后，原来的投资组合不变，基金经理不变，基金份额增加，而单位份额的净值减少。基金份额拆分通过直接调整基金份额数量达到降低基金份额净值的目的，不影响基金的已实现收益、未实现利得、实收基金等。

简单举例来说：假设投资者持有某基金 1 万份，该基金份额净值为 2 元，那么他的基金资产为 2 万元。如果该基金按 1∶2 的比例进行拆分，则基金份额净值变为 1 元，总份额加倍，该投资者持有的基金份额由原来的 1 万份变为 2 万份，所对应的基金总资产仍为 2 万元。所以，基金拆分对原来的持有人资产总额没有影响，只不过基金份额发生变化。

2006 年 7 月 17 日，富国天益价值基金进行拆分，成为国内首只拆分基金。当一只基金出现连续较大盈利，基金的单位净值较高时，投资者可能会对高单位净值的基金产生“恐高症”。采用拆分手段，可把高单位净值的基金降下来，甚至降到 1 元面值左右，有利于新的投资者来申购基金。从国内的实际情况看，基金拆分这一手段果然奏效，一些高单位净值的基金在拆分后，其新增份额上升较大。

五、熟悉常见证券投资基金的投资选择

证券投资基金这种理财工具在个人或家庭理财中，既可以实现家庭理财的收益性目标，又能实现一定的安全性目标，是一种风险适中收益稳健的稳健型理财方式，比较适合稳健型的个人或家庭投资者配置。依据不同的划分标准可将证券

投资基金分为不同种类，各不同种类证券投资基金的风险和收益大小也不同。投资者应根据自己的实际情况进行选择，做到合理配置。

（一）股票型基金、债券型基金、货币市场基金和混合型基金的投资选择

股票型基金是市场上占大多数的基金种类，这类基金以股票为主要投资对象，基金资产 80% 以上投资于股票。一般来说，股票型基金的获利性是当中最高的，但相对来说投资的风险也较大，是一种稳健偏激进型的理财方式，比较适合稳健偏激进型的个人投资者或家庭生命周期处于成长期和成熟期的家庭投资者配置。股票型基金以追求长期的资本增值为目标，适合长期投资，可供投资者用来满足未来子女教育支出和自身退休养老等远期支出的需要，具体实例如表5－9所示。

表 5－9　易方达消费行业股票型证券投资基金

基金全称	易方达消费行业股票型证券投资基金	基金简称	易方达消费行业股票
基金代码	110022（前端）	基金类型	股票型
发行日期	2010 年 7 月 26 日	成立日期/规模	2010 年 8 月 20 日/63.727 亿份
资产规模	197.35 亿元（截至：2019 年 9 月 30 日）	份额规模	68.3908 亿份（截至：2019 年 9 月 30 日）
基金管理人	易方达基金	基金托管人	农业银行
基金经理人	萧楠	成立来分红	每份累计 0 元（0 次）
管理费率	1.50%（每年）	托管费率	0.25%（每年）
销售服务费率	0（每年）	最高认购费率	1.30%（前端）
最高申购费率	1.50%（前端）	最高赎回费率	1.50%（前端）
业绩比较基准	中证内地消费主题指数收益率×85%＋中债总指数收益率×15%	跟踪标的	该基金无跟踪标的

债券型基金是指以债券为主要投资对象的基金，基金资产 80% 以上投资于债券。债券型基金的波动性通常小于股票型基金，被认为是收益、风险适中的投资工具，对于不愿承担较大风险和追求稳定收入的投资者具有较强的吸引力。债券型基金是一种安全、稳健的理财方式，比较适合稳健偏保守型个人投资者或家庭生命周期处于成熟期和衰老期的家庭投资者配置。债券型基金与股票型基金进行适当的组合投资时，能较好地分散整个组合的投资风险，常常被视为组合投资中不可或缺的重要组成部分，具体实例如表 5－10 所示。

表 5-10 招商产业债券型证券投资基金

基金全称	招商产业债券型证券投资基金	基金简称	招商产业债券 A
基金代码	217022（前端）	基金类型	债券型
发行日期	2012 年 3 月 5 日	成立日期/规模	2012 年 3 月 21 日/24.068 亿份
资产规模	55.58 亿元（截至：2019 年 9 月 30 日）	份额规模	38.5881 亿份（截至：2019 年 9 月 30 日）
基金管理人	招商基金	基金托管人	中信银行
基金经理人	马龙	成立来分红	每份累计 0.24 元（10 次）
管理费率	0.70%（每年）	托管费率	0.20%（每年）
销售服务费率	0（每年）	最高认购费率	0.60%（前端）
最高申购费率	0.80%（前端）	最高赎回费率	1.50%（前端）
业绩比较基准	三年期银行定期存款收益率（税后）	跟踪标的	该基金无跟踪标的

货币市场基金是以货币市场工具为投资对象，基金资产仅限于投资货币市场工具。货币市场基金具有风险低、流动性好的特点，适合厌恶风险、对资产流动性和安全性要求较高的投资者进行短期理财的理想工具，是暂时存放现金的理想场所。货币市场基金的长期收益率较低，不适合投资者长期配置，具体实例如表 5-11 所示。

表 5-11 天弘弘运宝货币市场基金

基金全称	天弘弘运宝货币市场基金	基金简称	天弘弘运宝货币 A
基金代码	001386（前端）	基金类型	货币型
发行日期	2015 年 8 月 10 日	成立日期/规模	2015 年 8 月 13 日/2.005 亿份
资产规模	3.65 亿元（截至：2019 年 9 月 30 日）	份额规模	3.6546 亿份（截至：2019 年 9 月 30 日）
基金管理人	天弘基金	基金托管人	杭州银行
基金经理人	王登峰、李晨	成立来分红	每份累计 0 元（0 次）
管理费率	0.30%（每年）	托管费率	0.08%（每年）
销售服务费率	0（每年）	最高认购费率	0（前端）
最高申购费率	0（前端）	最高赎回费率	0（前端）
业绩比较基准	活期存款利率（税后）	跟踪标的	该基金无跟踪标的

混合型基金是同时以股票、债券、货币市场工具等为投资对象，它的投资比例不符合前三种基金的投资比例。混合型基金没有明确的投资方向，其风险低于股票型基金，预期收益则高于债券型基金。混合型基金以期通过在不同资产类别

上的投资实现收益与风险之间的平衡，为投资者提供了一种在不同资产之间进行分散投资的工具，比较适合稳健型的个人投资者或家庭生命周期处于成熟期和衰老期的家庭投资者配置，具体实例如表5－12所示。

表5－12　　南方优选成长混合型证券投资基金

基金全称	南方优选成长混合型证券投资基金	基金简称	南方优选成长混合A
基金代码	202023（前端）、202024（后端）	基金类型	混合型
发行日期	2011年1月6日	成立日期/规模	2011年1月30日/22.169亿份
资产规模	9.35亿元（截至：2019年9月30日）	份额规模	3.1953亿份（截至：2019年9月30日）
基金管理人	南方基金	基金托管人	建设银行
基金经理人	骆帅	成立来分红	每份累计0.00元（0次）
管理费率	1.50%（每年）	托管费率	0.25%（每年）
销售服务费率	0（每年）	最高认购费率	1.20%（前端）
最高申购费率	1.50%（前端）	最高赎回费率	1.50%（前端）
业绩比较基准	60%×沪深300指数+40%×上证国债指数	跟踪标的	该基金无跟踪标的

（二）成长型基金、平衡型基金和收入型基金的投资选择

成长型基金是指以追求资本长期增值为基本目标，主要以具有良好增长潜力的股票为投资对象。一般投资于信誉好、长期盈利的公司，或者有成长前景的公司，它追求的是资产的稳定、持续的长期增值。成长型基金在此类基金中投资风险和收益最高，是一种稳健偏激进型的理财方式，比较适合稳健偏激进型的个人投资者或者家庭生命周期处于成长期和成熟期的家庭投资者配置，如表5－13所示。

表5－13　　南方优选成长混合型证券投资基金

基金简称	华夏上证主要消费ETF	基金全称	上证主要消费交易型开放式指数发起式证券投资基金
基金代码	510630	成立日期	2013－3－28
募集份额	5.9305亿份	单位面值	1.00元
基金类型	ETF	投资类型	股票型
投资风格	成长型	基金规模	2.43亿元（截至2019－11－18）
基金经理	荣膺	交易状态	开放申购

续表

基金简称	华夏上证主要消费 ETF	基金全称	上证主要消费交易型开放式指数发起式证券投资基金
申购费率	0.50% ~0.50%	赎回费率	0.50%
最低申购金额	50.0000 元	最低赎回份额	100 份
基金管理人	华夏基金管理有限公司	基金托管人	中国建设银行股份有限公司
管理费率	0.50%	托管费率	0.10%

平衡型基金是指基金资金分别投资于几个部门和公司的债券、优先股、普通股及其他证券上，以达到证券组合中收益与风险相对平衡的投资基金。平衡型基金是既追求长期资本增值，又追求当期收入的基金，其投资风险和收益适中，介于成长型基金和收入型基金之间。平衡型基金是一种较为稳健的理财方式，比较适合稳健型的个人投资者或家庭生命周期处于成熟期的家庭投资者配置，如表5－14所示。

表 5－14　　工银上证央企 50ETF

基金简称	工银上证央企 50ETF	基金全称	上证中央企业 50 交易型开放式指数证券投资基金
基金代码	510060	成立日期	2009－08－26
募集份额	45.3368 亿份	单位面值	1.00 元
基金类型	ETF	投资类型	股票型
投资风格	平衡型	基金规模	1.39 亿元（截至 2019－11－18）
基金经理	赵栩	交易状态	开放申购
申购费率	0.50% ~0.50%	赎回费率	0.50%
最低申购金额	0 元	最低赎回份额	100 份
基金管理人	工银瑞信基金管理有限公司	基金托管人	招商银行股份有限公司
管理费率	0.50%	托管费率	0.10%

收入型基金是指主要投资于可带来现金收入的有价证券，以获取当期的最大收入为目的和追求基金当期收入为投资目标的基金。收入型基金的投资对象主要是些绩优股、债券、可转让大额存单等收入比较稳定的有价证券，是一种稳健偏保守型的理财方式，比较适合稳健偏保守型的个人投资者和家庭生命周期处于成熟期和衰老期的家庭投资者配置，如表 5－15 所示。

表 5－15　　　华夏上证 50ETF

基金简称	华夏上证 50ETF	基金全称	上证 50 交易型开放式指数证券投资基金
基金代码	510050	成立日期	2004－12－30
募集份额	54.3533 亿份	单位面值	1.00 元
基金类型	ETF	投资类型	股票型
投资风格	收入型	基金规模	444.21 亿元（截至 2019－11－18）
基金经理	张弘弢	交易状态	开放申购
申购费率	0.50%～0.50%	赎回费率	0.50%
最低申购金额	100.0000 元	最低赎回份额	100 份
基金管理人	华夏基金管理有限公司	基金托管人	中国工商银行股份有限公司
管理费率	0.50%	托管费率	0.10%

（三）公募基金和私募基金的投资选择

公募基金是指以公开方式向社会公众投资者发售基金份额，募集资金并以证券为主要投资对象的证券投资基金。公募基金规模较大，是最透明、最规范的基金。公募基金的募集对象是广大社会公众，投资门槛低且流动性强，在投资品种、投资比例上有严格的限制，比较适合广大中小稳健型的个人或者家庭投资者配置。

文本：基金适合人群

私募基金是指以非公开方式向特定投资者募集资金，并以特定目标为投资对象的证券投资基金。私募基金的投资对象和品种完全自由，主要以追求绝对收益和超额收益为目标，投资门槛和风险较高，是一种稳健偏激进型的理财方式，比较适合中高净值的稳健偏激进型的个人或家庭投资者配置。

（四）主动型基金和被动型基金的投资选择

主动型基金是一类力图取得超越基准组合表现，以寻求超越市场的业绩表现为目标的基金。主动型基金在此类基金中投资风险和收益都较高，是一种稳健偏激进型的理财方式，比较适合稳健偏激进型的个人或家庭投资者配置。

被动型基金一般选取特定的指数成分股作为投资对象，不主动寻求超越市场的表现，而是试图复制指数的表现，因而通常又被称为指数基金。与主动型基金不同，被动型基金并不主动寻求取得超越市场的表现，一般选取特定的指数作为跟踪对象，是一种风险和收益适中的稳健型理财方式，适合稳健型的个人或家庭投资者配置。

六、掌握证券投资基金的投资应用

证券类理财产品中，证券投资基金的本质与特征决定它是一种稳健型的理财方式，比较适合广大家庭投资者。相对于股票，证券投资基金的风险性明显较低；相对于债券和银行理财产品，证券投资基金的收益性明显会较高，同时证券投资基金是由专业的基金管理人管理。

因此，证券投资基金是一种风险适中、收益稳健的稳健型理财方式。既可以实现家庭理财的收益性目标，又能实现安全性目标，比较适合稳健型的个人投资者或家庭生命周期处于成长期和成熟期的家庭投资者配置。

➢ 工作实例分析

根据前面引例，针对孙先生的实际情况和家庭所处生命周期，证券投资基金是最适合孙先生选择的投资工具。因为，证券投资基金是由专业的基金管理人管理，不需要占用孙先生个人太多精力，比较省心省力。同时，证券投资基金是以组合投资的形式进行运作，可以降低和分散投资风险作用。孙先生家庭处于成长期，投资策略应以稳健偏激型为主，而证券投资基金正是比较稳健的理财工具。

模块三　配置合适的证券理财产品

微课：人工智能五步选基法

➢ 工作实例分析

通过模块二的学习，我们掌握了以股票、债券、基金为代表的证券类理财产品的特点和投资策略。在掌握这些证券理财产品特点和投资策略的基础上，我们还要学习有关证券资产的配置方法，通过运用证券资产的配置方法，完成孙先生证券理财产品的合理配置。

微课：基于风险矩阵的投资策略分析

步骤一　了解资产配置的重要性

PPT：证券资产配置的方法

资产配置是指投资者根据自身的风险偏好程度和资产的风险收益特征，将投资资金在不同资产类别之间进行分配，确定各类资产的投资比例，从而达到降低投资风险和增加投资回报的目标。

资产配置是构建投资组合管理过程中最重要的一步，其实质是一种风险管理策略，即以系统化分散投资的方式来降低风险，在可承受的风险范围内追求最大的回报率。

由于不同类型的投资者他们的风险偏好程度不同，所以配置的证券理财产品肯定也不同；不同家庭生命周期的投资者由于家庭结构不同，承担的责任不同，面临的风险不同，家庭理财的需求也不同，所以配置的证券理财产品也不相同。因此，在对投资者进行证券理财产品的合理配置过程中，应充分结合投资者的风险偏好程度与家庭所处生命周期等因素综合分析。

步骤二　掌握证券资产配置的方法

微课：证券理财产品配置案例分析

PPT：证券理财产品配置案例分析

一、风险属性法

风险属性法是指依据投资者风险偏好程度，选择适合的投资工具进行合理的资产配置。

对于保守型投资者，由于对风险极其厌恶，理财目标以保本为主。鉴于此类投资者的特征，可采取保守的理财方式进行证券理财产品的资产配置，整个投资组合主要以债券类理财产品为主。

对于保守偏稳健型投资者，由于对风险较为厌恶，理财目标在保本的前提下获取一定收益。鉴于此类投资者的特征，可采取保守偏稳健的理财方式进行证券理财产品的资产配置，整个投资组合主要以债券类理财产品为主，并适当配置一定比例的证券投资基金产品。

对于稳健型投资者，由于对风险持中庸态度，不回避风险，也不主动追求风险，理财目标以获取持续、稳定的收益为主。鉴于此类投资者的特征，可采取稳健的理财方式进行证券理财产品的资产配置，整个投资组合主要以证券投资基金类理财产品为主。

对于稳健偏激进型投资者，由于不回避风险，有意追求一定风险，理财目标在追求持续、稳定的收益前提下，能额外承受一定风险获取较高的收益。鉴于此类投资者的特征，可采取稳健偏激进的理财方式进行证券理财产品的资产配置，整个投资组合主要以证券投资基金类理财产品为主，并适当配置一定比例的股票类理财产品。

对于激进型投资者，由于喜好风险，主动追求高风险，高收益，理财目标以资产增值为主。鉴于此类投资者的特征，可采取激进的理财方式进行证券理财产品的配置，整个投资组合主要以股票类理财产品为主。

二、生命周期法

生命周期法是指依据家庭生命周期理论，对所处不同生命周期的家庭，进行合理的资产配置。

对于单身期家庭来说，这时的收入比较低，消费支出大。这个阶段是提高自身、投资自己的大好阶段，财务状况是资产较少，可能还有负债（如贷款、父母借款），甚至净资产为负。这个时期家庭风险承受能力最强，理财策略是开源节流，合理安排各项支出，主要以实现资产增值为目标。因此，针对单身期家庭，可采取激进的理财方式进行证券理财产品的配置，整个投资组合主要以股票类理财产品为主。

对于家庭形成期来说，随着家庭成员逐渐增加，家庭负担慢慢增长。这个阶段家庭收入逐渐增加，主要来源为工资，储蓄水平较低，风险承受能力较强。理财目标主要是开源节流，合理安排各项支出，以将来子女教育金和家庭资产增值为主。因此，针对形成期家庭，可采取激进偏稳健的理财方式进行证券理财产品的配置，整个投资组合主要以股票类理财产品为主，并适当增加一定比例的证券投资基金产品。

对于家庭成长期来说，家庭成员及生活相对稳定，这个阶段家庭收入快速增加，主要来源为工资，家庭支出快速增加，储蓄水平稳步增长，抗风险能力较强。理财目标主要是以将来子女创业金和家庭资产增值为主。因此，针对成长期家庭，可采取稳健偏激进的理财方式进行证券理财产品的配置，整个投资组合主要以证券投资基金产品为主，并适当增加一定比例的股票类理财产品。

对于家庭成熟期来说，这个阶段家庭收入稳步增长，主要来源为工资，家庭支出逐渐减少，家庭财产也到达最高水平。理财目标主要以将来夫妻双方退休养老金和家庭资产保值增值为主。因此，针对成熟期家庭，可采取稳健的理财方式进行证券理财产品的配置，整个投资组合主要以证券投资基金产品为主。

对于家庭衰老期来说，这个阶段家庭收入迅速减少，主要来源为转移性收入与家庭理财。随着年龄增长，支出逐渐增加，家庭资产逐渐减少。理财目标以家庭资产的保全与传承为主，目的是保住财富，风险承受能力最弱。因此，针对衰老期家庭，可采取保守型的理财方式进行证券理财产品的配置，整个投资组合主要以债券类理财产品为主。

三、需求组合法

需求组合法是指依据投资者的理财需求层次，进行合理的资产配置。依据投资者自身理财需求的层次可分为以下三个层次：最基本的需求（目标）、正常需求（目标）、额外需求（目标）。

针对投资者最基本的需求，应采取最保守的投资组合进行证券理财产品的配置，主要以债券类理财产品为主。

针对投资者正常的理财需求，可以采取稳健的理财方式进行证券理财产品的配置，主要以证券投资基金产品为主，可适当增加一定比例的其他证券理财产品。

针对投资者额外的理财需求，即可实现或不可实现投资目标都没关系，可以采取较为激进的理财方式进行证券理财产品的配置，主要以股票类理财产品为主，可适当增加一定比例的其他证券理财产品。

步骤三　证券理财产品的合理配置

➢ 工作实例分析

孙雷红先生家庭证券理财产品的配置

（一）孙雷红先生家庭的基本信息

（1）家庭成员信息。孙雷红，54周岁，国企中层干部，有基本社保，月基本工资13000元，年收入20万元。妻子杨莎莉，49周岁，高中教师，有基本社保，月基本工资5000元，年收入10万元。女儿孙俪，23周岁，大四学生。夫妻双方父母均已退休，并有稳定退休金。

（2）家庭资产情况：家庭拥有自住房产一套，市值200万元，小汽车一辆，价值20万元。2020年2月投资股票和基金，共10万元。

（3）家庭年收支情况：工资收入30万元，其中股票和基金投资收益不计。家庭日常生活费用支出4.2万元，女儿生活费用支出2.4万元。合计年度支出6.6万元。

（二）孙雷红先生家庭财务状况分析

孙雷红先生家庭属于典型的中产阶级家庭，收入明显高于支出，家庭年结余比例较高，并且没有任何负债。同时，孙先生家庭资产结构比较单一，目前主要资产为实物资产，金融资产较少。考虑到孙先生家庭处于成熟期，夫妻双方收入稳定，主要来源为工资，家庭支出较少，家庭财产也到达较高水平。因此，建议孙先生优化家庭资产结构，调整家庭结余比，充分利用好个人和家庭资源，并适当增加一定比例的金融资产和负债。

（三）孙雷红先生家庭证券理财产品投资分析

通过对孙先生家庭基本情况和财务状况的分析，发现孙先生有个10万元的证券理财产品的投资需求。虽然，这10万元是孙先生家庭的闲散资金，就算出现任何亏损也不会给家庭带来任何影响。但是，我们还是应该从专业的角度对孙先生这笔10万元的证券理财产品投资进行综合分析。

首先，孙先生这10万元证券理财产品的投资并没有明确的理财目标，只是想参与理财市场体验一下。其次，孙先生平时工作较忙，也没有任何投资理财的经历。最后，孙先生家庭目前处于家庭成熟期，收入稳步增长，主要来源为工资，家庭支出较少，家庭财产也到达较高水平。

因此，经综合分析后，孙先生家庭理财目标应以将来夫妻双方的退休养老和家庭资产保值增值为主，投资策略可采取稳健型的理财方式进行证券理财产品的配置。

（四）孙雷红先生家庭证券理财产品配置

通过以上综合分析得出，孙先生的投资策略以稳健型为主。由于孙先生的投资标的为证券理财产品，再加上平时工作较忙且缺乏理财经验和相关金融知识。因此，建议孙先生10万元的证券理财产品的配置可以证券投资基金类产品为主，并适当增加一定债券的投资比例和大幅度降低此前股票的投资比例。详情可参考以下证券理财产品的配置方案（各类证券收益统计均剔除分红、派息的影响）：

2020年2月，将孙雷红先生手中准备投资的10万元资金构建一个证券投资组合，整个组合以证券投资基金为主。第一，将35%左右投资于混合型基金广发稳健增长混合（270002）。该基金在2017～2021年这五年期间的平均年化回报率达13.77%，收益比较稳定。其中，2020年的年化回报率高达27.64%。第二，将35%左右投资于债券型基金招商产业债券A（217022），该债券型基金

2021 年的年化回报率为 6.50%，并且在 2017～2021 年这五年期间的平均年化回报率达 5.81%，收益比较稳定。第三，再将 20% 左右投资于债券国开 1401（018003），该债券是国家开发银行 2014 年发行的政策性金融债，2020 年的年化回报率达 6.61%，并且在 2017～2021 年这五年期间的平均年化回报率达 5.85%。第四，将剩下的 10% 左右投资于蓝筹股招商银行（600036），该股票 2017～2021 年这五年期间的平均年化回报率达 25.73%。因为，孙先生平时工作较忙难以打理，加上股票的波动性较大。所以，选择波动性较小的银行股和蓝筹股做为孙先生的股票产品配置。详情如表 5－16 所示。

表 5－16 证券理财产品配置参考方案

证券理财产品投资组合	投资比例（%）	投资时间	2017 年－2021 年五年年化收益率（%）
混合型基金：广发稳健增长混合（270002）	35	2022 年	13.77
债券型基金：招商产业债券 A（217022）	35	2022 年	5.81
政策性金融债：国开 1401（018003）	20	2022 年	5.85
股票：招商银行（600036）	10	2022 年	25.73
投资组合预期年化收益率	10.59%		

项目小结

项目知识点 股票 债券 证券投资基金 股票的投资选择 债券的投资选择证券投资基金的投资选择 资产配置风险属性法 生命周期法 需求组合法

项目技能点 熟悉证券理财产品的性质和特征 掌握证券理财产品的投资策略及应用 熟悉常见证券理财产品的投资选择 掌握资产配置的内涵和方法 能为不同家庭配置合适的证券理财产品

课堂活动

问题讨论

1. “股市有风险，投资须谨慎”。但是，当牛市来临的时候很多投资者的资产都在增值。因此，有人说“不炒股也有风险”，你怎样看待这个观点？

2. 对处于不同人生阶段的客户，我们应该怎样为其配置合适的证券理财产品和提供合适的证券投资方案？

3. 谈一谈你对资产配置和投资理财的认识。

技能训练

1. 手机和电脑客户端同时下载一款证券行情交易软件，并以自己的学号注册建立一个模拟证券账户。

2. 通过行情软件登录自己的模拟证券账户，找到和自己学号末两位数字相同代码的股票，然后成功买入并持有。

3. 对自己买入的股票进行分析，并解释说明该股票是否值得投资。

4. 在证券行情系统中，通过自己的模拟证券账户分别选择一只周期性股票和非周期性股票进行投资，并说明原因。

5. 通过行情软件登录自己的模拟证券账户，任意买入某债券，熟悉债券的买卖规则及操作技巧。

6. 通过行情软件登录自己的模拟证券账户，任意买入某类证券投资基金，熟悉基金的买卖规则、操作方法和投资技巧。

课后练习

一、单项选择题

1.（　　）构成公司资本的基础，是股票的一种基本形式，也是发行量最大、最为重要的股票。

A. 普通股　　B. 优先股　　C. 蓝筹股　　D. 国有股

2. 股票的收益主要来自两部分，一部分是来自股份公司的利润分配，另一部分是（　　）。

A. 股息　　B. 分红　　C. 资本损益　　D. 资本利得

3. 一般来说，期限较长的债券，（　　），利率应该定得高一些。

A. 流动性强，风险相对较小　　B. 流动性差，风险相对较大

C. 流动性强，风险相对较大　　D. 流动性差，风险相对较小

4. 下列降低风险的方法中，（　　）是一种消极的风险管理策略。

A. 风险对冲　　B. 风险规避　　C. 风险分散　　D. 风险转移

5. 下列不属于证券市场的是（　　）。

A. 股票市场　　B. 基金市场　　C. 黄金市场　　D. 债券市场

6. 下列不能作为债券发行主体的是（　　）。

A. 金融机构　　B. 工商企业

C. 社团组织　　D. 中央政府和地方政府

7. 开放式基金的交易价格主要取决于（　　）。

A. 基金净资产　　B. 基金总资产

C. 供求关系　　D. 基金负债

8. 证券投资基金反映的关系是投资者和基金管理人之间的一种（　　）。

A. 委托代理关系　　B. 债权债务关系

C. 所有权与经营权关系　　D. 权利义务关系

二、多项选择题

1. 债券虽有不同种类，但基本要素却是相同的，主要包括（　　）。

A. 债券面值　　B. 债券价格

C. 债券利率　　　　　　　　　　D. 债券还本期限

2. 以下关于股票和债券说法正确的是（　　）。

A. 都属于有价证券　　　　　　　B. 都是筹资手段

C. 都有规定的偿还期限　　　　　D. 都具有安全性

3. 优先股相对于普通股而言，它具有（　　）特点。

A. 享有表决权　　　　　　　　　B. 固定股息

C. 风险较小　　　　　　　　　　D. 优先领取股息

4. 下列有关封闭式基金说法不正确的是（　　）。

A. 基金规模不固定　　　　　　　B. 一般在证券交易场所上市交易

C. 基金单位可随时向投资者出售　D. 发行数量固定

5. 下列因素引起的风险中，投资者不能通过证券投资组合予以分散的风险是（　　）。

A. 发生经济危机　　　　　　　　B. 通货膨胀

C. 国家货币政策变化　　　　　　D. 企业经营管理不善

三、判断题

1. 债券反映了发行人和投资者之间的债权债务关系，债券发行人即债务人，投资人即债权人。（　　）

2. 股票是一种由股份有限公司在筹集资金时向出资人发行的，用于证明股东所持股份的债权凭证。（　　）

3. 在证券交易所内买卖债券所形成的市场，是场内交易市场。（　　）

4. 开放式基金在证券交易场所上市交易，基金规模不固定，基金单位可随时向投资者出售，也可应投资者要求买回。（　　）

5. 目前，我国的基金既有契约型基金，也有公司型基金。（　　）

6. 资产配置是构建投资组合管理过程中最重要的一步，其实质是一种风险管理策略。（　　）

四、简答题

1. 简述在进行证券投资分析过程中公司财务分析的主要内容。

2. 简述证券投资基金的特征，并依据投资风险大小将股票、债券和证券投资基金由大到小进行排列。

3. 试论述生命周期法在证券理财中的具体应用。

五、实训题

实训任务：证券理财产品的配置。

案例内容：董小姐32周岁，单身，某大型公司项目经理，税后月基本工资收入1.8万元，另有奖金8万元（税后），有基本社保，为父母独生女。父亲55周岁，为退休教师有退休金，母亲50周岁为家庭主妇，退休金够二老日常开支，并且都有基本的医疗合作保险。董小姐每月日常开支2000元（餐费），通信费每月400元，衣服一年15000元，旅游休闲费用每年14000元，健身费每年4000元，学习进修费10000元，化妆品及美容费一年15000元，人情往来每年25000元，其中包括每月给父母1500元的赡养费。一年前董小姐购买了一套92平方米的自住房，市值100万元，贷款66万元，期限20年，月供4500元。另有代步车一辆折价10万元，月均费用2000元。

实训要求：

（1）根据题目信息，完成客户家庭财务报表编制与分析；

（2）对客户进行投资需求分析；

（3）为客户配置合适的证券理财产品。

项目六

配置实物理财产品

学习目标

通过本项目的学习，学生了解主流的实物投资，掌握黄金、房地产投资等实物投资的技巧以及操作流程，为下一步提出有针对性的理财规划建议打下基础。

1. 熟悉黄金产品理财技巧。
2. 掌握房地产理财技巧。
3. 了解收藏品理财技巧。

项目任务

1. 实地了解黄金产品交易，掌握黄金投资技巧。
2. 参观房地产公司和房产局，掌握房地产规划及投资技巧。

标志成果

掌握实物理财产品的投资分析与策略。

对客户实物理财产品的建议。

内容导图

- 项目六　配置实物理财产品
  - 选择合适的黄金投资产品
    - 走进黄金理财业务
    - 认知黄金市场
    - 分析黄金投资产品
    - 选择合适的黄金产品
    - 走进房地产理财业务
  - 熟悉和开展房地产理财
    - 走进房地产理财业务
    - 房地产消费——购房与租房
    - 房地产投资
  - 选择合适的收藏品投资
    - 走进收藏品理财业务
    - 了解收藏品投资的特点
    - 了解字画投资技巧
    - 了解钱币投资技巧
    - 了解古瓷投资技巧
    - 了解邮票投资技巧

工作实例

客户：刘欢先生

客户刘欢先生，45 周岁，目前是某大型外贸企业负责人，个人资产近 4000 万元；年固定收入 100 万元，分红 50 万到 100 万元不等，有完备社保。妻子王女士，40 周岁，全职太太，无社保，无商保。家庭资金交由妻子全权打理。由于缺乏投资经验，前期在朋友的推荐下购买的大量基金发生亏损，常年套牢，从而对投资丧失信心，大量资金存放在活期和定期存款中。

目前的资产状况为：活期存款 500 万元，定期存款 2000 万元，房产两套，一套自住宅，价值 500 万元，一套商铺，价值 1000 万元。每年租金收入 10 万元，因家庭开支较大，每年纯收入 60 万到 110 万元。退休后收入会急剧缩水至 50 万元左右，但是刘先生夫妻对生活品质要求比较高，预估退休后年支出为 100 万元。

刘欢先生希望能通过投资实物资产，增加鉴赏能力以及审美情趣，使个人资产得到进一步保值增值，以便为之后的家庭养老做准备。

阅读完此案例，你有什么好的建议？

微课：认知黄金市场

PPT：认知黄金市场

微课：黄金投资因素分析

模块一　选择合适的黄金投资产品

➢ 工作实例分析

掌握好各类实物理财产品基础知识以及相应的投资技巧，是为客户配置合适的实物理财产品的重要前提。为了帮助刘先生做好实物理财规划，我们首先要了解实物投资的类型，并在了解各类实物投资技巧的前提下，帮助客户选择合适的理财产品。而黄金投资，由于其产品的普遍性以及公认的避险、抗通胀功能，成为实物投资的首选产品。

步骤一　走进黄金理财业务

黄金投资是指投资主体通过对黄金产品进行买入、卖出或储藏等市场操作而实现的财产的保值、增值及盈利的投资活动。居民黄金投资则是以居民为投资主体进行的黄金投资活动。

回首改革开放以来我国黄金市场的发展情况：1982 年我国首次发行“熊猫金币”，同年恢复出售黄金饰品，标志着我国迈出开放黄金市场的第一步；2001 年上海黄金交易所成立，标志着我国黄金市场从统收统购管制时代迈入了开放的市场化阶段；2003 年中行首推国内纸黄金产品的“黄金宝”；2004 年上海黄金交易所推出了黄金 T + D 业务，表明我国黄金交易发生着由商品交易为主向金融交易为主、现货交易为主向期货交易为主的转变；2005 年工行上海分行与上海黄金交易所创新推出了“金行家”实物黄金投资品种，标志着上海黄金交易所的黄金交易首次面向居民开放；2007 年中国证监会批准上海期货交易所上市交易黄金期货；2013 年国泰黄金 ETF 基金发行，标志着我国居民投资黄金 ETF 产品的梦想变为现实。虽然我国居民黄金投资发展历史较短，但发展速度迅猛，投资品种日益繁多。随着以上海黄金交易所和上海期货交易所为核心的黄金投资市场体系的建立，中国黄金投资热情正不断高涨。黄金进入中国民众资产组合的过程是中国黄金市场未来发展的主动力，中国人均黄金投资水平超越世界平均水平和追赶发达国家的进程将为中国黄金投资市场的发展提供持久的动力。

步骤二　认知黄金市场

金，又称为黄金，化学元素符号为 Au，是一种带有黄色光泽的金属。黄金具有良好的物理属性，稳定的化学性质、高度的延展性及数量稀少等特点，不仅是用于储备和投资的特殊通货，同时又是首饰业、电子业、现代通信、航天航空业等部门的重要材料。在20世纪70年代前还是世界货币，目前依然在各国的国际储备中占有一席之地，是一种同时具有货币属性、商品属性和金融属性的特殊商品。

一、了解国际黄金市场

1. 伦敦黄金市场。伦敦黄金市场位于英国，是世界上最大的黄金交易市场，历史悠久，可追溯到300多年前。伦敦黄金交易市场并不是一个实际存在的交易场所，而是一个通过各大金商的销售网络连接的无形市场，以现货交易为主。交易所会员是由美国汇丰银行、加拿大丰业银行、洛希尔国际投资银行、瑞士信贷第一波士顿银行和德意志银行等五大金商及一些公认有资格向他们购买黄金的企业组成，然后再延伸至各大加工制造商、中小商店和公司。

2. 纽约黄金市场。纽约黄金市场位于美国，建立于1975年，以黄金期货交易为主，目前是世界上最大的黄金期货交易集散地。纽约商品交易所提供场所和设施，并制定一些法规，保证交易的双方在公开和公平的原则下进行交易，其本身却并不参与黄金交易。该市场每天的交易平均在3万笔左右，成交量约达70吨黄金。

3. 苏黎世黄金市场。苏黎世黄金市场，是第二次世界大战后发展起来的国际黄金市场。由于瑞士特殊的银行体系和辅助性的黄金交易服务体系，为黄金买卖提供了一个既自由又保密的环境，加上瑞士与南非也有优惠协议，获得了80%的南非金，以及苏联的黄金也聚集于此，使得瑞士不仅是世界上新增黄金的最大中转站，也是世界上最大的私人黄金的存储中心。苏黎世黄金市场在国际黄金市场上的地位仅次于伦敦。

4. 香港黄金市场。香港黄金市场的形成以香港金银贸易场的成立为标志。1974年，香港政府撤销了对黄金进出口的管制，此后香港金市发展极快。由于香港黄金市场在时差上刚好填补了纽约、芝加哥市场收市和伦敦开市前的空档，可以连贯亚、欧、美，形成完整的世界黄金市场。其优越的地理条件引起了欧洲金商的注意，伦敦五大金商、瑞士三大银行等纷纷来港设立分公司。他们将在伦敦交收的黄金买卖活动带到香港，逐渐形成了一个无形的当地“伦敦金市场”，促使香港成为世界主要的黄金市场之一。

5. 东京黄金市场。东京黄金市场于1982年成立，是日本政府正式批准的唯一黄金期货市场。会员绝大多数为日本的公司。

6. 新加坡黄金市场。新加坡黄金市场设立于1969年4月，在新加坡现货黄金市场，交易商可自由选择交易方式，除可在当地买卖伦敦现货外（达成交易在新加坡，交割地点在伦敦），还可以在新加坡金条市场交易。

7. 上海黄金交易所。上海黄金交易所于2002年10月30日正式成立，是经国务院批准，由中国人民银行组建的，从事贵金属交易的国家级市场。交易所主要实行标准化撮合交易方式。交易时间为每周一至五（节假日除外）上午9：00～11：30，下午13：30～15：30，晚上19：50～2：30。交易所的商品有黄金、白银和铂金。黄金有 Au99.95、Au99.99、Au50g、Au100g 四个现货实盘交易品种，和 Au（T+5）与 Au（T+D）两个延期交易品种及 Au（T+N1）、Au（T+N2）两个中远期交易品种；白银有 Ag99.9、Ag99.99 现货实盘交易品种和 Ag（T+D）现货保证金交易品种；铂金有 Pt99.95 现货实盘交易品种；中国银行、中国农业银行、中国工商银行、中国建设银行和深圳发展银行、兴业银行及华夏银行等作为交易所指定的清算银行，实行集中、直接、净额的资金清算原则。交易所实物交割实行“一户一码制”的交割原则，在全国 37 个城市设立 55 家指定仓库，金锭和金条由交易所统一调运配送。

二、了解黄金交易时间表

目前，全球的黄金市场主要分布在欧、亚、北美三个区域。欧洲以伦敦、苏黎世黄金市场为代表；亚洲主要以香港为代表；北美主要以纽约、芝加哥和温尼伯为代表。

全球各大金市的交易时间，以伦敦时间为准，形成伦敦、纽约（芝加哥）连续不停的黄金交易：伦敦每天上午的早盘定价揭开北美金市的序幕。纽约、芝加哥等先后开叫，当伦敦下午闭市后，纽约等仍在交易，此后香港也加入进来。伦敦的尾市会影响美国的早市价格，美国的尾市会影响香港的开盘价，而香港的尾市价和美国的收盘价又会影响伦敦的开市价，如此循环，如图 6-1 所示。

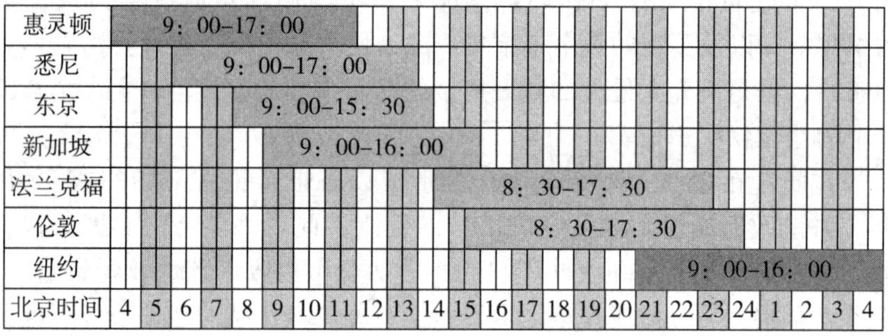

图 6-1 黄金交易时间

黄金市场是一个全球性的市场，可以 24 小时在世界各地不停交易。黄金很容易变现，可以迅速兑换成任何一种货币，形成了黄金、本地货币、外币三者之间的便捷互换关系，这是黄金在当代仍然具备货币与金融功能的一个突出表现。

文本：黄金市场交易模式介绍

做一做

了解黄金交易产品及流程

进入上海黄金交易所官网，了解相关的黄金交易产品及流程。

步骤三　分析黄金投资产品

微课：分析黄金产品投资

PPT：分析黄金产品投资

文本：四种黄金投资方法

一、我国黄金投资形式及各自优缺点分析

目前国内正规黄金投资的形式有：纸黄金、实物黄金、黄金首饰、黄金“T+D”、黄金期货等。

1. 纸黄金。所谓纸黄金业务，是指投资者在账面上买进卖出黄金赚取差价获利的投资方式。与实物黄金相比，纸黄金全过程不发生实金提取和交收的二次清算交割行为，从而避免了黄金交易中的成色鉴定、重量检测等手续，省略了黄金实物交割的操作过程，对于有（炒金）意愿的投资者来说，纸黄金的交易更为简单便利。

优点：银行平台，稳定性高、资金变现最快；交易费用低；见价交易，流通性强；24 小时全天候交易，抗风险能力高。缺点：不是双边交易，不能做空；非杠杆交易，不太适合激进投资者；不能做实物交割。比较适合初学者稳健型投资人群。

2. 实物黄金。实物性黄金是指那些专门作为投资之用的投资性标准化金条，此类投资性金条主要有两个特征：一是金条价格与国际黄金市场价格非常接近。因加工费、汇率、成色等原因不可能完全一致；二是投资者购买回来的金条可以很方便地再次出售兑现。

优点：银行或者金矿公司平台；抗风险能力最高；资金变现快；具有收藏功能；适合大额资金。缺点：报价不规范，不统一；交易费用高；回购渠道不完善。适合初学者、保守型人群。

3. 黄金首饰。优点：美化生活，馈赠亲友，婚庆必备；见价交易，适合大额资金。缺点：交易平台不完善，回购不畅；交易成本最高，适合装饰和投资需求兼顾的人群。

4. 黄金“T+D”。这是在少数银行中所开设的一种风险性与收益性都最高的黄金投资方式。黄金“T+D”是一种类似于黄金期货的，依靠保证金机制来进行的，以合约为标的买卖的黄金投资方式。黄金“T+D”不仅给予投资者做多的机会，也可以进行做空看空市场的操作，使具有一定判断能力的投资者可以抓住市场的波动性，博取最大化收益。

优点：上海黄金交易所平台，稳定性高；交易时间长，仅次于纸黄金；交易费用低，资金变现快；没有交割期限；双边买卖，杠杆交易，可以做空。缺点：撮合交易，不适合大额资金；非 24 小时交易，不容易控制止损。适合风险大、激进型、资深投资人群。

5. 黄金期货。优点：交易费用低、资金变现快；双边买卖，杠杆交易，可以做空。缺点：撮合交易，不适合大额资金；非 24 小时交易，不容易控制止损。

适合风险大、激进型、资深投资人群。

二、影响黄金价格的因素

1. 美元走势。美元虽然没有黄金那样的稳定，但是它比黄金的流动性要好得多。因此，美元被认为是第一类的钱，黄金是第二类。当国际政局紧张不明朗时，人们都会因预期金价会上涨而购入黄金。但是最多的人保留在自己手中的货币其实是美元。假如国家在战乱时期需要从他国购买武器或者其他用品，也会沽空手中的黄金，来换取美元。因此，在政局不稳定时期黄金未必会升，还要看美元的走势。简单地说，美元强黄金就弱，黄金强美元就弱。

通常投资人士在储蓄保本时，取黄金就会舍美元，取美元就会舍黄金。黄金虽然本身不是法定货币，但始终有其价值，不会贬值成废铁。若美元走势强劲，投资美元升值机会大，人们自然会追逐美元。相反，当美元在外汇市场上越弱时，黄金价格就会越强。

2. 战乱及政局震荡时期。战争和政局震荡时期，经济的发展会受到很大的限制，任何当地的货币，都可能会由于通货膨胀而贬值。这时，黄金的重要性就淋漓尽致地发挥出来了。由于黄金具有公认的特性，为国际公认的交易媒介，在这种时刻，人们都会把目标投向黄金。对黄金的抢购，也必然会造成金价的上升。

但是也有其他因素共同的制约。比如，1989～1992年，世界上出现了许多的政治动荡和零星战乱，但金价却没有因此而上升。原因就是当时人人持有美金，舍弃黄金。故投资者不可机械地套用战乱因素来预测金价，还要考虑美元等其他因素。

3. 世界金融危机。假如出现了世界级银行的倒闭，金价会有什么反应呢？其实，这种情况的出现就是因为危机的出现，人们自然都会保留金钱在自己的手上，银行会出现大量的挤兑或破产倒闭。当金融体系出现了不稳定的现象时，世界资金便会投向黄金，黄金需求增加，金价即会上涨。黄金在这时就发挥了资金避难所的功能。唯有在金融体系稳定的情况下，投资人士对黄金的信心就会大打折扣，将黄金沽出造成金价下跌。

4. 通货膨胀。我们知道，一个国家货币的购买能力，是基于物价指数而决定的。当一国的物价稳定时，其货币的购买能力就越稳定。相反，通货率越高，货币的购买力就越弱，这种货币就愈缺乏吸引力。如果美国和世界主要地区的物价指数保持平稳，持有现金也不会贬值，又有利息收入，必然成为投资者的首选。

相反，如果通胀剧烈，持有现金根本没有保障，收取利息也赶不上物价的暴升。人们就会采购黄金，因为此时黄金的理论价格会随通胀而上升。西方主要国家的通胀越高，以黄金作保值的要求也就越大，世界金价亦会越高。其中，美国的通胀率最容易左右黄金的变动。而一些较小国家，如智利、乌拉圭等，每年的通胀最高能达到400倍，却对金价毫无影响。

5. 石油价格。黄金本身是通胀之下的保值品，与美国通胀形影不离。石油价格上涨意味着通胀会随之而来，金价也会随之上涨。

6. 本地利率。投资黄金不会获得利息，其投资的获利全凭价格上升。在利率偏低时，衡量之下，投资黄金会有一定的益处；但是利率升高时，收取利息会更加吸引人，无利息黄金的投资价值就会下降，既然黄金投资的机会成本较大，那就不如放在银行收取利息更加稳定可靠。特别是美国的利息升高时，美元会被大量吸纳，金价势必受挫。

利率与黄金有着密切的联系，如果本国利息较高，就要考虑一下丧失利息收入去买黄金是否值得。

7. 经济状况。经济欣欣向荣，人们生活无忧，自然会增强人们投资的欲望，民间购买黄金进行保值或装饰的能力会大为增加，金价也会得到一定的支持。相反，民不聊生，经济萧条时期，人们连吃饭穿衣的基本保障都不能满足，又哪里会有对黄金投资的兴致呢？金价必然会下跌。经济状况也是构成黄金价格波动的一个因素。

8. 黄金供需关系。金价是基于供求关系基础之上的。如果黄金的产量大幅增加，金价会受到影响而回落。但如果出现矿工长时间的罢工等原因使产量停止增加，金价就会在求过于供的情况下升值。此外，新采金技术的应用、新矿的发现，均令黄金的供给增加，表现在价格上当然会令金价下跌。一个地方也可能出现投资黄金的风习，如在日本出现的黄金投资热潮，需求大幅增加，同时也导致了价格的节节攀升。

微课：黄金投资策略分析

步骤四　选择合适的黄金产品

微课：选择合适的黄金产品

一、银行黄金投资工具

PPT：选择合适的黄金产品

文本：各黄金产品优缺点及适合对象

当我们确定需要投资的黄金产品后，我们就可以选择银行进行开户交易了。开户的流程很简单，个人客户可以通过银行柜台或电话银行、网上银行服务方式进行开户。目前国内银行提供的黄金投资产品最主要的产品分为实物黄金交易、纸黄金交易以及黄金“T＋D”三类业务。所谓实物黄金交易，是指可以提取实物黄金的交易方式，而纸黄金交易以及黄金“T＋D”则只能通过账面反映买卖状况，不能提取实物黄金。从个人理财的角度来看，三种交易方式各有所长：如果出于个人收藏或者馈赠亲友的目的，投资者可选择实物黄金交易，但如果期望通过黄金投资获得交易盈利，那么纸黄金以及黄金“T＋D”无疑是最佳选择。与实物黄金交易相比，这两种交易不存在仓储费、运输费和鉴定费等额外的交易费用，投资成本较低，同时也不会遇到实物黄金交易通常存在的“买易卖难”的窘境。

随着黄金市场的不断发展，黄金投资越来越受到广大投资者的青睐，当前国际市场的黄金理财产品已经非常丰富，并具备了相当的市场规模，在黄金市场上的影响力也越来越大。因此国内各家商业银行纷纷开发黄金产品。目前我国各大银行提供的黄金投资产品见表6－1、表6－2、表6－3。

表6－1 银行纸黄金投资业务

银行名称	产品名称	业务介绍	交易品种	交易方式
中行	黄金宝业务	2003年11月18日中国银行上海市分行率先试运行人民币对本币金的个人实盘黄金买卖业务，也称“黄金宝”“纸黄金”买卖，是指个人客户通过柜面服务人员或其他电子金融服务方式，进行的不可透支的人民币对本币金的交易（或美元对外币金交易），开创了国内个人投资者炒金的先河	（1）本币金：以人民币为交易本金，交易单位为“克”，最低交易量为10克黄金，超出部分交易量为1克的整数倍 （2）“美元金”：以美元（外钞、外汇）为交易本金，交易单位为“盎司”（1盎司＝31.1035克），最低交易量为1盎司黄金，超出部分交易量为0.1盎司的整数倍	柜台交易——凭“活期一本通”存折前往中国银行营业网点办理业务 电话交易——打通95566电话，按语音提示操作 网上交易——登录中行网站 WWW.BOCGD.COM，成功注册黄金宝交易功能，即可交易
工行	金行家业务	“金行家”业务属于实盘买卖业务，您的第一笔交易必须为买入黄金，您买入的黄金由工行托管，不能提取实物黄金，您可通过工行卖出账户黄金，收回资金	黄金（克）/人民币和黄金（盎司）/美元两个交易品种。黄金（克）/人民币买卖业务以人民币标价，交易单位为“克”，每笔交易起点金额为10克黄金，交易最小计量单位为1克；黄金（盎司）/美元买卖业务以美元标价，交易单位为“盎司”，每笔交易起点金额为0.1盎司黄金，交易最小计量单位为0.01盎司。两类账户相互独立，不能转换	营业网点——办理账户黄金买卖业务时填写《个人外汇/账户黄金买卖业务申请书》，并对交易凭证进行确认签名即可 电话银行——申请开通电话银行后，直接拨通95588电话银行，进行个人账户黄金买卖即时交易和委托交易 网上银行——申请开通网上银行后，通过“网上黄金”栏目进行即时交易和委托交易 自助设备——可在中行的自助终端机上，查询实时汇率，并通过输入活期一本通账号和密码进行账户黄金买卖即时交易
建行	龙鼎金业务	“龙鼎金”是建设银行个人黄金买卖业务的统一品牌名称，寓意一金九鼎，价值永恒。目前，“龙鼎金”品牌下包括个人账户金交易、个人实物黄金买卖两大类业务	按成色划分为AU99.95、AU99.99等种类	柜台交易——凭存折前往中国建设银行营业网点办理业务 电话交易——打通95533电话，按语音提示操作 网上交易——登录我行网站 WWW.CCB.COM.CN，成功注册黄金宝交易功能，即可交易

表 6－2　银行可回购的投资性金条

银行	名称	成色	规格	定价	回购
工商银行	如意金·金条	Au999.9	20g，50g，100g，200g，500g，1000g	挂牌价格与国际市场黄金价格挂钩	指定网点可办理回购业务，回购时需加 12 元/克
	如意金·至尊金条	Au999.9	50g，100g，200g，500g，1000g		
中国银行	中银吉祥金	Au999.9	20g，50g，100g，200g，500g，1000g	每日挂钩上海黄金交易所金价，每日浮动	指定网点可回购
农业银行	传世之宝·普通金条	Au999.9	20g，50g，100g，200g，500g，1000g	报价紧贴国际黄金市场价格，并双边报价，即同时报出买入价和卖出价，报价频率为一日一价或一日多价	配备购回证书，在所有开办网点均可以简单的方式办理购回，交易时间内随时可变现，交易成本低，手续简便
建设银行	建行金·投资金条	Au999.9	50g，100g，200g，500g，1000g，2000g	根据国际黄金市场价格自行调整价格	具有代保管回购功能，在建设指定网点可回购（代保管费是 0.03 元/天/克）
	建行金·投资金条（梯形金）	Au999.9	10g，15g，20g，50g，100g，500g		

表 6－3　银行黄金"T+D"产品

银行	工商银行	民生银行	兴业银行	光大银行	招商银行	深圳发展银行	富滇银行
推出时间	2010.01	2009.06	2009.01	2010.04	2010.05	2009.12	2009.03
交易品种	Au（T+D）、Au（T+N1）、Au（T+N2）、Ag（T+D）	Au（T+D）、Au（T+N1）、Au（T+N2）、Ag（T+D）	Au（T+D）、Au（T+N1）、Au（T+N2）、Ag（T+D）	Au（T+D）、Au（T+N1）、Au（T+N2）、Ag（T+D）	Au（T+D）、Au（T+N1）、Au（T+N2）、Ag（T+D）	Au（T+D）、Au（T+N1）、Au（T+N2）、Ag（T+D）	Au（T+D）、Au（T+N1）、Au（T+N2）、Ag（T+D）
交易报价	黄金：人民币/克，精确到小数点后两位	黄金：人民币/克，精确到小数点后两位	人民币/克，精确到小数点后两位	人民币/克，精确到小数点后两位	黄金：人民币/克，精确到小数点后两位	黄金：人民币/克，精确到小数点后两位	人民币/克，精确到小数点后两位
交易单位	1000 克/手（交易起点为 1 手）	1000 克/手（交易起点为 1 手）	1000 克/手（交易起点为 1 手）	1000 克/手（交易起点为 1 手）	1000 克/手（交易起点为 1 手）	1000 克/手（交易起点为 1 手）	1000 克/手（交易起点为 1 手）

续表

银行	工商银行	民生银行	兴业银行	光大银行	招商银行	深圳发展银行	富滇银行
保证金比例	20%	10.5% ~ 13.5%	15%	15%	15%	15%	18%
开户费	60 元	35 元	60 元	不详	不详	35 元	60 元
交易手续费	1.2‰ ~ 1.8‰	1.5‰	1.8‰	普通客户 1.0‰ + 0.3 黄金贵宾客户 0.8‰ + 0.3‰ 白金贵宾客户 0.5‰ +0.3‰	1.8‰	黄金客户：1.4‰白金客户：1.1‰钻石客户：0.9‰	1.2‰
交易渠道	网银	网银	网银/客户端	网银	网银	网银/客户端模式	网银
网点	最多	较少	少	较少	一般	一般	非常少
交易时间（北京时间）	早市：9：00 ~ 11：30 午市：13：30 ~ 15：30 夜市：21：00 ~ 02：30（周五无夜市）						

二、黄金投资技巧

（一）纸黄金投资技巧

1. 把握好最佳交易时间。全球黄金交易时间此起彼伏，5 ~ 14 点，为亚洲市场开放时间，亚洲市场力量小，交易量少，行情一般极其清淡，震荡幅度较小，没有明显的方向。多为调整和回调行情。一般与当天的方向走势相反，如若当天走势上涨则这段时间多为小幅震荡的下跌。此时段间，若价位合适可适当进货。

14 ~ 18 点，是欧洲上午市场。欧洲开始交易后资金就会增加，且此时段也会伴随着一些对欧洲货币有影响力的数据的公布。此时段间，若价位合适可适当进货。

18 ~ 20 点，是欧洲的中午休息和美洲市场的清晨，较为清淡。此时间段宜观望。

20 ~ 24 点，是欧洲市场的下午盘和美洲市场的上午盘。这段时间是行情波动最大的时候，也是资金量和参与人数最多的时段。这段时间则是会完全按照当天的方向去行动，所以判断这次行情就要根据大势了，此时间段是出货的大好时机。

24 点后到清晨，为美国的下午盘，一般此时已经走出了较大的行情，这段时间多为对前面行情的技术调整，宜观望。

2. 判断好黄金长期走势。纸黄金投资门槛较低，但由于纸黄金投资直接参与黄金价格交易，以赚取差价为主要获利方式，因此投资者在进行纸黄金投资前应了解简单的市场行情分析知识，但纸黄金投资没有杠杆，因此不存在爆仓风险。

3. 设定合理期望值。想成为成功的纸黄金投资者，首先要切记勿用你的生活资金作为投资资本，资金压力过大会误导投资策略。每次投资最好使用闲散资金的1/3，盈利后可逐步加入。而当盈利超过本金有余时，最好把本金抽回，利用盈余资金去做。

4. 把握资金管理重要环节。资金管理是交易系统的重要组成部分，即在交易系统中决定头寸大小的那部分。它能够确定交易中投资者可以获得多少利润、担当多少风险。资金管理还包括对资产组合的调整。由于纸黄金只能单向操作，即只能通过黄金价格上涨获利，所以在黄金价格处于下跌趋势的时候，明智的选择是调整投资品种结构，将全部或者部分资金撤出纸黄金交易。假如投资者执意留在这个市场内寻找为数不多的短线获利机会，那么其成功概率和每次赢利的金额都会受到很大限制。资金管理包括两个部分：一是仓位控制，也就是在做对方向时确保投入足够资金，并取得相应回报；二是及时止损，在做错方向时确保及时退出，避免亏损无限制地扩大。

（1）仓位控制。仓位控制就是根据行情变化及时调整留在市场中的那部分资金。在实际操作中，投资者可以通过以下几种方法控制仓位：

固定型。假如投资者认为自己对趋势的把握能力比较差，或没有过多精力观察行情发展，则可以采取较为简单的建仓方法，每次投入固定比例的资金，比如1/3或者1/4。

稳健型。稳健型是指根据对行情的判断，在趋势初期和末期投入比较少的资金；在趋势中段，也就是投资者通常最容易把握的行情中投入较多资金。例如，投资者可以将资金分为10份，按2－3－3－2或3－5－2这样的比例逐步建仓。

激进型。假如投资者对自己的判断信心十足，并且收益预期较高，就可以在趋势初期投入较多资金，以把握住大部分行情，使收益最大化。例如，按4－3－2－1或5－3－2这样的比例逐步建仓。由于每次建仓的数量少于上一次。因此，这种建仓方法又被称为金字塔形方法。

（2）及时止损。止损策略是指当投资者判断出现失误、黄金价格持续下挫的时候，需要果断卖出的方法。这种策略的关键在于投资心理的把握与止损计划的制订。不少投资者之所以在黄金价格有明显下挫趋势时未及时止损，问题在于操作之前没有止损的意识、思维以及准备，也没有设立好止损位。通常，止损位在买进的时候就要设定好，设置的标准是按照黄金价格下挫程度确定。投资者买入黄金以后，当价格下挫到5%的时候，需要及时止损，防止随着金价的继续下跌导致投资损失的扩大。在实施止损策略的时候要有壮士断腕的决心，要及时果断、不能犹豫，更不能拖泥带水，分期分批止损。

（二）实物黄金投资技巧

1. “买、卖”最好在同一机构。一般情况下，当购买银行个人实物黄金的投资者有提货需求时，他们都可以根据自身需要向银行申请提取实物黄金，而且能够享受投资所带来的收益。不过，投资者需要注意的是，如果想要变现，最好“买、卖”在同一机构，这样走回购程序才会更加顺利。否则，在不同的机构变现，其操作流程、成色检测相对要复杂些，回购价格也会比较低。

2. 买实物黄金应侧重实用性。如今，市场上会推出各种类型的黄金饰品，人们如果是因为节日、婚嫁等需求而购买实物黄金的，可以不需要过多考虑未来金价波动带来的差价效应，而是要侧重所购买的实物黄金是否适宜长期性持有或佩戴，也就是说要重点考虑其实用性以及购买理由的充足性。

3. 优先选择投资型金条。有的投资者会把黄金饰品、金币、贺岁金条等当作实物黄金投资，若从价值取向上看，这三者的观赏、收藏价值在很大程度上要高于其投资价值，投资者想借此进行中短期波段买卖是不合适的。因此，对于想要通过长期投资实现资产增值保值目的投资者来说，投资型金条更符合他们的利益追求，而且这类型金条溢价更低，流通性更强。

（三）黄金“T + D”投资技巧

1. 选择适合自己的操作模式。做投资前，投资者需先确定自己的操作模式。没有时间时刻关注行情的投资者，可以选择长线操作；关注行情较少，但对行情有一个整体把握的投资者，适合选择中线操作；有时间经常观察行情的投资者，可以选择短线操作。值得注意的是，黄金“T + D”投资在持仓过夜的情况下，需要交纳一定量的递延费。投资者需根据自身盈利情况权衡。

2. 切忌满仓操作。贪婪是投资者避忌的表现，有些投资者怕错过赚钱的机会，把自己所有的资金都压在一个行情下，当行情并没有出现像自己预测的走势时，很快就会遭遇爆仓而失去再盈利的成本。一般的黄金“T + D”投资者，仓位尽量不要超过 5 成。

3. 不要打无把握之战。在对黄金行情走势还不是很明确把握的情况下，建议投资者以观望为主。若自己对走势并不能把握，势必会对交易没有信心。这种情况下，就还不如不做交易，耐心等候入市时机，若过分计较赚蚀，冒无把握之风险，更容易出现盈少亏多的情况。

4. 尽量让利润延续。一般较有经验的投资者会根据自己对价格走势的判断来确定平仓时间。而有些刚入市的新手，则往往会出现一见盈利就平仓的情况，很多时候，一见小利就跑往往会使得盈利总是少于亏损。黄金“T + D”投资者要认真分析价格走势是否会进一步朝着有利方向发展，选择合适的出市点。

5. 跟着市场走。市场的传言会有很多，正所谓见微知著，见风即雨，很多消息都会给市场带来一定的波动。投资者可以遵循以下稳赚方式：当市场出现好消息时，立刻买入，一旦消息得到证实，则立刻卖出；当出现坏消息时，立刻卖出，消息证实后立刻买回。此种走势反映在敏感度超高的交易市场屡次发生。

模块二　熟悉和开展房地产理财

➢ 工作实例分析

黄金投资虽然有很好的避险功能，但也正因为其稳定，长期以来，黄金投资的收益并不是很高。担任外贸企业负责人的刘先生45周岁，太太是全职家庭主妇，家庭成员退休后生活成本较高，未来养老压力比较大，因此，需要配备一些收益相对较高的实物理财产品。而房地产投资不失为一个较好的选择。

微课：认知房地产及房地产理财

PPT：认知房地产及房地产理财

步骤一　走进房地产理财业务

房地产行业在中国整体经济规模中有着举足轻重的地位，从房地产行业自身产业增加值来讲，2016年达到4.9万亿元，占当年GDP比例为6.68%。同时，近10年占GDP比例一直持续上升。如果进一步考虑房地产的上游（如建筑用的钢铁、水泥和玻璃等）和下游（如装修、家具、家电和其他装饰材料等）的共同影响，房地产行业对GDP的影响可能占到20%。2017年，全国300个城市各类土地成交出让金4.1万亿元，同比增长39.3%，其中，住宅用地出让金3.4万亿元，同比大幅增长46.7%。相较于2017年全国财政收入23万亿，土地出让金达到了17.8%的比例，对于财政收入举足轻重。而从占固定资产投资比例来看，房地产全社会固定资产投资规模达到了14万亿元的水平，在全社会固定资产投资中占比一直稳定在25%左右，近年来略有下降，但仍然是举足轻重。如此规模体量的行业，保持其稳定性是十分必要的。

操作动画：购房财务规划

操作动画：个人住房商业性贷款

商品房销售额近10年来持续上升，仅2014~2015年短暂回调，2016~2017年爆发式增长。经过严厉调控，2017年全国商品房销售额和面积增速明显下降，2017年商品房销售额13.37万亿元，同比增幅17%，增速较2016年下降21%。近一年多来，房地产政策趋严不松动，投机需求逐步离场，市场预期正在转变，销售额增幅会逐渐降低，但也将保持10万亿以上的规模，这是个巨大的成熟市场。同样，销售面积也经历了持续上升。由于限购政策的影响，2017年销售面积达到17万平方米，同比升幅7.7%、较2016年下降14.8%。同时，不同等级城市之间由于政策出现了较大分化，一线城市与二线城市销售面积下降，三四线城市势头强劲，支撑了房地产销售面积的总量。这表明政府通过“因城施政”的手段精准调控，针对不同情况的城市作出不同力度的调控，有着“东方不亮西方亮”的效果。从2016年第四季度开始，房地产市场进入新一轮调控周期，力度持续加大，多数城市都出台了调控政策，范围不断扩容，多层次多角度的调控政策成功压制了价格的上涨。中指统计的百城新建住宅价格同比涨幅连续11个月回落，环比涨幅连续14个月在1%以内。截至2018年6月，价格底部企稳开始反弹。这

操作动画：个人住房组合贷款

微课：房地产投资因素分析

代表即使在高压政策的压制下，低库存的背景也良好地支撑了房价。同时，预计未来房价环比涨幅波动仍会持续收窄，快速大幅度的上涨已是过去式。

步骤二　认知房地产及房地产理财

一、认知房地产

房地产是为人类的生产、生活提供入住空间和物质载体的一种稀缺性资源，是指房产和地产的结合体及其衍生的权利关系的总和。地产是指用于房屋建筑的土地及地上地下一定范围的立体空间，包括地面、地上一定的空间和地下相关的设施等。房产是指建筑在土地上的各种房屋建筑物及其他构筑物，包括住宅、厂房、仓库以及商业、服务、文化、教育、卫生、体育等各行各业的用房和建筑设施等。

房地产是一种耐用消费品，它与其他消费品相比，具有位置的固定性、地域差别性、高质耐久性、保值和增值性等特点。

二、了解房地产理财

根据理财目的的不同，房地产理财可以分为房地产消费和房地产投资两大类。房地产消费是指居民为取得住房提供的庇护、休息、娱乐和生活空间的服务而进行的消费，这种消费形式的实现可以是租房也可以是买房，按照国际惯例，房地产消费价格通常是用租金价格来衡量的（对于自有住房则用隐含租金来衡量）。房地产投资，是指将房地产视为投资增值的工具，以一定的资金量投入房地产领域，以期在一定的期限内，通过房地产的租金收入及价格上升获得一定的预期回报。

步骤三　房地产消费——购房与租房的选择

微课：房地产消费——购房与租房的选择

房地产作为一种消费品，本身并不能给人带来切实的效益，只是一种居住消费的提供，一种“居者有其屋”要求，那么这个“有”就不一定必须是拥有所有权，拥有使用权也应算在内，那么在此基础上，购房和租房的选择就变得尤为重要。购房与租房应如何抉择，可以用年成本法与净现值法来计算。

PPT：房地产消费——购房与租房的选择

一、年成本法

购房者的使用成本是首付款的占用造成的机会成本，以及房屋贷款利息，而租房者的使用成本是房租。购房（或租房）者在进行决策时就会比较购房和租房成本的大小，选择成本小的方案。其决策考虑因素举例试算如下：

例如：李先生看上一处 60 平方米的房产，屋主可租可售。若租房，房租每月 1000 元，押金预付 3 个月；若买房，总价 25 万元，可获得 20 万元、利率 6% 的房屋贷款，购房首付款为房屋总价的 20%，即 5 万元。李先生租房与购房的成本分析如下（假设押金机会成本以 5% 计算，首付款的机会成本以存款利率 3% 计算）：

租房年成本：$1000\times12+1000\times3\times5\%=12150$（元）

购房年成本：$50000\times3\%+200000\times6\%=13500$（元）

看起来租房比购房年成本低 1350 元，每月少支付 112.5 元，因此租房比较划算。不过还要考虑以下因素：

1. 房租是否会每年调整。购房后成本固定，租房与购房成本只差 112.5 元，只有月租的 11.25%，因此只要房租在未来的调整幅度超过 11.25%，则购房比租房划算。

2. 房屋贷款与房租所得税扣除额。购房还要考虑税收方面的问题，考虑了契税后购房比租房更贵。

3. 房价上涨潜力。如果房价在未来看涨，那么即使目前算起来购房年居住成本稍高，未来出售房屋的资本利得也足以弥补居住期间的成本差异。以上例而言，租房年居住成本率为 4.86%（$12150\div250000\times100\%$），购房成本率为 5.4%（$13500\div250000\times100\%$），差距只有 0.54%。如果计划住 5 年，只要房价可能在 5 年内涨 2.7%（$0.54\%\times5$）以上，购房仍然划算。不过如果房价低落，则租房居住成本低于购房的情况也有可能会发生。

4. 利率的高低。利率愈低，购房的年成本愈低，购房就会愈划算。如果预期房贷利率进一步降低，而房租保持不变，则租房与购房的居住成本的差异会逐渐降低，可以考虑通过购房满足居住需求。

二、净现值法

净现值法是考虑在一个固定的居住期间内，将租房及购房的现金流量还原为现值，比较两者的现值，支付的净现金流越小越好。

例如：陈女士看中一处广州市中心一套商用房产。若是租，房租每年 30 万元。陈女士确定要在该处住满 5 年。购则总价 800 万元，假设 5 年后售房所得为 1000 万元。以收益率 6% 为机会成本的计算依据。请分析陈女士是租房划算还是购房划算。

操作动画：房贷计算器

首先，计算租房的净现金流现值。由于房租每年 30 万元，陈女士租房 5 年，以收益率 6% 为机会成本的计算依据。所以按照净现值法有关计算可得出租房净现金流量现值为：

操作动画：购房与租房

$P=$ 年金 30 万元 $\times$ 年金现值系数（$n=5$，$i=6\%$）

$=30\times(P/A,6\%,5)$

$=30\times4.2124=126.37$（万元）

其次，计算购房净现金流现值。购房净现金流量现值应该等于 5 年后售房净所得的现值减去购房现值，而 5 年后售房净所得的现值：

P =5 年后售房所得 1000 万元×标准复利现值系数（n =5，i =6%）

=1000×(P/F，6%，5)

=1000×0.74726

=747.26（万元）

购房净现金流量现值 =5 年后售房净所得的现值 - 购房现值 =747.26 - 800 = -52.74 万元，购房净现金流量现值远远小于租房的净现金流现值，因此购房比租房划算。

做一做

购房与租房的选择

张先生看上了一间 80 平方米位于广州市天河区的一处房产，房产开发商可租可售。若是租，房租每月 3000 元，押金 3 个月。若是购，则总价 80 万元，首付 30 万元，利率 6% 的房屋抵押贷款。假设押金与首付款的机会成本是存款利率 3%，请帮助张先生计算分析租房和购房成本，并分组讨论租房和购房的优劣。

步骤四　房地产投资

微课：房地产投资案例分析

一、选择合适的房地产投资模式

PPT：房地产投资分析

房地产投资是地产投资和房产投资的总称。在房地产投资中，地产是第一性的，而房产是第二性的。这不仅是因为房产与地产链接在一起，房依地建，地也为房载，是房地不可分离性在物质形态上的反映；而且在法律上还可以同时获得房产的所有权及占用土地的使用权。在经济上，房价也是地价的折射反映。按照投资的对象，房地产投资可分为：（1）土地开发投资；（2）住宅（居住）房地产投资；（3）办公楼投资（写字楼，位置要求高）；（4）商业房地产投资（零售商业用房、出租公寓等，持有、出租或整体销售，收益多来自经营收入和物业资产升值，适合长期投资，对位置要求高）；（5）工业厂房及仓储性物业投资；（6）特殊房地产投资（高尔夫球场、加油站、飞机场、车站、桥梁、码头、公路）。

房地产投资方式千差万别，一般可分为：

1. 直接购房投资。直接购房投资，即投资者用现款或向银行抵押贷款的方式直接向户主或房地产开发商购买住房，并适当装修后，或出售或出租以期获取回报。这是一种普遍的投资方式，也是房地产投资者最常用的一种投资方式。如果投资者以贷款的方式购得住房，然后出租，用租金来偿还银行的利息，也就是“以租还贷”。

2. 期房投资。期房又称预售房，指开发商在楼盘并未完全竣工时，通过向政府房产管理部门申请并取得商品房预售许可证后预先出售的房屋。投资者在购买时，可以用自有资金支付购房款的首付款，然后和开发商一道向银行申请按揭贷款，即银行向开发商支付余款，投资者承诺此贷款的还本付息。期房投资则是购买期房的投资者在房屋还没有完工交付使用时便将购房合同更名转让，赚取差价。对于按揭购买，投资者只需支付一部分房款比例就可以获得房产增值的收益，因此杠杆较高，投资利润较大，但同时由于房屋尚未建成，有较大的投资风险。

3. 以旧翻新。以旧翻新，就是把旧楼买来或租来，然后投入一笔钱进行装修，以提高其附加值，最后将装修一新的楼宇出售或转租，从中赚取利润。采用这种方式投资商品房时，应尽可能选择地段好、易租售的旧楼，如学校服务半径、大公司周围的楼房。另外，在装修前，一定要结合地段经营状况及房屋建设结构，确定装修之后楼宇的使用性质和未来购买或租住的人群。

4. 以租养租。以租养租，就是长期租赁房屋，然后以不断提升租金标准的方式转租，从中赚取差价。这种操作手法又被称作“二房东”。有些投资人将租来的房产转租获利相当丰厚。如果投资者刚开始做房地产投资，资金严重不足时，这种投资方式比较合适。

5. 以租代购。以租代购是指开发商将空置待售的商品房出租并与租户签订购租合同。若租户在合同约定的期限内购买该房，开发商即以出租时所拟定的房价将该房出售给租户，所付租金可充抵房款，待租住户交足余额后，即可获得该房的完全产权。这种方式发源于广州、上海等经济发达地区，虽然是房地产开发商出售房屋的一种变相方式，但对消费者来说，也不失为一个投资理财的好办法。

6. 到拍卖会上选择。目前，许多拍卖公司都拍卖各种类型的房产。这类房产一般由法院、资产公司或银行等委托拍卖，基于变现的需要，其价格往往只有市场价格的 70% 左右，且产权归属明晰。

想一想

如何把“房住不炒”落在实处

党的“二十大”报告提出：“加快建立多主体供给、多渠道保障、租购并举的住房制度”，这是继 2016 年底的中央经济工作会议首次提出，“房子是用来住的，不是用来炒的”后党中央对于居民住房问题更高层次更加具体的政策安排。近几年来，与房地产相关的部门陆续出台了系列政策，涉及房企融资、购房者信贷等各个方面。房地产第一功能是使用功能，对 GDP 和税金的作用要建立在使用基础上，这是常识。加强房地产市场分类调控，房价上涨压力大的城市要合理增加住宅用地，规范开发、销售、中介等行为。在这一思想的指导下，仅 2018 年上半年，各地出台的楼市调控政策累计 200 次左右，实施限售的城市约 50 个，从中央到地方，陆续推出各种限售、限价、限贷等多元化举措，坚决遏制房价涨幅，规范市场秩序。

如何看待“房住不炒”？怎样把“房住不炒”真正落在实处？

二、判断好房地产价格走势

决定房地产价格的最终因素是供给和需求。供大于求，则房地产价格降低，需求大于供给，房地产价格则升高。

要想全面了解影响供给与需求的因素必须先了解房地产价格构成。商品房价格构成主要包括：土地开发费；工程设计费；建筑安装工程费；设备工程费；其他工程开发费；商品房流通费用；房地产企业利润和税金。房地产企业在商品房售价计算中，都大体包括了上述构成内容。以上所述各项费用的高低与合理性直接影响房屋的建造成本高低，即影响到房屋售价的制订。除了上述硬指标外，还有一些软指标也影响房屋价格。

（一）社会因素

社会因素对房地产价格有着很大的影响，主要包括：人口分布；家庭构成状态；城市状况；建筑风格与质量等。

（二）行政因素

行政因素是政府从公益的角度扶持房地产发展或限制其发展，大体包括：土地利用规划及管制；土地和建筑物结构与防灾等管制状况；房地产租金及税制；住宅政策等。

（三）经济因素

经济活动的变化，直接影响房地产的价格。经济活动的影响一般有以下几个方面：储蓄及投资水平；财政与金融情况；技术革新与产业结构的变化；租税负担；物价、工资及就业水平；交通体系状况等。

（四）区域因素

区域因素是指具体的房地产所在地区的自然条件与社会、经济、行政因素相结合所产生的地区特性，对该地区房地产价格水平的影响。根据房地产的类别不同，其所应重视的条件也有很大差别，如工业区、住宅区、商业区等。

（五）个别因素

房地产价格的个别因素是指其个别特性对房地产价格的影响因素，如土地的位置、面积、地势、地质与地基情况等。

综上所述，可以看出影响房地产价格的因素很复杂，对大多数房地产投资者来说想判断房地产价格走势是很困难的，最佳的办法就是分析当地房地产的供求发展趋势、我国政府目前的房地产政策及当地房地产市场的详细情况。

三、房地产投资策略

（一）期房投资策略

在这个高房价时代，越来越多的购房者都倾向于买期房，因为期房的价格要比现房便宜一些。虽然买期房可以减轻购房者的资金压力，但期房的风险性要远高于现房，因此，在投资期房时，结合期房投资的优缺点，有效掌握期房投资策略尤为重要。

期房投资的优点包括：价格便宜、设计新潮、选择余地更大、升值潜力高。

期房投资的缺点包括：资金成本较高；可能出现不能按时交房或者质量、面积、配套设施不合格等情况；房地产市场下跌的风险；周围可能存在的贬值因素导致住房建成后贬值。

期房投资的策略包括：

（1）关注市场的走势。在购买期房时，一定要对所在地的房地产价格的大趋势进行理性判断，以避免所购期房入住后出现贬值。

（2）避开信誉差的开发商。

（3）多走多问。根据我国房地产销售有关办法，凡是预售房屋必须从国家房屋管理部门取得商品销售许可证。另外，还有其他的一些法律文件，如建设用地规划许可证、建设工程规划许可证、建设工程开工证、土地使用权证等都要查验清楚，以保障投资者产权的顺利过渡。

（二）二手房投资策略

二手房投资风险包括：房屋的权属、中介公司不规范、按揭贷款较难。

二手房投资策略：

（1）注意交易主体进行二手房交易的资格是否符合。例如，考察卖方是否有房产证，产权是否明晰；若是期房需要开发商做担保等。另外，可到房地产交易中心查询房屋是否抵押及其产权情况，向周边邻里询问相关的房屋情况。

（2）在评估房产时注意房屋土地价值是否贬值。

（3）注意房屋的质量。

（4）通过中介进行交易。

（三）拍卖会上淘房策略

想在拍卖会上淘房的投资者应注意下面几个方面：

（1）及时获得信息。

（2）根据房地产投资的估价方法对其进行合理估价，确定自己的心理价格。如果在竞拍中发现价格已经超出了自己的承受价格，应果断放弃。

（3）鉴于付款条件的苛刻，想做房地产拍卖的投资者，要有充足的资金实力。

（4）另外根据相关法律，房屋所有人拍卖共有房产时，应有其他共有人的书面同意，否则不具备法律效力。因此投资者在遇到此类房产时需要注意，以免白白浪费时间和精力。

模块三　选择合适的收藏品投资

微课：认知收藏品投资

PPT：认知收藏品投资

➢ 工作实例分析

对于刘先生提高鉴赏能力以及审美情趣的要求，可适当选取一部分资金进行收藏品投资，但鉴于刘先生夫妇在收藏品方面的知识比较欠缺，建议前期通过邮票入手，在相关知识齐备后，再进入字画、古瓷、钱币等方面的投资。

步骤一　走进收藏品理财业务

“世界上最富有的不是银行家，而是收藏家”，因为除股票、房地产、储蓄、保险等几个领域外，个人最能驾驭的理财方式恐怕就是收藏了。

近几年，随着我国新一轮经济的启动，民间形形色色的收藏活动也悄然而迅速地铺展开来，收藏的品种越来越广。有名人字画、陶瓷、邮票、钱币、文房四宝、明清家具、酒瓶、烟斗等，五花八门，包罗万象。

为了适应我国方兴未艾、如日中天的收藏市场，各地相继建立了收藏品交易市场，如北京的朝外、红桥、亮马、潘家园、报国寺，天津古物市场等，上海从20世纪90年代开始已形成了广东路文物古玩一条街、福佑路文物古玩一条街、东台路文物古玩收藏品市场一条街，等等。此外，北京、兰州、吉林、沈阳、深圳、石家庄、成都、厦门等地还建造了颇具规模的古玩城。从90年代中期开始，北京、上海、杭州、广州等地每年举办艺术品博览会，各种品类、档次的艺术品在博览会上一展容姿，让艺术收藏家及艺术爱好者能一次性集中欣赏和选购各种流派的艺术品。现在艺术品博览已会成为中国艺术市场中成长最快的领域。

据统计，目前我国艺术品收藏爱好者和投资者达7000万人，占全国总人口的6%，年交易额近200亿元。参与人员和成交额还在以每年10%～20%的速度递增。在艺术品能保值增值的投资动机下，这个市场迅速繁荣。种种迹象表明，中国已全面进入了艺术品投资和收藏时代。

微课：认知收藏品投资

步骤二　了解收藏品投资的特点

PPT：红木投资

收藏品种千奇百怪，无所不有，过去以花瓶、玉器、字画、珠宝等为主的收藏已经不能概括如今的收藏种类，大到汽车，小到纽扣，民间收藏的内容越来越丰富。虽说收藏投资利润颇丰，但和其他投资一样，它也具有一定的风险性，因此首先要学会了解影响收藏品投资增值的因素。

一、影响收藏品投资增值的因素

1. 发行量。一般来说，发行量越少，就越易增值，就越值钱，正所谓“物以稀为贵”。

2. 存世量。存世量与发行量有相似但也有不同之处，发行量少的存世量很少，但发行量大的，存世量却不一定都大。由于时间长久或后期销毁、遗失、丢弃等原因，有些藏品发行量虽大，却造成存世量较小，从而使藏品变得珍贵。

3. 需求量。需求量很大，造成供不应求局面的藏品，即使发行量很大，发行时间较短，也较易升值。

4. 炒作因素。市场炒作会使藏品价值上涨较快，但如果是暴涨的话，就应当谨慎了，因为人为炒作痕迹过浓，就会严重背离价值，导致暴跌。

5. 题材。如果是热门题材的藏品，特别是较有政治意义或较有历史时代意义题材的藏品，很容易升值，如香港回归题材的收藏品等。当然，其他题材很有特色的藏品也易升值。

6. 种类。如果此类藏品属于热门种类（如无齿小型张、风光邮资片等），或虽还未热起来，但较有潜力，也大有增值的可能。

7. 时间因素。一般来说，历史越久的藏品就越值钱。虽在炒作气氛较浓厚的今天，有些老藏品不如新藏品增值快，但还有相当一部分老藏品发行量和存世量较小，而且从一个侧面反映了那一个时代的缩影，因此也是比较珍贵的。

8. 设计因素。设计美观、较有观赏价值的收藏品也有增值的可能，因为早期搞收藏的人大都是因藏品的精美而乐于收藏。

9. 流通阶段。藏品刚发行时，基本上是按面值购买的，所以亏本的机会相对较少。至于增值的快与慢、高与低，决定于多种因素，就看你的慧眼所选的投资品了。

二、了解收藏品投资风险

收藏品是高风险、高收益的投资产品，收藏品投资者往往会面临着以下的投资风险。

1. 真假优劣风险。与其他投资产品不同，收藏品的假货比率非常高，而且极难分辨。收藏界把看走眼收藏了假货称作“吃水”。刚刚介入的投资者呛几口水在所难免，然而即便是经验丰富的收藏大家看走眼也不足为怪。尤其是目前收藏品价格日益趋高，不法分子造假的技术日益高超，市场上假货、赝品数量加剧。投资者一旦收购了假货，对其造成的损失几乎是百分之百的。

2. 收益不稳定风险。一般来说，投资收藏品的风险比投资证券和投资房地产还要高，作为补偿，收藏的投资回报率一般也比这两者高。根据统计，1989～1999 年美国的艺术品平均投资收益率高达 21%，而股票只达到了 17%，其中有些珍品的回报率就更是高得诱人。但在一定时期内，收藏品的价格一般比较稳定，它的收益是随着人民生活水准的提高而逐渐提高的，不能抱着暴富的心态从事收藏。有些持有很长时间的艺术品可以卖出天价，但在买入价与卖出价的巨大反差面前，人们往往忽视了其中的机会成本和通货膨胀因素。如 Renoir 的油画《花园》在纽约以 120 万美元拍卖售出，该画的原藏主在 1957 年以 20 万美元将其买入，表面上看似乎大幅升值，实际上如果以复利计算，每年的收益率仅为 8.1%。

3. 变现风险。比较各种投资品种，证券由于有常规的流通市场，很容易变现；房地产的流动性相比就稍微弱一点，而收藏品投资的流动性比房地产投资更差。收藏品的市场相对于一般的投资品种，市场参与者少，对专业知识、鉴赏能力要求高，受人们的偏好影响很大。当持有者急需要现金时，可能无法以合理的价格出售，甚至找不到合适的买方。从流通渠道来看，主要通过画廊、古玩店、博览会、拍卖会和私下交易变现，这其中只有拍卖会属于比较活跃、正规、大型的渠道，而大型拍卖会只在春秋两季举行，且进入拍卖会的艺术品需要一定的档次。这样，一旦投资者出现现金危机时，大多数艺术品很难完全按照预期价格在市场中变现。

4. 保存风险。收藏品有实物类型的，实物的磨损就是价值的削减，确保收藏品的妥善保管是十分重要的。收藏者要谨防收藏品破损、污渍、受潮、发霉、生锈，也不能随意加工，否则收藏品可能会价值大跌，甚至一文不值。在鉴赏、摆放、运输过程中，也需要格外小心。

步骤三 了解字画投资技巧

文本：投资字画要注意的十大要点

一、把握基本的政治、经济与文化发展大势

政治稳定、经济增长、文化繁荣，是进行字画投资的基本条件。字画投资的突出特征是它的文化性和投入比较大，人们对字画艺术品的需求必然是在社会安定、生活水平日益提高、物质条件得到充分保障以后才有可能产生。同时，只有社会安定才可能保证字画投资市场的运行不致发生太大的系统风险。

二、确定投资作品对象

在进行字画投资中，首先必须确定投资哪位或哪些艺术家的作品。投资者选择购买谁的作品，主要是从商业角度考虑哪位艺术家的作品在市场中更受欢迎、更有升值潜力。可以从三个方面来考虑投资的取向：

1. 前代艺术家或成名的在世前辈艺术家。这批艺术家由于主导中国美术发展史，其地位、影响及画风等方面已被世人公认，作品具有较高的收藏价值和保

值升值功能。

2. 五六十周岁左右的中坚力量艺术家。投资这类艺术家不妨就其作品的价格、产量来评估。其中，又以其作品是否已被普遍收藏为重要因素。由于这类中坚辈艺术家大多有较大的名气，因而投资其作品还应考虑其价格的高低。名气大、价格相对较低且质量较好的作品自然受投资者青睐，而就中坚辈艺术家作品的产量而言，宜精不宜多。

3. 未成名的年轻艺术家。投资未成名的年轻艺术家的作品不必花费太多的经费，但风险较大，这就有赖于投资者的眼光。投资此类艺术家的作品要有很强的超前意识，充分预测到将来该艺术家的风格与艺术市场的发展趋势是否相合，并对该艺术家的实力、功底有充分的把握。

三、字画投资策略

第一是在看名的基础上重要的是“真”，也就是真迹。现在赝品充斥市场，不但有仿齐白石、李可染这些大师的作品，就连刚露头角的小名家也有人仿，如果自己把握不准，务请专家“把眼”。

第二就是看“境”，字画作品的价值还是决定于画家的思想境界与人生境界，他们的内在修为与外在境遇，与普通大众甚至其他的文化人、艺术家有无质的区别，而这就需要画家的综合素养与创造能力了。字画之外还要看他们的思想高度、文学修养等，所以收藏还是要靠画家本人和作品本身说话，这就需要收藏者的眼光和判断力了。

第三就是要“精”，一个画家的作品有灵感大发的精心之作，也有应酬社交、人情的草率之作，我们投资必须要选藏该画家的精品。

第四看作品的作者是否有“名”，这就要熟悉中国美术史和近现代美术史，比如五代的荆（浩）、关（同）、董（源）、巨（然）；元代的赵孟頫及“元四家”——黄公望、王蒙、倪瓒、吴镇；明代的“明四家”——文徵明、沈周、仇英、唐寅及陈淳、徐渭、张宏、陈洪绶、崔子忠、吴彬、仇珠、文淑、薛素素、马守真、张路、蓝瑛、张瑞图等。

第五看作品的保存状态，要“新”，不是崭新的新，而是指作品的品相好，不缺损、不破损、不霉变。因为艺术品是用来进行审美的，缺损了就降低了它的审美价值，也降低了它的市场价值。

步骤四　了解钱币投资技巧

近年来，随着人民生活水平的不断提高，收藏投资钱币已成为一种文化时尚。钱币作为国家法定货币，正逐渐演变成具有收藏性的投资品。时代在变迁，钱币种类也在不断地更新。

微课：了解钱币投资

PPT：了解钱币投资

◆ **拓展阅读**

文本：人民币大全套赏析

2017年中国最珍贵的古钱币排名

第一名：清乾隆二十五年 乾隆御制祈福金钱一盒两层12枚成交价4197.5万元人民币。

第二名：第四套人民币整版钞。由1角、2角、5角、1元、2元、5元、10元七种券别，面值共722.5元。这是人民币连体钞中第一套也是目前唯一一套的整版钞。因第四版人民币逐渐退出流通，所以这套整版钞的升值空间变得很大，现在价值1000万元人民币以上。

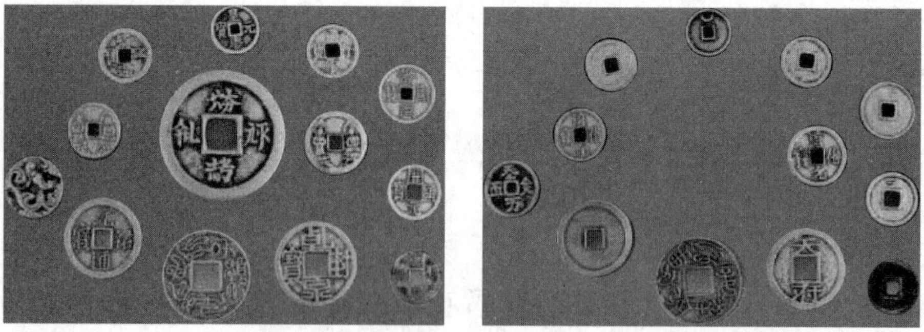

第三名：辽、宋、元金币一套（共13枚）。2012年6月，在澳门中信春季拍卖会上以1023.5万港币的高价成交。

第四名：民国张作霖中华民国十六年伍拾圆龙凤金币，如今一枚张作霖龙凤金币908.5万元成交，被称为民国币王。

第五名：1968～1969年第二版人民币硬分币毛泽东像未采用稿试铸样币一组28枚成交价897万元。

第六名：1984熊猫金质样币（5枚）。2011年，在上海泓盛秋季拍卖会上，这套罕见的熊猫金质样币（共5枚），以825万元人民币的价格成交。

一、钱币收藏投资的收益和风险

（一）收益

调查显示，在钱币收藏的盈利上，超过四成的被访者处于盈利状态，逾五成的被访者盈亏基本持平，仅有14.2%的被访者处于亏损状态，如图6-2所示。

总的来说，钱币收藏盈利空间还是很大的。当下的理财方式有很多，如股票、基金、房地产等，但人们还是比较倾向于钱币收藏。据调查，房地产行业所需要的投入流动资金比较大，一般的投资者不具备这个能力；基金股票都存在一定的风险，尤其是股票，虽说是高收益但高风险是并存的；相对来说，人民币收藏更是一种保值增值的不错选择。

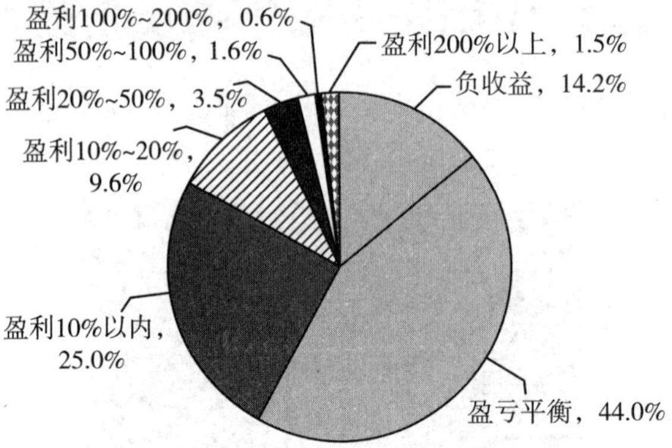

图6-2 钱币投资的经济收益

（二）风险

1. 人为炒作风险。收藏物品买卖价格泡沫大，而收藏品最大的缺点就是变现能力差，必须到专业市场上才能买卖变现。如果普通投资者盲目跟风买进，就有被套的风险。

2. 假币风险。假币一直是钱币投资者要面对的最大问题，也是钱币投资中的最大风险。一些不法之徒为了获取最大的利润，采取各种方法制作假币。

3. 地域、时间差异的风险。钱币的价格不可能一路上升，其间会存在波动和差异。造成这种情况的因素大致有两种：一是在不同时段内同一钱币的价格是不同的。二是钱币具有很强的地域性，不同产地之间的价格相差悬殊。

4. 政策性风险。钱币市场受国家政策性制约较小，但却与国家的法规密切相关。投资者要想规避政策性风险，应对法律法规熟悉。

5. 知识差异上的风险。钱币投资要懂得市场行情，掌握的相关知识越多，所受的风险相对就越少，反之就越大。

6. 投资心态的风险。投资者涉足币市，大多数是为了获取相当的利润。投资者不应人云亦云，要有稳定的心理状态，随时保持清醒的头脑，才可能将风险降到最低。

二、钱币收藏投资的主要影响因素

1. 品相。对于有相同品相或有单独包装的票券，如成原捆、原条、原箱纸币或连体钞等，其价格相对较高。

2. 纸币号码。目前市场认可度依次为：8888、6666、888、666，俗称“狮子号”“豹子号”，最受市场追捧；88、66 等重复尾号也较受收藏者喜爱；含有“4”这个数字的纸币，通常价格会偏低，这是一种市场价格倾向。

3. 资金波动。钱币在收藏的同时也是一种投资品，存在认知度高、易辨识真伪、容易变现等特点；市场资金对价格的影响也较大，在买卖时要紧密结合价值和现实价格，并保持高度关注。

4. 通胀的影响。通胀引发的经济过热，不仅加剧市场的不稳定性，更使纸币收藏投资风险加大。

三、钱币收藏投资的方法和策略

调查显示，在当前市场行情下，对于钱币的投资策略，27.2%的被访者表示收藏钱币纯粹是爱好；23.7%的被访者则希望等市场价格再跌一点，再考虑增加资金的投入；而有 14.9%的被访者表示钱币藏品价位很低，已增加投入，如图 6－3所示。

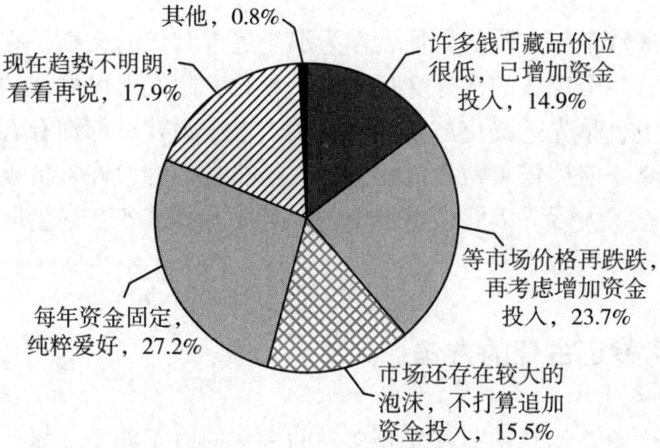

图 6－3　对钱币的投资意向

1. 对钱币知识要有一定的了解。了解和掌握一定的钱币知识是钱币投资者的必修课。除了从历史和文化的角度，对与钱币有关的重要历史时期、人物、事件也要有所了解。

2. 要学会掌握相关的信息。在了解和掌握钱币知识的过程中，还要熟悉各种钱币的背景知识，相关的法规知识。只有了解行情信息，才能在市场中发挥自如。

3. 制订一个切实可行的计划目标。投资者要根据自己的爱好和财力及其他便利条件，有目的、有计划地去进行投资。不应人云亦云，盲目跟风。

4. 要具备一定的辨别真伪钱币的素质和技能。受假币之害是钱币投资者最大的风险之一。所以，作为在这方面的爱好者，应多学习相关的知识，提高自身的知识水平和鉴赏能力。

5. 要注重收藏珍稀品种。物以稀为贵，是收藏投资的真谛。在通过普通品收藏投资的实践后，只要经济条件允许，就应及时把注意力和重点转移到收藏珍稀品上来。

6. 把握时机适时进行交易。投资要注意把握时机，尤其是把握钱币市场行情走势，在价位低迷时适量购入，而在价位高涨时则要适时出让。这样才尽可能避免风险，获得利益。

7. 要有一个平常心态。钱币收藏投资者要有一个平常的心态，提升钱币收藏的品位，感悟收藏的真谛，不要一味被趋利性所困扰。

步骤五　了解古瓷投资技巧

微课：了解古瓷投资

PPT：了解古瓷投资

文本：关于浅降彩瓷器的特征和投资前景介绍

古玩的范围很广，种类繁多，只要是各个历史时期所遗留下来的物品都可称为古董或古玩，如青铜器、秦砖汉瓦、浮雕造像、陶瓷、钱币、雕漆镶嵌、丝绣、旧汽车等。但是其中以投资古瓷为众多投资者的最爱，所以我们主要介绍古瓷的投资技巧。

古瓷是中华数千年文明的象征，作为那个远古时代的文物，它是历史和文明的载体，积淀着一个民族的优秀文化底蕴，承载着广大人民群众的精神追求。古瓷是物化的历史，是先进文化与文明的证明。古今中外，都拥有着大量的古瓷收藏爱好者，而真正能搞懂收藏投资秘诀的人是非常少的，许多新投资者在这方面因准备不足而吃了大亏。因此，在投资古瓷时要有所准备，尽量回避古瓷投资的风险性。

一、了解鉴定古瓷的方法

要确定一件瓷器的真伪，首先要考虑的是它的以下四个要素，那就是：一要看胎质；二要看施釉；三要看彩料；四要看有没有真正的老旧之气。

1. 看胎质。中国瓷器的胎质构成，可以说每个朝代都是不一样的。唐代以前，属于瓷器的初创时期，器物的胎质构成比较粗疏，像唐三彩的胎质就是半瓷半陶的，比较粗松。如果你见到的“唐三彩”胎质制造非常精细坚致，那么，这个东西肯定就是不对的。再如，宋元时代吉州窑黑釉盏的胎质也是比较粗松的。而且，当时工人在制作拉坯工艺时做得快速利落，每个碗底部只用竹刀迅速地刮一遍就算了，所以，留下的修刀旋痕非常明显，很粗糙。如果你碰到的吉州窑碗修胎讲究、工细，胎质又是很坚硬、精细，那么，不必看其他方面，这个碗必定是后仿品无疑。

2. 看釉面。瓷器的施釉也随着时代的发展在不断地变化着。北宋之前，所用的釉是石灰釉，这种釉与胎面的黏着力不强，因此，施釉较薄，有流淌，还易剥落，这也是鉴识的一个要点。像鉴识唐代的彩釉器，一是看釉色有否流淌，看色与色之间是否有因为流淌而产生的交融；二是要注意晚唐以前的彩釉器常会出现釉面的剥落和开裂。此外，唐瓷一般在放大镜下均可看到细小的开片，而这种开片又不可太明显，如在一米开外就可见到，那么，这就是个仿品。

3. 看彩料。不同的时代，所用的彩料都是不同的。一般说来，古代瓷器所用的都是矿物料，而现代仿品则常用化工料来替代，因此，凡见用化工料的，就可以在鉴识时加以剔除。而矿物料在各个时期也都是不一样的，就拿绘青花所用的青钴料来说吧，明清各朝也是各有所用。

4. 要在器物上看有没有真正的老旧之气。传世品上应有使用和存放的痕迹，应有因岁月而留下的痕迹；出土器上应有土气侵入的痕迹。这些痕迹表现在器物上，一个就是因为空气的氧化和长期存放在空间而形成的包浆。有包浆的器物上面，就会有一层类似涂了薄油一样的温润的油光，年代越久，油光就越强。如果是青花器，那么，包浆下的青花，应是下沉的，犹如上面有一层水一样，俗称“水头”。新器的青花上是没有水头的。老的传世品一定会有一些使用过的痕迹，有揩拭痕、擦伤痕等。这种痕迹没有规则，是在岁月的流逝中自然留下的，和现代新品用人工做出使用痕不同，人工做的有规律性，比较生硬，仔细观察，可以区别。如果器物入过土，也应有土侵和灰皮等被腐蚀的痕迹。新出土之物，闻之应有土香气味。现在也有人工用酸腐蚀等方法来做的，但不像真正的土侵和灰皮那样深入肌理和无规律可循，闻之则有异味。

上述四个因素在鉴识时要结合起来考察，考察时还要结合形制、纹饰和款识等一起来考虑，如发现有一点不对，即可全盘否定。之所以强调在鉴识古瓷时，要从上述四大要素去入手，是因为，这四点是现代作伪者较难仿出的。

二、了解古瓷投资的技巧

1. 选择相对少、精、异形瓷器进行投资。大凡收藏者和卖家都希望自己手头上拥有“人无我有”的器物。而器物精美，历来都是受人追崇的，所以价值就会高。另外，异形瓷器，因其工艺难度大、成本高，就算现在价高利低，但今后潜力会成倍增大。

2. 选择尚未被人们认识真实价值的古代名窑瓷品。有些古瓷，无论当时还是目前，都可算作高质量精品，但由于人们因时代、民俗、社会传统等心理因素的影响，可能一时难以认识其真正价值，此时购藏，绝对是潜力巨大的“绩优股”。

比如优质的宋代湖田窑影青器物、元枢府瓷器物，目前价格远低于其实际应有价格，一旦有机会遇见，大可断然入藏。除宋代五大名窑外，唐宋瓷器中的邢窑、越窑、耀州窑、磁州窑、吉州窑、建窑、洪州窑也颇具升值潜力。

作为一名成熟的古瓷收藏投资者，目光不能局限于古玩地摊，还要有在文物商店、拍卖会“捡漏”的智慧和勇气。这类地方，器物相对流传有序，保真系数较高，一旦看准，果断入藏，日后回报将更为稳当实在。选择近现代瓷器中的代表作诸如晚清、民国新粉彩、浅绛彩中的一些有名头的代表作品，新中国成立初期一些精品瓷板、雕塑等，都将是很有升值潜力的瓷器。

3. 以中长期投资为目的。古瓷投资相对来讲是中长期的，一般 10 年增长 4～8 倍左右。当然，古瓷市场和其他市场一样有冷有热，有高有低。如何正确把握其中的“度”，是古瓷投资收藏者必须了解的。

大凡买家，都懂得“养一养”“捂一捂”的道理。如清三代较好的器物，不推到高位，开低价时买家是不会轻易易主的，一般都会等一段时间，市场见好，即果断抛出。好东西不怕“放一下”，不怕没买家和卖家。如一位收藏家 3 年前以每个 200 元低价购进了 10 余件明晚期普通青花小罐，现在以每个 800 元抛出，获利颇丰。

三、规避古瓷投资风险的方法

1. 要提高鉴定能力，从书籍中汲取知识。作为新入行的投资者，先要从书本上弄清源流、陶瓷发展的历史；不要一到古玩市场，见好就买；也不要遇到没见过的品种，还没弄清就买。要理论联系实际，弄清实物与书本上的定义是否一致，有一个疑点也不要放过，要立即否定，尤其对罕见的、价值高的古陶瓷更不要“一见钟情”。现在古玩市场赝品充斥，首先就要把所有的古陶瓷都看成是赝品，然后沙里淘金，众里寻它千百度，找出真正的精品。近年来各地方窑考古新成果颇丰富，修正了不少传统观点，可参阅《观台磁州窑》《长沙窑》《耀州窑系列报告》等考古报告。

2. 切勿重官窑轻民窑。明清官窑在拍卖会动辄数十、上百万的身价着实吸引人，但明代景德镇珠山御窑厂除选检少量精品供应宫廷，其余淘汰品均捣碎掩埋，明代官窑瓷的生产成本几乎与白银铸造器皿等价，民间收藏的机会罕有。而且价格变化不定，风险性较大。其实，在收藏品里，普通的工薪层藏友接触最容易和最多的就是民窑瓷器，民瓷涉及社会生活诸多方面，与民众生活息息相关。虽是民间寻常之物，却展现出极有韵味的瓷绘艺术。随着现代社会对艺术品喜爱的“返璞归真”，手绘民窑瓷收藏日渐升温，越来越受到收藏者的青睐。风险性小，投资价值高。

3. 切忌照图索骥，贪多求全。现在从事古玩行业的人以千万计，以景德镇为代表的各地仿古瓷厂（坊）众多，到过景德镇的人一定会对樊家井小街上鳞次栉比的瓷器店印象深刻。现代信息空前发达，仿烧者除了照图生产大量普仿品，有的还比照真品残件，反复实验烧制高仿品，可说是无所不仿。因此，新入行的投资者切忌照图索骥，看到像的就买下来，生怕错过了这个机会，更不要贪多求全，无所不买，那样买到的往往是赝品。

4. 培养对仿烧品的辨别能力。目前的仿烧品可分为三种类型：一类为臆造型，造型、纹样自我创造；另一类为克隆型，完全仿照古瓷的图片仿烧；最迷惑人的一类当属改头换面型，即按真品的造型与纹饰稍加改造或重新组合，看上去似曾相识又有新鲜感。

作旧手法则有酸蚀、蒸煮、打磨、浸泡等，尤需慎重对待，可逐步积攒一些残瓷标本，结合专业研究著作细心揣摩，不断总结收藏经验，适当学习一些历史学、美学、民俗学、工艺学知识，在集藏中不断提高自身综合素质，逐步培养眼力与经验，方能做到“去伪存真”。

步骤六　了解邮票投资技巧

同收藏字画、古玩相比较，邮票收藏是一项很平民化的收藏，邮票投资也越来越成为个人理财投资的选择。

微课：了解邮票投资

PPT：了解邮票投资

文本：世界最有价值的七大著名邮票

一、认识邮票投资

邮票是邮政机关发行，供寄递邮件贴用的邮资凭证。邮票是邮件的发送者为邮政服务付费的一种证明，发送者将邮票贴在信件上，再由邮局盖章销值，以用于在邮件被寄出前，证明寄邮人已支付费用。邮票的发行由国家或地区管理，是一个国家或地区主权的象征。邮票的方寸空间，常体现一个国家或地区的历史、科技、经济、文化、风土人情、自然风貌等特色，这让邮票除了邮政价值之外还有收藏价值。

一般而言，邮票可以分为以下三种：

1. 普通邮票。普通邮票既是最古老又是最为常见的邮票种类。购买普通邮票是交纳邮费的一种方式。普通邮票面值齐全，发行量大，票幅较小，图案比较固定，往往多次印刷，有多种。

2. 纪念邮票。纪念邮票是为某一事件或场合特别发行的邮票。纪念邮票主要面向的是收藏者，因为它们基本上不会用到信封上面，罕见附有纪念邮票的信件。纪念邮票通常票幅比较大，设计印刷精致，图案丰富，不允许重印，有特定的发售期限。

3. 特种邮票。为宣传特定事物而发行的邮票，基本上只要不是普通邮票和纪念邮票都属于此类，范围比纪念邮票更加广泛。

邮票投资的渠道有：国家邮政机构、集邮公司、拍卖行、集市、信件等。

邮票投资的特点是门槛比较低，任何人都可以进行，且几乎不需要什么进入成本。但收益不稳定，价格波动较大。邮票除了具有一定的投资价值，它还具有知识性、趣味性、文化品位等，可陶冶人们的性情。

二、邮票投资的风险

邮票投资作为个人理财的一种方法，既可以满足自己的收藏兴趣，又可以获取一定的经济利益，一举两得。但需要注意的是，邮票投资与单纯的集邮收藏之间还有着不小的差别，作为个人理财投资的一种手段，在进行邮票投资时注意以下风险：

1. 买假风险。受到巨额利益的驱使，个别不轨人士大量制假造假，使邮票投资面对很大的风险，尤其是在邮市交易中，未拆包装的整封整箱邮品往往交易价格更高，升值也更快。因此，市场上出现将整盒的小型张或者整箱的邮品取出，换进一些白纸充当邮品，并伪装成原包装，以牟取不义之财的情况。

2. 毁损风险。由于邮票多数是纸制品，集邮者和投资者对邮票的品相要求很高，品相的好坏直接影响到价格的高低。多数被手摸过的邮票特别是那些高档邮票，身价便会大打折扣，这就要求集邮者和投资者要很好地保存邮票，如果在保存时受潮、霉变、虫蛀或在运输中受损等都将影响邮票的品相，品相降低会使投资者受到一定的损失。如果有意外水淹、失火等情况发生，更使投资者遭受巨大的经济损失。

3. 政策风险。同股票投资一样，邮票投资也会受到国家政策的影响，如果国家有关部门出台的增加新邮发行量、禁止某些邮品的交易、取缔邮票市场等，都会给邮票投资者带来一定的投资风险。

4. 炒作风险。和股市一样，邮市也有坐庄炒作等现象的出现，炒手将一些邮票的价格在短时期内炒高，如果投资者不明真相，追涨杀跌，最后很可能被高位套牢。

三、投资策略

1. 了解基本知识。邮票投资新手由于对邮票不太熟悉，面对令人眼花缭乱的邮票和瞬息万变的邮市，不知如何下手。因此，首先要掌握一些有关邮票方面的基本知识，如邮票的种类、品相、真假邮票的鉴别等，还要逐渐学会掌握一些有关邮票交易的基本技巧，这对于邮票投资者来说是至关重要的。

2. 掌握发行行情。接下来，投资者就要潜心研究邮票投资市场。首先要了解邮票发行部门的发行情况，收集各种集邮报道、新邮预告，以及目前供应的各种纪念、特种邮票及其价目表，一旦某种邮票在邮局售罄，则表明该种邮票已渐稀少，市价可能要上涨。所以，凡是想投资邮票的人，都应对邮票发行情况了如指掌。

3. 分析流通信息。当邮票在发行部门售毕之时，邮票就进入市场流通环节，其价格走向是投资者需要密切关注的。对于在邮市上听到的各种信息，要认真分析，从外到内，由表及里，去粗取精，去伪存真。有时，一些炒票大户为了抛出某种邮票，就散布大量的假信息，而一些头脑简单、信息不灵的人就会信以为真，赶快“接盘”，正好上了炒票大户的圈套。精明的投资者对邮市上的假信息则是将计就计，反其道而行之，往往赚得盆满钵盈。

4. 锁定投资目标。在对邮市行情有了基本了解之后，就应锁定投资目标。首先，应确定是长期投资还是短期投资。如果经济基础雄厚，短期内闲钱较多，就可以做长期投资的打算。有些邮票储蓄户就是长期投资者，一下子买上几百版邮票或几十封小型张，然后储存起来，几年或十几年后再拿出来卖，即可获得丰厚的利润。如果经济状况欠佳，手头的余钱不多，或是钱虽多，却不能长期占用，就可做短期投资打算。短期投资需要多跑几回邮票市场，随时关注邮市行情，要时买时卖，搞短平快操作。

5. 确定投资对象。对于初入邮市的投资者来说，投资对象以近期票为宜，特别以小型张为宜，其增值快，出手也快，也可适当选择一些热门票。初入邮市者，投资时最好选择那些不带政治色彩的邮票，而是选择那些设计精美、色彩鲜艳、内容高雅、富有生活气息的邮票，如古典名著、古画、古董、风景名胜、花鸟鱼虫、江河山脉之类的邮票。

6. 必须低买高卖。这里的低与高，是基于其价值基本判断。价格低于其理论价值时，可买入而高于其实际价值时，可卖出。这样的说法虽然有点玄乎，但实际操作必须遵循此原则。具体买点和卖点受市场波动影响，但并不影响这一基本原则的实质性理解与执行。

7. 需要时间和耐心。投资邮票是心理素质的考验，需要时间和耐心。许多邮票之所以不涨，一个很重要的原因就是时间未到，还需要温火慢慢烧。有的是因为缺少资金运作而被人们遗忘和忽视，有的是不符合当时的市场运行态势，有的是价格还没有真正调整到位，有的则是调整的时间还处在初始阶段。而一旦各方面条件都具备，通常只要有少量的催化剂投入邮市就会涨起来。不少过去被大伙讥讽为“垃圾”的品种，后来成为市场中耀眼的明星，这种情况隐含着凯恩斯的好友理论。

四、规避邮票投资风险的方法

1. 量力而行。对于刚开始进行邮票投资的人来说，进入邮市后，先要冷静地观察学习一段时间，然后再开始买卖。开始时，先买一点点热身，然后逐渐加大交易量，循序渐进才不至于吃大亏。在投资邮票时，切莫超过自己的财力盲目大量进票，特别是不要贷款搞邮票投资，这样搞不好会倾家荡产。所以，刚开始进行邮票投资要量力而行，即便资金宽裕，也不可把自己的资金全部投进去。一旦将自己的全部资本投入一两个热门邮票上，一时出不了手便被套牢。

2. 细水长流。投资邮票获得一定的经济回报，往往是无心插柳柳成荫的结果。所以投资邮票除了要有一颗平常心，还应注意长短线结合。不管邮票品种，以爱好为主，切忌追风购买，而合理的年投资费用大致在100～2000元。

3. 薄利多销。一些老谋深算的邮票投资高手之所以获利较多，很少做赔本买卖，一条重要的成功经验就是微利即抛，薄利多销。这也叫小步快跑，见到有利可图，就把手中的邮票抛出去，多少总能赚到一点，没有什么风险。从经济学原理看，资金周转加快一次，利润将提高一倍。如一个月资金周转一次获利10%，而周转三次获利就可达到30%。薄利多销正好加速了资金周转，从而大大提高了利润。

4. 留足预备金。邮票投资要留有余地，不可倾其所有，手头要有预备金，以备不时之需。预备金要占总投资25%～30%，这样在某档邮票出现获利机遇时，便能追加投资获取高利；也能在投资某档邮票亏本时，有承担损失和东山再起的财力。

5. 密切关注价格涨落。邮票因地区需求供应数量、邮市进场买卖人员多少，必然会引起邮价波动。邮价波动主要受供需关系变化影响，如果把邮票供需关系搞清楚，价格涨落的风险就大致可以避免。邮市上人头攒动、买卖成交活跃时，是行情看涨的时候。此时，采取随大流、快进快出的方法是避免风险的秘诀之一。当邮票供不应求时，无论是买卖都不存在大的风险。避免价格风险最好的途径是，供小于求时，你站在供应方，供大于求时，你站在需求方。如此操作，邮票价格涨落的风险就可以避免。

6. 应对暴跌。邮市最大的风险莫过于暴跌。邮市上之所以会发生邮价暴跌，主要有两个原因：一是炒票大户把邮价炒到一定高度后突然大量抛出手中的邮票引起邮价暴跌；二是由于外界各种因素的影响，如经济萧条、政治动荡等。第一种因素造成的邮价暴跌，时间一般不会太长，炒票大户抛出的邮票被邮市消化后，价格就会出现反弹。在这种情况下，要沉住气，手里的票不要急于出手。若是第二种原因，时间一般比较长，少则半年，多则几年。在这种情况下，手中压票的人应该看清形势，及时低价卖出，哪怕是“跳楼价”也要卖，不要怕亏本，否则，邮价可能还会更低，亏得更多。

➤ 工作实例分析

微课：实物理财产品配置案例分析

PPT：实物理财产品配置案例分析

刘欢先生家庭实物理财产品配置方案

（一）刘先生家庭基本信息提炼

刘先生，45 周岁，年收入 160 万～210 万元，有社保。

王女士，40 周岁，无收入，无社保。

家庭资产状况：总资产 4000 万元左右，其中活期存款 500 万元，定期存款 2000 万元，房产两套，一套自住住宅，价值 500 万元，一套商铺，价值 1000 万元。

家庭收支状况：年均纯收入 60 万～110 万元。

退休后收支状况：年均纯收入 −40 万～10 万元。

（二）刘先生投资期望

因投资知识欠缺，希望进行实物投资，在实现资产保值增值的基础上，增加鉴赏能力和审美情趣。

（三）刘先生实物理财投资建议

首先，应该为家庭成员配齐相应的各类保险，并预留 3 个月到 6 个月的家庭备用金，以备不时之需。

其次，如果要进行实物投资，在不具备相关知识的情况下，可先进行黄金投资，比较简单的是购买实物黄金或者参加银行的黄金投资业务，比如中行的黄金宝业务或者工行的金行家业务。另外，在对邮票的种类、集邮术语等相关知识有一定认知的前提下，可通过邮政储蓄机构购买当年正版邮票，或者去当地邮市以及网络市场上进行其他类型邮票购置。

为了给夫妻二人的老年生活增加一份安稳的保障，可进行一定比例的房产投资，添置较好地段的商铺，以便获得稳定的租金收入。

最后，为了实现刘先生夫妻二人关于增加鉴赏能力和审美情趣的投资期望，可以先在行家或者老师的引导下，逐步入门，在积累了丰富的经验、鉴别眼力得以提升的前提下，进行相关的收藏品投资。

项目小结

项目知识点 黄金市场 纸黄金 实物黄金 黄金“T+D” 黄金期货黄金投资技巧 房地产理财 房地产消费 房地产投资 收藏品投资 字画投资 钱币投资 古瓷投资 邮票投资

项目技能点 掌握黄金投资策略；掌握房地产投资策略；了解字画、钱币、古瓷、邮票等收藏品的投资技巧。

课堂活动

问题讨论 1. 如何根据客户的不同类型选择不同的黄金投资工具？

2. 怎样进行买房和租房的选择？

3. 收藏品投资的优势与劣势？

技能训练

【实训任务】低收入家庭如何实现购房规划？请阅读下文案例，并对案例分析结果进行评价，有没有更优的理财建议？

【案例阅读】陈先生，在一家私企工作，月薪2000元，妻子月薪大约是1800元。家庭每月结余2000元。他们暂住在父母家里，有一个10周岁的男孩。夫妻俩每月公积金合计有700元，现有存款4万元，想5年后在郊区买一套70平方米的二手房。

（一）财务方面

陈先生家庭属于偏保守型，财务结构尚属安全，但主动性不足，应加强投资方面的考虑。从陈先生与妻子的年龄阶段与工作来看，预期未来收入还有一定的增长空间，而随着孩子的成长，在支出方面也会有一定的增加。

（二）理财建议

1. 现金规划。从前述分析可以得知，陈先生平均每月支出为1800元。一般来说，个人或家庭持有的流动性资产作为日常备用金，应该能够满足其3～6个月的生活支出，建议陈先生家庭的流动资产保持在6000元左右，作为家庭生活的备用金。这部分备用金应可以作为银行存款，也可以将一部分流动资产配置为货币市场基金来保持。

2. 消费支出规划。陈先生家庭希望5年后在郊区可以买一套70平方米的房子，根据房地产市场的形势，预计5年后郊区的房价在每平方米5000元左右，则房屋总价将为35万元。建议陈先生从现在开始每月可以拿出一部分资金来积累购房需要支付的首付金，从结余状况看出每月可以投资1500元，另外从银行存款中也可拿出3万元投入。投资工具可以选择债券基金与偏股类基金的组合，假定平均收益率为每年6%，经过理财计算器计算出5年后这笔资金能够积累到145120元，于是陈先生可以拿出14万元作为购房的首付款。其余房款采用公积金贷款方式取得，建议采用等额本息还款法，贷款额为21万元，假定贷款利率为5%，则每月还款额为1383.91元，每月还贷支出占收入的32%，尚处于合理水平。

3. 投资规划。从陈先生家庭状况来看，子女教育与退休养老问题都应当开始着手考虑。陈先生每年至少还有3000元可以进行较为稳健的投资，如果投入基金组合，按照每年收益率6%计算，8年后当孩子上大学时可以积累29692元教育金。在未来收入增加以后可以继续追加投资，只要注意控制风险，从长期来看能够达到稳定增值的效果，并同时满足退休养老金的需要。

课后练习

一、单项选择题

1. 上海黄金交易所是由国务院批准设立，经（　　）组建成立的在国家工商行政管理部门登记注册，不以营利为目的，履行交易所规定职能，实行自律管理的法人。

A. 保监会　　　　B. 证监会

C. 中国人民银行　　　　D. 银监会

2. 直接购房投资，是指投资者用现款或者（　　）的方式直接向户主或房地产开发商购买住房，并适当装修后，或出售或出租以期获取回报。

A. 银行抵押贷款　　　　B. 银行质押贷款

C. 银行信用贷款　　　　D. 以上皆可

3. 以下不属于字画投资中选择投资作品的考量取向的是（　　）。

A. 前代艺术家或成名的在世前辈艺术家

B. 五六十周岁左右的中坚力量艺术家

C. 未成名的年轻艺术家

D. 明星画家

4. 钱币收藏投资的主要影响因素有（　　）。

A. 品相　　B. 纸币号码　　C. 资金波动　　D. 以上都是

5. 以下不属于邮票投资渠道的是（　　）。

A. 国家邮政机构　　　　B. 集邮公司

C. 拍卖行　　　　D. 银行

6. 14K黄金的纯度大约为（　　）。

A. 75%　　B. 58.3%　　C. 50%　　D. 85%

7. 一旦出现世界性的金融危机，收藏品投资会（　　）。

A. 升值　　B. 贬值　　C. 不受影响　　D. 都有可能

8. 家庭构成中人数越少，则因此引发的房价（　　）。

A. 越高　　B. 越低　　C. 不受影响　　D. 都有可能

9. 实物黄金适合（　　）人群投资。

A. 保守型　　B. 进取型　　C. 平衡性　　D. 中立型

10. 大型拍卖会一般会在（　　）举行。

A. 春季　　B. 秋季　　C. 春秋两季　　D. 春夏两季

二、多项选择题

1. 目前我国正规的黄金投资形式有（　　）。

A. 纸黄金　　B. 实物黄金　　C. 黄金期货　　D. 黄金首饰

2. 房地产投资包括（　　）。

A. 地产投资　　B. 地产租赁　　C. 房产投资　　D. 房产租赁

3. 影响收藏品投资增值的因素有（　　）。

A. 发行量　　B. 存世量　　C. 需求量　　D. 炒作因素

4. 钱币投资的风险有（　　）。

A. 人为炒作风险　　B. 人为做假风险

C. 假币风险　　D. 政策性风险

5. 规避古瓷投资风险的方法有（　　）。

A. 要提高鉴定能力

B. 切勿重官窑轻民窑

C. 切忌照图索骥，贪多求全

D. 培养对仿烧品的辨别能力

三、判断题

1. 收藏品投资价格增长稳定，不存在变现风险。（　　）

2. 根据理财目的的不同，房地产理财可以分为房地产消费和房地产租赁。（　　）

3. 利率越高，购房成本越低。（　　）

4. 只要偿还的房贷额度比房租低，买房就比租房划算。（　　）

5. 古瓷的做旧手法很多，有酸蚀、蒸煮、打磨、浸泡等，因此，只有专业人士才适合进入该市场。（　　）

四、简答题

1. 纸黄金交易的投资策略是什么？

2. 鉴定古瓷的方法有哪些？

五、实训题

实训题一

案例内容：王先生看上一处100平方米的房产，屋主可租可售。若租房，房租每月4000元，押金预付3个月；若买房，总价200万元，可获得140万元、利率6%的房屋贷款，购房首付款为房屋总价的30%，即60万元。

实训要求：分析李先生租房与购房的成本（假设押金与首付款机会成本以5%，1年期存款利率以3%计算）。

实训题二

案例内容：陈女士看中一处广州市中心一套商用房产。若是租，房租每年30万元。陈女士确定要在该处住满5年。购房总价800万元，假设5年后售房所得为1000万元。以存款利率6%为机会成本的计算依据。

实训要求：分析陈女士是租房划算还是购房划算。

项目七

专项理财规划方案设计

学习目标

通过本项目的学习，学生能够进行专项理财规划的设计。

1. 能进行现金规划设计。
2. 能进行消费支出规划设计。
3. 能进行教育规划设计。
4. 能进行风险管理和保险规划设计。
5. 能进行投资规划设计。
6. 能进行纳税筹划设计。
7. 能进行退休养老规划设计。
8. 能进行财产分配与传承规划设计。

项目任务

与客户进行多种方式交流，在搜集了客户足够多的财务信息和非财务信息后，按照客户的理财目标，进行专项理财规划的设计。

标志成果

专项理财规划方案。

内容导图

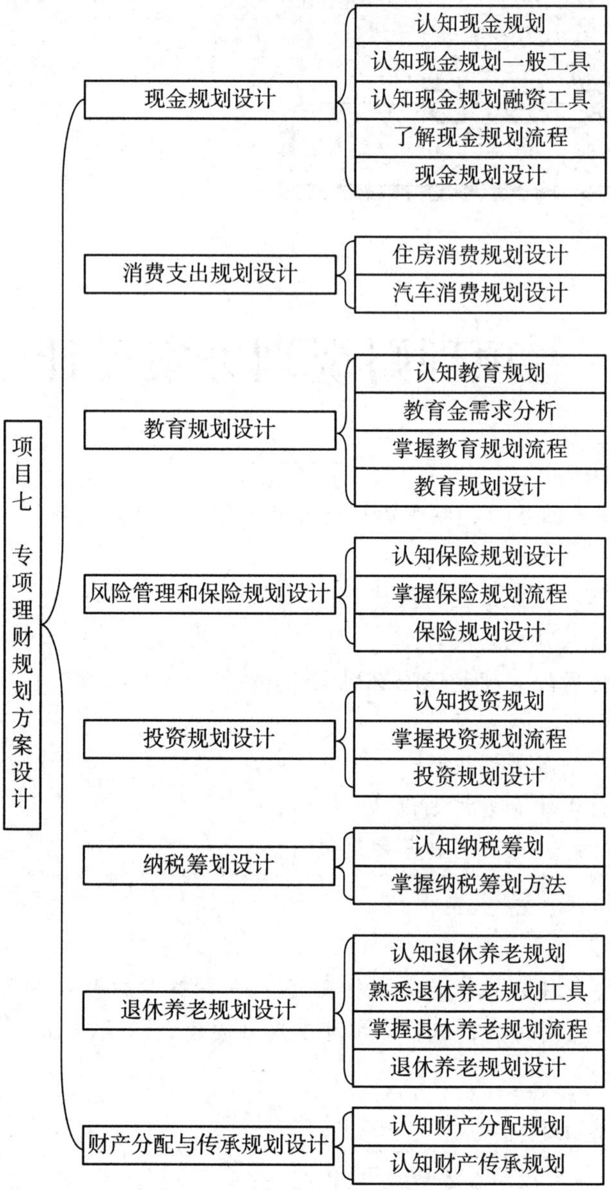

模块一　现金规划设计

▶▶ 工作实例

客户：李昆先生实例

李昆先生，31 周岁，企业中层，年收入约 30 万元，无任何保险；妻子王瑶，

28 周岁，中学教师，月薪 2000 元（13 个月），有社保，公积金 300 元/月。支出：家庭日常支出每月 4000 元，孩子教育支出 1500 元，每月养车支出 1500 元；资产状况：现金 1 万元，银行活期存款 90 万元，三年定期存款 10 万元，股票 8 万元，房产现市值 86 万元，轿车一辆 16.8 万元，无负债。

请为李先生做一个现金规划设计。

➢ 工作实例分析

理财的前提是有财可理，根据案例中李先生家庭的情况，需要妥善安排他 101 万块钱的现金及存款，让它在收益性和流动性之间保持平衡，既能满足李先生家庭的日常需要，又能具有一定的收益率。建议李先生家庭持有适量的现金及现金等价物，可以通过各种储蓄、货币市场基金等来进行现金规划，从而将多出的资金投入更高收益的理财产品。

步骤一　认知现金规划

微课：认知现金规划

PPT：认知现金规划

一、现金规划的概念

现金规划是指个人或者家庭对日常的现金及现金等价物进行分配的最佳决策与谋略。具体包括评估个人或家庭资产和收支状况，合理确定个人或家庭日常所需现金数量、配置方式等，并提出临时性现金需求方案以及对家庭增加收入、减少支出等建议。它是实现个人理财规划的基础，是帮助客户达到短期财务目标的需要。现金规划的核心是满足客户的短期需求。

现金规划中所指的现金等价物是指流动性比较强的活期储蓄、各类银行存款和货币市场基金等金融资产。现金规划既要使拥有的资产具有一定的流动性，以满足个人或家庭日常所需，又要使流动性较强的资产保持一定的收益性。

二、影响现金需求的因素

（一）金融资产流动性的要求

一般来说，个人或家庭现金规划的主要目的是出于对金融资产流动性的要求，人们持有流动性高但不会生利的现金资产的动机，可以归结为交易动机、预防动机和投资动机三个方面。

（二）持有现金及现金等价物的机会成本

机会成本，是指持有现金及现金等价物的同时也就意味着丧失持有收益率较高的投资品种的货币时间价值。拥有的现金及现金等价物越多，则机会成本越大；反之，则越小。

（三）流动性比率

流动性比率是流动资产与每月支出的比值，它反映客户支出能力的强弱。可以用流动性比率推算出客户所应预留的家庭储备金，即现金及现金等价物的最佳额度。

通常情况下流动性比率参考范围在3～6倍。对于工作稳定、收入有保障的客户可以保持较低的流动性比率，将更多的资产用于扩大投资，取得更高收益。对于工作缺乏稳定性，收入无保障的客户，应保持较高的流动性比率。

步骤二　认知现金规划一般工具

操作动画：储蓄品种

一、现金

现金指的是狭义的现金，即立即可以投入流通的交换媒介，具有普遍的可接受性。狭义的现金是现金规划中的重要工具，具有两个特点：一是流动性最强的金融工具；二是持有现金几乎没有收益。同时，由于通货膨胀等因素的存在，现金随着时间推移会不断贬值。所以，人们为了保持一定的流动性不得不持有现金，但客观上却损失了部分收益。

操作动画：信用卡融资

二、各类储蓄

目前国内储蓄机构提供的储蓄业务通常包括活期储蓄、整存整取、零存整取、整存零取、存本取息、定活两便储蓄、个人通知存款、个人支票储蓄存款等。

操作动画：银行理财产品

三、货币市场基金

根据《货币市场基金管理暂行规定》，货币市场基金是指仅投资于货币市场工具的基金。具体来讲，货币市场基金应该投资于以下金融工具：（1）现金；（2）1年以内（含1年）的银行定期存款、大额存单；（3）剩余期限在397天以内（含397天）的债券；（4）期限在1年以内（含1年）的债券回购；（5）期限在1年以内（含1年）的中央银行票据；（6）中国证监会、中国人民银行认可的其他具有良好流动性的货币市场工具。

不得投资于以下金融工具：（1）股票；（2）剩余期限超过397天的债券；（3）信用等级在AAA级以下的企业债券；（4）中国证监会、中国人民银行禁止投资的其他金融工具。

步骤三　认知现金规划融资工具

在某些时候客户会有临时的未预料到的支出，而客户的现金及现金等价物的额度又不足以应付这些支出，临时变现其他流动性不强的金融资产会造成一定的损失，这时利用一些短期的融资工具融得一些资金就不失为一个处理突发紧急事件的好方法。

一、信用卡融资

信用卡是银行或其他发行机构向社会公开发行的给予持卡人一定的信用额度，可在信用额度内先消费后还款，并可在中国境内指定的商家购物和消费或在指定银行机构存取现金，国际卡还可以在境外使用，以某一指定外币予以结算。

信用卡的理财功能包括支出纪录与分析、支出管理、资金调度、建立信用、免息透支、循环信用等。

操作动画：货币市场基金

二、其他银行融资方式

银行贷款是目前大众融资的重要渠道，各银行推出的个人贷款服务里比较适合个人或家庭的通常有凭证式国债质押贷款、存单质押贷款等。

操作动画：互联网金融理财

三、保单质押融资

所谓保单质押贷款，是保单所有者以保单作为质押物，按照保单现金价值的一定比例获得短期资金的一种融资方式。不是所有的保单都可以质押，质押保单本身必须具有现金价值，如具有储蓄功能的养老保险、投资分红型保险及年金保险等人寿保险合同。目前我国存在两种情况：一种是投保人把保单直接抵质押给保险公司直接从保险公司取得贷款；另一种是投保人将保单质押给银行，由银行支付贷款给借款人。

四、典当融资

典当是指当户将其动产财产权利作为当物抵押或者将其房地产作为当物抵押给典当行，交付一定比例费用，取得当金，并在约定期限内支付当金利息、偿还当金、赎回当物的行为。可典当的物品包括汽车、房产、股票等。典当期限由双方约定，最长不得超过6个月，在典当期内或典当期限届满后5日内，经双方同意可以续当，续当一次的最长期限为6个月。

各种融资渠道的优缺点如表7－1所示。

表7-1 各种融资渠道的优缺点与主要考虑因素

融资渠道	优点	缺点	主要考虑因素
信用卡	额度内随时取现	利率较高，养成透支习惯	信用卡的信用额度
银行贷款	利率较低	额度较低，审贷时间较长	借款期限的长短
保单质押	利率较低，快速拨款	额度受限于保单现金价值	保单现金价值
典当融资	快速拨款，临时应急	利率较高，贷款期限短	质押品的价值

步骤四 了解现金规划流程

在分析客户现金需求的基础上，理财规划师接下来的工作就是着手进行现金规划设计，在规划的过程中，既要使资产的配置保持一定的流动性，又要实现一定的收益。

1. 测算客户流动性资产和日常开支，计算流动性比率，将客户现金及现金等价物的额度在现金规划的一般工具中进行配置。

2. 向客户介绍现金规划的融资方式，解决超额的现金需求。

3. 形成现金规划报告，交付客户。

步骤五 现金规划设计

微课：现金规划案例分析

PPT：现金规划案例分析

➢ 工作实例分析

李昆先生家庭现金规划设计

李昆先生家庭的家庭资产负债表，现金流量表如表7-2、表7-3所示。

表7-2 家庭资产负债表 单位：元

资产	金额	负债	金额
现金	10000	0	
活期存款	900000		
定期存款	100000		
股票	80000		
住房	860000		
轿车	168000		
资产合计	2118000	负债合计	0
净资产	2118000		

表 7－3　　　　家庭现金流量表　　　　单位：元

收入	金额	支出	金额
李昆	300000	日常支出	48000
王瑶	29600	子女教育支出	18000
		养车支出	18000
收入合计	329600	支出合计	84000
年结余	245600		

一、财务分析

1. 李昆先生的家庭，收入相对稳定，每月开销稳定在 7000 元左右，一次性年支出 1.2 万元左右，控制开支能力较强。

2. 李昆先生的家庭，目前流动性资产是 101 万元，每月支出是 7000 元左右。此家庭的流动性比率为 1010000 ÷ 7000 = 144.29，无负债，活期存款很多。优势是可以应付突发事件，意外风险；不足是活期存款太多，收益性太弱。

3. 除银行储蓄外，李昆家庭没有建立有效的理财工具搭配，所以这个家庭的现状是，稳定有余而收益不足，会严重影响资产的收益性和未来应对风险的能力。

二、现金规划设计

操作动画：现金规划

文本：小额贷款之京东白条、蚂蚁花呗对比分析

在个人或家庭的理财规划中，现金规划既能够使所拥有的资产保持一定的流动性和一定的收益性，甚至能明确地体现家庭收入和支出情况，同时还能达到合理规划家庭支出与收入之间的平衡。

1. 家庭生活费用支出。李昆家庭每月支出共计 7000 元，家庭一年的消费支出现金共计 9 万元左右，这一部分资金可以采用组合存款的方式，满足家庭每月现金支出的同时又保证了较好的收益性。即 1 万元现金、2 万元活期存款、3 万元 3 个月定期存款、3 万元 6 个月定期存款。1 万元现金、2 万元活期存款，至少可以满足家庭 3 个月的消费支出，配合以 3 个月、6 个月的定期存款，保证了家庭现金流的连续，使其银行存款合理地运转起来。

在满足了基本的家庭消费支出后，还需建立一个家庭紧急备用金账户。

2. 家庭应急准备金。家庭紧急备用金预留 3 万元，采用货币市场基金形式，家庭在急需用资金的时候，可以通过赎回很快变现。同时单独设立妻子工资账户（每月 2000 元），每年 26000 元，作为家庭紧急备用金的补充。为了使应急备用金部分更为完善，可以办理一张银行信用卡，将每月的透支额度限定为 1 万元。

技能训练

【实训任务】请结合下文案例，为康先生的家庭制订合理的现金规划方案。

【案例阅读】康先生，38 周岁，某上市公司中层职员，税后年薪 12 万元；康

太太，36周岁，某银职员，税后年薪7.2万元左右，有时在外兼职，年薪为1.2万元。夫妇两人有一个儿子，今年六周岁。双方父母健在，享受退休金及医疗保险，独立生活，经济富裕。康先生家庭的资产负债及收入情况如表7-4、表7-5所示。

表7-4　资产负债表　单位：元

资产		负债	
项目	金额	项目	金额
现金	10000	房屋贷款	680000
活期存款	20000		
定期存款	50000		
股票	50000		
国债	20000		
各类基金	130000		
住房	2200000		
汽车	200000		
资产合计	2680000	负债合计	680000
净资产			2000000

表7-5　现金流量表　单位：元

收入		支出	
项目	金额	项目	金额
工资	192000	房屋贷款	81000
理财收益	10000	养车费用	210000
房租收入	12000	旅游费	5400
兼职	120000	衣物购置	5600
其他收入	20000	医疗费用	2000
收入合计	226000	支出合计	126000
年净结余			100000

模块二　消费支出规划设计

▶▶工作实例

客户：申先生实例

申先生今年27周岁，在广州某国企工作，广州户口，收入比较稳定，年税后收入是 16 万元，收入年平均增长率为 5%，之前有储蓄 10 万元，是稳健型投资者，年平均投资报酬率为 4%，无房无车。银行的最高贷款是房价总额的 70%，贷款利率为 4.9%，申先生希望 3 年后实现购房目标。理财师了解到申先生拟在 3 年后购房，其理想居住面积是三房二厅，大约 100 平方米，经过综合比较，申先生看中的区域目前大约是 10000 元/平方米，预计未来房价仍有 5% 的增长率，申先生预计贷款 30 年。

请问：作为理财师的你，应该如何帮助申先生进行购房规划？

业务一 住房消费规划设计

消费支出规划是基于一定的财务资源下，对家庭消费水平和消费结构进行规划，以达到适度消费、稳步提高生活质量的目标。家庭消费支出规划是理财业务不可或缺的内容，如果消费支出缺乏计划或者消费计划不得当，家庭很有可能支付过高的消费成本，甚至会导致家庭出现财务危机。

➢ 工作实例分析

理财师要为申先生做消费规划，在分析申先生财务状况的基础上，要了解申先生购房时间、居住需求等，对影响申先生住房消费的因素进行分析。首先我们来了解住房规划的基本流程。

步骤一 认知住房消费规划

住房消费规划包括租房、购房、换房与房屋规划。住房规划是否合适，会对家庭资产负债状况与现金流量产生重要的影响。

（一）确定居住需求

住房规划首先是要确定居住需求。根据家庭人口数量及对环境的要求制定住房规划目标，目标包括房屋面积、地段、外部交通状况等，事实上购房后房产不仅可以用于个人消费，还有显著的投资价值，对于一般客户来说购买房产首先是满足自己的居住需求，这是纯粹的消费需求。除此之外，还有些客户购买房产是为了获取差价收入或租金收入而进行房产投资，如图 7－1 所示。本模块讲解纯粹的住房消费需求。

微课：认知住房消费规划

PPT：认知住房消费规划

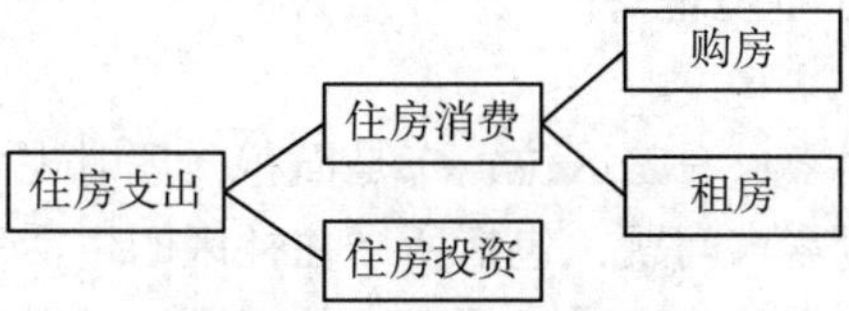

图 7－1 住房支出需求

（二）租房与购房决策

当居住需求确定以后，根据目前个人的资产状况、收入状况、工作性质、居住要求、生活质量等实际情况，作出是租房还是购房决策。租房与购房选择的年成本法和净现值法在项目六中已经阐述，在此不再赘述。

（三）制订购房规划

如果决定购房，则根据个人或家庭的资产和收入状况、购房需求估算购房总价，进而制订房贷计划，作出合理的购房决策。

➢ 工作实例分析

理财师了解到申先生拟在 3 年后购房，其理想居住面积是三房二厅，大约 100 平方米，经过综合比较，申先生看中的区域目前大约是 10000 元/平方米，预计未来房价仍有5%的增长率，申先生预计贷款 30 年。理财师要根据申先生的购房需求，作出财务决策，进而编制购房方案。

步骤二　编制购房消费方案

操作动画：购房财务规划

对于经过计算决定购房的客户而言，如何实现购房目标就成为购房规划的关键。购房的目标包括客户家庭计划购房的时间、希望的居住面积、届时房价三大要素。一般情况下，在给客户制订购房规划时，可以从以下几步入手：

1. 跟客户进行充分交流，确定客户有购房意愿，并了解客户的购房目标。
2. 收集客户的财务及非财务信息，包括家庭组成、家庭收入、支出情况以及家庭现有的资产负债等。
3. 分析客户的财务及非财务信息，并作出评价。
4. 帮助客户确定购房目标，包括购房的时间、可负担的房价及可购买的面积等。
5. 帮助客户进行贷款规划，选择何种贷款方式、还款方式及还款期限等，并运用相关税法及法律知识，为客户提供必要的支持。
6. 购房计划的实施，即按规划进行资金准备、购房、贷款、还款的过程。
7. 根据客户未来情况的变动，对规划作出及时的调整。

步骤 1～3 的工作在项目一、项目二中已经介绍过，在此不再赘述。

一、了解购房的环境需求

房价取决于两个因素：一是区位；二是面积。理财规划师必须综合考虑客户的负担能力，以及环境需求问题，包括所居住社区的生活质量、上班的距离、子女上学、配套设施等，都是购房时必须考虑的问题。理财规划师在为客户提供购房建议时，一定要仔细分析客户目标住房与能承担房价的适应性。

二、确定购房的财务决策

（一）购房负担能力分析

购房资金的总价包括房款（首付款、贷款）、相关税费，其他费用。

购房首付款的筹备与购房后贷款的负担，对家庭现金流量与生活水平有较大的影响，因此，需要在购房前对购房负担能力进行分析，从而确定一个合理的能够负担得起的房屋总价。具体方法有以下两种：

1. 以储蓄与还款能力估算负担得起的房屋总价。

可负担的购房首付款 = 目前可用于购房的资产在未来购房时的终值
+ 以目前到未来购房这段时间内年收入在未来购房时的终值
× 年收入中可负担首付比例的上限

可负担的购房贷款 = 以未来购房时年收入为年金的年金现值
× 年收入中可负担贷款的比率上限

可购买房屋总价 = 可负担的购房首付款 + 可负担的购房贷款

可负担房屋单价 = 可负担房屋总价 ÷ 需求房屋面积

【案例 7-1】 杨先生预计今年年底年收入 12 万元，以后每年增长 3%，每年储蓄比率 30%。目前杨先生有存款 5 万元，打算 5 年后买房，房屋面积为 100 平方米。杨先生的投资回报率 5%，准备贷款 20 年，计划采用等额本息还款，房贷利率 4.9%。

（1）杨先生可负担的购房首付款是多少？（2）可负担房贷多少？（3）可负担房贷总价是多少？（4）可负担房屋单价是多少？

【案例解析】

（1）可负担的购房首付款见表 7-6，可负担的首付款为 274427.4 元。

表 7-6　负担的购房首付款明细　单位：元

年度	年收入	年储蓄	储蓄部分在购房时的终值
0		50000	63814
1	120000	36000	43758.23
2	123600	37080	42924.74
3	127308	38192.4	42107.12
4	131127	39338.1	41305.01
5	135061	40518.3	40518.3
终值总计			274427.4

（2）可负担房贷：

第六年的年收入 $= 120000 \times (1+3\%)^5 = 120000 \times (F/P, 3\%, 5) = 139112.9$（元）

第六年收入中可负担贷款的部分 = 139112.9 × 0.3 = 41733.87（元）

可见，等额本息还款法下每年还贷金额不超过 41733.87 元。

则，可负担房贷总额 = 41733.87 × (P/A, 4.9%, 20) = 524534.55（元）

（3）可负担房贷总价 = 可负担首付款 + 可负担房贷总额 = 274427.4 + 524534.55 = 798961.95（元）

（4）可负担房屋单价 = 798961.95 ÷ 100 = 7989.62（元）

2. 按想购买的房屋价格来计算每月需要负担的费用。

欲购买房屋总价 = 房屋单价 × 需求面积

需要支付的首付款 = 欲购买房屋总价 × (1 - 按揭成数)

需要支付贷款金额 = 欲购买房屋总价 × 按揭成数

每月摊还的贷款本息费用 = 需要支付的贷款部分的以月为单位的准年金值

【案例 7-2】小张欲购买 100 平方米的房子，目前市场上一般价格是 2 万元/平方米，则欲购买 100 平方米的房子费用是 200 万元。贷款最多 7 成，期限 30 年，贷款利率 4.9%，等额本息还款。小张需每月还款多少？

【案例解析】

需要支付的首付款 = 200 × (1 - 70%) = 60（万元）

需要支付贷款金额 = 200 × 70% = 140（万元）

每月摊还的贷款本息费用 = 1400000 ÷ (P/A, 4.9%/12, 360) = 7430.17（元）

所以，如果每月除了应付日常生活外，还能结余 7431 元，则可以购买目标住房。

（二）确定购房目标后的筹资规划

在购房规划财务决策中，以确定购房目标和购房时间后，可以通过分析客户现有的资金量，制订具体的筹资计划，从而使购房时有足够的资金来支付首付款及相关费用，如图 7-2 所示。

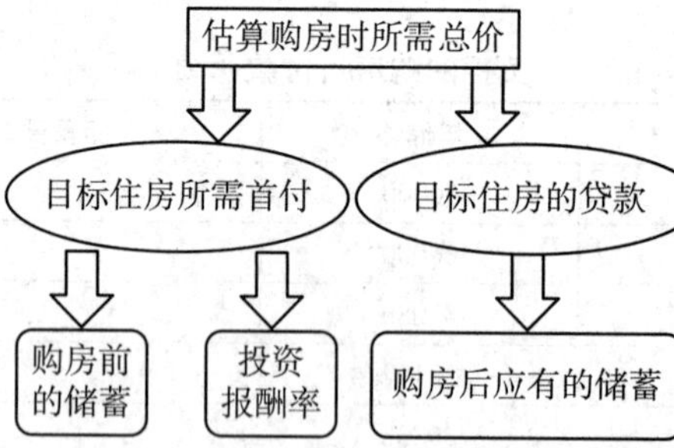

图 7-2 确定购房目标后的筹资计划

➢ 工作实例分析

申先生购房规划设计

对于申先生而言，想实现买房目标，需要计算分析接下来购买前及购房后每年的储蓄率是多少？做到心中有数，以便合理规划生活开支。

申先生目标住房的当前总价 = 1 × 100 = 100（万元）

3 年后的目标房价 = 100 × (F/P, 5%, 3) = 115.76（万元）

目标住房所需的首付款 = 115.76 × (1 − 70%) = 34.73（万元）

目标住房所需贷款 = 115.76 × 70% = 81.03（万元）

10 万元的储蓄 3 年后的终值 = 10 × (F/P, 4%, 3) = 11.25（万元）

假定申先生购房前的应有储蓄率为 s，则：

第一年储蓄终值 = 16 × s × (F/P, 4%, 2) = 17.31s

第二年储蓄终值 = 16 × (1 + 5%) × s × (F/P, 4%, 1) = 17.47s

第三年储蓄终值 = $16 \times (1+5\%)^2 \times s = 17.64s$

五年后申先生共有资金累积 = 17.31s + 17.47s + 17.64s + 11.25 = 52.42s + 11.25

则 52.42s + 11.25 = 34.73

申先生购房前的应有储蓄率 s = (34.73 − 11.25) ÷ 52.42 × 100% = 44.79%

购房后，申先生如果采用等额本息还款方式，则：

每年应还贷本利和 = 81.03 ÷ (P/A, 4.9%, 30) = 5.21（万元）

申先生第 4 年的年收入 = $16 \times (1+5\%)^3 = 18.52$（万元）

第 4 年应有的储蓄率 = 5.21 ÷ 18.52 × 100% = 28.14%

可见，申先生如果在购房前储蓄率达到 44.79%，而购房后达到 28.14%，是不难实现他的购房目标的。

三、确定购房的相关税费

税费是国家调控房地产的重要手段，理财规划师要关注最新的税费情况，为客户提供合适的购房规划。

1. 购买一手房时发生的税费。

（1）契税。非北上广深地区。购买首套房：若房屋面积≤90 平方米，契税税率为 1%；若房屋面积 >90 平方米，契税税率为 1.5%；购买二套房：若房屋面积≤90 平方米，契税税率为 1%；若房屋面积 >90 平方米，契税税率为 2%；购买三套或以上套数住房、非住宅：不论房屋面积大小，契税税率为 3%，无减免情况。

北上广深地区。首套房契税政策同上；二套房和非普通住宅，契税为 3%。

注意，新房的契税，按照房屋的成交价格来计算，即成交价格乘以对应的契税比例。通常契税跟着首付款一起缴，开发商代收。交纳相关费用，开发商会出具正式的购房发票。

操作动画：个人住房商业性贷款

操作动画：个人住房组合贷款

◆ 拓展阅读

何谓非普通住宅

1. 住宅小区建筑容积率在 1.0 以下（不含 1.0）；

2. 建筑面积在144平方米以上（含144平方米）；

3. 实际成交价格高于该区市场指导价。

以上三点只要符合一个，即为非普通住宅。反之则为普通住宅。

（2）房屋维修基金。

按照房屋的面积征收，一般是30～100元/平方米不等。电梯房、楼梯房、高层和小高层，征收标准略有不同。

（3）物业管理费。从收房日，即以购房人验收房屋合格之日起开始计算。如开发商发出入住通知书后，购房人无正当理由不进行收楼的，物业管理费可以从发出入住通知书一个月后开始计算。一般先交三个月，产权人长期不住的房屋或开发商未售出的空置房，均应交纳物业管理费。

（4）印花税。在订立合同时就直接缴纳，总房款的0.05%，一般跟首付款一起缴，以便于开发商统一办理合同登记和房产证。

（5）其他费用。权证印花税5元/户，权证登记费80元/套，非住宅550元/套。

2. 购买二手房时发生的税费。

（1）契税。同一手房的规定相同。

（2）中介费。在二手房交易过程中，中介为买方提供了服务，因此要收取一定的服务费。一般为房屋成交价格的1%～3%，不同中介公司，中介费略有差异。

（3）个人所得税。一般征收房屋价款的1%，或者两次交易差额的20%。“满五唯一”的房子，免征个税。即该房屋为出售人的唯一住房，且不动产证满了五年，则可以免征个税。

（4）印花税。住宅免征。

（5）其他。权证印花税5元/户；权证登记费，住宅80元/套，非住宅550元/套。

➢ 工作实例分析

通过前述分析，我们已经知道申先生有支付首付款和偿还贷款的能力。理财师接下来的工作就是为申先生选择适合他的贷款和还款方式。

操作动画：购房与租房

步骤三 选择住房贷款方式

操作动画：房贷计算器

对多数人来说，买房的花销太大，大部分人不能一次性付清所有购房款项，因此，房贷的选择是购房必须考虑的重要因素。

1. 个人住房商业性贷款。商业性个人住房贷款，是银行用其信贷资金所发放的自营性贷款，俗称“按揭”。具体指具有完全民事行为能力的自然人，购买本市城镇自住住房时，以其购买的产权住房（或者银行认可的其他担保方式）为抵押，作为偿还贷款的保证而向银行申请的住房商业性贷款。个人住房商业性担保贷款有三种贷款担保方式可供借款人选择，这三种贷款担保方式为住房抵押、权利质押和第三方保证，借款人可以根据自己情况选择其中一种。贷款期限一般从5～30年不等，各家银行规定有所不同。住房贷款最长期限不得超过30年，贷款期限与借款人年龄之和原则上不得超过65周岁，但符合银行规定的中高端客户可以延至70周岁。

2. 个人住房公积金贷款。住房公积金制度是为解决职工家庭住房问题的一种政策性融资渠道。住房公积金由国家机关、事业单位、各种类型企业、社会团体和民办非企业单位及其在职职工各按职工工资的一定比例逐月缴存，归职工个人所有。住房公积金专户存储，专项用于职工购买、建造、大修自住住房，并可以向职工个人住房贷款，具有义务性、互助性和保障性特点。住房公积金贷款利率比商业银行住房贷款利率低，贷款期限一般不超过30年。

个人住房公积金贷款为政策性住房公积金发放的委托贷款，指缴存住房公积金的本市职工，在本市城镇购买、建造、翻建、大修自住住房时，以其所拥有的产权住房为抵押物，作为偿还贷款的保证而申请的住房公积金贷款。

3. 个人住房组合贷款。符合个人住房商业性贷款条件的借款人又同时缴存住房公积金的，在办理个人住房商业贷款的同时还可以申请个人住房公积金贷款，即借款人以所购本市城镇自住住房（或其他银行认可的担保方式）作为抵押可同时向银行申请个人住房公积金贷款和个人住房商业性贷款。

需要特别注意的是，组合贷款中的贷款人必须相同，其中公积金贷款部分及住房商业性贷款部分的贷款期限必须一致。

➢ 工作实例分析

通过前文计算，申先生目标购房首付需34.73万元，贷款81.03万元。根据申先生财务状况，可以稍微多缴纳首付款，贷款80万元。申先生为国企员工，每月缴存住房公积金，符合公积金贷款条件。根据计算，申先生可以按照广州住房公积金最高贷款额度60万元进行贷款，故申先生可以选择期限为20年的组合贷款：20万元的住房商业性贷款，贷款利率4.9%；60万元的住房公积金贷款，贷款利率3.25%。

微课：购房规划案例分析

步骤四　选择住房还款方式

借款人在获得住房贷款后，必须定期向银行归还本息。住房贷款利率较高，期限也较长，客户将支付较多的贷款利息，理财规划师应该帮助客户制订合适自己的还款方式。

PPT：住房消费规划案例分析

1. 等额本息还款法，是指在贷款期限内每月以相等的金额平均偿还贷款本金和利息的还款方式，每月等额偿还贷款本息是个人住房抵押贷款中最常见的一种还款方式。计算公式如图7－3所示。

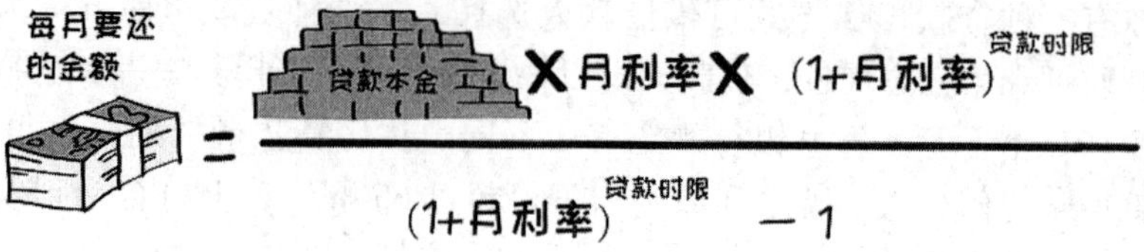

图 7-3 等额本息还款法

因为等额本息还款法下每月偿还的本利和不变，因而也可以直接用货币时间价值公式计算每月还款额：

每月还款额 = 贷款本金 ÷ (P/A，i，n)

其中，i 是贷款月利率，n 为贷款期数。

【案例 7-3】 申先生向银行申请了 20 年 20 万元贷款，利率 4.9%。等额本息还款下，每月还款额是多少？

【案例解析】

方法 1：

$$每月还款额 = \frac{200000 \times 4.9\%/12 \times (1+4.9\%/12)^{20\times12}}{(1+4.9\%/12)^{20\times12}-1} = 1308.89(元)$$

方法 2：每月还款额 = 200000 × (A/P，4.9%/12，240)

(A/P，4.9%/12，240) 的系数计算较为繁杂，可用 EXCEL 软件，输入 PMT 函数进行计算，直接求得每月还款额为 1308.89 元，如图 7-4 所示。

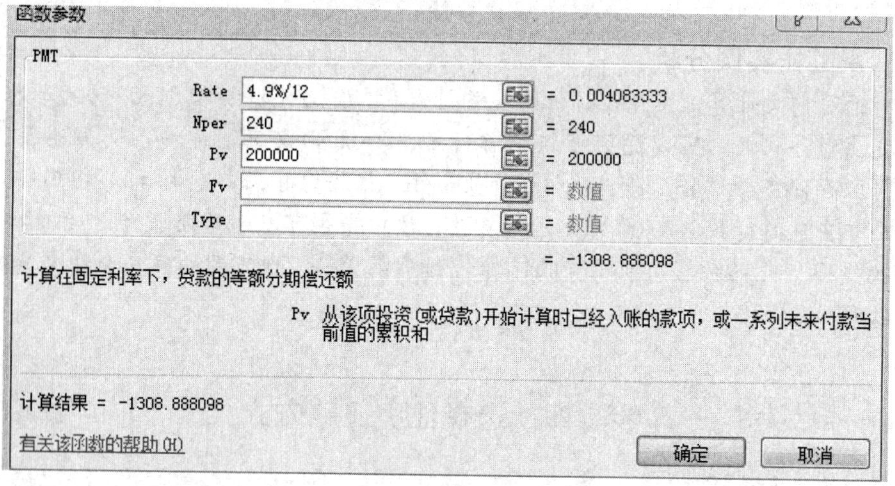

图 7-4 PMT 函数计算每月还款额

同理，当申先生申请利率 3.25%、60 万元的住房公积金贷款时，等额本息情况下，每月需偿还本息和 3403.17 元。

2. 等额本金还款法，是指贷款人将本金分摊到每个月内，同时付清上一交易日至本次还款日之间的利息。这种还款方式相对等额本息而言，总的利息支出较低，但是前期支付的本金和利息较多，还款负担逐月递减。其计算公式为：

每月还款额 =（贷款本金 ÷ 还款月数）
+（贷款本金 − 已归还本金累计额）× 月利率

【案例 7－4】 等额本金还款下，申先生每月还款额是多少？

【案例解析】

每月偿还本金 = 200000/240 = 833.33（元）

第 t 月偿还利息 = [200000 −（t − 1）× 833.33] × 4.9%/12

第 1 月偿还利息 = [200000 −（1 − 1）× 833.33] × 4.9%/12 = 816.67（元）

第 2 月偿还利息 = [200000 −（2 − 1）× 833.33] × 4.9%/12 = 813.26（元）

……

最后 1 月偿还利息 = [200000 −（240 − 1）× 833.33] × 4.9%/12 = 3.41（元）

由上得知，在等额本金还款方式下，每月偿还贷款的本息和分别是 1650 元、1646.59 元……836.74 元。

同理，当申先生申请利率 3.25%、60 万的住房公积金贷款时，等额本金情况下，每月偿还贷款的本息和分别是 4125 元、4118.23 元……2506.77 元。

在贷款时间相同是条件下，等额本金初始月的还款金额高于等额本息的月还款额，以后逐月降低，但贷款利息总和等额本息高于等额本金。

➢ 工作实例分析

等额本金初始月的还款金额高于等额本息的月还款额，等额本金前期还款压力较大，申先生每月收入较稳定，适合等额本息还款法。其中住房商业性贷款 20 万元每月偿还本息和 1308.89 元，住房公积金贷款每月偿还本息和 3403.17 元，共计 4712.06 元。

业务二　汽车消费规划设计

2021 年我国汽车销售量达 2627.5 万辆，连续十年蝉联全球第一。对一般家庭而言，汽车消费是许多家庭除了购房之外的最大额的单笔消费，需要合理筹划。

➢ 工作实例分析

业务一已经为申先生完成了住房消费规划。购房一段时间后，申先生考取了驾照，想买一辆 20 万左右的小型汽车，目前存款 10 万元。购车有哪些费用，申先生是否符合汽车贷款条件，选择何种贷款方式，理财师按照下列步骤来帮助申先生制订最优汽车消费方案。

微课：认知汽车消费规划

PPT：认知汽车消费规划

操作动画：汽车消费规划

步骤一　了解汽车消费的费用

在购车时，除了购车价格，还涉及一些必要费用，如购置税，上牌费用、车船税、交通事故责任强制保险。另，买主可以根据自身需要购买一些商业保险，如第三者责任险、车辆损失险、自然损失险、车上人员责任险等。

➢ 工作实例分析

根据申先生20万元预算为基础，算出必要花费为18964元。另考虑到申先生刚拿到驾照，驾龄短，以防万一，建议其购买比较齐全的商业保险，共计6466元。申先生购车预计总花费22.6万元。目前，申先生存款10万元，不足以全款购车，需要贷款购车。

必要花费	小计：18964元
购置税	17094元
上牌费用	500元
车船税	420元
交强险	950元

商业保险	小计：6466元
第三者责任险	1270元
车辆损失险	2185元
全车盗抢险	1100元
玻璃单独破碎险	620元
自然损失险	300元
不计免赔特约险	691元
乘客座位责任险	216元
司机座位责任险	84元

步骤二　了解个人汽车消费贷款

文本：汽车金融之弹性信贷

一、个人汽车银行消费贷款

个人汽车消费贷款是银行向申请购买汽车的借款人发放的人民币担保贷款。实行“部分自筹、有效担保、专款专用、按期偿还”的原则。

1. 贷款对象。具有完全民事行为能力的中华人民共和国公民，或在中华人民共和国境内连续居住一年以上（含一年）的港、澳、台居民以及外国人。

2. 贷款条件。申请汽车贷款的个人必须满足以下条件：具有完全民事行为能力的自然人；个人身份有效证明；具有合法的足够偿还贷款本息的能力；个人信用良好；持有贷款行认可的购车合同、协议或购车意向书；提供贷款认可的有效担保；能够支付规定限额的首期购车款能力证明；贷款行规定的其他条件。

3. 贷款限额。不同银行对贷款限额要求有差异，具体可查看各银行官方网站。以中国银行为例，一般客户贷款限额原则上不高于汽车价格的60%，由优质客户提供担保的原则上不高于汽车价格的70%。

4. 贷款期限。原则上不应超过3年（含3年）；最长不超过5年（含5年）。

5. 贷款利率。一般客户贷款利率执行基准利率，原则上不得低于基准利率；优质客户贷款利率经省级分行批准，可以在基准利率基础上适当下浮，下浮比例不得超过10%。

6. 贷款担保。各行规定不同，以中国银行为例：借款人需提供足值、有效的担保，作为可靠的第二还款来源。其中，一般客户必须提供下列任两种担保方式，优质客户可以提供下列任一种担保方式，即所购车辆抵押、第三方（自然人或法人）不可撤销的连带责任担保、除所购车辆外的财产抵/质押、总行认可的其他担保方式。

7. 贷款保险。各行规定不同，以中国银行为例：应根据中国银行的要求办理抵押物保险，保险期不得短于借款期限，投保金额不得低于贷款本金和利息之和。

8. 还款方式。一年期（含）以下的贷款可以与银行商定按月（季）或到期一次性还本付息。一年期以上的采用按月（季）偿还贷款本息的方式，常用还款方式有等额本息还款法和等额本金还款法。

二、了解汽车金融公司贷款

汽车金融公司，是指经中国银行保险业监督管理委员会批准设立的，为中国境内的汽车购买者及消费者提供金融服务的非银行金融机构。

汽车金融是指消费者在购买汽车需要贷款时，可以直接向汽车金融公司申请优惠的支付方式，按照自身的个性化需求，来选择不同的车型和不同的支付方法。对比银行，汽车金融是一种购车新选择。目前，中国市场上主要的汽车金融公司有十几家，各公司所提供的金融产品既有相同又各有特色，分别适用于不同的车型，如表7-7所示。

表7-7　中国主要的汽车金融公司

序号	公司名称	序号	公司名称
1	上汽通用汽车金融有限责任公司	6	一汽公司金融有限公司
2	大众汽车金融公司	7	宝马汽车金融有限公司
3	丰田汽车金融有限公司	8	东风标致雪铁龙汽车金融有限公司
4	福特汽车金融有限公司	9	沃尔沃汽车金融（中国）有限公司
5	梅赛德斯—奔驰汽车金融有限公司	10	合智思创汽车金融风控有限公司

步骤三 银行贷款与汽车金融公司贷款比较

微课：汽车消费规划案例分析

PPT：汽车消费规划案例分析

1. 从贷款品牌看，银行选择更多。通常汽车金融公司只对旗下品牌提供车贷服务，而银行可以提供多品牌车型的车贷服务，为消费者提供更多选择。

2. 从贷款门槛看，银行高于汽车金融公司。银行对车贷申请人的收入、抵押物等资产证明看得比较重，通过银行贷款购车时一般需要购车者提供户口本、居住证明、职业和个人收入证明等资料，同时还要提供担保所需的证明或文件等。

汽车金融公司的车贷放款标准相对较松，只要购车者有固定的职业和居所、稳定的收入及还款能力，个人信用良好，就可以申请办理贷款购车，对贷款人的户口所在地、有无房屋等都没有限制。在整个申贷过程中，消费者的个人信用是决定其能否顺利申请到贷款的重要因素。

3. 从首付比例看，银行高于汽车金融公司。许多汽车金融公司要求的首付款最低为车价的20%，最长贷款年限为5年，很大程度上缓解了购车者的前期资金压力。而一般的银行车贷首付大多为30%，甚至更多，车贷年限一般为3～5年。

4. 从贷款利率和其他费用看，银行低于汽车金融公司。通常情况下，商业银行的车贷利率是按照中国人民银行规定的同期贷款基准利率来设定的。汽车金融公司的利率均要高于银行，按照首付比例的不同设立不同的利率标准，一般要比贷款基准利率高出1～3个百分点。虽然银行利率低，但需要缴纳各项杂费，而汽车金融公司无杂费。

5. 从贷款方式看，汽车金融公司选择更多。银行还款方式基本以标准信贷为主，而汽车金融公司在标准信贷的基础上推出了弹性信贷，贷款方式更多样、灵活，如智慧贷款、无忧贷款等。此外，汽车金融公司还会根据某个单一车型或单一品牌推出“免利息”“零手续费”“低首付”等活动，以吸引更多消费者。

银行贷款与汽车金融公司贷款比较结果见表7－8。

表7－8　　银行贷款与汽车金融公司贷款比较

项目	银行贷款	汽车金融公司
汽车品牌	多	少
贷款门槛	高	低
首付	高	低
利率	低	高
贷款方式	标准信贷	弹性信贷

技能训练

【实训任务】请同学们根据案例中给出的信息，为小王完成他的购房规划。

【案例阅读】小王现年27周岁，在某著名会计师事务所工作，工作比较稳定。小王年税后收入是15万元，存款20万，事务所员工的收入年平均增长率是3%。小王拟在4年后实现拥有自有住房的梦想，经过交通等方面的综合考虑，小王希望未来能在单位附近购房，目前该区的房价普遍较高，大约为2万元/平方米，预计未来房价仍有3%的年增长率。小王的理想居住面积是三房两厅，约90平方米。银行的最高贷款额度是房价总额的7成，未来贷款利率大约是4.9%。而小王打算贷款30年。小王属于稳健型的投资者，年平均投资收益率为4%。小王从现在开始应如何储蓄，才能实现他的购房梦想？

模块三　教育规划设计

▶▶工作实例

客户：李先生实例

李先生的女儿媛媛今年6周岁，正常情况下她将在18周岁上大学。媛媛有两类高校可以选择：普通大学和重点大学。以现在的物价水平，假如重点大学的学费、生活费加上住宿费等4年合计需要8万元，而普通大学的学费、生活费加住宿费每年需要3万元，4年合计12万元。本科毕业后，媛媛22周岁，如果想要进一步读研究生，那么她也有两种选择：在国内读研或出国读研。在国内自费读研，生活费加上学费等总共需要5万元，而出国自费读研2年，在欧美的费用2年大概需要60多万元人民币，在韩国等国家则需要30万元人民币左右。考虑到媛媛现在的智力水平一般，出于谨慎起见，李先生选择学费较贵的大学作为本科教育规划的对象。对于本科以后的深造规划，由于国内考研竞争激烈，李先生决定送她到欧美国家自费留学。

➤ 工作实例分析

理财经理在充分了解李先生对女儿的教育规划需求后，结合之前的客户风险偏好，以及客户家庭的基本情况，在考虑为李先生编制教育规划时，要先明确李先生对家庭教育理财的目标，然后根据掌握的该家庭目前的财务信息与非财务信息后，分析其家庭教育资金应对未来目标需求是否存在缺口，以及缺口具体有多大？并在此基础上，进一步为李先生进行相关资金的测算和资金的配置安排，从而最终形成完整的教育规划方案。

微课：认知教育规划

PPT：认知教育规划

步骤一　认知教育规划

一、家庭教育规划的主要内容

教育规划是对家庭成员目前和未来教育事项进行安排的理财过程，其目标是顺利实现家庭成员的不同的教育期望。教育规划是一种人力资本投资，不仅可以提升家庭成员的文化水平和生活品位，还可以提升被教育者的智力和学力。

早在20世纪60年代，就有经济学家把家庭中对子女的培养看作是一种投资行为，即在子女成长的初期，父母为使子女获得良好的教育而进行投入；当子女成年后，可以获得的收益远大于对其培养投入的财富，因此从这个角度看，子女教育投资无疑是个人财务决策中最富有回报价值的一项。同时结合我国国情也不难看出，大部分的家庭为了使自己的子女获得较好的受教育条件和机会不惜倾其所有，更有“再穷不能穷教育，再苦不能苦孩子”的说法。因此子女家庭教育在我国的家庭理财规划中占据着举足轻重的地位。

二、教育规划应遵循的原则

（一）尽早准备，宜多不宜少

一般来讲，子女从接受高等教育开始，不论是国内或者国外，其开销和费用都会比之前猛增一倍甚至几倍，为避免家庭在用钱高峰期时收入跟不上支出，教育金需要事先准备。而且准备得越早，根据时间价值，其终值越多，未来的财务负担也就越小。另外，规划未来的教育金需求应该尽量宽松，宜多不宜少。子女教育规划是一个伴随孩子成长，具有一定的可变性和不确定性，譬如孩子在某些美术、音乐等才艺方面很有天分，那所需的培养资金就会更多。

（二）专款专用，刚性需求

由于子女教育金是伴随孩子求学成长发育所必须的需求，因此在时间甚至是金额上，都是一种刚性需求，不可压缩，不可更改。譬如在上学期间的择校费，学校的辅导班以及课外的兴趣班，以及求学期间的学费、生活费等。

（三）谨慎选择投资组合工具

教育金也并非一味求多，所以在进行投资工具的选择时万不可因筹资的压力而选择高风险的投资工具。因为，本金遭受损失对未来子女教育的不利影响则会更大。要根据收益与风险相匹配的原则，树立正确的风险价值观，任何可能获得高收益的投资都将伴随着高风险，所以，基于教育金的需求特点，投资还是需要坚持稳健性原则。

步骤二　教育金需求分析

1. 中小学学杂费。我国的九年制义务教育当前采取一费制，免学费，只缴杂费、制服费、书本费等。以城镇为例，小学每年平均教育支出约在1000元左右，初中每年平均教育支出约在1500元左右。这对于一般城镇家庭而言负担不算太重。高中阶段开始收取学费，以广州地区为例，现阶段重点高中每学期约1500～2500元，一般高中约为1500元。公立高中每年学杂费、书本费、制服费等合计在3000～5000元。

2. 高等教育学杂费。据统计，我国普通高校的学费已从1995年的平均每年约800元上升到2019年的6000元。住宿费由1995年的平均每年约270元上升至2019年的1200元，再加上书本与其他生活费用，平均每年的费用在20000元左右。

3. 研究生学杂费。自2014年起取消公费研究生，当前国内的研究生（包括硕士生和博士生）都是自费生。学术型硕士，各大高校和科研院所的收费标准为每年8000～10000元。专业型硕士，则根据学校不同，学费差距较大，每年8000～30000元不等。但高校和科研院所均会保留新生奖学金等项目以对冲高学费的压力。另外，全日制研究生（包括硕士生和博士生）每月均有一定金额的研究生津贴补助。

4. 才艺班支出。除了学历教育，社会上的各种类型培训课程也是许多家庭的重要教育支出，包括各种音乐、美术、运动、奥数、多元智能、儿童英语与计算机编程等课程。按每周活动一次，每次平均150元，每期3个月，收费1800元计算，同时上两三个才艺班，每年至少也要6000元。特殊才能如钢琴、芭蕾舞等费用更高，每年才艺班费用支出1万元以上的家庭甚多。表7－9是各类学校现阶段年学费的大致范围。

操作动画：教育费用需求分析

操作动画：教育储蓄

操作动画：教育保险

操作动画：教育资金来源

微课：子女教育需求分析

表7－9　各类学校现阶段年学费范围　单位：元

学程	公立学校	私立学校
幼儿园	5000～10000	15000～30000
小学	1000～2000	20000～40000
初中	1200～3200	20000～50000
高中	3000～5000	20000～60000
中专	3000～5000	15000～25000
大学	15000～20000	35000～50000
研究生	学硕8000～10000	专硕8000～30000

5. 出国继续求学的教育投资。时下出国求学成了越来越多人的选择，在帮助孩子完成国内的求学生涯后，很多家长需要再接再厉为孩子准备出国留学的各项费

用。现阶段出国的费用支出额度可大致参考表 7 - 10 和表 7 - 11。面对巨额的教育费支出，为了孩子们的将来，家长们确实需要好好规划一番，做到未雨绸缪。

表 7 - 10 出国留学准备阶段的费用

托福等考试费用	约 1700 元
外语培训费	约 20000 元
签证费用	约 1200 元
院校申请费用（人民币汇率按 1 比 6.8）	每所 100 美元 ×5 ×6.8 =3400（元）
机票	单程 1000 美元 ×6.8 =6800（元）
设备	自带笔记本电脑约需人民币 10000 元
生活必备品	约需人民币 5000 元
合计	48100 元

表 7 - 11 国外求学阶段所需的开销

学费	发达国家：英、美、澳、加的平均一年学费约为 150000 元 亚洲国家：韩国 60000 元、日本 60000 元、马来西亚 70000 元
年生活费	欧、美、澳、日约需 150000 元，其他国家约需 70000 元
教材费	每年 5000 元
交通、网费	每年 5000 元
探亲费	每年 10000 元
合计	每年约需 140000 元（韩国） 320000 元（欧美国家）
若平均就读时间为两年	所需费用为 280000 元（韩国）640000 元（欧美国家）

步骤三　掌握教育规划的流程

一、教育金总需求分析

通常教育负担比高于 30% 的家庭就应该提前去为子女进行教育规划。规划的前提是要先了解父母对子女的未来教育目标，主要包括两部分：第一，要充分考虑客户子女的年龄（也即可规划时长）；第二，客户对子女的教育期望以及子女实际的能力表现。

理财经理在进行教育规划时，需要了解客户子女当前的年龄，以此确定可规划的时间以及分析其需求的紧迫性及数额。如果客户子女目前只有 2 周岁，则其教育投资策划的时间为 16 年（加上子女只进行高等教育金准备，且在 18 周岁时读大学）；如果客户的子女现已 14 周岁，则只有 4 年的时间来进行筹资规划。对于这两种客户而言，由于可以规划的时间长短不同，则教育需求的紧迫性就有本质差别，相对应的教育金投资金额和投资的方式也会截然不同。一般来说，时间越长，需求越不紧迫，规划方案后期可调整的空间就会比较大。

另外，结合我国当前的教育体制，家庭教育支出最多的是在高等教育阶段，但如果父母对子女有较高的期望和经济实力，希望子女享受更高的教育资源（譬如学位房、择校费、才艺班、私立学校、国外求学等），都需要比较多的费用，因此在进行规划前，理财经理要充分了解客户对子女的教育期望，结合子女的能力表现，从而确定一个合理的教育金需求。

然后再去估算各个阶段需要的教育总费用，在进行费用估算时遵循以下步骤：

（1）预设一个通货膨胀率（生活费变动率、学费变动率）。

（2）按预计的通货膨胀率计算所需要的教育金最终费用。

这其实就是一个复利终值的问题，能够清晰地计算出教育规划的资金总需求。但是利用复利折算现值也同样可以计算出教育金缺口，计算要点为注意把握理财资金的时点性，由于资金具有时间价值，不同时点的资金不能随意进行加减。

二、教育金缺口分析

教育金缺口即家庭教育金资产与上部分计算出的教育金总需求的差额。用公式表示为：

教育金缺口 = 教育金总需求 − 家庭教育金资产

家庭教育金资产是指家庭资产中目前可用于子女教育的资金在未来子女需要时可以实现的资金总额；教育金总需求是指家长在清晰明确的教育目标下，根据未来所需的教育金费用和充分考虑费用通胀因素后计算出的教育金费用。

譬如以张先生为例，目前已知他4年后要送儿子到美国读书，需要总金额50万元，而计算出家庭目前为其准备的30万元的求学资金在4年后可以拿出的教育金资产仅为37.5万元。因此，此时张先生家庭的教育金缺口为：50 − 37.5 = 12.5（万元），即张先生现在开始投资到儿子4年后求学还差12.5万元。

估算出所需额外准备的缺口费用后，则需要根据客户的风险承受水平来预估客户适合的投资报酬率，并计算采用一次性投资机会所需的金额现值，或采用分期投资计划每月所需支付的年金来帮助客户解决财务困境。

三、教育规划方案规划

在估算出所需额外准备的缺口费用后，假设投资报酬率并计算采用一次性投资机会所需的金额现值或采用分期投资计划每月所需支付的年金后，则需要根据各个家庭不同时期所需的资金量以及期望报酬率来选择相应的教育规划工具为客户进行合理的教育规划设计。一般可选工具为教育储蓄、教育保险、子女教育信托和债券基金等。

【案例7-5】 2015年时，刘先生40周岁，其子14周岁，计划五年后去澳洲留学读本科和硕士。刘先生家庭经济实力较强，已为其子准备80万元出国留学费用，前来咨询理财经理是否够用，如果不够用应该如何为刘先生的儿子进行教育规划。

【案例解析】 利用终值法计算缺口，经过澳洲留学机构估算，刘先生其子赴澳读书的费用预计为：本科4年，每年20万元；硕士2年，每年约22万元。我们假设费用年均3%的增长率，投资回报率为6%，结果保留小数点后两位，则预估教育费用见表7-12。

表7-12 预估教育费用 单位：万元

留学阶段	本科				硕士	
年份	2020	2021	2022	2023	2024	2025
费用	23.19	23.88	24.6	25.34	28.71	29.57
合计	97.01				58.28	

首先，2020年学费已增至23.19万元/年，而储备资金50万元年投资报酬率为6%，到2020年已变为 $80\times(1+6\%)^5=107.06$（万元），已足够支付本科期间的教育费用。

其次，9年后需要补充的教育资金 $=58.28-(107.06-97.01)(1+6\%)^4=58.28-12.69=45.59$（万元）

FV = 455900，N = 9，T/Y = 6%，PV = 0，计算PMT = −39673.44（元）

因此，刘先生家庭为了满足教育目标则需要从目前开始准备这部分资金，每年需储蓄金额为39673.44元，且理财经理要为客户构建收益率达到6%的稳健型产品组合方案配合实施。

步骤四　教育规划设计

由于教育规划一般涉及的时间跨度长、资金额较大，筹集资金才能满足届时的教育需求，也是理财经理在设计教育规划时需要重点考虑的问题。其实教育规划最终的落脚点还是投资工具的选择和搭配，这与投资规划有密切关系，譬如如何选择合适的债券、股票、基金进行教育金的方案设计。以上内容在投资规划里会进行详细介绍，这里则主要介绍一些教育规划的专用规划工具。

一、短期教育规划工具

短期教育规划工具主要是贷款，包括国家财政贴息的助学贷款和商业性教育助学贷款。

（一）财政贴息的国家助学贷款

国家助学贷款是指贷款人向借款人发放的由中央财政或地方财政贴息，用于借款人本人或其直系亲属、法定被监护人在国内高等学校就读全日制本、专科或研究生所需学杂费和生活费用的助学贷款。根据规定，银行并不直接受理学生的贷款申请。贷款银行原则上每年集中受理一次国家助学贷款申请，借款学生应在新学年开学前后10天内凭本人有效证件向学校的指定部门提出贷款申请，领取并如实填写《国家助学贷款申请表》等材料。各学校都会指定专门机构统一管理（一般是学工部），负责对申请贷款的学生进行审查，然后报送经办银行审核。

一般情况下，学生通过申请国家助学贷款，每年得到的贷款大约为6000元。由于各学校学费收取标准和各地区基本生活费标准不同，学生贷款的最高数额也不完全相同。学生所贷款项利息的50%由财政贴息，其余50%由个人负担。学费贷款由银行按学年直接划入学校指定的账户，基本生活费贷款银行直接划入学生在银行开立的活期账户。

助学贷款还款时间最迟在毕业后第一年开始。学生所贷款项本息应当在毕业后4年内还清。

（二）商业性教育助学贷款

商业性教育助学贷款，是贷款人向借款人发放的用于借款人自己或其法定被监护人就读国内中学、普通高校及攻读硕士、博士等学位或已获批准在境外就读大学及攻读硕士、博士等学位所需学杂费用（包括出国的路费）的消费贷款。相比国家助学贷款，商业性教育助学贷款申请条件相对宽松，范围也更广泛。如果客户用其他各种筹资方式，仍然无法弥补教育金缺口的话，就需要考虑商业性教育助学贷款。

因此，如果客户教育规划进行得比较晚，在短期内又急需一笔资金来支付孩子的教育费用，那么这时贷款就成为有效的工具选择。但是采用贷款这一方式很容易占用家庭其他理财目标的预留资金。

二、长期教育规划工具

传统的长期教育规划工具主要有教育储蓄和教育保险两种，当然时下也比较流行子女教育信托。

（一）教育储蓄

教育储蓄的最大优势在于这种投资采用零存整取的方式，但能获取整存整取的存款利息，并且按照现行的税法规定，所得的利息免征利息税（事实上，目前其他储蓄存款利息也是暂免征税的）。教育储蓄的最低起存金额为50元，最高为2万元，存期分为1年、3年和6年三个档次。1年期、3年期的教育储蓄按开户日同期同档次整存整取定期储蓄存款利率计息，6年期按开户日5年期整存整取定期储蓄存款利率计息。因此，对于普通的家庭，教育储蓄具有一定的吸引力。但同时也要看到，教育储蓄也有着很大的局限性。首先，教育储蓄的受理范围比较小，只有小学四年级以上的学生才能办理教育储蓄，且按银行规定，支取教育储蓄款必须开具非义务教育的入学证明，否则不能享受利率优惠和免税优待。其次，教育储蓄的规模非常小，储蓄存款的最高限额为 2 万元，很难满足孩子的教育需要。

（二）教育保险

教育保险作为教育规划的一种投资工具，有着自身的优点。首先，教育保险的保障程度很高，如果投保人不幸身故或者伤残丧失缴纳保费的能力，保险公司将免去剩余的保费，而被保险人却可以领取与正常缴费一样多的保险金。这一点也就使得教育保险与银行储蓄严格区分开来了。其次，教育保险通常可以分红，分红型的教育保险保费通常要比不分红的教育保险高，但是分红在很大程度上也就规避了通货膨胀所带来的风险。当然，这类投资每年需要缴纳的保费较多，投资成本比较大。

（三）子女教育信托基金

子女教育信托基金是由委托人（即父母、长辈）和受托人（即信托机构）签订信托合同，委托人将财产（一般为金钱）转入受托人信托账户，由受托人依约管理运用。信托机构通过其专业管理及信托规划的功能，妥善管理运用委托人所交付的信托财产，定期或不定期给付信托财产予受益人（子女），作为其养护、教育及创业之用，以确保其未来生活。因此，子女教育信托基金作用是可以妥善管理子女的成长及教育资金，当然，专业机构也要根据所提供的服务收取费用。这一工具目前国外家庭应用得比较广泛，在我国还处在初级发展阶段。

微课：教育规划基金产品配置

以上是最基本的教育规划工具。在确保一定安全性的情况下，理财师还可综合运用股票、债券、基金等高收益投资工具来提前完成子女的教育规划。

➢ 工作实例分析

微课：教育规划案例分析

李先生家庭教育规划设计

李先生每月的教育金投入计算：

第一步：案例中有提到以现在的物价水平进行规划，则理解为不考虑未来的学费和生活费的增长变化问题。

第二步：对李先生进行风险测试。经测试李先生一家可以承担的投资报酬率为 8% 的投资风险。

PPT：教育规划案例分析

第三步：计算当前子女高等教育所需的费用现值。媛媛教育金支出现值 $=3\times(P/A,8\%,4)\times(P/F,8\%,12)+30\times(P/A,8\%,2)\times(P/F,8\%,16)=3\times3.3121\times0.3971+30\times1.7833\times0.2919\approx3.95+15.62=19.56$（万元）。

第四步：计算李先生每月需要投入的教育资金。目前李先生已有 10 万元的教育基金，从现在开始李先生每月需要储蓄的教育资金为 (19.56 - 10) × 10000/(P/A, 8%/12, 16 × 12) ≈ 884 (元)。

这意味着李先生每月要节余884元投入回报率为8%的教育工具中去。

◆ 拓展阅读

加快建设教育强国、科技强国、人才强国

习近平总书记在党的二十大报告中强调，要坚持教育优先发展、科技自立自强、人才引领驱动，加快建设教育强国、科技强国、人才强国，坚持为党育人、为国育才，全面提高人才自主培养质量，着力造就拔尖创新人才，聚天下英才而用之。总书记的重要论述，为新时代我国教育发展、科技进步、人才培养指明了前进方向，提供了根本遵循。

党的十八大以来，以习近平同志为核心的党中央把教育事业、科技事业、人才培养放在优先和突出位置。坚持办好人民满意的教育。坚持以人民为中心发展教育，加快建设高质量教育体系，发展素质教育，促进教育公平。加快义务教育优质均衡发展和城乡一体化，优化区域教育资源配置，强化学前教育、特殊教育普惠发展，坚持高中阶段学校多样化发展，完善覆盖全学段学生资助体系。推进教育数字化，建设全民终身学习的学习型社会、学习型大国。

技能训练

【实训任务】请为张先生设计一份教育资金的规划方案。

【案例阅读】张先生，38周岁，是私营企业主，张先生的儿子目前10周岁，他和太太计划在儿子18周岁时送他去英国读大学本科和硕士，从资料中查阅到，英国大学本科当前的学费每年在人民币20万~30万元，生活费为15万元左右，假设张先生选择设定22万元，大学时间4年，英国的通胀率考虑在年均3%，假设学费增长率在此基础上再加1%，为每年4%。另外，英国硕士一年，总费用大概在35万元。

经过测评，张先生一家风险承受能力较高，能接受的风险收益回报率在8%~15%。目前已为儿子准备了100万元的留学基金，但张先生想知道，届时这笔钱是否够用，如果不够用，应该如何补充？请您为其进行教育规划方案设计。

模块四 风险管理和保险规划设计

▶▶ 工作实例

客户：陈女士实例

2021年4月3日，居住在A市的陈女士前来寻求保险规划建议。其家庭基

本情况：陈女士，30周岁，当地某上市公司的职员，目前怀孕，3个月后孩子将出生。丈夫蔡先生，32周岁，工程师。陈女士每月税后工资5000元，年终奖金2万元，蔡先生年薪12万元（含奖金）。两人拥有一套自住房，总价80万元，市值150万元，其中银行贷款尚有30万元未还。另拥有一辆家用小轿车，价值10万元。家庭银行活期存款4万元，基金和股票投资5万元，每月开支8000元左右。陈女士和蔡先生的公司为其缴纳社会基本医疗保障，无商业保险，于是陈女士在前年为自己和丈夫购买了重大疾病医疗保险，保额10万元，年缴保费每人2000元。

作为理财规划师的你，会为陈女士提出怎样的保险规划建议呢？

微课：认知风险管理与保险规划

步骤一　认知保险规划

通过购买保险产品转移个人和家庭的财务风险，是一种较为科学合理的个人风险管理方式。保险规划设计则是从风险识别、评价、选择与优化各种风险管理技术，到实施风险控制方案，妥善处理损失后果的整个过程，要求以尽量低的成本争取最大的安全保障和经济利益。

PPT：认知风险管理与保险规划

一、什么是保险规划

（一）保险规划的含义

保险规划是针对个人和家庭在整个成长过程中可能遇到的风险，定量分析保险需求额度，并作出最适当的保险财务安排，即帮助个人和家庭选择合适的保险产品，并确定合理的期限及金额，避免因发生风险给家庭生活带来不可承受的冲击，以达到财务自由，提高生活品质的目的。

操作动画：保险基础

保险规划可以帮助个人和家庭解决下述问题，而这些问题是每个家庭都将会遇到的，如表7－13所示。

操作动画：保险原则

表7－13　保险规划所解决的问题

家庭成员遭受的风险	家庭需要面对的问题
发生死亡	父母及其他长辈需要赡养吗？
	子女的生活和教育费用如何负担？
	兄弟姐妹的学习生活需要资助吗？
	家中的日常开支如何负担？
	丧葬费用需要多少？
失去劳动能力	依靠本人收入维持生活的家人，需要多少费用？
	是否能负担得起治疗费用？
	是否有能力聘请长期护理人员？

操作动画：保险合同

续表

家庭成员遭受的风险	家庭需要面对的问题
患疾病或遭受意外伤害需治疗	是否能负担得起治疗费用？
	工作收入是否会因为短期治疗而减少？如果需要长期治疗，又会是什么情况？
	以家庭的经济能力，对于医疗品质的要求可以达到怎样的水准（医院、医生、药品、仪器等）？
家庭财物损失	损失的财物会对家庭生活造成哪些困扰？如何解决？
	需要多少费用才能恢复到财物损失前的状况？
	弥补损失的费用会对家庭造成多大负担？

（二）保险规划的功能

1. 避税功能。在大多数开征遗产税的国家和地区，法律明文规定，人寿保险金不计入应征税遗产总额内。因此，将继承人确定为保单受益人，可以达到合理规避遗产税的目的。我国目前尚未开征遗产税，但征税是一个必然的发展趋势。

2. 免于债务追偿功能。我国的《继承法》第 33 条规定，继承遗产应当清偿被继承人依法应当缴纳的税款和债务。而指定了受益人的保险金不作为被保险人的遗产，所以保险具有其他理财工具如银行存款、股票、基金等所不具备的免于债务追偿的功能。需要注意的是，没有指定受益人或存在《保险法》（2015 年修订）第 42 条规定的其他情形，保险金作为被保险人的遗产时，将可以用来清偿债务或者赔偿。

3. 抵抗通货膨胀功能。大部分具有投资理财功能的保险提供双收益，一个是保底收益即类似于银行的固定利息。在此基础上，还会有一个浮动的收益，这个收益是随着经济的变动而变化的，因此能很好地避免通货膨胀的风险。

操作动画：人身保险

（三）保险规划的风险

1. 未充分保障的风险。在财产保险中，如果采取的是不足额保险方式，会造成在损失发生后得不到充分赔偿的后果，未能达到较全面规避风险的目的。在人身保险中，也可能因为保险计划选择的保险金额过小，或保障期限过短，致使被保险人遭受保险事故后，不能获得充分的补偿。所以在制定保险规划方案时，要尽量避免不足额投保，购买的保险金额过小的情况出现。

操作动画：人身保险额度

2. 过分保障的风险。与不充分保障的风险相对，过分保障的风险指在进行保险规划时，财产保险的保险金额过高，超过了保险标的的实际价值，在赔偿时超过的部分无效，不会得到赔偿；在人身保险中，虽然人的生命无价，可以进行多次多产品的投保，但这只是针对给付类型的赔偿，如果是补偿类型的赔偿，如医疗费用补偿，则同样不适用超额赔偿。同时，在进行保险产品组合计划时，各保险公司提供的产品可能存在保障功能的重叠，需要留心重复的部分，以免造成保费的浪费。

操作动画：财产保险

3. 不必要保险的风险：个人和家庭生活中的某些风险造成的损失较小，或发生频率较低，可以通过风险自留的方式来解决。例如，对平时由于感冒等类似的小病所需的费用支出，自己承担风险的处理方法反而更为方便、简单、节省费用。如果对此类风险都进行投保，会造成不必要的资金负担。

想一想

保险金的免债功能

保险金是否一定可以免于债务追偿？在哪些情况下保险金不具备该项功能？保险金的免债功能是否意味着受益人可以完全不用负担债务？

二、保险规划方案设计的原则

（一）注重全面保障

提供保障是保险最重要、最基本的功能，所以进行保险规划时，应当将保障放在首位，其次才是投资，不可本末倒置。如果陷入“重投资，轻保障”的误区，就达不到保险理财的效果，反而会增加风险。

在制定保险规划时，通常会进行主险和附加险组合，来达到全面保障的效果，同时又可根据投保人的具体情况选择适当的附加险种，避免资金浪费。另外，应当尽量以综合的方式投保，避免重复，使资金得到有效运用。比如，投保人经常出差，那么应当购买一份专门的人身意外险，一般为一年期，可到期续保，而不需要每次购买单程的交通意外险，这样可以节省一大笔保费，同时又能获得非交通事故的其他意外伤害赔偿。

（二）合理的保险金额、适当的保费

确定保险合理的保险金额和保费，是以既不给个人和家庭带来沉重的经济负担，又能尽量地满足家庭成员的保障需求为原则。我们可以参照保险配置的“双十原则”，即保费以不超过年收入的10%，保额以年收入的10倍为宜。但这个比例并不是绝对不变的，如果购买的保险产品中含有投连类型保险，上述保费比例可提高到15%，如果都是纯粹消费型的保险，则该比例为6%较为适宜。

保险金额和保费的确定，要充分考虑投保人可能面临的损失程度，家庭所处的成长周期，经济情况的发展变化，同时也要结合家庭其他的理财规划进行综合分析。如果个人和家庭的投资渠道多，收益也不错，可用较低比例的资金来购买保险，以保障型险种为首选；如果家庭资金以储蓄为主，则可适当提高保费支出比例，考虑保障型和理财型产品。

（三）先为成人、家庭支柱买保险

很多人认为保险首先要保障“弱者”，如老人、小孩、家庭主妇等没有收

入来源的人，却往往忽略了作为家庭经济支柱的人。但实际上恰恰相反，这种观念混淆了强弱关系，从收入上来说，他们是“强者”，但是从风险的角度来说他们却是家庭风险的一个软肋。道理很明显，既然是家庭收入的主要来源者，是家庭的经济支柱，一旦发生风险对家庭的打击最大，所以作为家庭的经济支柱其实是最需要保护的。所以家庭保险配置的原则是：先成人后儿童，经济支柱优先。

（四）选择合适的缴费方式

投保长期险种，如养老保险、少儿教育保险、长期寿险等产品时，付费方式尽量选择年缴，虽然缴费时间长，但平均到每次的金额较少，不会造成太大的经济负担，加上利息等因素，实际成本不一定高于趸交的付费方式。如果产品有保费豁免条款，发生合同规定的某些情况下，可以免交后续保费，而保险合同继续有效，那么就更应该选择年缴而非一次性缴费的方式。

当然，如果投保人手头上有充足的资金，而后期收入可能不稳定，为免除后顾之忧，也可以选择趸交，或者在短时间内分期缴清保费的方式，同时还可能获得一定的保费优惠。

步骤二 掌握保险规划流程

在进行保险理财规划时，理财规划师从客户理财需求的角度出发，针对客户理财问题的多样性和复杂性，制订包括保险规划在内的综合理财方案。将保险规划融入综合理财规划的大环境中，标志着保险公司的经营从以公司产品销售为中心，发展到以客户需求为中心、以市场为导向的理财规划的高级阶段。

保险理财规划流程围绕着保障理财、消费理财、投资理财展开，包括查明现状、分析需求、明确目标、制订计划、实施计划、调整计划等步骤，具体体现在前期客户需求分析、保险机构和产品选定、完成投保手续，以及保障开始之后的方案回顾和调整等方面，如图 7－5 所示。

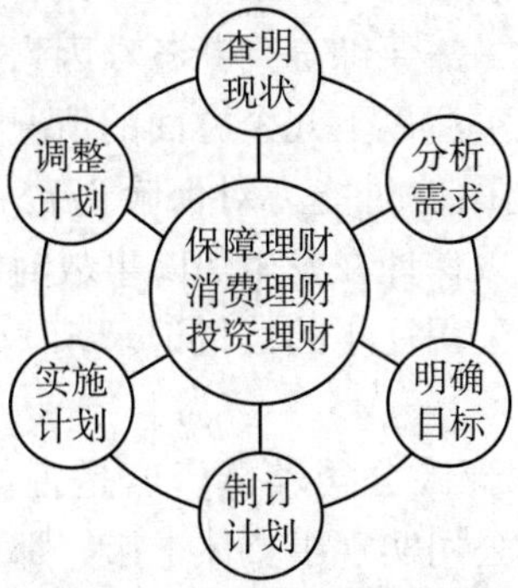

图 7－5 保险理财规划流程

一、分析需求，明确目标

制定保险规划的第一步就是要了解个人和家庭的保险需求，我们可以通过分析家庭所处的生命周期、家庭经济状况等，判断家庭风险的种类和保险需求，明确保险的目标。不同家庭生命周期阶段的保险需求，如表 7 – 14 所示。

表 7 – 14　不同家庭生命周期的保险需求

家庭生命周期阶段	时间和状态	特点	保险需求
单身期	参加工作 ~ 结婚 2 ~ 5 年	个性冲动，经济收入低，开销大，个人财产少，需要为将来家庭积累资金	意外伤害险、责任保险
家庭形成期	结婚 ~ 子女出生 1 ~ 3 年	家庭消费高，收入增加，生活稳定，家庭建设支出高	意外伤害险、财产保险、责任保险
家庭成长期	子女出生 ~ 完成大学教育 21 ~ 23 年	子女教育费用和生活费用猛增，家庭财务负担较重，家庭投资能力增强	教育保险、意外伤害险、人寿保险、健康保险、财产保险
家庭成熟期	子女工作 ~ 家长退休 15 年左右	经济状况达到高峰状态，债务逐渐减轻，理财的重点是扩大投资	投资型保险、健康保险、财产保险、责任保险
退休期	家长退休后	安度晚年，投资和花费较保守，但医疗开支较大	养老保险、医疗保险

表 7 – 14 中列出的是通常状况下的生命周期特征和保险需求，可作为保险规划的基本参考。在具体分析客户需求时，要结合实际的情况，进行更为精细化、个性化的设计。

二、了解机构、落实产品

我国金融业不断发展，各类保险公司如雨后春笋般现身市场，有国有保险公司、外资保险公司、网络保险公司等，虽然投保人有了更多的选择，但也面临不少困惑。在选择保险公司时，需要综合判断各项因素，挑选值得信赖、能够提供切实保障的机构，可以重点关注以下几个方面的情况：

1. 偿付能力。保险公司的偿付能力对保险消费者来说至关重要，保险公司具备足够的偿付能力，才可以保证在发生保险事故时，有足够的资金支付给被保险人。消费者可以通过查看公司往年的偿付记录，了解是否有难以偿付保险金的情况出现。

2. 资产结构。评价一家保险公司整体资产是否优良的标志之一是其能否上市或者整体上市，如果一家公司实现了整体上市，那么该公司的整体资产结构质量应当是比较有保障的。同时，一家公司的资产越雄厚，资本金和准备金越充足，股东的实力越强，其偿付能力也相应地越强。

3. 管理效率。保险公司管理效率的高与低，决定着公司的兴衰存亡。管理效率可以从公司产品的创新能力、市场竞争力、市场号召力、盈利能力、决策能力、应变能力和凝聚力等方面进行衡量。

4. 理赔质量。理赔质量的好坏，可以直接反映一家保险公司的信誉。好的保险公司理赔方便、快捷，客户只需要收集相关材料，具体的事情会由专业的理赔人员完成。而信誉差的保险公司赔付时间长，手续烦琐，在理赔金额方面也会反复与客户讨价还价，有的保险公司还会寻找各种理由减少赔偿金额甚至拒赔。投保人可以通过银保监会、媒体、保险代理人、其他保险消费者等渠道了解保险公司理赔质量的相关信息。

5. 客户服务。保险与一般商品不同，不是一次性消费，尤其是长期险种，在保险合同生效的几十年间，投保人在很多方面都需要保险公司提供服务，如缴费、生存金领取、变更信息、进行理赔等。投保人能否享受保险公司提供的及时、快捷的服务，顺畅地接受保险的关怀，都取决于保险公司的服务质量。

在关注保险公司以上情况的同时，也要比较各公司提供的投保人需要的具体保险产品。虽然各公司的条款和费率都是经过监管机构批准或备案的，但不同保险公司的同类产品也会有些差别。同样价格的产品，在保障范围、保障时间上也会有所不同。即使保障范围类似，不同的公司也会提供各具特色的附加服务。这些方面都需要进行综合考量，为消费者选择尽量好的保险机构与合适的保险产品。

三、完善手续、支付保费

在选定保险产品以后，就进入正式的投保阶段。此时要仔细审视保险合同，详细了解相关的条款内容，签订保险合同，选择缴费方式，并开始缴纳费用。当然，长期人身保险一般有犹豫期的规定，投保人可以利用好这段时间再次评估是否要购买此产品。如果决定投保，要在保险公司规定的时间内及时交费，以免发生不必要的麻烦。

四、定期评估、调整方案

在实施保险方案的过程中，要关注环境的变化、保险政策法规的变化、投保人的家庭情况和需求的变化等，最好能做到半年或一年进行保险需求评估，并根据实际情况对原有方案进行调整和优化，只有这样才能更好地帮助客户实现理财目标。

步骤三　保险规划设计

现代社会是一个多元化的社会，在制定保险理财规划方案时，我们需要从客户保险理财需求的多样性和复杂性出发，结合客户具体情况，为其完成单项保险规划，或是综合保险规划。单项保险规划一般是针对某项具体需求，在客户有明确目标时进行的，而综合保险规划则是在全面分析客户家庭资产情况和未来规划的基础上，对家庭风险保障需求进行剖析，进而配置合适的保险理财产品，完成全方位的家庭保障规划。

下面根据工作实例，介绍如何进行综合保险理财规划方案的设计。

➢ 工作实例分析

陈女士家庭综合保险理财规划方案设计

微课：保险理财规划设计

微课：保险理财规划案例分析

PPT：保险理财规划案例分析

文本：罗先生家庭保险配置案例

一、家庭基本情况分析

1. 提炼客户信息。根据陈女士的情况描述，将其家庭的基本信息进行提炼和整理，基本资料如表 7－15 所示。

表 7－15　　陈女士家庭的基本信息

姓　名	陈女士	蔡先生
年　龄	30 周岁	32 周岁
职　业	公司职员	工程师
家庭收入	5000 元/月，年终奖金 2 万元	年薪 12 万元（含奖金）
家庭保障	基本社会保险、重疾险 10 万元	基本社会保险、重疾险 10 万元
家庭资产	1. 自住房一套，总价 80 万元，市值 150 万元，银行贷款 30 万元 2. 小轿车一辆，价值 10 万元 3. 银行活期存款 4 万元，基金和股票投资 5 万元	
家庭计划	宝宝养育计划 家庭保障计划 家庭投资计划	

2. 家庭背景分析。通过以上资料，可以从以下几个方面对陈女士的家庭背景进行分析。

（1）家庭生命周期阶段。陈女士目前处于由家庭形成期向家庭成长期过渡的阶段。此阶段事业稳定发展，收入较稳定且有持续增长。宝宝在三个月以后出生，将给家庭生活和财务规划带来较大的影响，因此，陈女士需要提前做好准备，在理财规划中更多地考虑育儿方面，总体规划主要以稳步增长为主。

（2）职业特征。陈女士和蔡先生的职业都属于较为稳定，且收入较高的类型，如无意外，两人收入都将在未来 10～15 年间有一定的增长。

（3）资产和财务状况。陈女士家庭在 2013 年购买一套总价为 80 万元的商品房用来自住，房屋现值上升至 150 万元，目前贷款余额 30 万元，月供 3000 元。另有一辆家用轿车，目前价值 10 万元。家庭收入在当地水平较高，但日常支出也不少，除银行存款和基金、股票等理财以外，日常结余不多。

（4）保障情况。除社会基本保障以外，陈女士夫妻二人均购买了商业重大疾病保险，每人保额 10 万元，年缴保费 2000 元。

（5）家庭重大事件预测。3 个月后宝宝出生，18 年后孩子高中毕业，22～25

年后孩子大学毕业参加工作，25～30年后陈女士退休安享晚年。

二、财务状况分析

1. 基本财务状况。在进行具体的理财规划前，先对陈女士家庭目前的财务状况进行分析，从而更好地制订理财规划方案，帮助其实现理财规划目标。陈女士家庭的主要财务状况如表7-16和表7-17所示。

表7-16 陈女士家庭资产负债表（2021年4月3日） 单位：元

资产		负债	
流动性资产		流动负债	0
现金与银行存款	40000	短期负债	0
流通性投资		长期负债	
股票和基金	50000	房屋贷款本息	300000
实物资产			
自用住宅	1500000		
自用汽车	100000		
家庭资产总额	1690000	家庭负债总额	300000
家庭净资产（资产—负债）		1390000	

表7-17 陈女士家庭年收入支出表（2021年4月4日～2022年4月3日） 单位：元

收入		支出	
工资收入		日常生活支出	96000
薪酬及奖金收入	200000	旅游	30000
其他收入		育儿支出	
股票和基金	5000	孕妇培训班、孕妇保养、保姆工资等	25000
		保费支出	4000
收入合计	205000	支出合计	155000
年度盈余（收入—支出）		50000	

2. 财务问题诊断。根据目前掌握的资料，可以较为清楚地了解陈女士家庭现有的资产和年度结余情况，下面计算几项关键性的财务指标，并分析陈女士的家庭资产配置是否合理。

资产负债率＝总负债÷总资产×100%＝300000÷1690000×100%＝17.8%

支出率＝总支出÷总收入×100%＝155000÷205000×100%＝75.6%

流动性比率＝流动性资产÷每月支出＝40000÷8000＝5

净资产偿付比率＝净资产÷总资产×100%＝1390000÷1690000×100%＝82.2%

一般来说，家庭的资产负债率应控制在50%以内，支出率应控制在40%以内，流动性比率在3左右比较适当。对比陈女士家庭的财务指标，目前的财务安排主要存在以下问题：

（1）风险保障不足。目前只有两位大人投保了重大疾病保险，保额仅10万元，与收入的10倍的建议保额相差较多。保险保障范围较小，内容单一。

（2）家庭日常开支过大。陈女士家庭的年度支出占收入的75.6%，比例偏高，因此需要适当节约不必要的生活开支，注重财富积累。虽然家庭收入的持续性是顺利实现理财目标的重要保证，按照陈女士家庭目前的收入状况和未来的发展预测，基本可以达到稳定收入，但同时也需要注意保持消费理性，开源的同时也适当节流。

（3）家庭资产结构单一。虽然陈女士家庭的资产状况安全性较高，但结构不甚合理，主要以自有房产为主，房产市值升高较快，但在短期内无法变现。其他的金融资产以银行存款和基金股票为主，投资额度较小。流动性比率稍稍偏大，可以考虑将结余进行分散性投资，通过更多的投资渠道和产品，达到分散风险和提高收益的目的。

（4）财务结构不合理。陈女士家庭的净资产偿付比率为82.2%，负债额度很小，说明陈女士没有充分利用自己的信用额度。

三、保险理财规划

1. 确定保险理财目标。在家庭基本情况分析和财务分析的基础上，我们为陈女士制订几项重要的理财规划目标，这些目标既是陈女士家庭最迫切期望达到的，也是能够通过合理的规划去实现的，兼具重要性和可操作性。

（1）确保育儿及保障性支出，并为孩子储备教育基金。该项基金可以通过存款、稳健类的投资，或者教育类保险建立。

（2）偿还住房按揭贷款。陈女士的住房贷款尚有30万元未偿还，按照现有还款计划，可以在8年左右还清。如收入保持稳定，此项负债将不会给家庭造成太大负担。但如果陈女士在未来10年内有再次购房的计划，则需要缩减开支，尽快偿还该款项。

（3）增加合理的投资项目，进行组合投资，兼顾风险与收益，并保留家庭最低现金储备，即保证流动资金可以维持3~5个月的家庭开支。

（4）增加风险保障项目。适当投保养老险，主要增加医疗险和意外险，另根据需要购买房屋保险和汽车保险。

2. 保险理财规划建议。针对以上理财规划目标中的风险保障目标，对陈女士家庭给出以下几点保险理财规划的建议：

（1）人身保障。陈女士和丈夫作为家庭主要经济支柱，一旦发生意外将给家庭带来较大的生活压力，因此其人身价值应该有足够的保障。为了保证家庭生活水平不会大幅降低，陈女士家庭的保障额度应该为200万~250万元。由于蔡先生在经济上对家庭贡献的比例较多，且根据职业性质判断，其将来薪资收入提升的空间比陈女士要更大，因此将来的家庭收入主力将是蔡先生。所以将保额的70%分配给蔡先生，即140万~180万元。同时，陈女士也肩负一定的家庭经济责任，因此也需要相应的人身价值保障，额度为60万~75万元。

（2）重大疾病保障。陈女士家庭主要成员的重大疾病保障额度偏低，随着通货膨胀的加剧和患病率的增长，需要适当提高该项目的保险金额。目前看来，两人各自按20万元的保障额度投保，基本可以覆盖重大疾病的财务风险，同时可以考虑为小孩购买10万元的重大疾病保险。此项额度需随着医疗市场情况变化及时作出调整。

（3）意外伤害保障。陈女士两夫妇都处在壮年，身体素质较好，对疾病有一定的抵抗能力。但意外风险无法预测，随时可能发生。陈女士家庭的年度旅游开支为3万元，由此可以看出两人热衷旅游，在户外时间较多，因此将有更多遭受意外风险的可能。通过购买一年期的综合意外保险，可以用较低的费用获得较高额度的保障。考虑到两人工作性质和职业风险程度，建议分别投保100万元和50万元的意外伤害保险。

（4）投资型保险。由于陈女士家庭投资性支出占比较小，而日常支出较多，建议通过缩减不必要开支的方法，结存更多资金，并进行组合型的投资。投资型的保险产品是一种相对安全的选择，在获得一定风险保障的同时，又能增加家庭的收益。

（5）子女的保障。对于即将出生的孩子，最大的风险是健康风险，其次是教育资金的充足性风险。因此可以投保少儿健康险和少儿寿险，此类保险既可以作为教育基金的积累，又能将医疗、意外等可能发生的费用风险转移给保险公司。

（6）财产类保险。陈女士家仅有一套自有住房，因此房屋财产的安全也是非常重要的，一旦发生火灾、自然灾害等事故造成房屋和室内财产的损失，将给陈女士的家庭生活带来极大的影响。建议根据房屋和室内财产的实际价值投保家庭财产类保险，以分散财产损失风险。另外，自有车辆的商业保险也是每年必须考虑的，可以根据车辆使用情况和驾驶人员的经验状况选择适当的保障额度和附加险种。

四、理财规划结论

保险理财是一个贯穿人生各个成长阶段的长期过程，应当持之以恒，随环境和需求不断进行调整。在未来的家庭保险理财安排上，陈女士需要把握以下原则：

（1）关注国家通货膨胀情况和利率变动，及时调整投资组合；

（2）根据家庭情况的变化不断修改和优化理财规划，并按照科学的规划方案执行；

（3）如遇其他特殊情况，资金趋紧，可将积累的投资组合变现。可利用人寿保险的保全条款，在缓解家庭经济困难的同时，保持保单的有效性。

针对陈女士的家庭特点，在确保其生活品质不降低的前提下，按照上述保险理财规划方案进行实际操作，可以帮助陈女士早日达成家庭理财目标，实现家庭财富效益最大化。

问题讨论

1. 保险规划方案设计的主要原则有哪些？如何理解这些原则？

2. 简述保险规划方案制定和实施的步骤。

技能训练

任务目标：进行客户家庭保险理财规划方案设计。

任务内容：收集客户资料，分析客户家庭的财务状况，确定理财规划目标，进而分析客户的保险理财需求，并针对这些需求制订适当的保险理财规划方案。

1. 收集客户及家庭成员的信息，包括财务信息和非财务信息。

2. 对客户家庭进行背景分析和财务状况分析。
3. 确定家庭理财规划目标，分析保障需求。
4. 根据以上资料的分析为客户家庭提出适当的保险理财规划建议。

模块五　投资规划设计

▶▶工作实例

客户：杨帆先生实例

杨帆先生今年42周岁，某大型国企高管，工作稳定，税前月收入23000元，其中工资及奖金税后年收入约28万元。妻子董丽任职某外企主管，税前月收入15000元，其中工资及奖金税后年收入约20万元。杨先生夫妻双方均享有单位提供的基本社保，双方父母均已退休并有基本养老金，儿子杨洋今年12周岁。目前，家庭有一套130平方米的自住房，市价400万元左右，持有银行活期存款10万元，家庭每月支出7200元，无任何贷款和负债。

考虑到国内教育资源有限，杨帆先生现为其儿子准备国外留学教育基金。预计儿子18周岁时出国留学，预测届时出国留学费用总需求为120万元。杨帆先生现有储备金30万元，其他不足部分打算以每月初定额投资的方式来解决。另外，杨帆先生期望投资期间每年的投资回报率为6%。

根据以上信息，请为杨帆先生设计一个合适的投资规划方案。

微课：认知投资规划

PPT：认知投资规划

➢ 工作实例分析

投资规划方案设计的关键之一就是选择合适的投资工具。我们要完成杨帆先生的投资规划方案设计，第一，要明确杨帆先生的投资目标；第二，决定其投资策略；第三，选择适合的投资工具；第四，构建有效的投资组合；第五，对投资组合进行监督管理。

如何设计一个合适的投资规划方案？以下三个工作步骤能够有效地帮助我们完成杨帆先生的投资规划方案设计。

步骤一　认知投资规划

一、投资规划的含义

投资规划是指有计划、有目的、有规则的投资，是专业人员根据客户投资理财目标和风险承受能力制订合理的投资规划方案，为客户的一生或某一特定阶段或某一特定事项的现金流进行管理配置，以获取与风险相对应的最优收益的过程。

二、投资规划的基本原则

（一）理性投资

理性投资是指在进行相关投资前应做到以下几点：认识自己的客观条件，个人收入、年龄、家庭资产负债等情况；认识自己的投资风险偏好，是激进型还是稳健型或是保守型等；明确自己的投资目标，子女教育、未来退休养老、买车、买房等；了解国内外当前金融市场的投资环境。

做一做

试分析工作实例中，杨帆先生的投资目标和风险偏好类型。

（二）及早投资

货币是有时间价值的。及早投资就是运用时间与复利这两个工具，为我们的财富增值奠定基础。爱因斯坦说过，世界上最厉害的东西不是原子弹，而是时间+复利。越早进行投资，就能越早完成我们的投资理财目标，复利后期给我们财富带来的增值效应将超出你的预想。

做一做

试计算杨帆先生这笔30万元的子女教育启动金，在投资回报率为6%的前提下，分别在其儿子杨洋刚出生时和12周岁时进行投资，最终累计的资产相差多少？

（三）抵御通货膨胀

通货膨胀是财富的隐形杀手，不断吞噬着我们的财富。投资的基础是要跑赢通货膨胀。正是因为通货膨胀的存在，才使得大家认识到投资理财的重要性。

（四）组合投资

投资的首要目标是要降低风险，在控制风险的前提下实现投资收益的最大化。组合投资是由投资人或金融机构所持有的股票、债券、基金、金融衍生产品等组成的集合，目的是分散和降低投资风险。

三、熟悉投资工具的应用

（一）银行理财产品

银行理财产品的本质与特征决定，在家庭理财中主要是实现安全性和流动性的目标，是最安全和保守的家庭理财方式。比如银行存款和货币市场基金，对于大众家庭而言是最基本和最常见的理财方式，既可以获得稳定的收益，同时流动性强容易变现，能够满足家庭日常生活的流动性需求。

（二）债券

债券的本质与特征决定，在家庭理财中主要是实现收益性、流动性及安全性目标，是一种稳健和保守的家庭理财方式。投资债券不仅可以获得固定的利息收入，还可以在二级市场流通买卖或转让获取差价收入，是一种风险较低、收益较稳定的常见的理财方式，比较适合保守型个人或家庭投资者配置。

操作动画：股票

（三）股票

股票的本质与特征决定，股票是一种高风险、高收益的理财方式。股票投资比较适合激进型个人或家庭投资者，在家庭理财中不宜配置过多这种高风险理财产品。虽然它可以满足家庭理财的收益性目标，但是它也存在巨大的风险性，稍有不慎可能血本无归，给整个家庭造成重大影响。因此，在家庭理财中投资者应该认真分析，根据自身家庭实际情况与特点合理进行配置。

操作动画：债券

（四）基金

基金的本质与特征决定，基金是一种比较适合广大家庭投资者的理财方式。相对于股票，基金的风险性明显较低；相对于债券和银行理财产品，基金的收益性明显较高，同时基金是由专业的基金管理人管理。因此，基金既可以满足家庭理财的收益性需求，又能满足一定的安全性需求，是一种风险适中收益稳健的理财方式，比较适合稳健型个人或家庭投资者配置。

操作动画：证券投资基金

（五）保险

保险是生活的保护伞，不会改变生活，但是可以规避风险。保险是帮助个人或机构承担不可预测的巨大的经济损失的一种金融工具，是家庭理财中必需配置的理财产品。

操作动画：基金定投

保险的本质决定其在家庭理财中最主要的功能是保障性和避税避债性。在家庭理财过程中，既然是保险我们就更应该注重它的保障性功能，而非投资性功能。投资者应该清楚知道自己购买保险的目的和它的作用。

（六）黄金

目前国内正规黄金投资的形式有：纸黄金、实物黄金、黄金期货、黄金“T+D”等。

1. 纸黄金的流通性强，24 小时全天候交易，抗风险能力高，能够满足家庭理财的流动性和收益性目标。纸黄金的本质与特征决定，它是一种稳健型理财方式，比较适合稳健型个人或家庭投资者配置。

2. 实物黄金在这之中的抗风险能力最高，资金变现快，能够满足家庭理财的安全性和流动性目标。实物黄金的本质与特征决定，它是一种保守型理财方式，比较适合保守型个人或家庭投资者配置。

3. 黄金期货的优点是双边买卖，杠杆交易，可以做空；缺点是非 24 小时交易，不容易控制止损。黄金期货的本质与特征决定，它是一种风险较高的投资方式，比较适合激进型个人或家庭投资者配置。

4. 黄金“T + D”是一种类似于黄金期货的，依靠保证金机制来进行的，以合约为标的买卖的黄金投资方式。它是在少数银行中所开设的一种风险性与收益性都最高的黄金投资方式。黄金“T + D”的本质与特征决定，它是一种激进型理财方式，比较适合激进型个人或家庭投资者配置。

（七）房地产

房地产是一种耐用消费品，它与其他消费品相比，具有位置的固定性、地域差别性、房地产的高质耐久性，具有保值和增值性等特点。房地产的本质与特征决定，房地产投资是一种门槛较高，流动性较弱的投资方式，比较适合中、高净值的稳健型和激进型投资者配置。

（八）收藏品

收藏品种千奇百怪，无所不有，大到汽车，小到纽扣，民间收藏的内容越来越丰富。虽说收藏品投资利润颇丰，但和其他投资一样，面临诸多风险。收藏品的本质与特征决定，它是一种高风险、高收益的投资产品，比较适合激进型个人或家庭投资者配置。

步骤二　掌握投资规划流程

一、确定投资目标

制定具体投资规划方案前，首先要根据收集到的信息确定客户的投资目标，这个目标必须是明确的、切合实际的、可以衡量的。在确定客户投资目标时应注意以下几点：第一，确定目标的时间，是短期、中期，还是长期；第二，确定目标的具体内容，是子女教育，还是退休养老、资产增值等；第三，确定实现目标具体需要多少资金。

> **做一做**
>
> 简述以上工作实例中杨帆先生的投资目标。

微课：投资规划案例分析

PPT：投资规划案例分析

微课：基于风险矩阵的投资策略分析

二、决定投资策略

当客户投资目标确定以后，接下来就是对客户进行投资策略分析并作出最终决定。在决定最终投资策略过程中，应结合客户本身的家庭财务状况、投资目标、投资倾向、投资风险偏好程度以及家庭所处生命周期等因素综合分析。比如，从客户投资风险偏好程度可以把客户分为：保守型、保守偏稳健型、稳健型、稳健偏激进型、激进型。

保守型，超低风险的投资者，有“宁不求利，决不蚀本”的性格特征。保守偏稳健型，低风险的投资者，有“追本逐利，稳扎稳打”的性格特征。稳健型，适中风险的投资者，有“冒一些风险，买一些希望”的性格特征。稳健偏激进型，中高风险的投资者，有“富贵险中求，成败靠身手”的性格特征。激进型，高风险的投资者，有“不入虎穴，焉得虎子”的性格特征。然后，针对不同类型的客户实施个性化的投资策略。

做一做

讨论：本模块工作实例中杨帆先生属于哪种类型客户？针对这种类型的客户应采取怎样的投资策略？

三、选择适合的投资工具

针对最终的投资策略，选择适合的投资工具进行合理配置。例如，保守型理财策略，主要理财目标是保障本金的安全性，可以选择的投资工具主要有银行存款、银行固定收益保本型理财产品、国债、货币市场基金等安全性高、收益性低的投资工具；保守偏稳健型策略，主要理财目标是在保障本金安全的前提下，又能够获取一定的收益，可以选择的投资工具主要有短期债券、公司债券、金融债券、普通债券基金、保本基金等；稳健型理财策略，主要理财目标是在控制一定风险程度下，能够获得持续稳健的收益，可以选择的投资工具主要有积极配置型基金、银行非保本型理财产品、结构式股权投资信托产品、结构式证券投资信托产品等；激进型理财策略，主要理财目标是追求资产的增值，可以选择的投资工具主要有股票型基金、股票、私募股权、期货等。

做一做

针对本模块案例中杨帆先生的基本情况你会建议杨帆先生采用哪种投资策略，配置哪些投资工具帮助其实现理财目标？

四、构建投资组合

不同的投资策略决定其选择的投资工具也不同，在确定完所选择的投资工具后，紧接着就是构建有效的投资组合进行资产配置。因为，建立有效的投资组合不仅不会损害你的收益。相反，它能够通过减少“可分散风险”间接提高预期收益。当然，每个投资组合中所选择投资工具的比例不一样，从而获取的投资回报率也不同。因此，最终投资组合的构建应当结合客户自身风险偏好程度与投资目标来确定。

五、投资组合的监督管理

一旦确定了最后的投资组合，就应该对其进行有效的管理，监督投资组合的表现，不断比较其实际投资回报率和期望投资回报率之间的关系，并及时作出调整以帮助客户实现投资目标。

步骤三　投资规划设计

➢ 工作实例分析

杨帆先生投资规划设计

（一）确定投资目标

通过对工作实例的研究分析得出，杨帆先生的投资目标是为其儿子准备120万元的国外留学教育基金。杨帆先生现有启动金30万元，其他不足部分打算以每月初定额投资的方式来解决，期望的投资回报率是6%。因此，通过计算可得出杨帆先生每月初定投的金额约为9000元。

（二）决定投资策略

由于杨帆先生的理财目标是在其儿子18周岁时有120万元的留学金，结合杨帆先生本身的家庭财务状况、投资目标、投资倾向、个人风险偏好程度和家庭所处生命周期等因素综合分析，建议杨帆先生可采取稳健偏激进型的理财策略进行投资。

（三）选择合适的投资工具

通过前面分析得出，杨帆先生的理财策略采取的是稳健偏激进型。由于常见理财工具，银行理财产品是一种安全和保守型的理财方式；债券是一种稳健和保守的家庭理财方式；保险在家庭理财中的主要功能是保障性和避税避债性。因此，杨帆先生可选择的投资工具主要有证券投资基金、股票、黄金、房地产等。考虑到本案例杨帆先生的实际情况，他的投资期限只有6年，期望每年投资收益率为6%，同时房地产的投资成本较高，回收周期较长。因此，建议杨先生的投资工具可选择以证券投资基金、股票、黄金为主，再搭配一些其他投资工具构成一个有效的组合，降低投资风险。

（四）构建投资组合

确定好杨帆先生的理财策略和投资工具后，接下来就是构建有效的投资组合进行资产配置。在构建有效的投资组合之前，首先要确保杨帆先生家庭拥有3～6个月的日常生活备用金和充分的保险规划。因此，可减少杨帆先生银行活期存款的投资额度至3～6个月的家庭支出，并根据“双十原则”增加夫妻双方的保险配置，然后再进行投资规划的具体工具配置和构建有效投资组合。

由于近来我国股市行情走势不稳定、波动较大，国际市场金价持续走高。同时，杨帆先生期望的每年投资回报率为6%。因此，在满足杨帆先生家庭的现金规划和必要保险规划之后，尽量降低股票类理财产品的投资比例，并适当增加黄金和其他投资工具的比例，使得整个投资组合风格以稳健偏激进型为主。具体可参考以下投资规划方案（数据统计时间截至2022年11月28日，不计分红派息，见表7－18）。

表7－18　投资组合产品

投资工具		投资比例（%）	2017～2021年平均年化收益率（%）
黄金理财产品	黄金T＋D	15	7.52
证券投资基金理财产品	混合型基金：交银定期支付双息平衡混合（519732）	30	22.33
	股票型基金：易方达消费行业股票（110022）	15	34.84
债券理财产品	记账式国债：03国债（010303）	20	3.40
银行理财产品	乾元安鑫（最低持有720天）	20	4.13
整个投资组合预期收益率			14.57

其中，混合型基金交银定期支付双息平衡混合和股票型基金易方达消费行业股票收益都比较稳定。交银定期支付双息平衡混合基金，在2017～2021年这五年期间的平均年化回报率高达22.33%。易方达消费行业股票基金，在2017～2021年这五年期间的平均年化回报率达34.84%。投资组合选择黄金T＋D是因为近年来受国际和国内不稳定因素影响，国际金价在上涨。最后，为了分散和降低整个投资组合的风险，同时考虑组合收益的稳定性，配置了记账式国债券03国债和银行理财产品乾元安鑫（最低持有720天）。

（五）投资组合的监督管理

确定了最后的投资组合和具体的投资工具之后，接下来就是对该投资组合进行有效的管理，监督投资组合各个理财产品的具体表现，不断比较其实际投资回报率和期望投资回报率之间的关系，并及时作出合理调整以达到客户的投资目标。

问题讨论　1. 如果你是一名专业的理财规划师，针对本模块工作案例，你会建议杨帆先生采用哪种投资策略，配置哪些投资工具帮助其实现理财目标？

2. 在我们日常生活当中，投资规划的重要性体现在哪些方面？

3. 谈一谈你对“你不理财，财不理你”的理解。

技能训练

依据前文杨帆先生的工作实例，结合本模块的学习内容，请完善并展示你个人对杨帆先生投资规划方案的设计。

模块六　纳税筹划设计

▶▶工作实例

客户：王凯先生实例

王凯先生，为广州某企业高级管理人员，妻子叶太太为全职家庭主妇，有一个女儿正在读初二，父母均年满60周岁，有房贷。年薪360万元，同时，预计2021年年底的分红可以获得20万元收入。目前，减除每年6万元的基本扣除费用，近6.02万元的专项扣除，3.6万元的专项附加扣除，按照现行超额7级累进税率（3%～45%）征收，王凯先生的个税税率达到45%，每年要缴纳约136.8万元的个税。

假如你是理财规划师，你将如何为王先生制定合法的节税方案，使其分红税后收益最大化？

➢ 工作实例分析

缴纳个税是每个公民应尽的义务，但现在大部分人的生活负担较重，怎样节税，使税后收益在合法的基础上最大化已经越来越被人们重视。我们要为王先生制订纳税方案，首先就要了解纳税筹划的基本概念，进而掌握纳税筹划的步骤及常用方法，在此基础上，选择最适合王凯先生的节税方法，使得其税后收益最大化。

微课：认知税收筹划

步骤一　认知纳税筹划

纳税筹划，是纳税人在法律允许的范围内，通过对经营、投资、理财等经济活动的事先筹划和安排，充分利用税法提供的优惠和差别待遇，以减轻税负，达到整体税后收益最大化的一系列活动。

PPT：认知税收筹划

纳税筹划的目的是纳税人通过减轻自己的负担，实现税后收益最大化。从一般意义上讲，在市场经济条件下，纳税人经济活动的目的在于自身利益最大化，而政府征税减少了其既定的收益。在纳税成为不可避免的情况下，纳税人依托国家法律法规和政策导向，通过资金的合理配置，行为的恰当选择，获取收益与纳税负担的最佳配比，从而使税后收益最大限度增加。

纳税筹划步骤如图 7 –6 所示。

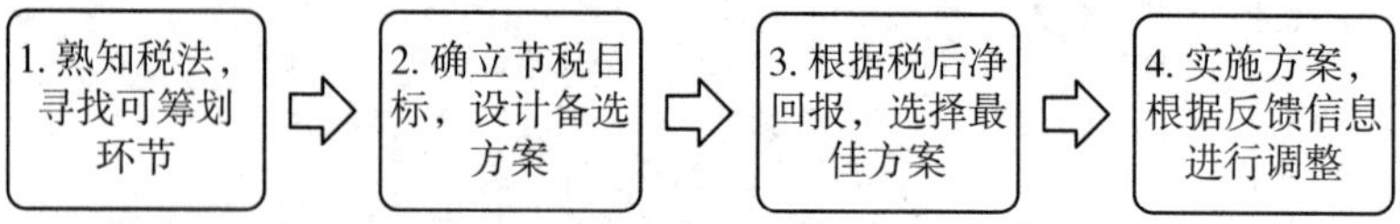

图 7 –6　纳税筹划步骤

一、熟知税法，寻找可筹划的环节

要进行纳税筹划，必须熟知税法及相关法律，全面掌握税法的各种规定，尤其是各项税收优惠、税收鼓励政策。这些政策往往散见于各种文件之中。由于税法规定留给纳税筹划的空间是有限的，并不是纳税的所有方面都可以筹划，因此，在分析研究税法的基础上，寻找纳税筹划的可筹划环节是开展纳税筹划的先决条件。

二、确立节税目标，设计备选方案

在充分分析研究税法的基础上，根据客户的收支情况，找准可以筹划的环节，确立税收规划的目标。并在对节税效果进行模拟试算的前提下根据不同的筹划目标设定多个备选方案。

三、根据税后净回报，选择最佳方案

分析每一备选方案，所有备选方案的比较都要在成本最低化和利润最大化的分析框架内进行，并以此标准确立能够产生最大税后净回报的方案。同时还要综合考虑财务风险、税收风险、政治风险等因素。

四、实施方案，根据反馈信息进行调整

根据选定的方案组织实施，在实施过程中应对方案的实施情况进行评估，再根据反馈的信息，验证实际纳税筹划结果是否如当初估算，为今后的纳税筹划提供参考依据。

步骤二　掌握纳税筹划方法

微课：税收筹划设计

PPT：税收筹划案例分析

一、避免应税收入（或所得）的实现

从减轻税收负担的角度来看，纳税人要尽量取得不被税法认定为是应税收入（或所得）的经济收入，这是个人纳税筹划的基本方法。根据我国现行税法规定，几乎各税种中都存在此类筹划的空间。例如，财产的增值部分只要不变现一般就不对其课征所得税，这也是各国所得税法的一个普遍规定。当个人的财产增值以后，如果将其出售转让，则增值部分的变现收入就变成了应税所得，个人要就其缴纳所得税。因此，从纳税筹划的角度考虑，个人尽量不要将财产的增值部分变现，如果需要资金，可以用财产作抵押进行信贷融资（当然还要比较税款利息成本的大小）。

➢ 工作实例分析

根据《个人所得税法》第 2 条规定，个人取得的利息、股息、红利所得应缴纳个人所得税。因而如果王先生将这笔分红领取，就要按照 20% 的税率计征个人所得税，实际只会得到 16 万元。如果王先生看好该企业的发展前景，觉得投资于此收益会很好，则会直接留存企业不用支取，以免无益地缴纳税款。

二、推迟纳税义务发生时间

推迟纳税可以使个人在不减少纳税总量的情况下获得货币的时间价值。推迟纳税义务，有利于资金周转，节省利息支出，以及由于通货膨胀的影响，延期以后缴纳的税款币值下降，从而降低了实际纳税额。因为按照贴现的原理，延迟缴纳的税款现值一定小于当期缴纳的等额税款。税款越晚缴纳，其经济成本就越低。

➢ 工作实例分析

如果经过一段时间的研究观察，王先生觉得该企业发展前程不好，则宜支取，这时推迟了缴纳税费的时间，降低了经济成本。

三、充分利用税收优惠政策

无论经济发达国家还是发展中国家，都把实施税收优惠政策作为引导投资方向、调整产业结构、扩大就业机会和刺激国民经济增长的重要手段加以利用。我国的税收制度也有很多减免税的规定，如困难性减免、鼓励性减免、投资性减免等。关于减免税的规定，有些在税法、税收条例或者实施细则中规定，有些则是

后来所做的补充规定。利用减免税优惠的方法包括尽量争取更多的减免税待遇，尽量使减免期最长化。如我国《个人所得税法》规定，对个人取得的国债和国家发行的金融债券利息、教育储蓄存款利息，以及股票转让所得免征或暂免征收个人所得税。个人在进行金融投资时，应当考虑这些免税的因素。

➢ 工作实例分析

王先生女儿正在读初二，符合开办教育储蓄业务，王先生可以在工商银行开办2万元3年期的教育储蓄，按同档次整存整取定期储蓄存款利率2.75%计息，并免征利息税（其他储蓄暂时也免征利息税）；其他的资金可以做国债投资，都是免征个人所得税的项目，其相对于教育储蓄而言，票面利率更高。

四、避免适用较高税率

税率是决定纳税人税负高低的主要因素之一。各税种的税率以及同一税种各税目的税率大多存在一定的差异。一般情况下，使用税率高，应纳税额就多，税后收益就少。因此，尽量使所从事的经济活动适用较低的税率，对纳税人降低税收负担意义重大。

➢ 工作实例分析

如果改变王先生和公司的合作方式，不再是签订劳动合同雇用关系，而是给王先生成立一个个人独资企业，以公司的名义和原有的公司进行合作，签订相关的合同，采用核定征收方法缴税，这时核定征税率为15%，适用更低的税率。个人独资企业需要缴纳增值税、应交地方附加税金和个人所得税，其中采用核定征收方法的个人所得税税率参考生产经营所得适用的5级累进税率。

依据以上信息，王先生的个人独资企业需要缴税：

增值税税金：$360 \div (1+3\%) \times 3\% = 10.49$（万元）

应交地方附加税金：$10.49 \times (7\% + 3\% + 2\%) = 1.26$（万元）

应交个人所得税：$360 \div (1+3\%) \times 15\% \times 35\% - 6.55 = 11.80$（万元）

合计税金：$10.49 + 1.26 + 11.80 = 23.55$（万元）

节税113.25余万元。

五、巧用股权转让

《国家税务总局关于企业所得税应纳税所得额若干问题的公告》第2条规定，企业接收股东划入资产的企业所得税处理，企业接收股东划入资产（包括股东赠予资产、上市公司在股权分置改革过程中接收原非流通股股东和新非流通股股东赠予的资产、股东放弃本企业的股权，下同），凡合同、协议约定作为资本金（包括资本公积）且在会计上已做实际处理的，不计入企业的收入总额，企业应按公允价值确定该项资产的计税基础。

➢ 工作实例分析

甲公司可以降低王先生薪酬，然后甲公司和王先生共同出资成立另一个M公司，在M公司内部，把剩余的薪酬以股权转让的形式转让给王先生。具体操作如下：

甲公司降低王先生薪酬至100万元，缴纳的个税是22.908万元。

其余薪酬、奖金280万元以股权形式转让。

第一步：甲公司出资1万元与王出资9万元成立M公司，甲公司占10%，王先生占90%，

实收资本=1+9=10（万元）。

第二步：甲公司与王先生签订合同约定，由甲公司投入M公司280万元，均计入“资本公积——资本溢价”并作会计处理。

M公司净权益=10+280=290（万元）。

甲公司对M公司的投资成本=1+280=281（万元）。

甲公司占M公司的股权比例仍为10%，拥有M公司的股东权益=290×10%=29（万元）。

第三步：甲公司转让M公司的10%股权给王先生，转让价29万元。

甲公司对M公司10%股权转让损失=281-29=252（万元）。

此时，王先生持有M公司股权的100%。

王先生对M公司的股权投资本成本=9+29=38（万元）。

第四步：王先生再将转让M公司的100%股权以318万元给甲公司。

王先生股权转让所得=318-38=280（万元）。

应交股权转让个税=280×20%=56（万元）。

第五步：甲公司注销M公司，假设甲公司注销M公司损失一定金额28万元。

筹划结果：王先生合计税金22.908+56=78.908（万元），节税近57.9万元。

甲公司对M公司的两次投资损失=252+28=280（万元），可全部在税前列支。

注：此方法更适合一次性大额奖金的发放。

六、充分利用“税前扣除”

各国税法中都有一些允许纳税人税前扣除的条款，纳税人应当充分利用这些规定，多扣除一些费用，缩小税基，减轻税负。尤其是当纳税人的所得适用超额累进税率时，如果纳税人可以多扣除一些费用，缩小了税基，其所得适用的最高边际税率和实际税负就会下降。例如，个人出租住房，如果不进行装修和维护，租金可能会较低，但如果进行了维修，租金就会提高。而《个人所得税法》规定，房屋维修费每月可以在税前列支800元（上限），按20%的税率计算，列支这800元的维修费每月可以少纳税160元，每年少纳税1920元。这等于国家每年替个人负担了1920元的维修费用。又如，公益性捐赠行为既可以满足个人从事公益事业的愿望，也可以在一定程度上减轻税负。尤其是个人所得适用超额累

进税率时，通过捐赠可以降低其适用的最高边际税率，减轻税负。

问题讨论 1. 个人所得税的筹划必须满足哪些要求？

2. 如何进行纳税人身份的税收筹划？

技能训练

甲公司为房地产开发公司，A经理为甲公司营销部经理，2018年A经理业绩突出，甲公司决定对A经理奖励200万元，A经理基本工资为5000元/月。A经理从甲公司取得奖金200万元，将缴纳高额的个人所得税，如何你是理财规划师，请你根据以上信息为A经理制定合理的节税方案。

模块七 退休养老规划设计

工作实例

客户：王思源先生家庭案例

王思源先生夫妻俩今年均刚过35周岁，打算到55周岁时退休。王先生目前任职于某大型民营企业，每月税前收入2万元。王太太就职于某外企主管，每月税前收入1.3万元。夫妻俩都希望在退休后能够过上有品质、有尊严的退休养老生活。王先生的退休养老目标是在退休后，第一年能够过上生活费用为9万元左右的生活水平，并以第一年这样的养老生活水准直至生命终结。王先生预期寿命为80周岁，现在准备拿出10万元作为退休养老生活基金的启动资金。

王先生夫妻俩均没有基本的社会保障。在退休前采取较为积极的投资策略，假定年化回报率为6%；退休后采取较为保守的投资策略，假定年化回报率为3%。假设每年的生活成本以3%的速度增长，再加上未来退休养老还需要花费巨大的费用。因此，王先生打算从现在开始到退休时，每年年末再投入一笔固定的资金进行退休基金的积累，以满足未来夫妻双方的退休养老需求。

请根据以上信息为王先生制订合理的退休养老规划方案。

➢ 工作实例分析

做好个人退休养老规划设计方案的关键之一就是准确计算客户退休养老时的资金缺口。个人退休养老规划方案是否合理，很大程度上取决于制订方案时是否建立了合理的退休养老目标与计算准确的退休养老资金缺口。

做好王思源先生的退休养老规划设计方案，应按照以下步骤进行：第一，确定王先生的退休养老目标；第二，预测王先生退休养老资金需求；第三，估算王先生退休后的收入；第四，计算王先生退休时的养老资金缺口；第五，制订王先生的具体退休养老计划；最后，执行与监督该计划。

完成王先生退休养老规划方案的设计，应掌握哪些知识与技能呢？以下工作步骤能够帮助我们完成王思源先生的退休养老规划设计方案。

步骤一　认知退休养老规划

退休养老规划是为保障个人在退休后能够过上有品质、有尊严的养老生活，而从现在开始积极实施的规划方案。制订一个适合的退休养老规划不仅可以保障退休养老生活的财务安全，还可以实现个人退休养老的目标。

微课：认知退休养老规划

一、退休养老规划的必要性

PPT：认知退休养老规划

（一）内在要求

退休养老是我们每个人必须面临和解决的问题。随着我国人口老龄化的加速，未来养老也是国家急需解决的重大问题。人口普查及研究中心预测数据显示，2030 年前后，我国 60 周岁以上的老龄人口预计将增至 4 亿左右。绝大多数人都希望通过年轻时候的努力奋斗，使自己未来能够过上理想的生活，特别是在退休养老后能够过上有品质的、有尊严的、体面的养老生活。随着实际生活成本的上升和通货膨胀等不确定性因素的影响，未来几十年的退休养老生活需要我们提前规划好，以保障在未来退休时养老生活不受影响。

操作动画：社会养老保险

（二）外在压力

随着科学技术和经济的不断发展，现在人们的人均寿命在逐渐增长，也就意味着未来退休养老的时间更长，需要花费的资金更多。同时，由于退休之后个人将面临收入的急剧下降，生活成本继续上升，个人的身体素质又在逐渐降低等问题。所以，这些因素都要求我们每个人在退休养老之前一定要提前规划好，不然晚年的退休养老生活很可能会比较凄凉，这些都是大家不愿意看到的。

操作动画：商业养老保险

二、退休养老规划的原则

操作动画：退休金缺口

（一）及早规划原则

绝大多数人认为退休养老这个问题离自己太遥远，特别是年轻人。从现在开始为退休养老生活做准备太早，况且很多人自己本身在生活中就存在很多压力。比如，每个月的家庭日常开销、车贷、房贷、子女的抚养等，确实没有其他经济条件去考虑未来退休养老的问题。因此，大部分人很可能推迟其退休养老规划的时间。

然而，真正想要在退休后能过上有品质、有尊严、高水准的养老生活，一定要及早规划。因为，退休养老是每个人都必须面对的问题，越早开始越轻松，如果准备时间越晚同样的退休养老生活水平需要付出的成本就越大。比如，要实现未来退休养老金总额为100万元的目标，规划时间的早晚不同或投资组合的收益率不同，需要投入的成本也是不同的，具体详情见表7－19。

表7－19　　养老规划时间、收益率、投入成本

收益率（%）	目标（万元）	投入成本（万元）		
		5年前	10年前	20年前
4	100	82	67	46
6	100	75	56	31
8	100	68	46	21

微课：养老需求分析

（二）弹性化原则

退休养老规划设计应当依据每个人的实际情况而制订切实可行的策略与目标，一旦发现设定的目标难以实现，应及时进行合理的调整。比如，适当降低退休后生活质量、推迟退休年龄、提高投资收益率等。同时养老规划的设计还应考虑到未来在养老规划的执行过程中，很可能会受到某些不确定因素对其产生影响，导致养老规划不能顺利实施。因此，退休养老规划的设计应具有弹性，以保证其能根据实际情况的变化而进行相应调整，增加其合理性。

微课：养老投入金额测算

（三）谨慎性原则

退休养老规划方案的设计过程中，很可能存在一部分人对自己未来退休养老目标定位不准或没有明确的目标；一部分人对自身的经济状况过于乐观，高估退休后的收入，低估退休后的开支，导致在退休养老规划方案的设计过程中收集的信息不准确，以致设计的养老规划方案缺乏有效性。因此，退休养老规划方案的设计应当遵循谨慎性原则，多估支出，少估收入，以保障基本的退休养老生活。

微课：大数据赋能——养老规划基金产品配置

步骤二　熟悉退休养老规划工具

微课：退休养老规划案例分析

一、基本养老保险

基本养老保险是国家根据法律、法规的规定，强制建立和实施的一种社会保险制度。在这一制度下，用人单位和劳动者必须依法缴纳养老保险费，在劳动者达到国家规定的退休年龄或因其他原因而退出劳动岗位后，社会保险经办机构依法向其支付养老金等待遇，从而保障其基本生活。基本养老保险与失业保险、基本医疗保险、工伤保险、生育保险等共同构成现代社会保险制度，并且是社会保险制度中最重要的险种之一。

PPT：退休养老规划案例分析

我国基本养老保险制度规定城镇各类企业职工、个体工商户和灵活就业人员都要参加企业职工基本养老保险。城镇职工养老和医疗保险金由单位和个人共同

负担，实行社会统筹和个人账户相结合。城镇个体工商户和灵活就业人员参加基本养老保险的缴费基数为当地上年度在岗职工平均工资，缴费比例为16%，其中8%记入个人账户，退休后按企业职工基本养老金计发办法计发基本养老金。

二、企业年金

（一）企业年金的含义

企业年金制度又称企业退休年金制度和企业补充养老保险金制度，它是企业在参加基本养老保险并按规定履行缴费义务基础上，自主实行的一种补充性老养保障制度。

企业年金是对国家基本养老保险的重要补充，不仅可以减轻政府的压力，还可以提高企业员工的工作积极性，同时还能改善个人退休后养老的生活水平。

（二）企业年金的资金来源

企业年金所需费用由企业和职工个人共同缴纳。企业缴费每年不超过本企业上年度职工工资总额1/12。企业和职工个人缴费合计一般不超过本企业上年度职工工资总额的1/6。

企业年金基金实行完全积累制，采用个人账户方式进行管理。职工在达到国家规定的退休年龄时，可以从本人企业年金个人账户中一次或定期领取企业年金。职工未达到国家规定退休年龄的，不得从个人账户中提前提取年金。

（三）企业年金与基本养老保险的区别

企业年金与基本养老的区别见表7－20。

表7－20 企业年金与基本养老保险的区别

对比项	基本养老保险	企业年金
实施主体	政府通过立法方式强制实施，并由政府有关机构进行统一管理和运作	由企业和职工自主决定建立的，政府一般对企业年金不直接承担责任，政府对企业年金的作用主要体现在立法、税收和监管等方面
保障目标	保障广大职工退休后的基本生活需要，保障标准和保障水平较低	为了提高职工退休后的生活水平，弥补基本养老保险替代率的不足
缴费方式	由政府统一规定，并强制实施	由企业和职工自行决定
筹资方式	采用现收现付加部分积累的方式	采取个人账户完全积累方式，实行个人保障
运作模式	由政府社保机构统一管理运作	采用市场化方式，委托给专业机构进行管理和运作
支付保证	由于基本养老保险是由政府通过立法强制实施，因此财政对基本养老金的最终支付给予担保	由于企业年金是由企业和职工自愿建立，因此企业和职工要自行承担企业年金基金运作的风险

三、商业养老保险

商业养老保险是商业保险的一种，它以人的生命或身体为保险对象。在被保险人年老退休或保期届满时，由保险公司按合同规定支付养老金。商业养老保险是以获得养老金为主要目的的长期人身险，它是年金保险的一种特殊形式，又称为退休金保险，是社会养老保险的补充，是养老规划的一个不错的选择。

选择商业性养老保险工具时，应充分考虑自身的实际收入情况，并结合自己的日常开销和未来退休养老目标等因素作出合理的选择。如何选择商业保险：一是要选择好的公司。养老险伴随人的一生，因此不能只看价格，而必须选择服务好的公司。二是要选择适合自己的产品。选择具体产品时，首先要注重保障功能，使自己在退休后依然能够有稳定的收入，这是第一重要的功能；其次要注重保值，也就是说要看为自己未来规划的养老金是否能实现自己退休养老的目标；最后要尽早投保，因为虽然养老是55周岁、60周岁以后的事情，但是年纪越轻投保的成本越低，自己将来的负担也就越轻。

四、以房养老

老年人住房反向抵押养老保险即我们所说的“以房养老”，是一种将住房抵押与终身养老年金保险相结合的创新型商业养老保险业务。即拥有房屋完全产权的老年人将其房产抵押给保险公司，继续拥有房屋占有、使用、收益和经抵押人同意的处置权，并按照约定条件领取养老金直至身故，老年人身故后，保险公司获得抵押房产处置权，处置权所得优先用于偿付养老保险相关费用。这相当于保险公司通过分期付款的形式收买投保人的房屋产权，也被称作“倒按揭”。

◆ 拓展阅读

“发展多层次多支柱养老保险体系——个人养老金制度”

党的“二十大”报告明确提出，完善基本养老保险全国统筹制度，发展多层次、多支柱养老保险体系。实施个人养老金制度，有利于在基本养老保险和企业年金、职业年金基础上再增加一份积累，让老年生活更有保障、更有质量。

目前，我国已初步构建起以基本养老保险为基础、以企业（职业）年金为补充、与个人储蓄性养老保险和商业养老保险相衔接的“三支柱”养老保险体系。

“三支柱”从整体上看，第一支柱是基本养老保险，包括城镇职工基本养老保险和城乡居民基本养老保险，主要立足于保基本，已有相对完备的制度体系；

第二支柱是企业（职业）年金，主要发挥补充作用，已有良好发展基础；

第三支柱是个人储蓄性养老保险和商业养老保险，目前是我国多层次养老保险体系的短板，个人养老金是国家关于第三支柱的制度性安排。

步骤三　掌握退休养老规划流程

一、确定退休养老目标

确定退休养老目标，具体内容包括：退休的年龄、退休后的生活费用、预期寿命或者退休养老的时间等。

➢ 工作实例分析

在本模块的工作实例中，王思源先生的退休养老目标是：在55周岁时退休，退休后第一年的生活费用为9万元，以后每年的退休养老生活保持和第一年的退休养老生活水平一样；预期寿命到80周岁，即退休养老时间为25年。

二、预测退休后资金需求

预测退休后整个养老生活的资金需求应该依据退休养老目标进行计算，重点注意退休养老生活的时间和退休后的养老生活每年需要花费多少费用。具体计算时应把握以下几点：首先，根据退休养老的具体目标确定退休后第一年的生活费用和退休养老时间的长短；其次，在计算退休后整个养老生活的总费用时要考虑到实际生活中通货膨胀或者物价上涨的因素存在；再次，依据退休后第一年需要的生活费用和整个退休养老的时间，在考虑通货膨胀因素的前提下计算出退休后整个养老的资金需求；最后，把计算出的退休后整个养老生活的资金需求的结果折现到刚退休时，进而得出退休时需要准备多少资金。

做一做

根据本模块案例情况，王先生夫妻退休时所需养老的费用是多少?

三、估算退休后的收入

退休后如果有相关收入，按照收入的来源不同，就有不同的资金流入形式。将这期间取得的所有收入来源按不同方式折现到刚退休时的现值。

➢ 工作实例分析

由于王先生在退休后没有基本养老保险、企业年金、商业保险、投资和兼职等收入。因此退休后王先生夫妻是没有任何收入的。

四、计算退休时养老资金缺口

将计算出的退休时所需资金减去退休后所有收入折现到刚退休时的现值和已经准备的启动金在退休时的终值，就可以得出退休时的资金缺口。如果计算得出的结果大于零说明退休时资金存在缺口，结果若小于零说明退休时资金不存在缺口。

做一做

根据本模块工作实例，计算王先生夫妻退休时的资金缺口？

五、制定退休养老规划方案

依据最终计算出的退休时的资金缺口，制订合适的养老规划方案。比如，选择投资组合一，投资回报率为5%，通过一次性投入一笔养老启动金或每年、每月定投一笔养老金等方式来完成具体养老规划设计；选择投资组合二，投资回报率为7%，同样通过以上方式来完成养老规划设计等。

➢ 工作实例分析

依据王先生的需求，他打算从35周岁开始到55周岁退休时，每年年末投入一笔资金为未来养老做准备。通过计算得知，王先生退休时的资金缺口为1929286元，退休前期的投资回报率为6%，连续投20年。把王先生资金缺口作为终值，收益率为6%，时间20年，通过计算可以得出王先生每年年末应投52447元。

六、执行与监督计划

一个合理有效的养老规划方案并不是一经制定完成就一成不变的，而是应该根据客户实际情况的变化不断进行调整的，一旦发现有问题应该及时调整退休养老计划。

◆ 拓展阅读

发展养老事业及产业 物业发力居家养老未来可期

养老事业和养老产业发展受到党和国家高度重视。2022年10月16日，中国共产党第二十次全国代表大会开幕。大会报告从“增进民生福祉，提高人民生活品质”的角度阐述了养老事业和养老产业的发展方向，即“实施积极应对人口老龄化国家战略，发展养老事业和养老产业，优化孤寡老人服务，推动实现全体老年人享有基本养老服务”。

从房地产领域来看，对于养老行业的布局由来已久，除了房企开发养老项目外，很多物业服务企业也在积极探索“物业＋养老”模式。目前房企、物业企业切入养老产业的方式主要包括两种：一是通过建立养老机构，集中式养老的方式来解决养老需求；二是结合国内特点，通过物业重点发展居家式养老。在老龄化背景下，作为服务于社区居民生活的重要社会平台，物业服务企业承担养老服务，或者主动选择养老服务作为增值业务是大势所趋，“物业＋养老”模式过程中，居家养老服务的内容将得到不断纵深延伸，社区养老餐厅、社区养老驿站、日间照料中心等不断涌现。同时，伴随着长期护理保险的出台，服务企业和老人客户都有了支撑与受益，有助于居家式养老可持续发展。

➢ 工作实例分析

依据制定出的退休养老规划，王先生每年年末应投52447元，连续投20年，其间投资回报率为6%。如果在规划执行的过程中，王先生夫妻的实际情况发生变化，导致每年家庭的结余达不到52447元或者每年定投这么多钱对于王先生夫妻来说是比较困难的。那么，这时我们应该对规划做适时的调整。比如，让王先生夫妻稍微降低未来退休养老生活的质量或者让他们延长退休的时间等办法来实现。

步骤四　退休养老规划设计

➢ 工作实例分析

王思源先生家庭退休养老规划方案设计

一、确定王先生退休养老的目标

依据工作实例分析，王思源先生的退休养老目标是：在55周岁时退休，退休后第一年的生活费用为9万元，以后每年的退休养老生活保持和第一年的退休养老生活水平一样；预期寿命到80周岁，即退休养老时间为25年。

二、预测王先生退休后的资金需求

依据本案例实际情况，王先生生活费用估计会以每年3%的速度增长，退休后第一年的生活费用为9万元，预计可以活到80周岁。退休后采取较为保守的投资策略，年回报率为3%。最后通过分析计算得出，王先生在退休时的资金需求为225万元。

三、估算王先生退休后的收入

由于王先生在退休后没有企业年金、商业保险、投资和兼职等收入。因此，退休后王先生夫妻是没有任何收入的，即收入为零。

四、计算退休时养老资金缺口

王先生35周岁时，拿出10万元作为退休养老生活基金的启动资金。在退休前采取较为积极的投资策略，年化回报率为6%，退休后采取较为保守的投资策略，年化回报率为3%。因此，通过计算得出，到王先生55周岁退休时这笔10万元的启动资金终值变为320714元。所以，王先生退休时的养老金缺口为2250000－320714＝1929286（元）。

五、制定退休养老规划

王先生打算从35周岁开始到55周岁退休时，每年年末投入一笔资金为未来退休养老做准备。通过前面计算得知，王先生退休时资金缺口为1929286元，退休前期投资回报率为6%，连续投20年。把王先生资金缺口作为终值，收益率为6%，时间为20年，通过计算可以得出王先生每年年末应投52447元，连续投20年即可。

六、执行与监督计划

依据制订的退休养老规划方案，王先生每年年末应投52447元，连续投20年，其间投资回报率为6%。如果在退休养老计划执行的过程中，王先生夫妻的实际情况发生变化，导致每年家庭的结余达不到52447元或者每年定投这么多钱对于王先生夫妻来说是比较困难的。那么，这时我们应该把规划做适时的调整。比如，让王先生夫妻稍微降低未来退休养老生活的质量或者让他们延长退休的时间等办法，来达到降低未来退休养老资金缺口的目的，进而降低每年年末投入的资金。因此，在退休养老规划方案具体执行过程中要实时监督计划。

问题讨论 1. 比较分析商业养老保险与基本养老保险的区别。

2. 有人认为退休后有子女和退休金所以不需要制订退休养老规划，你觉得呢？

技能训练

刘先生35周岁，硕士毕业，某外资企业部门经理，月收入15000元。刘太太30周岁，国家公务员，月收入5000元，两人都有单位社保。女儿8周岁，入读小学二年级，刘先生的父母均已退休（年龄均超过65周岁），两人月退休金1800元。刘先生一家每月的生活费用约6000元，拥有一套价值约40万元的商品房，本田雅阁汽车一辆价值21万元。另有银行存款15万元，现金及活期存款约3万元，拥有货币型基金3万元，股票账户投入9万元。由于现在工作比较辛苦，刘先生希望退休以后能过上安稳舒适的生活。刘先生想60周岁退休，刘太太55周岁退休。假设通货膨胀率4%，退休前收益率8%，退休后投资收益率为6%，退休后保持目前的生活水准，假定退休后生活25年到85周岁。

根据刘先生家庭的信息，请为刘先生家庭设计合理的退休养老规划方案。

模块八　财产分配与传承规划设计

工作实例

李女士案例

李女士生前累积了不少资产，包括香港、加拿大等地的不动产，还有银行户口资产、投资资产和首饰等，金额十分庞大。当她被查出身体有问题时，李女士最不放心的是她的女儿，因为女儿当时还年轻，没有处理多种项目资产的经历，又担心其因年轻而被骗，以后生活得不到保障。所以，在去世前，李女士已订立信托，包括名下的银行户口资产、市值7000万港元的花园公寓、投资资产和首饰，受益人是她最疼爱的女儿。信托规定待女儿结婚时可以领取部分资金，并规定当其面对资产运用等重大事项时，最终决定都由受托人负责审批、协助。李女士还指定其姐姐和信赖的朋友共同组成“信托监察人”，监督受托人在管理与运用信托财产时有无违反信托合同。

通过本案例，你对财产分配与传承规划有何认知？

工作实例分析

李女士如此安排，一来可以避免女儿因为年纪太小，涉世未深而挥霍财产。例如，等到女儿结婚时可以领走一定比例的资金或是一笔固定金额1000万港元等，这样就可以避免女儿一下子把遗产花光。二来将钱与不动产信托在受托人名下，动用时必须经过信托监察人同意，这样可以避免别有用心人士觊觎女儿继承的庞大财产，有效保证了女儿未来的生活。

在我国经济持续高速发展的大背景下，社会财富结构发生着深刻的变化，个人合法的私有财产拥有量不断增加，参与经营的形式也越来越多样化，各种经营形式所面临的财产风险也是不同的，财产分配与传承问题日渐为越来越多的客户所关注。

微课：认知财产分配与传承规划

步骤一　认知财产分配规划

PPT：认知财产分配与传承规划

通常意义上的财产分配规划是针对夫妻财产而言的，是对婚姻关系存续期间夫妻双方的财产关系进行的调整。在现实生活中，由于夫妻在婚姻关系存续期间对双方财产往往不会做清晰界定，因此，近年来随着婚姻关系的解除或消亡，因家庭财产分配引发的纠纷，直至提起诉讼的案件数目都在逐年上升，既伤害家庭成员之间的感情，也不利于社会和谐，因此对家庭财产分配作出整体规划是非常有必要的。此外随着经济发展，家庭财产的表现形式也日渐多样化，及早进行家庭财产分配规划是社会发展的现实的必然的客观的要求。

一、界定财产分配规划中的财产属性

操作动画：客户家庭关系

（一）夫妻法定财产

操作动画：夫妻法定财产

夫妻法定财产是指夫妻关系存续期间没有对双方共有的财产作出约定或者约定不明时，依照法律的规定直接对夫妻之间的财产所做的划分。一般情况下，夫妻法定财产分为法定共有财产和法定特有财产。

1. 夫妻法定共有财产。夫妻法定共有财产是指夫妻在婚姻关系存续期间所获得的，归夫妻双方共同所有的财产。即指在婚姻关系存续期间，除了个人特有财产和夫妻另外有约定的财产外，夫妻双方或一方所得的财产，均归夫妻共同所有。在共同所有还是个人所有不能确定时，推定为共同所有。夫妻法定财产通常有以下几类：

（1）工资、奖金。指在夫妻关系存续期间一方或双方的工资、奖金收入及各种福利性政策性收入、补贴。

（2）生产、经营的收益。指的是在夫妻关系存续期间，夫妻一方或双方从事生产、经营的收益。

（3）知识产权的收益。指的是在夫妻关系存续期间，夫妻一方或双方拥有的知识产权的收益。

（4）金融资产。如股票、债权、保险等权利在婚姻存续期间取得的，都是夫妻共同财产。

（5）继承或赠与所得的财产。指在夫妻关系存续期间一方或双方因继承遗产和接受赠与所得的财产。

（6）其他应当归共同所有的财产。

【案例 7－6】小说家李某（男）于 2013 年 1 月和邹某结婚。2021 年 5 月李某的一篇作品在一次比赛中获得了大奖而名声大噪，遂李某将婚前完成的部分著作向各出版社投稿，结果均被采用，共获得稿酬 10 万元。李某想把这笔钱全部用于再创作，邹某却认为应该拿出一部分用于家用，两人意见不一。李某认为这笔钱是自己用婚前完成的作品换来的，应为个人自己所有，怎么用这笔钱由自己一个人说了算，而邹某却认为这笔钱是在婚后取得的，应是夫妻共有财产，应由两人协商决定如何使用。那么，婚前完成作品，婚后发表所得收入是否属于著作权个人所有呢？

【案例解析】尽管李某是在婚前完成的作品，但该部分作品的发表及财产收益的取得却是在婚后，故 10 万元的稿酬应属李某和邹某共有，两人应在平等协商的基础上决定该笔钱的使用。

2. 夫妻法定特有财产。所谓夫妻法定特有财产是夫妻在拥有共有财产的同时，依照法律规定，各自保留的一定范围的个人所有财产。婚姻一方对属于自己的这部分财产，可以自由地进行管理、使用、收益和处分，以及承担有关的财产责任等，不需要征得另一方的同意。法律规定的夫妻个人财产通常有以下几类：

（1）一方的婚前财产。婚前财产是指在结婚前夫妻一方就已经取得的财产，包括婚前个人劳动所得财产、继承或受赠的财产以及其他合法财产。

在理解婚前财产时应注意：

第一，判断是否属于婚前财产的关键在于财产权的取得时间系在结婚之前。如果财产权的取得系在婚前，但婚后才实际占有该财产，其性质属于婚前个人财产。

第二，夫妻一方的婚前财产，不因婚姻关系的持续而转化为夫妻共同财产。但当事人另外有约定的除外。

第三，婚前个人财产在婚后共同生活中自然毁损、消耗、灭失，离婚时一方要求以夫妻共同财产抵偿的，不予支持。

（2）一方因身体受到伤害获得的医疗费、残疾人生活补助费等费用。这里的“医疗费、残疾人生活补助费等费用”是指与生命健康直接相关的财产。由于这些财产与生命健康关系密切，对于保护个人权利具有重要意义，因此应当专属于个人所有，而不能成为共同财产。

（3）遗嘱或赠与合同中确定只归夫或妻一方的财产。因继承或赠与所得的财产，属于夫妻共同财产。但为了尊重遗嘱人或赠与人的个人意愿，保护公民对其财产的自由处分权，如果遗嘱人或赠与人在遗嘱或赠与合同中明确指出，该财产只遗赠或赠给夫妻一方，另一方无权享用，那么，该财产就属于夫妻特有财产，归一方个人所有。

（4）一方专用的生活用品。一方专用的生活用品具有专属于个人使用的特点，如个人的衣服、鞋帽等，应当属于夫妻特有财产。我国司法实践中，在处理离婚财产分割时，一般也将个人专用的生活物品，作为个人财产处理。价值较大的生活用品，因其具有个人专用性，仍应当归个人所有，这也符合夫妻双方购买该物时的意愿。况且，夫妻对共同财产有平等的处理权，多数情况下，夫妻双方都有价值较大的生活用品。

（5）其他应当归一方的财产。这项规定属于概括性规定。夫妻特有财产除前四项的规定外，还包括其他一些财产和财产权利。

（二）夫妻约定财产

夫妻约定财产指夫妻双方以协议的形式来商定夫妻双方财产的归属、管理、使用、收益、处分及债务清偿，是夫妻双方在婚后各自保持必要的财产独立，行使和保障个人权利的途径。

1. 夫妻约定财产的类型。我国现行婚姻法规定“夫妻可以约定婚姻关系存续期间所得的财产以及婚前财产归各自所有、共同所有或部分各自所有、部分共同所有。”由此可知，夫妻财产约定制的三种类型：一般共同制、限定共同制和分别所有制。婚姻当事人只能在法律允许的三种财产制中选择其一，超过该范围的夫妻财产制约定将不被法律承认，对当事人也无拘束力。

2. 夫妻约定财产的主要内容。

（1）约定的主体。约定的主体是夫妻，也就是说，夫妻之外的人无权对夫妻的财产进行约定，重婚或非法同居双方不能成为其主体。

（2）约定的内容。对夫妻财产约定的内容，我国规定的是排斥性的夫妻财产契约，即法律不限制夫妻对财产进行约定的内容，夫妻可以对夫妻财产进行自由地约定。

（3）约定的形式。《婚姻法》规定，夫妻财产约定应当以书面的形式，没有采用书面形式的，认定为没有约定。书面形式包括协议书、信件和数据电文（电报、电传、传真、电子数据交换和电子邮件）等可以明确表现所载内容的形式。另，夫妻双方对约定可以进行公证，也可以不进行公证。如果进行了公证，变更时也应进行公证。夫妻双方没有公证的财产约定，只要不违反有关法律的强制性的规定，就应视为有效约定。

（4）约定的效力。夫妻对财产的约定对夫妻双方均具有约束力，也就是说一经约定，夫妻双方必须遵守夫妻财产约定的内容，根据其约定的内容来确定夫妻财产的所有权。

（5）补偿请求权。《婚姻法》规定了离婚中男或女一方的补偿请求权。对于夫妻双方书面约定婚姻关系存续期间所得的财产归各自所有的，财产自然应归男女双方各自所拥有，但在实践中常常有一方在生活中付出较多义务的情况，从法律的公平原则出发，离婚时付出较多义务的一方有权向另一方请求补偿，补偿的来源是另一方所拥有的财产。

3. 夫妻财产协议的有效要件。一份合法有效的夫妻财产协议，才会对财产分配规划产生实质性的影响。约定的生效条件首先必须具备民事法律行为的生效要件：合法、自愿、真实；其次应符合特别法上的要求，如男女双方平等，保护妇女、儿童和老人的合法权益。

操作动画：离婚财产分配

二、客户财产分配规划咨询

（一）离婚的条件

操作动画：财产传承

婚姻情况的变动会涉及人身关系的变动和财产的分割，因而，准确理解离婚的条件非常重要。离婚是指夫妻双方通过协议或诉讼的方式解除婚姻关系，终止夫妻间权利和义务的法律行为。通常情况下，离婚按照方式不同分为协议离婚和诉讼离婚。

（1）协议离婚，又称两愿离婚或登记离婚。我国《婚姻法》中称作双方自愿离婚，指婚姻关系因双方当事人的合意而解除的离婚方式。协议离婚必须办理离婚登记，离婚登记是夫妻双方自愿离婚的必经程序。

文本：离婚房产分配纠纷案例

（2）诉讼离婚。指夫妻双方就是否离婚或者财产的分割、债务的分担、子女的抚养等问题无法达成一致的意见，而向人民法院起诉，人民法院经过审理后，通过调解或判决解除婚姻关系的一种离婚制度。人民法院审理离婚案件时，应当进行调解；如感情确已破裂，调解无效，应准予离婚。

离婚中的特殊保护：现役军人的配偶要求离婚，须征得军人同意，但军人一方有重大过错的除外。女方在怀孕期间、分娩后一年内或中止妊娠后6个月内，男方不得提出离婚。女方提出离婚的，或人民法院认为确有必要受理男方离婚请求的，不在此限。

（二）子女监护

父母对于未成年子女有监护义务。法律上监护可以分为法定监护和指定监护。指定监护仅适用于没有法定监护人或法定监护人不适合监护的情况。法定监护，是指监护人依照法律的直接规定担任无民事行为能力和限制民事行为能力人的监护职责。未成年人的法定监护人包括三种：一是未成年人的父母；二是未成年人的祖父母、外祖父母，关系密切的其他亲属、朋友；三是未成年人的父母所在单位或者未成年人住所地的居民委员会、村民委员会或民政部门等法人组织。

监护责任包括对未成年人的人身监护与财产监护。人身监护即对未成年人人身监护的权利和义务；财产监护即对未成年人财产上的管理的权利和义务，主要指对被监护人的财产的保全和管理。

（三）子女收养

收养是指自然人依照法律规定，领养他人的子女为自己的子女，在本无自然血亲关系的收养人与被收养人之间形成拟制血亲的父母子女关系的民事法律行为。收养涉及人身关系的变动，而且收养后双方会形成法律上的父母与子女的关系，因此从保护被收养人的权利出发，法律对此有特别的规定。

（四）指导客户填写相关文书

理财规划师要指导客户填写相关文书，如婚前财产协议、婚内夫妻财产协议、离婚财产协议等。同时，协助客户办理各种公证，如婚姻状况公证书、亲属关系公证书等。

想一想

赵先生与叶女士于2015年8月协议离婚，女儿婷婷归母亲叶女士抚养，2017年，婷婷在打闹玩笑中，不小心将同学申某推下楼，致使申某重伤住院，须赔偿医药费1.5万元，叶女士因收入较低，家庭生活困难，只能负担8000元的医药费。于是，叶女士希望赵先生能支付剩下的医药费，遭到赵先生的拒绝。

（1）赵先生是否需要负担因药费赔偿款？为什么？

（2）如果赵先生需要负担因药费赔偿款，负担的比例是多少？

微课：财产分配与传承案例分析

PPT：财产分配与传承规划案例分析

步骤二　认知财产传承规划

财产传承规划是为了保证财产安全继承而设计的财务方案，是当事人在其健在时通过选择适当的遗产管理工具和制订合理的遗产分配方案，对其拥有和控制的财产进行安排，确保这些财产能够按照自己的意愿实现特定目的，是从财务的角度对个人生前财产进行的整体规划。

一、遗产的基本含义

财产传承规划中涉及的财产就是遗产，遗产是自然人死亡时遗留的个人合法财产，包括不动产、动产和其他具有财产价值的权利。遗产是继承法律关系的客体，即继承权的标的。遗产不存在，则继承法律关系也无法成立。

遗产包括的财产范围包括：公民的合法收入；公民的房屋、储蓄、生活用品；公民的树木、牲畜和家禽；公民的文物、图书资料；法律允许公民个人所有的生产资料；公民的著作权、专利权中的财产权利等。

遗产不包括的事项：复员转业军人的回乡生产补助费、复员费、转业费、医疗费；离退休金和养老金；工伤抚恤费和残废军人抚恤费；人身保险金；与被继承人人身密不可分的人身权利；与公民人身有关的专属性的债权、债务；国有资源的使用权；自留山、自留地、宅基地的使用权等。

遗产具有以下特征：

（1）遗产只能是公民死亡时遗留的财产，具有时间上的特定性。只有在被继承人死亡时留下的没有被处分掉的财产才为遗产，继承开始之前，被继承人已经处分的财产不属于遗产。

（2）遗产的内容具有财产性。被继承人生前享有的民事权利包括财产权和人身权两方面，继承人所继承的只能是财产。在我国，原属于被继承人的人身权利如姓名权、肖像权等不能作为遗产。

（3）遗产范围上的限定性和合法性。遗产只能是个人死亡时遗留下的合法财产，并且依照《继承法》的规定能够转移给他人的财产。

（4）遗产权利、义务的统一性。遗产既包括财产权利，也包括财产义务。继承人在继承遗产的同时，也要以所继承的财产为限承担被继承人生前的债务，这就是权利、义务的统一性。

二、遗产规划的工具

（一）遗嘱

遗嘱继承又称指定继承，是指由被继承人生前所立的遗嘱来指定继承人及继承的遗产种类、数额的继承方式。遗嘱必须要符合法定的形式。需要注意的是，根据我国的继承法，有合法有效的遗嘱，被继承人死亡时按照遗嘱执行继承；如果没有合法有效的遗嘱，则按照法定继承处理。

（1）遗嘱的形式。遗嘱具有五种形式：公证遗嘱、自书遗嘱、代书遗嘱、录音遗嘱、口头遗嘱等。

（2）遗嘱的内容。遗嘱的内容是遗嘱人在遗嘱中表示出来的对自己财产处分的意思，是遗嘱人对遗嘱及相关事项的处置和安排。遗嘱的内容应当明确、具体。一般包括：指定遗产继承人或者受遗赠人、说明遗产的分配方法或份额、对遗嘱继承人或受遗赠人附加的义务、再指定继承人（指遗嘱中指定的继承人不能继承时，由其继承遗产的继承人继承）、指定遗嘱执行人（指定遗嘱执行人只关心遗嘱的执行，而不涉及对遗产的处分，因此，指定遗嘱执行人并非遗嘱的主要内容）。

（3）遗嘱的变更和撤销。遗嘱是遗嘱人单方面的意思表示，那么在遗嘱设立后至生效前的期间内，遗嘱人可以不受任何约束地进行变更或者撤销。

遗嘱的变更、撤销方法有以书面形式明示变更或撤销原遗嘱和以立新遗嘱的方式变更或撤销原遗嘱两种形式。变更或者撤销后，原遗嘱无效。自书、代书、录音、口头遗嘱不得撤销、变更公证遗嘱。

遗嘱人在订立新的遗嘱中，不论是否明确撤销、变更原遗嘱，只要前后两个遗嘱的内容相抵触，即意味着前遗嘱被推定为变更或撤销。遗嘱人以不同形式立有数份内容相抵触的遗嘱，其中有公证遗嘱的，以公证遗嘱为准；没有公证遗嘱的，以最后所立的遗嘱为准。但是，如果遗嘱人原来所立的遗嘱是公证遗嘱，在变更或撤销原遗嘱时，仍需经原公证机关办理。另外，如果遗嘱人的行为与遗嘱相抵触时，其抵触行为则被视为对原遗嘱的部分或全部撤销。

（二）遗嘱信托

遗嘱信托是指通过遗嘱这种法律行为而设立的信托，也叫死后信托，是委托人预先以立遗嘱的方式，将财产的规划内容，包括交付信托后遗产的管理、分配、运用及给付等，详订于遗嘱中。等到遗嘱生效时，将信托财产转移给受托人，由受托人依据信托的内容，也就是委托人遗嘱所交办的事项，管理处分信托财产。与金钱、不动产或有价证券等个人信托业务比较，遗嘱信托最大的不同点在于，遗嘱信托是在委托人死亡后契约才生效。

（1）遗嘱信托的功能。透过遗嘱信托，由受托人确实依照遗嘱人的意愿分配遗产，并得为照顾特定人而做财产规划，不但有立遗嘱防止纷争的优点，并因结合了信托的规划方式，而使该遗产及继承人更有保障。因此，遗嘱信托具有以下功能：

一是可以很好地解决财产传承，使家族永保富有和荣耀。通过遗嘱信托，可以使财产顺利地传给后代，同时，也可以通过遗嘱执行人的理财能力弥补继承人无力理财的缺陷。

二是可以减少因遗产产生的纷争。因为遗嘱信托具有法律约束力，特别是中立的遗嘱继承人介入，使遗产的清算和分配更公平。

三是可以避免巨额的遗产税。遗产税开征后，一旦发生继承，就会产生巨额的遗产税，但是如果设定遗嘱信托，因信托财产的独立性，就可以合法规避该税款。

（2）遗嘱信托的分类。遗嘱信托分为执行遗嘱和管理遗产两种业务。

第一，执行遗嘱。执行遗嘱信托是信托机构在受托之后，根据遗嘱或有关的法院裁决，在遗嘱人死亡后，代遗嘱人办理债权债务的收取和清偿，遗嘱物品交付以及遗产的处理和分割等有关遗嘱的执行事宜。执行遗嘱信托大多是因为遗嘱人财产较多，遗产的分割处理关系比较复杂，且缺少可靠执行人等原因而设立的。

第二，管理遗产。管理遗产信托是信托机构受遗嘱人或法院委托，在某一时期内代为管理遗产的一种信托业务。这种业务又分为“继承未定”和“继承已定”两种情况。

“继承未定前”的管理遗产信托，是在没有遗嘱、遗产继承存在纠纷或遗嘱中的继承人尚未找到的情况下，遗嘱中指定的受托人在处理分割遗产前暂时代为管理遗产。

“继承人已定后”管理遗产信托是指继承人虽然继承了遗产，但因种种原因不能自行有效地保护和经营其财产，以致无法运用这些财产提供自身的生活和教育费用，甚至使财产蒙受损失时，事先由遗嘱人或其亲属或法院指定或选任受托人，在遗产继承后的一定期限内代继承人管理遗产。信托期限视继承人情况而定，对未成年人，至其成年之时为止；对无行为能力的成年人，至其恢复行为能力或死亡为止。

（三）人寿保险

人寿保险产品在遗产规划中也起着很大的作用。客户购买人寿保险是预防自己发生意外时，能借助保险给自己指定的受益人提供有保障的生活。为了保险财产的顺利传承，人寿保险信托这种信托制度与保险制度相结合的产品应运而生。所谓人寿保险信托是以保险金或人寿保险单作为信托财产，由委托人（一般为投保人）和信托机构签订人寿保险信托合同，保险公司将保险赔偿款或期满保险金交付于受托人，由受托人依信托合同约定的方式管理、运用信托财产，并于信托终止时，将信托资产及运作收益交付信托受益人。

（四）遗产委任书

遗产委任书是遗产规划的另一种工具，是指当事人授权指定的一方在一定条件下代表当事人订立遗嘱，或直接对当事人遗产进行分配。通过遗产委任书，可以授权他人代表自己安排和分配其财产，从而不必亲自办理有关的遗产手续。被授予权力代表当事人处理其遗产的一方称为代理人。在遗产委任书中，当事人一般要明确代理人的权力范围。后者只能在此范围内行使其权力。

遗产规划涉及的遗产委任书有两种：普通遗产委任书和永久遗产委任书。如果当事人本身去世或丧失了行为能力，普通遗产委任书就不再有效。所以必要时，当事人可以拟订永久遗产委任书，以防范突发意外事件对遗产委任书有效性的影响。永久遗产委任书的代理人，在当事人去世或丧失行为能力后，仍有权处理当事人的有关遗产事宜。所以，永久遗产委任书的法律效力要高于普通遗产委任书。在许多国家，对永久遗产委任书有着严格的法律规定。

三、遗产规划的流程

（一）客户情况纪录

理财规划师在进行遗产管理时，首先需要对当事人的基本情况进行全面的了解和掌握，除了需要客户填写有关的个人资料外，还应该要求客户准备个人情况记录文件，这些文件资料的齐全，将有助于理财规划师对遗产进行有效的管理。

（二）计算和评估客户的遗产值

通过计算和评估客户的遗产价值，可以帮助其对资产的种类和价值有一个总体的了解，这是理财规划师在选择遗产工具和策略时需要考虑的重要因素。

（三）确定遗产管理的目标

客户的遗产管理目标首先要考虑其直接债务的偿还，如果客户突然去世，其债务不会因此解除，而须将其遗产或人寿保险的金额变现后加以偿还。其次，遗产管理的目标包括客户的长期责任。长期责任是指在可以预见的将来，客户需要承担一些家庭义务和责任，以及承担执行义务带来的开支，同时这些开支应是可以估计和衡量的。

（四）制订遗产规划

制订遗产规划是进行遗产管理的关键步骤。由于客户的具体情况不同，每个客户的遗产规划在内容和策略的选择上也有较大差异。一般应从以下几方面进行考虑：首先，要保证遗产计划的可变性；其次，要确保遗产计划的现金流动性；最后是尽量减少遗产纳税金额。

（五）定期检查、评估和调整

通常，财务状况和遗产规划目标处于变化之中，遗产规划必须满足其不同时期的需求，所以对遗产规划的定期检查是必须的，并且要根据新情况对遗产规划进行修订，这样才能保证遗产规划更好地反映被继承人的目的。

➢ 工作实例分析

范先生财产分配与传承规划设计

范先生45周岁，是一个企业主，妻子是一名家庭主妇，两人生有一个18周岁的儿子。范先生的资产有企业股权（价值2亿元）、房子（价值2000万元）、金融资产（价值5000万元）和境外资产（价值100万美元）。范先生想将来儿子接手他的事业，为了以防万一，范先生想现在对家庭资产进行合理的分配并安全地传承下去。假如你是理财规划师，请你为范先生做一个财产分配与传承的规划。

首先，对范先生家庭财务信息和非财务信息进行全面的了解和掌握，并记录在案。我们通过基本情况可以看到，范先生拥有一个三口之家，现年45周岁，是企业主，其妻子是一名家庭主妇，还有一名即将读大学的儿子。家庭资产比较多样，有企业股权、房子、金融资产和境外资产。

在了解信息的基础上，要对范先生的家庭资产进行计算和评估，理财师运用自己的专业知识计算出范先生家企业股权（价值2亿元）、房子（价值2000万元）、金融资产（价值5000万元）和境外资产（价值100万美元）。

通过深入沟通，发现范先生财产管理的目标主要有三点，一是让儿子毕业后接受家族事业、二是希望将房产过户给妻子，三是等儿子接手公司后，公司全部股权逐步转移给儿子。

根据范先生的家庭情况及资产管理目标，理财师作出如下规划：

1. 建议范先生送儿子到国外读大学与研究生，增加学识，为学成归国接手家族企业做准备。同时，设立一个100万美元的境外信托，以境外信托的投资收益来支付儿子的学费与生活费。

2. 投保终身寿险，保额500万元，并设立保险金信托。

3. 5000万元金融资产设立一个境内信托，境内信托的受益人是妻子，部分投资收益支付境内的家庭支出，剩余的部分则可用于交保费。

4. 等儿子学成回国后，安排他到公司接班，每年可将5%～10%的股权转移给儿子。

最后，还需设立一个公证遗嘱，按照范先生的意愿安排信托与保险以外的遗产分配方案，分配载明股权、房子等的处理方案。

财产分配与传承规划从来不是一劳永逸的，一个家庭的财务状况和资产规划目标是处于不断变化之中的，财产分配与传承规划必须满足不同时期的需求，所以要对范先生家庭的分配传承规划进行定期的检查，并且根据新情况对规划进行修订，这样才能保证财产分配与传承的顺利进行。

问题讨论

1. 如何避免家庭中的遗产争执问题？
2. 遗产采用信托形式的优点有哪些？

项目小结

项目知识点 现金规划 住房消费规划 汽车消费规划 教育规划 投资规划 纳税筹划 风险管理和保险规划 退休养老规划 财产分配与传承规划

项目技能点 掌握现金规划设计 掌握消费支出规划设计 掌握教育规划设

计　掌握风险管理和保险规划设计　掌握投资规划设计　掌握纳税筹划设计　掌握退休养老规划设计　掌握财产分配与传承规划设计

技能训练

赵先生45周岁，是一位跨国企业高管，年收入约480万元。赵太太42周岁，事业单位工作人员，年收入约15万元，两人都有单位社保。女儿15周岁，赵先生和赵太太的父母均健在。赵先生家庭名下有3套房产、2个商铺，市值约3000万元，无贷款；小汽车2辆，价值约90万元；另有各类银行存款1000万元，金融资产800万元；境外资产50万美元。由于赵先生现在工作压力比较大，为了以防万一，赵先生想现在对家庭资产进行合理分配并安全传承下去。赵先生想女儿将来出国读大学。假如你是理财规划师，请为赵先生做一个财产分配与传承的规划。

课堂活动

模 块 一

一、单项选择题

1. 下列关于货币市场基金说法不正确的是（　　）。

A. 货币市场基金是指仅投资于货币市场工具的基金

B. 就流动性而言，货币市场基金的流动性很好，甚至比银行7天通知存款的流动性还要好

C. 就安全性而言，货币市场基金投资品种的特性基本决定了货币市场基金本金风险接近于零

D. 一般来说，申购或认购货币市场基金没有最低资金量要求

2. 下列不属于现金等价物的是（　　）。

A. 活期储蓄　　　　B. 货币市场基金

C. 定活两便储蓄　　　　D. 股票

3. 流动性比率是现金规划中的重要指标，下列关于流动性比率的说法正确的是（　　）。

A. 流动性比率 = 流动性资产/每月支出

B. 流动性比率 = 净资产/总资产

C. 流动性比率 = 结余/税后收入

D. 流动性比率 = 投资资产/净资产

4. 下列关于现金规划中交易动机说法不正确的是（　　）。

A. 满足支付日常的生活开支而持有现金或现金等价物的动机

B. 一般来说，个人或家庭的收入水平越高，交易数量越大，从而为应付日常开支所需要的货币量就越大

C. 为了预防意外支出而持有的部分现金及现金等价物的动机

D. 个人或家庭出于交易动机所拥有的货币量决定于收入水平、生活习惯等因素

5. 关于典当的说法不正确的是（　　）。

A. 典当对客户的信用要求几乎为零

B. 典当手续便捷

C. 所有股票都可以典当

D. 所有符合条件的不动产都可以典当

6. 理财规划师建议进行家庭财产规划时，流动性比率应保持在（　　）左右。

A. 4　　B. 3　　C. 2　　D. 1

二、多项选择题

1. 下列关于保单质押融资的说法正确的是（　　）。

A. 保单质押贷款，是保单所有者以保单作为质押物，按照保单现金价值的一定比例获得短期资金的一种融资方式

B. 投保人可以把保单直接质押给保险公司，直接从保险公司取得贷款

C. 投保人可以把保单质押给银行，由银行支付贷款给借款人

D. 所有的保单都可以质押

E. 医疗保险和意外伤害保险合同可以质押

2. 信用卡的理财功能包括以下几个方面（　　）。

A. 支出记录与分析　　B. 支出管理

C. 资金调度　　D. 建立信用

三、判断题

1. 典当当金利率，按中国人民银行公布的银行机构 6 个月期法定贷款利率及典当期限折算后执行。（　　）

2. 医疗保险和意外伤害保险合同可以作为质押物从银行或保险公司进行短期融资。（　　）

四、实训题

实训任务：现金规划设计。

案例内容：刘先生，28 周岁，单身，目前担任广州某公司部门经理，收入稳定，工作规律，工作业绩优异，有望在不久的将来提薪。他性格开朗，热爱旅游、运动，是走在时尚尖端的部门经理。刘先生现住天河区，有车，无特殊支出，目前拥有社会保险和医疗保险。父母催促刘先生结婚，他自己亦有此想法。

结合其家庭的财务信息编列成表 7－21 和表 7－22。

表 7－21　资产负债表　　单位：元

资产		负债	
项目	金额	项目	金额
现金	10000	汽车贷款	55000
定期存款	150000	房屋贷款	60000
股票	80000	信用卡透支	20000

续表

资产		负债	
项目	金额	项目	金额
住房	400000		
轿车	100000		
资产合计	760000	负债合计	135000

表7－22　现金流量表（年度）　单位：元

收入		支出	
项目	金额	项目	金额
工资	120000	日常支出	78000
奖金	40000	汽车还贷	15000
存款利息	1020	保险费	15000
兼职收入	12000	住房还贷	5000
		旅游费	25000
		衣服购置费	30000
收入合计	174020	支出合计	168000
年结余	6020		

实训要求：

（1）进行客户的财务状况分析。

（2）完成现金规划设计。

模 块 二

一、单项选择题

1. 张先生和马先生同时各购买了一辆小轿车，但是张先生是通过银行贷款购买，而马先生则是通过汽车金融公司贷款购买。下列关于汽车贷款的说法中错误的是（　　）。

A. 银行和汽车金融公司都提供汽车贷款

B. 一般情况下，通过银行进行汽车贷款的利率高于通过汽车金融公司贷款的利率

C. 通过汽车金融公司进行贷款相对比较容易

D. 通过汽车金融公司进行贷款交纳的其他杂费少于通过银行进行的汽车贷款

2. 房价是购房者购房时考虑的主要因素之一，理财规划师应帮助客户判断房价的高低，而房价又取决于两个因素，一个是面积，一个是（　　）。

A. 区位　　B. 开发商的大小

C. 银行贷款利率的高低　　D. 讨价还价的能力

3. 住房公积金贷款利率比商业银行住房贷款利率（　　）。

A. 高　　B. 相同　　C. 低　　D. 不确定

4. 李先生向银行申请了 20 年 30 万元贷款，利率 6.273%。等额本息还款下，每月还款额是（　　）元。

A. 2196.81　　B. 2197.18　　C. 2120.03　　D. 2195.34

二、多项选择题

1. 住房贷款的还款方式有（　　）。

A. 等额本息还款法　　B. 等额本金还款法

C. 等额递增还款法　　D. 等额递减还款法

2. 住房消费，它是指居民为取得住房提供的庇护、休息、娱乐和生活空间的服务而进行的消费，这种消费的实现形式可以是租房也可以是买房，以下人群中理财规划师最有可能给予租房建议的是（　　）。

A. 刚刚踏入社会的青年　　B. 经常在各个城市转换工作的人

C. 收入不稳定人群　　D. 中年白领阶层人士

3. 个人住房公积金贷款相对于个人住房商业贷款来说，其特点很明显，主要是（　　）。

A. 贷款期限短：个人住房公积金贷款期限最长为 15 年

B. 住房公积金贷款利率比商业银行住房贷款利率低

C. 对贷款对象有特殊要求，即要求贷款人是当地公积金系统公积金缴存人

D. 个人住房公积金贷款额度一般不超过购房合同金额的 70%

E. 对贷款人年龄的限制不如商业银行个人住房贷款那么严格，没有年龄上的限制

三、判断题

1. 首套普通住宅按房屋成交价的 3% 缴纳契税。（　　）

2. 王女士觉得目前的存款利率太低，而自己所在的北京的房租却很高，于是用存款买了一套房，用来出租，每月收取租金，王女士的行为属于消费行为。（　　）

四、实训题

实训任务：住房消费规划。

案例内容：王先生年收入 10 万元，以后每年增长 3%，每年储蓄比率 40%。目前王先生有存款 5 万元，打算 5 年后买房，房屋面积为 100 平方米。王先生的投资回报率为 5%，准备贷款 20 年，计划采用等额本息还款，房贷利率为 6%。

实训要求：假设你作为理财规划师，请帮王先生做好如下购房规划。

（1）王先生可负担的购房首付款是多少？

（2）可负担房贷是多少？

（3）可负担房贷总价是多少？

（4）可负担房屋单价是多少？

模块三

一、单项选择题

1. 根据教育对象不同，教育规划可以分为（　　）和（　　）两

种。(　　)

A. 个人教育规划；客户对子女的教育规划

B. 子女职业教育规划；客户对子女的教育规划

C. 子女职业教育规划；子女高等教育规划

D. 子女基础教育规划；子女高等教育规划

2. 能够达成帮助客户子女养成良好消费习惯等目的的教育规划工具是(　　)。

A. 教育储蓄　　B. 子女教育信托

C. 共同基金　　D. 定息债券

3. 教育储蓄优点在于享有免征利息税，零存整取并以（　　）方式计息。

A. 零存整取　　B. 存本取息　　C. 整存整取　　D. 整存零取

4. 通常用教育负担比，权衡教育开支对家庭生活的影响，一般情况下，如果预计教育负担比高于（　　），就应尽早进行子女教育规划准备。

A. 20%　　B. 25%　　C. 30%　　D. 35%

二、多项选择题

教育投资是一种人力资本投资，它不仅可以提高人们的文化水平和生活品位，更重要的是，它可以使受教育者在现代社会发展和激烈的竞争中掌握现代社会和企业需要的知识技能，从而促进和保证职业生涯的顺利发展，它的重要性表现在（　　）。

A. 教育程度对职业生涯和人生发展的影响

B. 职场对学历与知识水平的要求越来越高

C. 受教育程度会直接影响收入水平

D. 中国家庭对子女教育的重视

E. 教育成本的不断升高

三、判断题

1. 教育规划只有处于家庭成熟期的客户才需要制定。（　　）

2. 教育规划包含子女教育规划和成人职业教育规划。（　　）

四、简答题

请简述为客户进行教育规划的一般流程。

五、实训题

实训任务：教育规划设计。

案例内容：客户白先生的儿子今年刚上初一。白先生目前持有银行存款3万元。他现在开始着手为儿子的大学费用进行理财规划。目前大学一年的费用为1万元。通货膨胀率为6%。为此，他就有关问题咨询专业理财人士，希望通过提前规划来解决儿子未来大学的教育费用问题。

实训要求：请您协助他回答下列问题。

（1）白先生的儿子大学第一年的费用大约为（　　）元。

A. 13382　　B. 14185　　C. 14320　　D. 15036

（2）假设白先生将其银行存款取出进行组合投资，预计收益率为8%。那么，6 年后，白先生投资的本息和为（　　）元。

A. 44577　　B. 45608　　C. 46527　　D. 47606

（3）白先生准备在儿子上大学的第一年就筹备好四年所有的费用。假设四年费用相同。那么，6 年后，白先生应准备（　　）元。

A. 53528　　B. 56740　　C. 57280　　D. 60144

（4）6 年后，白先生用投资所得支付儿子四年的大学费用，资金存在缺口（　　）元。

A. 8813　　B. 9089　　C. 9134　　D. 9147

（5）白先生准备现在另外开立一个教育储蓄账户，每月存入固定金额，6 年期，到期支取用于弥补资金缺口。假设银行 5 年期定期存款整存整取利率为 5.58%，5 年期定期存款零存整取利率为 3.87%。那么，白先生每月应存入（　　）元，方能弥补资金缺口。

A. 107.10　　B. 110.67　　C. 116.20　　D. 124.74

（6）请您根据上述信息，结合白先生的现有财务信息，为其挑选合适的理财产品，最终完成其儿子的大学教育规划方案设计书。

模块四

一、单项选择题

1. 保险规划的未充分保障风险在以下哪种情况下会出现？（　　）

A. 购买重复保险时

B. 财产保险标的的保额低于保险价值

C. 人身保险的保额选择过高

D. 购买多份医疗费用保险

2. 子女教育费用和生活费用猛增，家庭财务负担较重是属于（　　）家庭周期的特点。

A. 家庭形成期　　B. 家庭成熟期

C. 家庭成长期　　D. 退休期

3.（　　）是衡量保险公司财务状况时的核心指标之一。

A. 赔款金额　　B. 偿付能力

C. 管理费用支出　　D. 资产结构

4. 以下关于保险类型选择的说法中错误的是（　　）。

A. 如果家庭的投资渠道多，则以保障型险种为首选

B. 如果家庭资金本以储蓄为主，则可适当考虑理财型保险产品

C. 家庭生活中的各类小风险都适合用保险的方式来解决

D. 进行保险规划时，应当将保障放在首位，其次才是投资

二、多项选择题

1. 对于保费缴费方式说法正确的有（　　）。

A. 一般分为趸交和期交

B. 趸交保费更适用于收入不稳定者

C. 期交保费的成本高于趸交保费

D. 保费豁免条款适用于期交保费

2. 选择保险机构时主要考虑的方面有（　　）。

A. 偿付能力　　B. 资产结构

C. 理赔质量　　D. 客户服务

3. 保险理财规划的流程包括（　　）。

A. 前期客户需求分析　　B. 保险机构和产品选定

C. 完成投保手续　　D. 方案回顾和调整

三、判断题

1. 年度综合交通意外险相比于单次交通意外险更加划算。（　　）

2. 保险具有其他理财工具如银行存款、股票、基金等所不具备的免于债务追偿的功能。（　　）

3. 保险首先要保障“弱者”，如老人、小孩、家庭主妇等没有收入来源的人。（　　）

4. 保险理财是一个贯穿人生各个成长阶段的长期过程，应当持之以恒，随环境和需求不断进行调整。（　　）

四、实训题

实训任务：完成保险规划设计。

案例内容：张先生今年45周岁，想通过购买保险提高家庭抗风险能力，但不太清楚哪些保险适宜购买。现了解到张先生的家庭信息如下：

张先生是一名会计，目前年收入6万元，60周岁退休，保障退休后年数预计为20年；妻子王女士，43周岁，图书馆管理员，年收入5万元，55周岁退休，保障退休后年数预计为25年；女儿张慧希，16周岁，高中学生，保障退休后年数预计为25年。

张先生一家未购买理财产品，无其他投资，家有一套自用房产，价值为50万元，房屋贷款总金额30万元；无其他资产或负债。生活支出每年5万元，年还房屋贷款本息25000元（本金20000元+利息5000元），无其他支出。

张先生夫妇除基本社会保险外没有其他商业保险保障。女儿张慧希已有一份商业医疗保险，住院津贴100元/天，重大疾病现金补偿10万元，年交保险费2600元。

父母赡养总需求20万元夫妻均摊，子女教育现值20万元夫妻均摊，负债、支出等夫妻均摊（包括生活支出、已买保险的保险费、每年房屋贷款）；张先生社保缴费现值8万元，未来工作收入现值58000元，王女士社保缴费现值7万元，未来工作收入现值46000元。

实训要求：

（1）根据案例信息，制作客户的基本信息表。

（2）编制客户家庭资产负债、收入支出表，并通过财务指标分析客户的家庭财务状况和问题。

（3）为客户提出合理的保险规划建议。

模块五

一、单项选择题

1. 人生的目标多种多样，就一般意义上而言理财规划的目标分为两个层次。其中，个人理财规划要实现的终极目标是（　　）。

A. 财务自由　　B. 财务安全
C. 收入最大化　　D. 退休后拥有美好的晚年生活

2. 以下几种情况，哪一种情况达到了财务自由（　　）。

A. 月收入 8000 元，全部为工资收入，月支出 3500 元

B. 月收入 8000 元，其中 6000 元是工资收入，另外 2000 元是投资收入，月支出 4000 元

C. 月收入 8000 元，全部为工资收入，月支出 8000 元

D. 月收入 8000 元，其中 3500 元是工资收入，另外 4500 元是投资收入，月支出 2500 元

3. 某人将 1000 元存入银行，银行存款年利率为 10%，按单利计息，第二年年底的本利和为（　　）元。

A. 1000　　B. 1200　　C. 1210　　D. 1220

4. 在个人或家庭理财过程中，以下有关风险和收益的说法不正确的是（　　）。

A. 风险与收益成正比关系　　B. 风险与收益成反比关系
C. 风险与收益无相关关系　　D. 市场上存在低风险，高收益的理财产品

5. 保值是增值的前提，这句话反映了（　　）的理财规划原则。

A. 提早规划　　B. 整体规划
C. 风险管理优于追求收益　　D. 现金保障优先

二、多项选择题

1. 证券投资基金是一种利益共享、风险共担的集合证券投资方式，作为一种成效卓著的现代化投资工具，证券投资基金所具备的明显特点是（　　）。

A. 规模效益　　B. 较高收益　　C. 分散风险
D. 专家管理　　E. 不需要任何费用

2. 下列有关开放式基金的说法正确的是（　　）。

A. 基金规模不固定　　B. 发行数量固定
C. 基金单位可随时向投资者出售　　D. 在证券交易场所上市交易

三、判断题

1. 在帮客户做理财规划设计的过程中，首先应该考虑客户的收益最大化，其次为风险的最小化。（　　）

2. 投资规划是有计划、有目的、有规则的投资。（　　）

四、简答题

请简述保险这种投资工具在个人或家庭理财中的作用。

五、实训题

实训任务：完成投资规划设计。

案例内容：周先生 41 周岁，某上市公司高管，收入较高且稳定。周太太，

家庭主妇，无任何收入。夫妻双方父母均已退休，且都有退休养老金，够其日常生活开支。周先生现为儿子准备出国留学教育基金。儿子今年10周岁，就读于某重点小学。周先生准备在儿子18周岁时送其到国外留学，预计留学总费用在130万元左右。储备现有20万元启动资金，其他不足部分打算以每年年末定额投资的方式来解决，周先生期望这期间投资的年化回报率达到7%。

实训要求：请根据上述情况，结合投资规划方案设计的工作流程，完成周先生投资规划方案的制定。

模块六

一、单项选择题

1. 下列个人所得中，应缴纳个人所得税的是（ ）。

A. 财产租赁所得　　B. 退休工资

C. 保险赔款　　D. 国债利息

2. 纳税人的下列行为中，属于合法行为的是（ ）。

A. 自然人税收筹划　　B. 企业法人逃避缴纳税款

C. 国际避税　　D. 非暴力抗税

3. 下列不属于免纳个人所得税项目的是（ ）。

A. 国债和国家发行的金融债券利息

B. 按照国家统一规定发给的补贴、津贴

C. 福利费、抚恤金、救济金

D. 个人转让自用达5年以内并且是唯一的家庭居住用房取得的所得

二、多项选择题

1. 个人税收规划的基本方法主要有（ ）。

A. 利用免减税的方法　　B. 利用税率差异的方法

C. 利用所得项目调整的方法　　D. 利用推迟纳税时间的方法

2. 下列关于我国个人所得税法中对利息、股息和红利所得设定的税收优惠说法错误的是（ ）。

A. 个人取得的国债和国有金融企业发行的债券利息所得免税

B. 国家发行的金融债券利息所得免税

C. 个人持有中国铁路建设债券而取得的利息所得免税

D. 对个人投资者买卖基金单位获得的差价收入，在对个人买卖股票的差价收入未恢复征收个人所得税以前，暂不征收个人所得税

E. 对投资者从基金分配中获得的国债利息和个人买卖股票差价收入，在国债利息收入和个人买卖股票差价收入未恢复征收个人所得税以前，暂不征收个人所得税

三、判断题

1. 公益性捐赠不能抵税。（ ）

2. 小王获得30万元的保险赔款，应按20%的税率缴纳个人所得税。（ ）

3. 在中国境内无住所的个人，在一个纳税年度内在中国境内居住累计不超过90天的，其来源于中国境内的所得，由境外雇主支付并且不由该雇主在中国

境内的机构、场所负担的部分，免予缴纳个人所得税。（ ）

四、实训题

实训任务：完成纳税筹划设计。

案例内容：杨小姐是广州某企业高管，年薪为300万元，父母均年满60周岁，独生子女，有房贷。目前，减除每年6万元的基本扣除费用，近6.2万元的专项扣除，3.6万元的专项附加扣除，按照现行超额7级累进税率（3%～45%）征收，杨小姐的个税税率达45%，每年要缴纳约109.78万元的个税。

实训要求：假如你是理财规划师，请你为杨小姐制定合适的节税方案。

模块七

一、单项选择题

1. 下列说法中，对退休养老规划诠释最为准确的是（ ）。

A. 为养老进行储蓄并使资产价值最大化的一系列投资活动

B. 减少当前的消费支出，以最大的可能提高老年生活质量的规划行为

C. 实现退休生活财务独立的一系列理财计划和行为

D. 退休规划是即将退休时对老年生活进行合理安排的计划与行为

2.（ ）是个人财务规划中不可缺少的部分，也是为了退休后能够享受独立、尊严、高品质的生活。

A. 子女教育规划　　B. 退休养老规划

C. 财产分配与传承规划　　D. 消费支出规划

3.（ ）与失业保险、基本医疗保险、工伤保险、生育保险等共同构成现代社会保险制度，是社会保险制度中最重要的险种之一。

A. 基本养老保险　　B. 企业年金

C. 商业养老保险　　D. 意外身故保险

4. 根据国家规定，我国企业年金领取的时间为（ ）。

A. 55周岁　　B. 60周岁

C. 65周岁　　D. 国家统一规定的法定退休年龄

二、多项选择题

1. 政府鼓励企业设立企业年金制度，其特征包括（ ）。

A. 减轻政府压力　　B. 提高职工的工作积极性

C. 非强制性　　D. 提高职工退休养老后的生活水平

2.（ ）会影响退休后养老资金总需求。

A. 退休养老后的生活质量要求　　B. 退休后通货膨胀率

C. 预期寿命　　D. 退休前工资收入

三、判断题

1. “以房养老”是国际上成熟、普遍的养老方式之一，起源于美国。（ ）

2. 基本养老保险是国家根据法律、法规的规定，强制建立和实施的一种社会保险制度。（ ）

四、简答题

请简述为客户制定退休养老规划方案的工作流程。

五、实训题

实训任务：养老规划设计。

案例内容：高先生今年36周岁，打算65周岁退休，考虑到通货膨胀的因素，他预计退休后每年生活费需12万元。高先生假设自己可以活到85周岁，他决定先拿出10万元储蓄作为未来退休养老基金的启动资金，并打算每年年末再投入一笔固定资金来满足未来自己退休养老的需求。为此，他就有关问题咨询专业理财人士，希望能够通过提前规划来实现未来退休养老的目标，因此请您协助他回答下列问题。

具体要求：

(1) 高先生退休后的养老生活时间为（　　）年。

A. 20　　B. 19　　C. 21　　D. 22

(2) 假定退休后的投资回报率为3%，则高先生65周岁退休时，退休基金必须达到的规模为（　　）万元。

A. 163.89　　B. 178.53　　C. 183.89　　D. 138.53

(3) 高先生还有（　　）年退休。

A. 30　　B. 31　　C. 29　　D. 28

(4) 假定高先生退休前的投资回报率为6%，10万元的启动资金到高先生65周岁时增长为（　　）万元。

A. 51.12　　B. 54.18　　C. 57.34　　D. 59.20

(5) 接上题，根据高先生对退休养老基金的需求，除了启动资金10万元可以产生收益外，退休养老基金的缺口为（　　）万元。

A. 112.77　　B. 129.71　　C. 132.77　　D. 121.19

(6) 为达到退休基金的必要规模，高先生在退休前每年还应投入（　　）万元。

A. 1.7617　　B. 1.6617　　C. 1.6614　　D. 1.7614

(7) 完成高先生退休养老规划方案的制定。

模块八

一、单项选择题

1. 通常意义上的财产分配规划是针对（　　）而言的。

A. 家庭财产　　B. 夫妻财产

C. 社会财产　　D. 公司财产

2. 高老病逝，生有二子高大、高二，领养一子高三，妻子尚在。留有房屋六间，存款24万元，人身保险一份，指定受益人为高老妻子。高老酷爱字画，留有名人字画若干。生前立有遗嘱，把自己全部字画留给小儿子高三。

(1) 高老的遗产应当先按照（　　）方式继承。

A. 法定继承　　B. 协商继承

C. 抚养继承　　D. 遗嘱继承

（2）（　　）不能作为遗产继承。

A. 房屋　　B. 存款　　C. 保险金　　D. 名人字画

（3）（　　）不属于高老第一顺序继承人。

A. 高大　　B. 高三　　C. 高老的妻子　　D. 高老的哥哥

二、多项选择题

1. 个体户张某开设面饭馆，因经营不善，亏欠税款和贷款共 1 万元，不久因焦虑成疾病故，遗留切面机一部，平顶瓦房一间，共估价 5000 元。张某有子，其子（　　）。

A. 若继承遗产，负责清偿 1 万元的债务

B. 若继承遗产，负责清偿 500 元的债务

C. 若放弃继承，不负责清偿张某的债务

D. 不论是否继承遗产，均应负责清偿张某的债务

E. 税款必须偿还，贷款可不必偿还

2. 申请遗嘱公证的遗嘱人应当提交的文件包括（　　）。

A. 见证人的身份证明

B. 立遗嘱人处分的财产所有权的证明

C. 遗嘱的草稿

D. 立遗嘱人的身份证明

3. 王先生与张女士结婚，结婚后张女士购置了一套家具。王先生婚后到一家报社做自由撰稿人。张女士后来得知王先生的叔叔在他们结婚前去世后有一套住房留给了王先生，目前无人居住。根据以上情况，王先生和张女士二人的夫妻共同财产包括（　　）。

A. 王先生的转业费

B. 婚后王先生买给张女士的钻戒

C. 张女士购置的一套家具

D. 王先生的稿费收入

E. 王先生叔叔遗留的房屋

三、判断题

1. 夫妻一方在婚姻关系存续期间因身体受到伤害获得的医疗费、残疾人生活补助费等费用也属于共有财产。（　　）

2. 夫妻法定财产是指夫妻在婚前或婚后均没有对双方共有的财产作出约定或者约定不明确时，依照法律的规定直接对夫妻之间的财产所做的划分。（　　）

四、实训题

实训任务：财产分配与传承规划设计。

案例内容：赵先生是一位 67 周岁的台湾企业家，经营一家涂料厂，十分成功。妻子已去世，有两个儿子。大儿子在工厂任职 20 年，已经准备好接班；小儿子则到美国留学，之后就留在当地发展，对家族事业不感兴趣。赵先生觉得是时候考虑分家的事了，把财产顺利地传承下去。赵先生家占工厂 70% 的股

权，另外30%是归其他亲戚所有。如果要分家，两兄弟平分70%股权，那么准备接班的大儿子只有35%，对公司并没有绝对控股权，以后公司的经营可能被掣肘，寸步难行。赵先生心中清楚，小儿子对公司并无感情，不会珍惜这片基业。

实训要求：如果你是理财规划师，你将如何为赵先生进行财产分配与传承规划呢？

项目八

综合理财规划方案设计

学习目标

通过本项目的学习，使学生能够根据客户家庭的具体情况，设计合适的中长期综合理财规划方案。

1. 分类汇总客户理财目标，判断客户理财目标的可行性，合理修正客户的理财目标。

2. 根据客户家庭实际情况以及理财需求，为其制订家庭综合理财规划方案。

项目任务

1. 根据前期收集整理的客户财务信息和非财务信息，在与客户充分沟通的基础上，了解客户的家庭生命周期和理财需求。

2. 为客户量身定做一个可行的综合理财方案。

标志成果

完成综合理财规划建议书。

内容导图

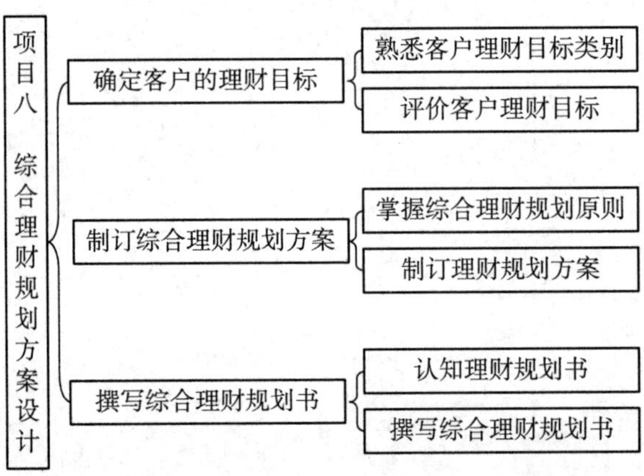

▶▶工作实例

客户：刘能先生实例

刘能先生现年 36 周岁，是某市一家知名企业的 IT 工程师，月税后收入为 16000 元，他的妻子现年 31 周岁，是一名中学教师，月税后收入是 8000 元，夫妻俩的工作都非常稳定。他们有一个女儿刘柳，现年 6 周岁，今年 9 月将上小学一年级。刘先生希望女儿大学毕业后能到美国留学深造。刘先生家庭在当地属于中等收入家庭，但这个家庭对理财方面并不在行，他们对自己的理财目标、实现目标的具体方式和时间没有概念。因此，通过与理财经理的进一步沟通，希望理财经理能给他做一下合理规划，以便现在就能行动起来，做到未雨绸缪。

请思考如何为刘先生家庭进行综合理财规划方案设计？

模块一　确定客户的理财目标

微课：确定客户的理财目标

PPT：确定客户的理财目标

➤ 工作实例分析

在充分了解客户刘能先生的意愿，搜集整理刘能先生的大量财务信息与非财务信息后，对其理财目标进行罗列、分类。理财规划师运用理财目标的评价方法——“理财目标负债化”，对客户的理财目标的可行性进行评价，对客户不合理的理财目标进行修正，提出优化客户理财目标的具体建议。

步骤一　熟悉客户理财目标类别

在充分搜集和分析客户信息之后，理财规划师需要与客户进行进一步交流和沟通，确定客户的目标和期望。首先理财规划师要按照一定的标准将客户的目标分类，并将理财目标的评价标准介绍给客户。针对客户已经提出的目标，应当利用其专业技能和经验，分析目标中存在的缺陷（如考虑不周，过于注重短期得失等）并评价目标的可行性，一旦发现客户目标存在缺陷或者不具有可行性时就应当及时指出，并给出有针对性的专业意见。

一、客户理财目标按时间的长短分类

按目标制定的频率和实现时间的长短，客户理财目标可划分为短期目标、中期目标和长期目标。

短期目标是指那些需要客户每年制定和修改的，并在较短时期内（一般 5 年

以内）实现的愿望。比如将日常生活开支减少以便购买汽车，或者为出国深造积累经费等。

中期目标是指那些制定后在必要时可以进行调整，并希望在一定时期内（一般6～10年）实现的愿望。比如购房经费的筹集、子女教育经费的筹集等。

长期目标通常是指那些一旦确定，就需要客户通过长期（一般10年以上）的计划和努力才能实现的愿望。最典型的长期目标就是退休规划目标。

不同生命周期的客户目标如表8－1所示。

表8－1　处于不同生命周期的客户目标一览

生命周期	短期目标	长期目标
单身期	租赁住房、获得银行的信用额度、满足日常支出、进行本人教育投资、建立备用基金、储蓄、旅游	购买房屋、进行投资组合 建立退休金、购买保险
家庭形成期	更新交通工具、购买住房、满足日常支出、建立备用金、旅游、购买保险	子女教育开支、赡养父母、 进行投资组合、建立退休金
家庭成长期	子女教育开支、更换住房、满足日常支出、建立备用金、赡养父母、旅游、购买保险、建立退休基金	增加子女教育基金的投资 将投资工具分散化
家庭成熟期	购买新的家具 提高投资收益的稳定性 退休生活保障投资 购买保险	出售原有房产 订立遗嘱 退休后的旅游计划 养老金计划的调整
家庭衰老期	满足日常开支 退休旅游计划 医疗基金准备	

二、客户理财目标按实现的强制程度分类

操作动画：理财规划模拟仿真

按目标实现的强制程度分类，理财目标可以分为必须实现的目标和期望实现的目标。在具体实务中我们可以给出不同目标的优先级，以明确哪些目标必须首先实现，哪些目标可以在尚有余力的条件下去争取实现。

在正常生活水平下，客户必须完成的计划或者满足的支出就是客户必须实现的目标；客户期望实现的目标是指在保证正常的生活水平情况下，客户期望可以完成的计划或者满足的支出。

一般而言，客户必须实现的目标有保证日常饮食消费、购买或租赁自用住宅和支付交通费用及税费等。客户必须实现的目标在进行个人财务规划时应该优先考虑，理财规划师可以在数据调查表的“支出”项目中获得这一类开支的数额。

客户期望实现的目标有很多，比如旅游和购置一幢豪华的别墅，送子女到国外留学，投资开店等等。所有的理财规划师都必须在满足客户实现目标所需的开支后，再将剩余收入用于客户期望实现的目标。如果客户没有足够的资金满足前者，那么后者就需要进行调整。理财规划师的一个重要职责就是帮助客户了解哪

个目标更为实际，哪个目标的实现能够给客户带来较大的利益，而哪些目标可以推迟实现，表 8 - 2 是一张客户长期目标分析表。

表 8 - 2　　某客户长期目标分析

理财目标描述	重要顺序	预计状况描述
儿子念私立小学 4 ~ 6 年级	1	每年 5 万元，共 3 年
儿子念私立中学	1	每年 6 万元，共 3 年
儿子念私立高中	1	每年 4 万元. 共 3 年
儿子念私立大学	1	每年 5 万元，共 4 年
儿子出国留学	1	每年 40 万元，共 2 年
抚养父母的生活费	2	每年 5 万元，共 10 年
自己退休后的生活费	2	每年 8 万元，共 30 年
配偶退休后的生活费	2	每年 8 万元，共 30 年
换房	3	现值 200 万元
全家国外旅游	4	每年 5 万元，共 30 年

表 8 - 2 中对该客户的长期目标进行了排序，这个排序帮助理财规划师了解客户必须实现的和期望实现的目标，也给理财规划师制订理财规划提供了指南，在理财规划中起着重要作用。当然，这个重要性顺序的确定需要理财规划师与客户不断沟通获得。

步骤二　评价客户理财目标

客户的理财目标必须具有合理性和可实现性，而且不同的计划目标之间应该没有矛盾，这就需要理财规划师在适当的时候帮助客户不断对理财目标进行评价和修改，这个过程不断循环并贯穿于整个理财周期。在分析理财目标是否合理以及具体确定理财目标时，可以采用一个有效的方法，那就是理财目标负债化。

一、了解理财目标负债化基本原理

理财目标负债化方法是将人一生的资产划分为实质资产和营生资产，负债分为实质负债和养生负债。实质资产是指客户现有的资产。营生资产是指客户未来收入的折现值。实质负债是指客户目前已承担的负债。养生负债主要包括家计负债、退休负债、教育金负债、购房负债等。其中家计负债是客户未来生活费用支出的折现值；而退休负债、教育金负债、购房负债是指在现有物价水平下，为实现退休规划、教育规划、购房规划而形成的负债，需要在有工作收入的期间本利摊还。

实质资产、营生资产、实质负债、养生负债之间又存在以下关系：

营生资产 = 养生负债 + 实质负债 − 实质资产

如果时间停止在某一生命时点上，不考虑特殊情况，对于任何一个人来说，总是处于这样的状况：在过去可能已经积累了一定的财富或许也欠下了一些债务，同时作为一个有工作能力的人，他在未来会有持续不断的工作收入，一直到他退休。而在未来的生活中，他也需要有日常消费支出，也会有一些大笔支出，如购房支出、孩子的教育费支出、退休后的生活支出等。那么，就现在这个时点上，我们考虑这样一个人的未来收入加上现在已有资产是否能满足现有负债和将来的负债呢？理财目标负债化方法就可以帮助我们去回答这个现实问题。

【案例 8 −1】李先生是一家化工贸易公司的副总经理，家庭成员包括妻子、一个 14 周岁读中学的女儿，还有李先生的父亲与他们一起生活。

李先生一家现有资产：现金及活期存款 26 万元、定期存款及债券 40 万元、股票投资 A 股 46.87 万元、自用房产 370 万元。资产合计 482.87 万元，这部分资产就是李先生家的实质资产。

李先生每年的工作收入为 25 万元，这部分工作收入通过折现处理后就是李先生家的营生资产。

李先生家的现有负债即实质负债为：购房商业贷款 180 万元。

李先生家每年的基本生活开销为 8 万元，将来每年还要为女儿持续支出大笔教育费用。李先生也有更换房屋的计划。李先生夫妇还要为自己退休后的生活筹划一下，虽然每年的基本生活费用、女儿的教育费用、换房支出、将来退休后的生活费用支出目前还没有实际支出，但是在理财目标负债化的原理下，我们假设这已经是李先生所承担的负债，折现后就是李先生家的养生负债。

通过计算我们可以得到李先生的应有营生资产是多少，与目前李先生家可提供的营生负债额相比较，就可以发现是否存在缺口。

二、理财目标需求与供给能力分析

将客户理财目标负债化后，我们可以进一步把理财目标负债化的原理运用到人一生的供求分析中，看看客户的供需是否能够达到平衡。

1. 不考虑货币时间价值的理财总供需能力简易分析。

总供给 = 年收入 × 可工作年限 + 实质资产

总需求 = 年支出 × 生活年数 + 实质负债

（总需求 − 总供给）÷ 可工作年数 = 每年应增加的收入额

【案例 8 −2】客户理财需求与供给能力分析（不考虑货币时间价值）。

某客户计划 20 年后退休，计划退休后月开销 5000 元，共 20 年；为子女上大学每年支出学费 15000 元，共 4 年；计划购房 100 平方米，每平方米 16000 元。该客户工作期间月生活费用 7000 元，年收入 18 万元；现有资产 50 万元，无负债。其理财需求与供给能力分析如下：

退休：$5000 \times 12 \times 20 = 120$（万元）

教育：$15000\times4=6$（万元）

购房总价：$16000\times100=160$（万元）

家计负债：$7000\times12\times20=168$（万元）

养生负债总需求 $=120+6+160+168=454$（万元）

营生资产总供给 $=18\times20=360$（万元）

实质资产 $=50$（万元）

实质负债 $=0$

则有：

需求缺口 $=454-360-50=44$（万元）

每年需增加的实质收入 $=44$ 万元 $\div20=22000$（元）

实质收入的增加比率 $=22000\div180000=12\%$

这说明该客户需要将年收入增加22000元，即增长12%的情况下才能达到理财目标。

2. 考虑货币时间价值的理财总供需能力分析。考虑货币时间价值的总供需能力分析与上面的分析类似，只是在计算各需求和供给的现金流时，分别把它们折算成现值。

【案例8-3】客户理财需求与供给能力分析（考虑货币时间价值）。

如某客户计划在5年内购房，预计购房款为50万元，10年后的子女教育支出总计为20万元，计划20年后退休。退休时有退休资产100万元，报酬率5%；现有资产10万元，若工作期间的年收入10万元，年支出6万元。

总供给现值 $=10\times(P/A,5\%,20)+10=10\times12.4622+10=134.62$（万元）

$$\begin{aligned}\text{总需求现值} &=50\times(P/F,5\%,5)+20\times(P/F,5\%,10)+100\\&\quad\times(P/F,5\%,20)+6\times(P/A,5\%,20)\\&=50\times0.7835+20\times0.6139+100\times0.3769+6\times12.4622\\&=163.92\text{（万元）}\end{aligned}$$

总需求缺口 $=163.92-134.62=29.30$（万元）

$$\begin{aligned}\text{则每年需增加的实质收入} &=29.30\div(P/A,5\%,20)\\&=29.30\div12.4622=2.35\text{（万元）}\end{aligned}$$

实质收入的增加比率 $=2.35\div10=23.5\%$

三、理财目标的评价和修改

若目标总需求大于资源总供给时，差额为需求缺口；若资源总供给大于目标总需求时，差额为供给缺口。

有需求缺口时，理财规划师可依照理财目标优先顺序进行筛选，顺序在后的理财目标可以考虑删除，或者延长目标实现年限或者降低某些理财目标的规划金额。

有供给缺口时，表示所有的理财目标均能如期实现。当征收遗产税并且供给缺口大于遗产税免征额时，表示有需要以分年赠与或投保终身寿险的方式事先做遗产节税规划。

微课：制定综合理财规划方案（1）——客户基本情况、财务现状分析和诊断、理财规划假设条件

模块二　制订综合理财规划方案

步骤一　掌握综合理财规划原则

综合理财规划是在对目标客户进行财务分析、风险特征分析的基础上，对其人生的现金与流动性、消费与住房投资、风险与保障管理、金融投资等进行综合性规划。在进行综合规划时并不会局限于只提供某一种单一的金融产品，而是对于客户的不同理财需求进行银行、证券、保险等理财产品搭配的一篮子组合设计。理财经理在为客户进行综合理财规划方案设计时，应尽量贯彻以下四个原则：

PPT：制定综合理财规划方案（1）——客户基本情况、财务现状分析和诊断、理财规划假设条件

1. 注意方案的整体性。方案的整体性既体现在规划思想的整体性，也包含理财方案的整体性。综合理财方案是贯彻客户的整个生命周期，并不是单一就某个方面进行规划，要有全局观，涵盖现金规划、消费住房规划、教育规划、风险管理规划、投资规划与养老规划等内容。

2. 理财规划要尽早。要尽早进行理财规划是因为理财效果和时间长短有直接关系。一方面，货币具有时间价值，起始时间越早，复利效用越明显；另一方面，尽早规划可凭借较长的准备期，缓解各个阶段的经济压力。

3. 保险规划是基础。家庭的基本保险保障一定要到位，家人的安全健康是实现理财目标的前提。同时，在追求收益和寻求保障之间，一定要优先考虑基本保障。

微课：综合规划方案设计要点分析

4. 家庭资产配置比例要合理。在进行理财规划时应正确处理消费、资本投入和收入之间的关系，同时在资产配置时要进行合理比例的组合搭配，以起到分散风险提高投资收益的作用。

步骤二　制订理财规划方案

微课：综合理财规划方案制定

➢ 工作实例分析

家庭成长期客户——刘能先生家庭综合理财规划方案。

客户详细信息采集如表 8 - 3 ~ 表 8 - 5 所示。

一、客户的基本情况

1. 采集客户的基本信息。

微课：基于矩阵风险投资

表 8-3　客户的基本信息

信息栏	本人	太太	子女
姓名	刘能	李丽	刘柳
性别	男	女	女
年龄	36	31	6
职位	IT 工程师	教师	学生
工作单位	知名企业	中学	幼儿园
工作稳定度	高	高	—
健康状况	良好	良好	良好
拟退休年龄	60	55	—
拟完成教育	—	—	留学、硕士

2. 客户的财务现状。

表 8-4　客户家庭资产负债表

资产负债表　　2021 年 6 月 30 日

资产	金额（元）	比例（%）	负债	金额（元）
1. 流动性资产			1. 短期负债	
手头现金	4000	0.46	信用卡	2000
活期存款	10000	1.14	短期负债合计	2000
流动性资产合计	14000	1.60		
2. 投资型资产			2. 长期贷款	0
定期存款	100000	11.44	长期贷款合计	0
债券	100000	11.44		
投资型资产合计	200000	22.88		
3. 限制型资产				
住房公积金	155000	17.73		
限制型资产合计	155000	17.73		
4. 个人资产				
自用住宅	300000	34.32		
家电用品	20000	2.29		
休闲娱乐设施	5000	0.57		
家具	10000	1.14		
珠宝及艺术收藏品	20000	2.29		
汽车	150000	17.16		
个人资产合计	505000	57.78		
资产总计	874000	100.00	负债总计	2000
净资产	872000	99.77		

表 8-5　家庭收入支出现状　单位：元

收入		支出	
项目	金额	项目	金额
工资收入	156000	基本消费支出	45800
年终奖	15000	房屋按揭支出	—
住房公积金	31200	子女教育支出	7000
投资收入	5500	娱乐支出	10000
证券买卖差价	—	医药费	2000
租金收入	—	旅游及其他	10000
劳务收入	—	赡养费	—
其他收入	—	其他支出	9000
收入合计	207700	支出合计	82800
年结余	124900		

3. 客户的理财目标（见表 8-6）。

表 8-6　客户的家庭理财目标

目标类型		目标实现离现在时间	优先程度	具体描述
短期	保险计划	0 年	1	主要防范重大疾病、残疾、死亡风险
	换房计划	3 年	3	125 平方米左右，原住宅所在区位
	全家欧洲旅游	5 年	4	10 万元左右
中期	女儿重点高中择校费	9 年	1	万一没有考上重点高中的择校费用
	女儿大学及留学费用	12 年	1	国内四年本科教育及出国硕士深造费用
长期	退休养老	25 年	2	当前支出的 70% 左右
	旅游	25 年	5	60～70 周岁每年花费等同于目前 1 万元左右水平

二、客户的财务现状分析和诊断

（一）家庭资产和负债状况分析

资产＝负债＋净资产，一般来说负债占总资产的比率应该在 0.5 以下。客户的家庭负债比例仅占总资产的 0.23%，客户的家庭在偿债方面没有压力和负担。就偿债能力来说，客户家的财务状况还是很健康的（见图 8-1）。

在客户的资产结构中（见图 8-2）占据最大比例的是个人使用资产，占到了 57.78%；其次便是投资性资产，比例为 22.88%。投资性资产占总资产的比重高低反映了一个家庭通过投资增加财富以实现理财目标的能力，一般来讲，比率的值在 0.5 以上比较好。客户的指标值仅为 21.19%，低于建议指标，一定程度上影响了客户通过投资实现资产增值的能力，因此，这项比率有待增加。

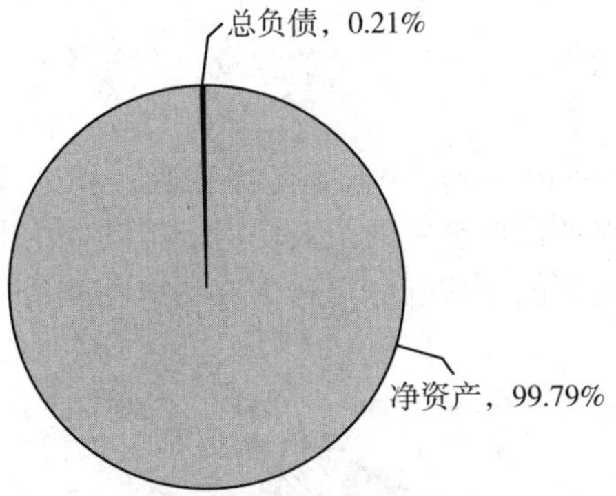

图 8－1 资产负债结构

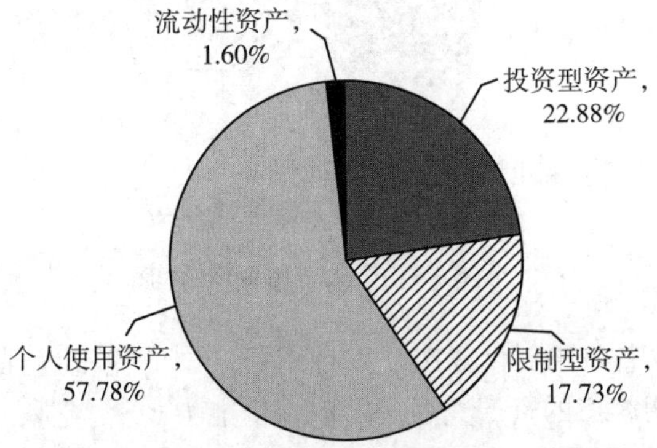

图 8－2 家庭总资产结构

客户的流动性资产占总资产的比重是1.60%。这部分资产应用方便，但几乎没有任何收益。一般流动性资产合理额度是满足家庭 3 个月开支，客户的家庭 3 个月开支大约 2 万元，因此，应适当增加活期存款的金额。

客户的投资资产由债券和定期存款构成（见图 8－3）。这两部分资产的最大特点是安全性高，收益稳定，但不足是收益较小。客户选择这两类资产的原因主要是因为客户缺乏投资方面的知识和经验，以及客户的投资性格稳健。

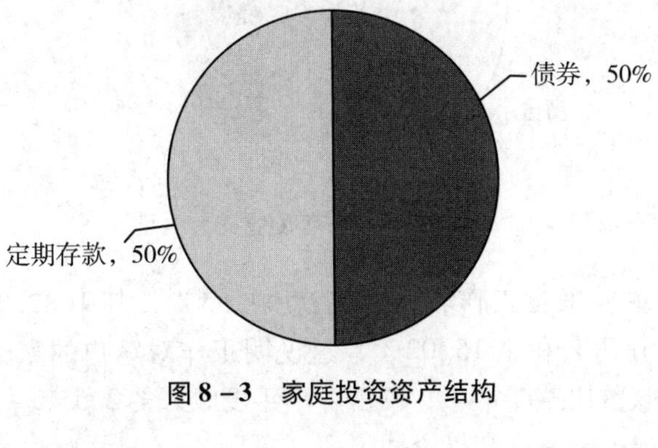

图 8－3 家庭投资资产结构

从风险问卷中发现，客户是有一定的风险承受能力的，因此，应当适当增加收益较高的证券，如蓝筹股、投资基金的投资，在分散风险的同时尽可能获取较大的收益。

个人使用资产（见图8－4）一般不考虑变现。在个人使用资产中，自住房产和珠宝、艺术品有保值增值客户的个人使用资产以自住房产为主，自住房产和珠宝、艺术品有保值的可能，这部分资产应有一定比重。

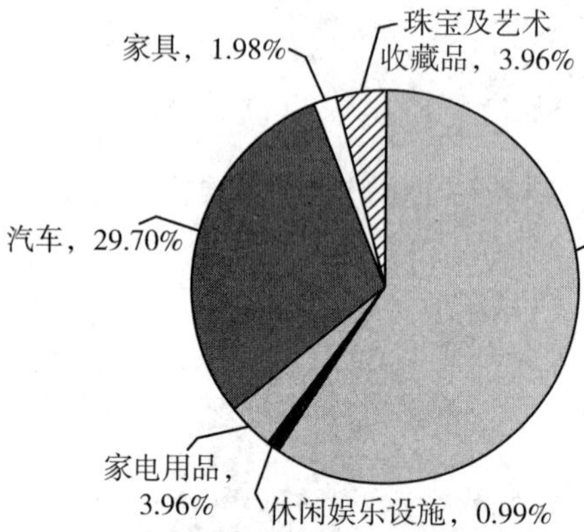

图8－4　个人使用资产结构

客户的自用住宅和珠宝收藏在个人自用资产中的比重达到63.37%，占总资产的33.9%，说明客户的资产具备一定的保值能力。

（二）家庭收入支出分析

年度盈余反映了客户开源节流的能力。一般盈余占收入的40%以上，客户收入积累财富的能力是比较强的。客户的家庭在满足当年的支出外，还可以将60.13%的收入用于增加储蓄或投资（见图8－5）。

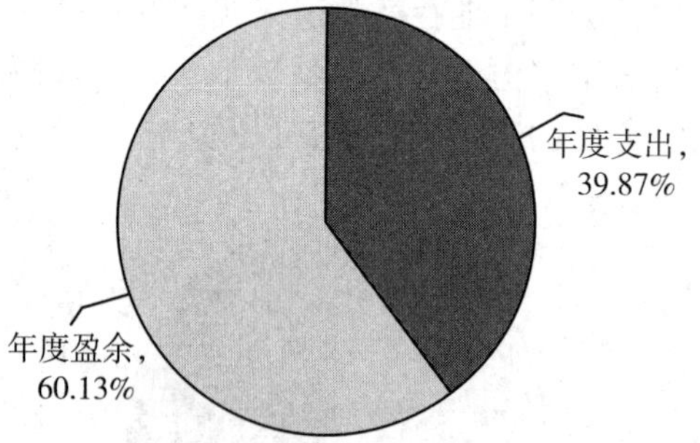

图8－5　年度收支

客户的收入主要来自工作收入，高达97.35%，其中82.33%是税后的可支配工作收入，住房公积金15.02%，这说明工作对客户的家庭非常重要。

客户的投资收益比重非常小，仅占客户年度收入的2.65%。因此，客户有必要增加金融资产的投资额度和投资回报率（见图8－6）。

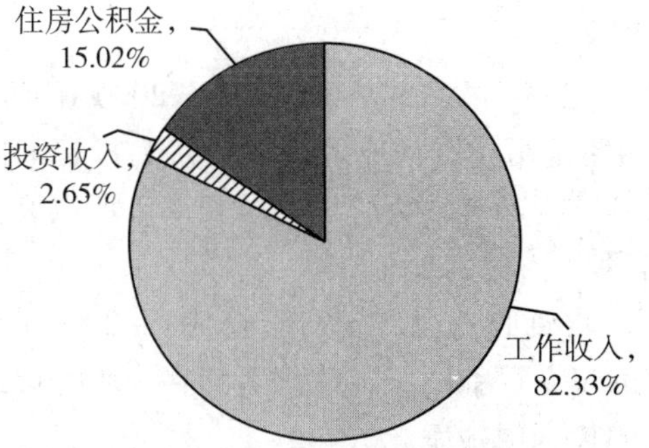

图 8－6　收入构成

客户的支出中，基本日常支出（衣食住行）占到了 55.31%，子女教育支出占 8.45%，这两部分支出属于客户的必要开支。剩下的娱乐、社交、旅游等支出占 36.23%，这部分支出弹性较大，客户的支出可压缩空间不大（见图 8－7）。

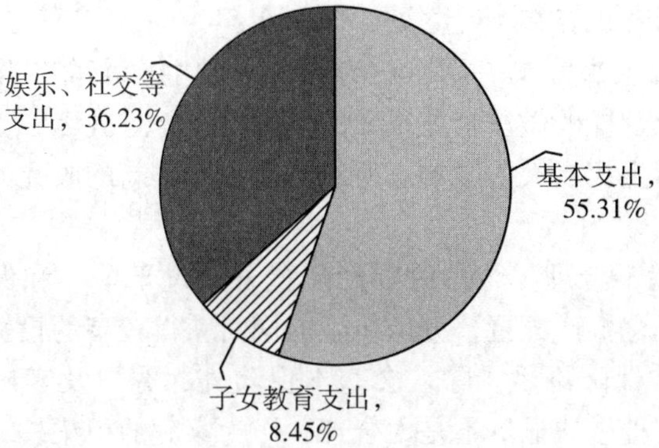

图 8－7　支出构成

（三）财务比率分析

（1）偿付比率。净资产/资产 = 872000 ÷ 874000 = 99.77%，偿付比率高于 0.5，证明客户的偿还债务能力很强，客户在未来可以充分利用自己的信用额度，通过贷款提高生活质量，优化客户财务结构。

（2）负债总资产比率。负债/总资产 = 2000 ÷ 874000 = 0.23%，客户的债务非常小，综合偿债能力很强。

（3）负债收入比率。负债/收入 = 2000 ÷ 207700 = 0.96%，客户的负债收入比率低于 0.4，说明客户的财务状况处于良好的状态。

（4）储蓄比率。盈余/收入 = 124900 ÷ 207700 = 60.13%，客户的家庭在满足当年的支出外，还可以将 60.13% 的收入用于增加储蓄或投资。由于客户希望在未来购置商用房，建议应保持此储蓄比率。

（5）流动性比率。流动性资产/每月支出 = 14000 ÷（82800 ÷ 12）= 2.03，客户的流动性资产可以满足 2.03 个月的开支，一般流动性比率应控制在 3 左右比较适宜，即满足 3 个月的日常支出。因此，建议客户适当增加活期存款。

（6）投资与净资产比率。投资资产/净资产 = 200000 ÷ 872000 = 22.94%，客户的净资产中有 22.94% 是由投资构成的。一般认为投资与净资产比率应保持在 50% 以上，才能保证其净资产有较为合理的增长率，所以客户在未来应逐渐增加投资在净资产中的比率。

（7）投资回报率。投资收益/投资资产 = 5500 ÷ 200000 = 2.75%，客户的投资回报率略高于当前的定期存款回报，建议客户在未来可以适当增加收益更高的投资品种，获得较高的投资回报率。

（四）家庭财务状况结论

从以上的分析可以看出，客户的财务状况非常好，储蓄能力较强，客户的净资产规模达到 872000 元，加之每年可以结余 124900 元，作为白领阶层，客户的收入状况较为不错。

但是客户的财务也存在不足之处，体现在：

（1）客户的收入来源单一。客户的收入来源主要来自工作收入，而很少有其他的收入来源，这样的做法存在很大的危险性，一旦夫妻一方的工作发生任何变故，将对家庭产生相当大的影响。所以，建议开辟新的收入来源途径，如加大投资的力度。

（2）资产配置不合理。客户的资产配置方式过于单一和保守，建议客户可以进行适当的多元化资产配置，分散风险的同时获得较高的投资收益。

（3）家庭风险保障不足。除社会基本保险外，客户及客户的家庭没有投过任何商业保险。这种做法显然不是太合理，作为家庭的顶梁柱，应考虑给自身进行一些保障型的保险安排，从而使这个家庭经济保障更为牢固。

微课：制定综合理财规划方案（2）——客户的理财目标规划

三、理财规划假设条件

PPT：制定综合理财规划方案（2）——客户的理财目标规划

理财规划假设条件有以下几个方面。

（1）通货膨胀率为 3%；

（2）学费增长率为 3%；

（3）投资回报率调整后为 5.8%；

（4）社保养老金个人缴费比例为工资收入的（税前扣除）2%，养老金账户平均回报率为 2%；

（5）住房贷款利率为 6.5%；

（6）住房公积金个人缴存比例为工资收入的（税前扣除）10%；

（7）家庭风险调查和测试结果为：风险承受能力为 66 分，对待风险的态度为 38 分。

四、客户的理财目标规划

（一）现金及投资规划

对客户的风险调查和测试表明：客户的风险承受能力得分是：66 分；对待风险的态度是 38 分。风险测试得分如表 8－7 所示。

表 8－7 风险测试得分

风险承受能力	低能力	中低能力	中能力	中高能力	高能力
分数	0～19 分	20～39 分	40～59 分	60～79 分	80～100 分
风险态度	低态度	中低态度	中态度	中高态度	高态度
分数	0～19 分	20～39 分	40～59 分	60～79 分	80～100 分

经过对客户的风险承担取向进行分析，我们认为客户的经济状况还是比较好的，并能够承受一定的风险，客户的性格比较稳健，对风险的态度比较回避。综合来看，客户可以选择风险中等偏低，比较稳健，收益水平比较好的投资品种来进行投资。风险矩阵下的资产配置可参考表 8－8。

表 8－8 风险矩阵下的资产配置 单位：%

风险态度	风险能力（工具）	0～19 分	20～39 分	40～59 分	60～79 分	80～100 分
低态度 0～19 分	货币类	70	50	40	20	0
	债券类	20	40	40	50	50
	股票类	10	10	20	30	50
	预期报酬率	3.40	4.00	4.80	5.90	7.50
	标准差	4.20	5.50	8.20	11.70	17.50
中低态度 20～39 分	货币类	50	40	20	0	0
	债券类	40	40	50	50	40
	股票类	10	20	30	50	60
	预期报酬率	4.00	4.80	5.90	7.50	8.00
	标准差	5.50	8.20	11.70	17.50	20.00
中态度 40～59 分	货币类	40	20	0	0	0
	债券类	40	50	50	40	30
	股票类	20	30	50	60	70
	预期报酬率	4.80	5.90	7.50	8.00	8.50
	标准差	8.20	11.70	17.50	20.00	22.40
中高态度 60～79 分	货币类	20	0	0	0	0
	债券类	30	50	40	30	20
	股票类	50	50	60	70	80
	预期报酬率	5.90	7.50	8.00	8.50	9.00
	标准差	11.70	17.50	20.00	22.40	24.90

续表

风险态度	风险能力（工具）	0~19 分	20~39 分	40~59 分	60~79 分	80~100 分
高态度 80~100 分	货币类	0	0	0	0	0
	债券类	50	40	30	20	10
	股票类	50	60	70	80	90
	预期报酬率	7.50	8.00	8.50	9.00	9.50
	标准差	17.50	20.00	22.40	24.90	27.50

注：该风险矩阵只是提供一个资产配置的参考思路。其中，工具（货币、债券、基金、股票等）及投资比例没有统一的标准，理财规划师应结合客户实际情况合理配置。

参考风险矩阵表，对客户的金融资产（包括紧急备用金）做了如下调整（见表8-9、图8-8和图8-9）。

表8-9　　金融资产配置调整

目前金融资产分布			调整后的投资状况			
项目	余额（元）	比例（%）	项目	投资调整（元）	收益率（%）	比例（%）
现金及活期存款	14000	6.54	现金及活期存款	20000	0	9.35
定期存款	100000	46.73	定期存款		2	
债券	100000	46.73	债券类	58200	3	27.20
基金	0	0	基金类	77600	5	36.26
股票	0	0	股票类	58200	8	27.20
合计	214000	100	合计	214000		100

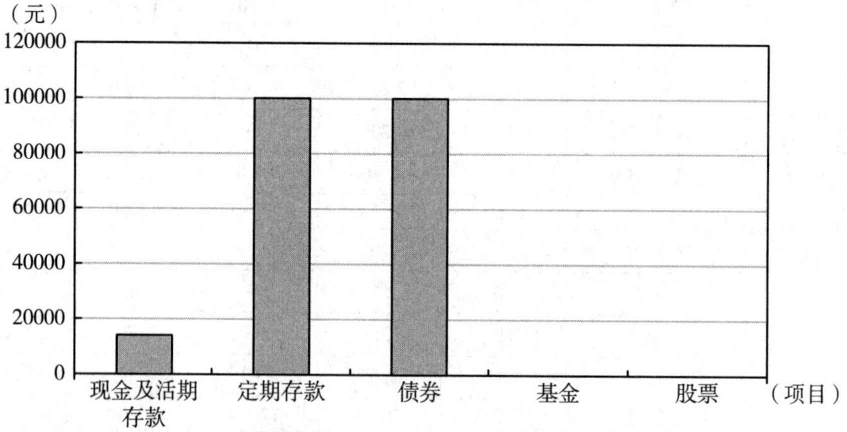

图8-8　调整前的金融资产

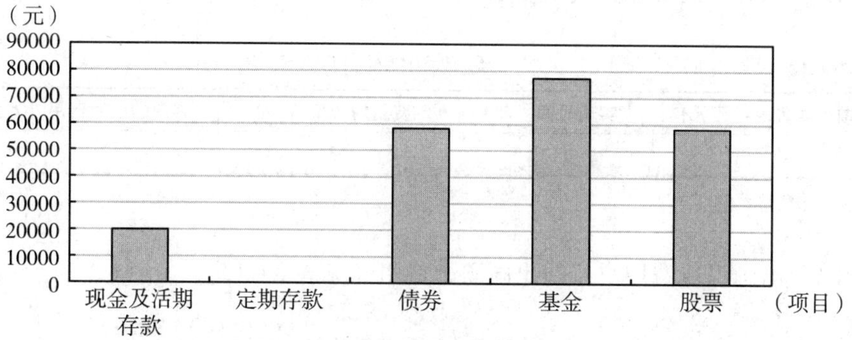

图 8－9　调整后的金融资产

可见，调整后的所有金融资产收益率是 4.80%；调整后的投资资产（不包括现金和活期存款）的组合收益率是 5.8%。

投资建议：

（1）将 214000 元金融资产中的 20000 元作为紧急备用金，满足日常生活的流动性需要。

（2）将剩下的 194000 元作为投资资产，其中 30% 购买债券（以国债为主），年平均收益率约 3%，国债有很高的安全性，而且免征利息税。

（3）投资资产中的 40% 购买基金。根据考察，建议选择广发基金或易方达基金公司下属的配置型开放式基金，如广发聚富、易基平稳等品种，历年都有较好的表现。

（4）投资资产中的 30% 购买股票。建议选择能源类、交通类及港口类蓝筹股进行投资，这些股票具有稳定的、较好的收益，年平均回报应能达到 8%。

（二）子女教育投资规划

（1）重点高中择校费。目前刘先生所在地区高中的择校费是 3 万元左右，但一些好的重点高中的择校费是 4 万～5 万元（见表 8－10）。

表 8－10　重点高中费用估算

当前择校费（万元）	实现时间（年）	费用增长率（%）	届时费用（万元）	客户的届时费用（万元）
3～5	9	3	3.91～6.52	6*

注：*客户希望女儿能上重点中学，保守起见，选择较高值。

（2）大学教育费用。目前我国大学本科 4 年费用估算（见表 8－11）。

表 8－11　我国大学本科 4 年费用估算　单位：元

学费/年	杂费/年	住宿费/年	生活费用/年	交通费/年	总计
5000	1500	2000	12000	2000	90000

12 年后客户的女儿的大学费用估算（见表 8－12）。

表 8－12　　子女大学费用估算

当前大学费用（万元）	实现时间（年）	费用增长率（%）	客户的届时费用（万元）
9	12	3	13 *

注：＊取整数值。

（3）出国深造费用。目前出国硕士费用（见表 8－13）。

表 8－13　　出国硕士 2 年费用估算

学费/年	生活费等/年	总计
2～3	1～1.5	6～9

16 年后客户的女儿的留学费用估算（见表 8－14）。

表 8－14　　子女留学费用估算

当前留学费用（万美元）	实现时间（年）	费用增长率（%）	汇率	客户的届时费用（万元）
6～9	16	3	$1 = RMB8	96 *

注：＊目前官方汇率为 7.12（2021.10）预估按 8 的汇率计算；计算取均值，不考虑国外助学金和奖学金方面的额度。

鉴于客户对女儿教育的重视程度，建议客户现在就开始进行定期定额的投资，以实现客户的子女教育目标（见表 8－15）。

表 8－15　　子女教育费用规划

教育目标	届时所需金额（元）	准备时间（年）	投资报酬率（%）	每年投资金额（元）
重点高中择校	60000	9	5.80	5375
大学教育	130000	12	5.80	80276
留学深造	960000	16	5.80	39601
合计				53002

由于客户教育投资有较长时间的准备，在投资工具的选择上参照投资规划中为客户所做的投资建议。预期能达到 5.8% 的投资回报率。

（三）换房目标分析

客户计划在 3 年后换房，目前所处区位新房的均价是 10000 元/平方米，今年较去年同期楼价上涨幅度达到 20%，目前房价处于高位略有回落，是我国房价宏观调控时期，且客户买房在 3 年之后，房价应有所回落。届时换房所需金额见表 8－16。

表 8 - 16　　换房资金估算

项目	具体情况
家庭人数（人）	5
每人所需（平方米）	25
房屋总面积（平方米）	125
当前新房单价（元）	10000
拟几年后换房（年）	3
新房价格增长率（%）	2*
届时新房总价（元）	1326510
旧房目前市价（元）	300000
二手房价格增长率（%）	0*
届时旧房价格（元）	300000
3 年后换屋所需金额（元）	1026510

注：*新房价格增长率预计等同于通货膨胀率，考虑旧房的折旧，旧房价格保持不变。

3 年后，建议客户支付购房首付款 476510 元，剩下的 55 万元采用银行按揭还款。其中，首付款项 476510 元中的 254329 元用客户的住房公积金（参照表 8 - 4及表 8 - 5；当前公积金账户余额为 155000 元，且每年增加 31200 元）支付，其余款项用客户 3 年后的金融资产账户可以满足。

建议客户按揭贷款 12 年，在预计商业贷款利率 6.5% 下，客户每年应偿还银行贷款 67412 元。换房规划见表 8 - 17。

表 8 - 17　　换房规划

<table>
<tr><td>新房总价（元）</td><td rowspan="2">换屋所需资金（元）</td><td>首付金额（元）</td><td>住房公积金（元）</td><td>投资账户（元）</td></tr>
<tr><td>1326510</td><td>476510</td><td>254329</td><td>222181</td></tr>
<tr><td>旧房总价（元）</td><td rowspan="2">1026510</td><td>按揭贷款（元）</td><td>每年还款（元）</td><td>客户的还款年龄（周岁）</td></tr>
<tr><td>300000</td><td>550000</td><td>67412</td><td>39 ~ 50</td></tr>
</table>

（四）退休目标分析

客户希望退休后的生活支出约为退休前的 70%，退休资金缺口计算见表8 - 18。

表 8－18　　退休资金缺口　　单位：元

先生年龄（周岁）	各年支出（增长率 3%）	先生的退休金（增长率 2%）	太太的退休金（增长率 2%）	退休支出缺口	退休支出缺口现值（贴现率 3%）
60	121355	42000	24000	55355	55355
61	124996	42840	24480	57676	55996
62	128746	43697	24970	60080	56631
63	132608	44571	25469	62569	57259
64	136587	45462	25978	65146	57881
65	140684	46371	26498	67815	58498
66	144905	47299	27028	70578	59108
67	149252	48245	27568	73439	59712
68	153729	49210	28120	76400	60311
69	158341	50194	28682	79465	60903
70	163091	51198	29256	82638	61490
71	167984	52222	29841	85922	62072
72	173024	53266	30438	89320	62647
73	178214	54331	31047	92836	63217
74	183561	55418	31667	96475	63782
75	189068	56526	32301	100240	64340
76	194740	57657	32947	104136	64894
77	200582	58810	33606	108166	65442
78	206599	59986	34278	112335	65985
79	212797	61186	34963	116648	66523
80	219181	62410	35663	121109	67055
81	225757	63658	36376	125723	67582
82	232529	64931	37104	130495	68104
83	239505	66230	37846	135430	68621
84	246690	67554	38602	140534	69133
85	254091	68905	39375	145811	69640
86	130857	—	40162	90695	42055
87	134783	—	40965	93817	42236
88	138826	—	41785	97042	42415
89	142991	—	42620	100371	42592
90	147281	—	43473	103808	42768
退休支出缺口总计：1844247（元）					

注：退休金的计算根据社保养老金公式计算，增长率假设为通货膨胀率。退休支出缺口的贴现率，考虑到退休后客户风险承受能力的降低，建议以银行存款和债券的方式进行投资，平均回报率 3%。

可见，客户在退休前应自己准备 1844247 元的退休养老金，才能满足客户的退休目标。

由于客户在35~40周岁阶段的理财压力较大，其间要考虑教育、住房、旅游等目标。如果此时考虑退休资金的积累，客户的部分短期目标，如旅游则不能实现。

因此，建议客户40周岁以后再进行退休目标投资，随着其他目标支出的减少，届时客户可以逐渐增加退休金的储备，在客户58周岁那年则可以准备够客户和客户太太未来的退休金（见图8－10和图8－11）。

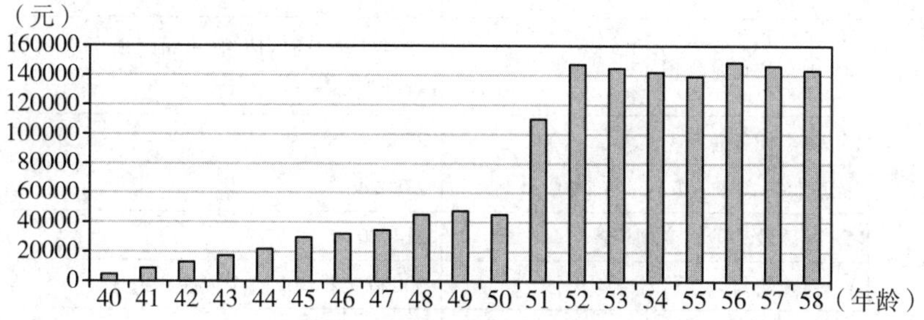

图8－10　每年的退休准备金

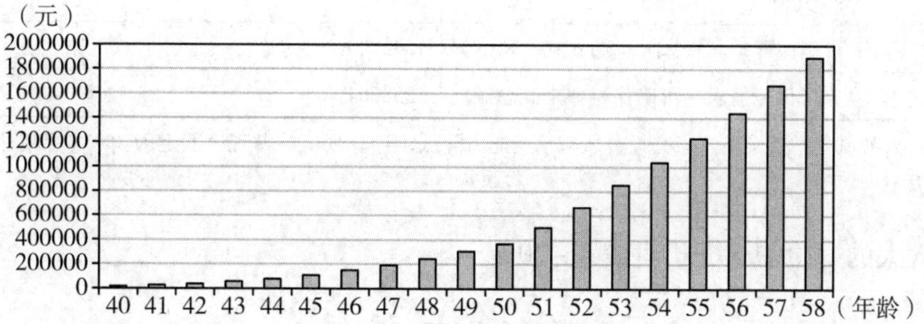

图8－11　退休准备金累计金额

（五）保险需求分析

客户和客户的太太除了有基本的社会保险外，无任何商业保险。经分析，各种保险对于客户的重要程度见图8－12。

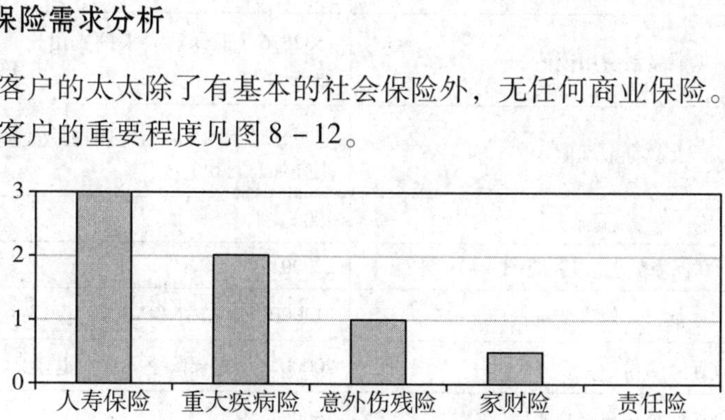

图8－12　保险需求的重要程度

注：2~3重要程度高，表明客户需要马上考虑这方面的保障；

1~2重要程度中，表明客户需要考虑这方面的保障；

0~1重要程度低，表明经济条件不允许，暂时可以不予考虑；

0客户目前无这方面的需求。

（1）人寿保险需求分析。先生的寿险需求分析见表8－19。

表8－19 先生的寿险需求分析

项目		金额（元）
家庭保障需求	1. 个人丧葬费用	20000
	2. 遗属生活费用现值	2122823（退休前先生的支出比重占3/5，退休后占1/2）
	3. 子女教育金现值	735441（表8－15中“届时所需金额”分别折现并加总得出）
	4. 各类债务总额	2000
	家庭保障需求（1+2+3+4）	2880246
可确保财务来源	5. 存款及其他可变现资产	214000
	6. 保险给付	50000（养老保险个人账户退还）
	7. 住房公积金账户提取	120000
	8. 配偶收入来源现值	1158200（包括配偶住房公积金）
	9. 其他收入来源现值	0
	可确保财务来源总额（5+6+7+8+9）	1542200
寿险需求	家庭保障需求－可确保财务来源总额	1338064

注：人身风险一旦发生，家庭投资风险承受能力降低，计算现值的贴现率假定为3%（定期存款和债券的组合）。

太太的寿险需求分析见表8－20。

表8－20 太太的寿险需求分析

项目		金额（元）
家庭保障需求	1. 个人丧葬费用	20000
	2. 遗属生活费用现值	1532576（退休前太太的支出比重占2/5，退休后占1/2）
	3. 子女教育金现值	735441（表8－15中“届时所需金额”分别折现并加总得出）
	4. 各类债务总额	2000
	家庭保障需求（1+2+3+4）	2290017
可确保财务来源	5. 存款及其他可变现资产	214000
	6. 保险给付	20000（养老保险个人账户退还）
	7. 住房公积金账户提取	35000
	8. 配偶收入来源现值	4254000（包括配偶住房公积金）
	9. 其他收入来源现值	0
	可确保财务来源总额（5+6+7+8+9）	4523000

续表

项目		金额（元）
寿险需求	家庭保障需求 - 可确保财务来源总额	-2232982 （金额为负，不需要此类保险）

注：家庭风险承受能力降低，计算现值的贴现率假定为3%（定期存款和债券的组合）。

（2）重大疾病保险需求分析。重大疾病方面，考虑到不少常见重大疾病（如恶性肿瘤）的治疗费用较高，因此，客户和客户的太太能有40万元的保障金额，基本上可以得到较高的保险保障。由于客户享受基本医疗保险，一般重大疾病的报销比例达到50%左右，而客户太太的报销比例能达到70%左右，客户购买20万元左右、客户的太太购买10万左右的重大疾病险即可。

（3）意外伤残保险需求分析。先生的残疾保险需求分析见表8-21。

表8-21　先生的残疾保险需求分析

残疾后收入减少	残疾前收入现值	3375000
	残疾后收入现值	1687500（预计收入仅为原收入的一半）
	残疾收入减少现值（a）	1687500
残疾后费用增加	残疾后生活费用现值	300000（每月增加500元的护理等费用）
	残疾后费用增加（b）	300000
残疾需求（a+b）		1987500

太太的残疾保险需求分析见表8-22。

表8-22　太太的残疾保险需求

残疾后收入减少	残疾前收入现值	900000
	残疾后收入现值	450000（预计收入仅为原收入的一半）
	残疾收入减少现值（a）	450000
残疾后费用增加	残疾后生活费用现值	300000（每月增加500元的护理等费用）
	残疾后费用增加（b）	300000
残疾需求（a+b）		750000

注：家庭风险承受能力降低，计算现值的贴现率假定为3%（定期存款和债券的组合）。

（4）财产保险需求分析。客户的财产方面，主要是房屋、室内财产等，可以投保房屋及室内财产的基本险，并附加盗窃、第三者责任等方面的险种即可。

针对客户的保险需求，为客户家庭选择了以下保险品种，这些品种将最大可能满足客户的风险保障目标（见表8-23）。

表 8-23　　保险产品的选择

<table>
<tr><th>姓名</th><th>保险品种</th><th colspan="6">保险金额</th><th>缴费期</th><th>保障期</th><th>年交保费</th><th>保险责任</th></tr>
<tr><td rowspan="6">先生</td><td>太平盛世·长安定期寿险 A</td><td colspan="6">130 万元</td><td>20 年</td><td>20 年</td><td>6370 元</td><td>被保险人身故或全残</td></tr>
<tr><td rowspan="2">太平盛世长健医疗保险计划（A）</td><td colspan="3">重大疾病</td><td colspan="3">身故</td><td rowspan="2">20 年</td><td rowspan="2">35 年（保至 70 周岁）</td><td rowspan="2">3160 元</td><td rowspan="2">重大疾病、重大手术费</td></tr>
<tr><td colspan="3">20 万元</td><td colspan="3">4 万元</td></tr>
<tr><td rowspan="2">太平盛世·长顺安全保险（B）</td><td colspan="2">70 周岁前残疾</td><td colspan="2">70 周岁前身故</td><td colspan="2">70 周岁后身故或残疾</td><td rowspan="2">20 年</td><td rowspan="2">终身</td><td rowspan="2">1290 元</td><td rowspan="2">被保险人身故或残疾（按残疾程度给付）</td></tr>
<tr><td colspan="2">10 万/年</td><td colspan="2">10 万元</td><td colspan="2">10 万元</td></tr>
<tr><td colspan="2">先生保险费合计</td><td colspan="10">10820 元/年</td></tr>
<tr><td rowspan="4">太太</td><td rowspan="2">太平盛世长健医疗保险计划（A）</td><td colspan="3">重大疾病</td><td colspan="3">身故</td><td rowspan="2">20 年</td><td rowspan="2">40 年（保至 70 周岁）</td><td rowspan="2">1220 元</td><td rowspan="2">重大疾病、重大手术费</td></tr>
<tr><td colspan="3">10 万元</td><td colspan="3">2 万元</td></tr>
<tr><td rowspan="2">太平盛世·长顺安全保险（B）</td><td colspan="2">70 周岁前残疾</td><td colspan="2">70 周岁前身故</td><td colspan="2">70 周岁后身故或残疾</td><td rowspan="2">20 年</td><td rowspan="2">终身</td><td rowspan="2">581</td><td rowspan="2">被保险人身故或残疾（按残疾程度给付）</td></tr>
<tr><td colspan="2">7 万元/年</td><td colspan="2">7 万元</td><td colspan="2">7 万元</td></tr>
<tr><td colspan="2">太太保险费合计</td><td colspan="10">1801 元/年</td></tr>
<tr><td>家庭财产</td><td>保家无忧家庭保障计划</td><td colspan="6">407400 元</td><td>1 年</td><td>1 年</td><td>100 元</td><td>房屋、室内财产、便携电器、现金首饰</td></tr>
<tr><td colspan="2">保险费总计</td><td colspan="10">12721 元/年</td></tr>
</table>

（六）旅游目标分析

5 年后准备花费 10 万元欧洲旅行：采用定期定额投资方法进行准备，客户每年约需要 17989 元，投资于回报率是 5.8% 的投资组合，则 5 年后有 10 万元旅游资金。

退休后 10 年每年旅游费用（通货膨胀率 3%）见表 8-24。

表 8-24　　旅游规划　　单位：万元

目前	60 周岁	61 周岁	62 周岁	63 周岁	64 周岁	65 周岁	66 周岁	67 周岁	68 周岁	69 周岁	70 周岁
2	2.08	2.15	2.22	2.29	2.31	2.43	2.5	2.55	2.65	2.78	2.82

退休前需准备：230316 元（贴现率 3%）。这笔费用在 58 周岁至退休前可以准备充足。

五、规划执行及定期检查监督情况

（一）理财定期报告表

以上理财分析规划建议是建立在客户提供的个人信息、历史数据和一定假设的基础之上。而客户的理财目标、人生目标、财务收支状况和国家相关法规以及金融市场都会随着时间的推移而发生变化，我们无法精确地考虑未来诸多的不确定因素，所以个人和家庭财务规划，是一个持续的动态过程。因此，个人财务规划具有一定的时效性，可能仅在若干年内具有相应的参考价值（如财务收支方面的规划1~5年，保险方面的规划1~10年）。

为了尽可能实现效用，我们建议客户定期更新信息以及时地调整修正规划。这里提供了定期报告表监控客户的财务计划的有效性（见表8－25）。

微课：制定综合理财规划方案（3）——规划执行及定期检查监督情况

PPT：制定综合理财规划方案（3）——规划执行及定期检查监督情况

表8－25　　理财定期报告

填表日期：　　　　检查周期：90天

先生	执行情况		
	好	中	差
现金规划			
投资规划			
房产规划			
教育规划			
保险规划			
退休规划			
旅游规划			

（二）较大变动后理财规划的及时调整

表8－26罗列了生活变故和经济环境变化导致的LCU（Life Change Unit）程度变化。LCU程度“较高”表示生活或经济状况发生很大变化，有必要对理财规划做重大调整；LCU程度“一般”表示生活或经济状况发生较大变化，建议对理财规划做相应调整；LCU程度“较低”表示生活或经济状况发生较小变化，可以考虑对理财规划做一些调整。

表8－26　　LCU调整表

生活变故		LCU程度	经济环境		LCU程度
情况变好	收入大幅度提高	较高	情况变好	投资组合获得意外增长	较高
	获得意外的收入	一般		投资获得高收益	较高
	债务减少	较低		上升的经济周期	一般
	家庭负担逐渐减轻	较低		宏观经济表现稳健	一般

续表

生活变故		LCU 程度	经济环境		LCU 程度
情况变坏	配偶死亡	较高	情况变坏	货币恶性贬值	较高
	离婚	较高		经济萧条	较高
	亲密家庭的成员死亡	较高		股市灾难	较高
	个人受伤或生病	一般		下降的经济周期	一般
	退休	一般		投资缩水	一般
	家庭里成员健康恶化	一般		通货膨胀	一般
	债务增加	较低		薪水减少	较高
	亲近的朋友死亡	较低		温和的经济衰退	较低

模块三　撰写综合理财规划书

微课：撰写理财规划书

PPT：撰写理财规划书

微课：综合理财规划方案剖析

微课：生成理财规划书

➢ 工作实例分析

理财规划书是个人理财规划方案的最终表现形式，撰写理财规划书是理财专业人员的基本功。根据客户委托，在为客户进行保险规划、投资规划等专项规划的基础上，为客户制订个人资产配置的具体方案，以书面形式亦即理财规划书形式向客户提交。

步骤一　认知理财规划书

理财规划书是客户经理理财规划服务的“有形产品”。它是在客户所提供的基本资料的基础上，综合考虑客户的现金流量、资产状况、理财目标和合理的经济预期而得出的。它仅为客户提供一般性的理财指引，不能代替其他专业分析报告。

一、综合理财规划书的假定前提

理财规划中使用的数据大部分来源于现实情况，但由于未来的不可预知，部分数据仍然无法完全来源于实际，根据经验在理财规划中采用下面两种方法来获取这类数据：根据历史数据作出假设；根据客户的自身情况加以假定。由于这些数据的采用会对客户的理财产生重要影响，因此客户在未来执行规划的过程中需要适时对它们进行调整。

1. 通货膨胀率的假定。通货膨胀率描述了货币实际购买能力下降的程度，过高的通货膨胀率会使客户同样的收入不如原来那么“值钱”，从而导致客户的生活质量下降。因此，设置一个恰当的通货膨胀率有助于正确估价客户未来的支出水平。

2. 安全现金持有量的假定。安全现金持有量指从财务安全的角度出发，一个家庭应当持有的最低现金金额，家庭可能在一些特殊情况下（比如暂时性失业时）动用这部分现金。在规划书的盈余现金分配策略和赤字弥补策略中将使用到这个假设值。

3. 收入及支出的假定。虽然客户目前的收入和支出是确定的，但是必须认识到，未来的收入和支出都建立在假定的基础上，这部分数据主要来源于客户对自身收支状况的准确描述和合理估计。在规划书中，收支数据会被多次使用。

4. 年平均增长率的假定。年平均增长率数据分别描述了收入、支出以及资产价值未来的增长程度。年平均增长率的确定，建立在对当前和未来经济环境分析的基础上，以及根据历史经验的判定结果，在理财规划中这会是非常重要的一组数据。

5. 相关费用的假定。理财目标中包含若干费用，如养老目标中的赡养费、培养子女的教育经费、购置大件（房产、汽车）的费用。这些费用同样具有不可预见的特性，因此客户目标中所涉及的费用都将根据客户的经验和预期来估计完成。

6. 现金流及现金流量的假定。现金流描述了客户在一年当中得到以及失去的现金总量。得到现金被称作现金流入，失去现金被称作现金流出，二者之差即为当年现金净流量。现金流入流出的种类和数量因人而异。通常的现金流入包括日常收入、投资资产收益、资产变现、商业保险的保险金、举债获得的现金、住房公积金和社会统筹保险产生的收入等。现金流出包括日常支出、追加投资和购买资产、商业保险的保费支出、偿还债务。

7. 家居资产。即直接服务于客户日常生活的那部分资产，比如，客户用于居住的住宅，不用作商业用途的自用汽车，客户拥有的家用电器、家具、家庭装饰品，以及客户和客户的家庭成员的首饰、衣物等。由于这部分资产直接服务于客户的日常生活，所以这部分资产的价值是客户生活质量在资产方面的反映。同时，在通常情况下，客户一般不会考虑变现这部分资产。

二、理财规划书的基本格式

理财规划书的格式并没有统一的规定，但一般由以下几部分组成：

第一部分：重要提示及金融假设，包括重要提示、金融假设、名词解释。

第二部分：客户财务现状分析，包括基本信息、收入状况、支出状况、投资组合、资产及负债、商业保险。

第三部分：客户目标和选择，包括理财目标、财务计划分析。

第四部分：客户目前存在的财务问题。

第五部分：我们的建议，包括财务目标修正、投资组合调整、收入与支出、资产与负债、其他方面。

第六部分：调整后的财务未来，包括现金与现金流、资产与负债、未来三年及重要年份的财务事项、未来的财务全貌。

第七部分：结论。

第八部分：配合客户的理财策略。

步骤二 撰写理财规划书

撰写理财规划书，应该在各专业规划工作的基础上，清晰、简洁地对理财分析过程进行陈述，做到简明易懂、结构清楚，易于被客户接受。撰写理财规划书是个人理财业务规划阶段的最后工作。理财规划书只是表现形式，关键在于理财规划方案是否科学合理。因此，我们应该用 90% 的精力来做理财规划，用 10% 的精力来撰写理财规划书。下面以一个案例来说明理财规划书的撰写。

【案例 8－1】 理财规划书的撰写。

一、客户的基本资料

客户小毛是一位能干的女士，每年有 16 万元以上的收入。明年年初她就要养育小宝宝了，一家人过得甜甜蜜蜜。对父母很有孝心，她每年会给父母 5000 元的生活费，并准备帮父母买一套房子。她的主要家庭财务情况如下：

1. 收入不低，负债不多。小毛目前是一家大型国企的职员，每月有 7000 元的收入。虽然单位没有年终奖金，但公司效益较好，当初 15 万元的公司入股给她带来了每年 8 万元的年底分红。小毛的先生每月有 2500 元收入。小两口每个月的基本生活开销要 2500 元左右，每月要负担 1000 元左右的购房贷款。两个人都很喜爱旅游，他们每年在这方面的花费大概是 5000 元。

家庭资产方面，他们目前手上有 7 万元现金和活期存款，3 万元定期存款。自住的房子价值约 70 万元，买房时银行贷款数目不大，现在大概还有 7 万元的余额未还清，在年轻一族里算是负债比较少的了。

2. 投资保守，略有保险。小毛和先生工作都比较忙，每年的收入结余也就处理得比较保守。除了拥有 2 万元的国债，他们暂时没有做其他方面的投资。但小毛想，既然还有一点闲钱，宝宝也马上要出世了，为了更好地保证和改善全家今后的生活质量，还是打算做一些股票、基金或者债券方面的投资，最好能够获取 8% 左右的年投资收益率。

保险方面，小毛本人现有 15 万元保障额的分红型寿险和 10 万元的意外险；先生保有 10 万元的分红型寿险。两个人每年的保费支出是 9000 元。她希望专家还能推荐一些养老和意外保险方面的品种供他们选择。

3. 关爱宝宝，体贴父母。明年宝宝出生以后，小毛估计每月要增加 1000 元左右的开支。给孩子准备一笔教育经费自然也是她和先生要考虑的重要问题。他们除了现在每年给父母 5000 元生活费以外，还打算为父母准备一份 10 万元的购房款，希望父母能老有所养、老有所靠，安心快乐地度过晚年。

4. 计划 3 年后买车。和很多都市年轻夫妻一样，已经有安乐窝的小毛也有买车的计划，暂时的考虑是 3 年以后买一辆 15 万 ~20 万元左右的家庭轿车。

二、撰写理财规划书

（一）封面

理财规划书

中国××银行××分行

（二）目录

目　录

（三）正文

一、理财寄语

（这部分是写给客户的开场白，以简洁的语言说明理财规划方案的意义和理财人员的良好愿望）

尊敬的毛女士：

首先感谢您到中国××银行××分行个人理财中心进行咨询，并委托我们为您设计理财规划，我们愿为您提供所有力所能及的帮助。

理财是一段快乐的人生享受，也是一种积极的处世态度，更是一个良好的生活习惯。在别人都没想到时，您想得早一点；在别人都想到时，您想得好一点。而理财就是您生活中的这一小点，早用、常用、巧用这一小点，一定能使您的生活更加稳中有序，家庭更加幸福美满。明年年初您就要养育小宝宝了，理财能给您带来愉快的心情，也许良好的理财习惯在不知不觉中还会成为您对宝宝的一种胎教。

衷心地祝愿您能早日实现您的家庭理财梦想！

中国××银行××分行个人理财中心　陈××

二、基本情况

1. 收入较高，负债不多。（略）
2. 投资谨慎，略有保险。（略）
3. 关爱宝宝，体贴父母。（略）
4. 计划买车，出行无忧。（略）

三、理财目标

（此部分是根据理财师与客户沟通后，客户的自己的想法与意图）

1. 确保育儿支出，并为孩手储备一笔教育基金。
2. 孝敬父母，为父母准备一份购房款。
3. 增加合理的投资，兼顾收益与风险。
4. 3 年以后实现购车梦想，成为有车一族。
5. 增加养老和意外保险，提高生活保障。

四、理财目标评价

（这一部分，是理财专业人员对客户主观目标的分析，若客户目标不切实际，理财人员应该指出其中的不足，并加以修改）

您有着较为明确的理财目标，我们认为这些理财目标基本符合您的家庭情况，通过合理的理财规划，完全可以实现。我们的建议是：

1. 每月育儿支出保持在 1500 元以内，并选择教育类保险储备教育基金。
2. 贷款为父母买一套复式商品房，并与父母合住。
3. 选择组合投资方式，并保留家庭最低现金储备。
4. 合理投资加以储备，在第四年一次性付款购车。
5. 适当投保养老险，主要增加医疗险和意外险（具体理财建议详见下文）。

五、目前财务状况

本部分内容基于您提供的信息，通过整理、分析和假设，罗列出了您家庭目前的收支情况和资产负债情况。我们将以此为基础开始理财规划。

1. 收支情况

家庭每月收支状况　　单位：元

收入		支出	
本人月收入	7000	基本生活开销	2500
配偶月收入	2500	房屋贷款月偿额	1000
合计	9500	合计	3500
每月结余	6000		

家庭月平均收支状况　　单位：元

收入		支出	
本人月收入	7000	基本生活开销	2500
配偶月收入	2500	房屋贷款月偿额	1000
公司分红平摊	6667	旅游费用平摊	417
		保费平摊	750
		父母生活费平摊	417
合计	16167	合计	5084
平均结余	11083		

家庭年度总收支状况　　单位：元

收入		支出	
本人年度收入	84000	年度生活开销	30000
配偶年度收入	30000	年度房屋还贷	12000
公司分红	80000	旅游费用	5000
		保费支出	9000
		父母生活费	5000
合计	194000	合计	61000
年度结余	133000		

注：这里登记的收入情况，不包括已登记在资产负债信息中资产所产生的收入，如存款利息、国债利息等。

2. 资产负债情况

家庭资产负债状况

单位：元

家庭资产		家庭负债	
现金及活期存款	70000	房屋贷款余额	70000
定期存款	30000		
国债	20000		
金融类资产小计	120000		
房产（自用）	700000		
公司入股	150000		
合计	970000	合计	70000
家庭资产净值	900000		

（以下部分是依据以上的资产负债表、现金流量表的数据，计算相关比率，并对比率的内涵进行解释，找出客户理财中存在的问题）

3. 财务比率分析

（1）资产负债率 = 负债/资产 = 70000 ÷ 970000 = 7.22%

一般而言，家庭资产负债率控制在50%以下都属合理，所以目前您家庭的资产负债率相当低，证明您可以通过增加贷款的方式添置固定资产。

（2）每月还贷比 = 每月还贷额/家庭月收入 = 1000 ÷ 9500 = 10.53%

一般而言，每月还贷比控制在50%以下都属合理，所以目前您家庭的每月还贷比也相当低，进一步证明您可以通过增加贷款的方式添置固定资产。

（3）每月结余比例 = 每月结余/每月收入 = 6000 ÷ 9500 = 63.16%

一般而言，每月结余比例控制在40%以上都属合理，所以目前您家庭的每月结余比例较高，每月结余应加以合理利用。

（4）年度结余比例 = 年度结余/年度收入 = 133000 ÷ 194000 = 68.56%

一般而言，年度结余比例控制在50%以上都属合理，所以目前您家庭的年度结余比例较高，年度结余也应加以合理利用。

（5）流动性比率 = 流动性资产/每月支出 = 70000 ÷ 3500 = 20

一般而言，一个家庭流动性资产可以满足其3~4个月的开支即可，您家庭的流动性比率过高，降低了资产的收益性。

通过上述分析我们可以看出，您家庭的负债比例很低，流动资金较多，但资产的收益率偏低，可通过组合投资进行合理的调整。

六、基本假设

（基本假设设定，案例中未说明清楚的信息，可以在此部分加以设定，方便以后的讨论）

由于受所得基础信息不完整、未来我国经济环境可能发生变化等因素影响，所以为了便于作出数据翔实的理财规划，我们对以下内容进行了合理的预测：

（1）预测通货膨胀率。（略）

（2）最低现金持有量。（略）

（3）风险偏好测试。（略）

以上是我们所做的一些基本假设，在实际操作中，仍需要根据您的实际情况、风险偏好和宏观经济环境来加以分析和判断，方能制订合理的理财规划。

七、理财建议

（这一部分是理财规划书的重要组成部分，根据修正后的目标，有针对性地提出理财建议，并说明理由。理由要阐述充分，因为理财规划书要让客户理解和认同，才有可能付诸实施，若无充分的理由，建议则缺乏说服力）

1. 育儿成长建议

理财目标：确保育儿支出，并为孩子储备一笔教育基金。

理财建议：每月育儿支出保持在1500元以内，并选择教育类保险储备教育基金。孩子出生后，家庭的每月开支自然会增加，我们为此专门做了有关市场调查：……

2. 父母购房建议

理财目标：孝敬父母，为父母准备一份购房款。

理财建议：……

我们建议的贷款方式：

第一步，将30000元定期存款和45000元活期存款取出，总共75000元，把原先剩余的70000元的房贷连本带息全额还清，5000元估计为利息。

第二步，按90万元15年期商业贷款，10万元30年期公积金贷款的组合贷款方式，选择等额本息还款法，总共贷款100万元，按照现行的贷款利率，每月总共还贷支出为7616.22元。

第三步，将您已经还清贷款的自有住房连装修和家电一起出租，预计每月可得房租收入3500元，以租养贷，再加上原本7万元的房贷已还清，每月可省下1000元，实际上您家庭每月增加的还贷支出只有3116.22元，完全在您的还贷能力范围之内。

第四步，15年后在商业贷款全部还清后，每月仍储备7000元，零存整取，一年后全额提前归还公积金贷款。以这种还款方式16年便能还清所有的贷款。

建议理由：

第一，……

第二，……

3. 组合投资建议

理财目标：增加合理的投资，兼顾收益与风险。

理财建议：选择组合投资方式，并保留家庭最低现金储备。……

建议理由：

第一，……

第二，……

4. 家庭购车建议

理财目标：三年以后实现购车梦想，成为有车一族。

理财建议：合理投资加以储备，在第四年一次性付款购车。……

我们还专门为您收集了一些目前市场上15万元左右家庭型汽车的信息，当然以后还会有更多的新款车型推出，请您及时留意。

建议理由：

第一，……

第二，……

5. 家庭保障建议

理财目标：增加养老和意外保险，提高生活保障。

理财建议：适当投保养老险，主要增加医疗险和意外险。……

建议理由：

第一，……

第二，……

6. 其他理财建议（理财建议要具体可行，易于为客户理解）

八、财务可行性分析

（在这一部分，则向客户说明采用上述理财师提出的理财建议后，是否可以让客户实现理财目标。可以用数量分析的方法，加上生动、多样的图形、表格形式，描述采用理财建议后的客户未来财务情景）

根据您家庭的理财目标和我们提出的各项理财建议，我们逐一进行了财务可行性分析。

1. 现金流量分析

（1）育儿支出及教育基金。支出金额：每月育儿支出 1500 元，每月教育基金储备 1000 元。费用来源：每月收入。

（2）提前还贷资金。还贷本息：75000 元。资金来源：活期存款 45000 元，定期存款 30000 元。

（3）新房首付。首付来源：将父母原来住房卖掉所得的卖房款，这部分款项的支出不影响您家庭的财务状况。

（4）房贷还款。每月还款：7616.22 元。还贷来源：每月收入、房租收入、原房产提前还贷后节省下的每月应还贷款额。

（5）新房装修费用。装修资金来源：首付后剩余的卖房款（这部分不影响您家庭的财务状况）、今年旅游费用节省、今年年底的公司分红。

（6）组合投资资金。组合投资金额：今年为 0，以后各年为 50000 元，在准备购车的前一年底应暂停一次。投资资金来源：明年后每年年底的公司分红。

（7）购车资金。购车资金来源：3 ~ 4 年的投资组合本金及收益累积。

（8）新增保险费用。新增保费支出：10000 元。新增保费来源：今年从活期存款中支用，以后每年从年度结余中支用。

2. 家庭收支分析

调整后的家庭月度收支 单位：元

收入		支出	
本人月收入	7000	基本生活开销	2500
配偶月收入	2500	房屋贷款月偿额	7616.22
房租收入	3500	育儿支出	1500
		孩子教育储备	1000
合 计	13000	合 计	12616.22
每月结余	383.78		

育儿和房贷还款增加每月支出后，虽然每月结余大幅减少，但我们认为您的情况比较特殊，年底的收入较多，再加上有 1.5 万元的家庭最低现金储备作保障，以备不时之需，完全不会影响您的生活质量。购房后的每月还贷比为 58.59%，虽超过了 50% 的警戒线，但加上年底分红，每年收入还贷比只有 38.73% ［计算公式：$7616.22 \times 12/(13000 \times 12 + 80000)$］。

调整后的家庭年度性收支（购房和装修当年） 单位：元

收入		支出	
本人年收入	$7000 \times 12 = 84000$	年基本生活开销	$2500 \times 12 = 30000$
配偶年收入	$2500 \times 12 = 30000$	房屋贷款年偿额	$7616.22 \times 12 \approx 91394$
房租年收入	$3500 \times 12 = 42000$	育儿年支出	$1500 \times 12 = 18000$
		孩子年教育储备	$1000 \times 12 = 12000$
公司分红	80000	装修费用	56000
		保费支出	19000

续表

收入		支出	
		父母生活费	5000
合计	236000	合计	231394
结余	4606		

购房和装修当年，资金需求较大，年度结余为零属于正常情况，以后除购车时会出现这样的情况外，其余各年的年度有一定结余则较为宽裕，可用于组合投资。

3. 家庭资产负债情况分析

购房后的家庭资产负债状况　　单位：元

家庭资产		家庭负债	
现金	5000	房屋贷款余额	1000000
1 天通知储蓄	10000		
国债	20000		
房产（出租）	700000		
房产（父母共同购买）	1430000		
公司入股	150000		
合计	2315000	合计	1000000
家庭资产净值	1315000		

购房后的家庭资产负债比为 43. 20%，仍属正常范围。

九、未来家庭理财安排原则

（对客户提出的理财策略，是原则性、战略性的建议，比较抽象）

理财是一个贯穿人生各个阶段的长期过程，切忌操之过急，应持之以恒。在未来的家庭理财安排上，您所需把握的原则是：

（1）关注国家通货膨胀情况和利率变动情况，及时调整投资组合。

（2）根据家庭情况的变化不断调整和修正理财规划，并持之以恒地遵照执行。

（3）“开源”是理财，“节流”也是理财，如遇不必要的开支应该省下。

（4）购房后如遇其他特殊情况，资金趋紧，可将积累的投资组合变现。

十、理财规划结论

针对您的家庭特点，在确保您家庭生活质量不下降的前提下，按照这份理财规划进行实际操作，可以帮助您早日达成您的家庭理财梦想，并实现家庭财富的最大化。

十一、后记

（对整个理财方案进行归纳总结，对理财方案进行自我评价）

考虑到您的家庭现在正处于成长期，将来肯定还会出现更多可喜的变化，所以我们愿伴随您家庭的成长历程，随时为您提供更多的理财建议，为您减轻财务忧虑，认清和实现理财目标。

我们是您实现财务自由之路的好帮手，请经常与我们保持联系！

附件（略）

项目小结

项目知识点 理财目标 理财目标负债化 营生资产 实质资产 养生负债 实质负债 理财规划方案 理财规划书

项目技能点 营生资产和实质资产的分类 养生负债和实质负债的分类 判断客户理财目标的可行性 撰写理财规划书

实训与练习

问题讨论

分小组分别针对模拟客户写出理财规划书，然后讨论需要改进的地方。

技能训练

请同学们根据下述案例，进行客户的理财规划方案设计。

刘先生，31 周岁，在某外企担任主管，月薪税后 12000 元，年终奖 40000 元；刘太太，28 周岁，事业单位科员，月薪税后 4000 元，年终奖 8000 元。两人在单位均有五险一金，没有购买任何商业保险，打算两年内生子。

两人均为独生子女，目前住在刘先生婚前购置的 70 平方米两居室，贷款还剩 18 年，每月还贷 2800 元。由于打算生子，考虑在两年内换为 120 平方米的三居室，两居室现值 80 万元。

夫妻二人现有活期存款 3 万元，五年定期存款 5 万元，刘先生股票市场投资 5 万元，现值 3 万元。月基本开支 4000 元，水电物业费 800 元，由于二人没有购车，月交通费 1200 元，娱乐费每月 800 元，两人均办理信用卡，额度共 5 万元；每年过节费 1 万元，其中孝敬双方父母 8000 元。刘先生和刘太太都办了健身卡，每年 3000 元/人，刘太太美容卡每年 2800 元，夫妻小两口为自己设定年购衣基金 2000 元，旅游基金 20000 元。父母均已退休，身体健康，已为自身准备养老基金，不想为子女增加赡养负担。

客户短期理财目标：

1. 两年内生子，所需资金 4 万元。
2. 打算购买 20 万以内经济型轿车。
3. 打算两年内从 70 平方米换为 120 平方米住房。

客户长期理财目标：子女的教育问题、自身的养老问题、父母的赡养问题、家庭资产的保值增值。

请理财经理根据上述情况，为客户进行综合理财方案的规划和设计。

课后练习

一、单项选择题

1. 下列理财目标中属于短期目标的是（　　）。

A. 子女教育储蓄　　B. 按揭买房

C. 退休　　D. 休假

2. 制订个人理财目标需要将（　　）作为首先实现的理财目标。

A. 个人风险管理　　B. 长期投资目标

C. 预留现金储备　　D. 购房目标

3. 以下关于年金的说法正确的是（　　）。

A. 普通年金的现值大于预付年金的现值

B. 预付年金的现值大于普通年金的现值

C. 普通年金的终值大于预付年金的终值

D. A 和 C 都正确

4. 标准的个人理财规划的流程包括以下几个步骤：Ⅰ、收集客户资料及个人理财目标；Ⅱ、综合理财计划的策略整合；Ⅲ、客户关系的建立；Ⅳ、分析客户现行财务状况；Ⅴ、提出理财计划；Ⅵ、执行和监控理财计划。正确的次序应为（　　）。

A. Ⅰ，Ⅲ，Ⅵ，Ⅴ，Ⅳ，Ⅱ　　B. Ⅲ，Ⅰ，Ⅳ，Ⅴ，Ⅵ，Ⅱ

C. Ⅲ，Ⅴ，Ⅱ，Ⅰ，Ⅵ，Ⅳ　　D. Ⅲ，Ⅰ，Ⅳ，Ⅱ，Ⅴ，Ⅵ

5.（　　）不属于个人理财规划的内容。

A. 教育投资规划　　B. 健康规划

C. 退休规划　　D. 居住规划

6. 制订保险规划的合理步骤是（　　）。

A. 明确保险期限—选定保险产品—确定保险金额—确定保险标的

B. 确定保险金额—选定保险产品—确定保险标的—明确保险期限

C. 选定保险产品—明确保险期限—确定保险金额—确定保险标的

D. 确定保险标的—选定保险产品—确定保险金额—明确保险期限

7. 下列金融服务中，（　　）的作用不是缓解住房支出带来的经济压力。

A. 房屋保险　　B. 个人住房按揭贷款

C. 公积金贷款　　D. 个人住房装修贷款

8. 同样用 20 万元投资股票，对于一个仅有 20 万元养老金的退休人员和一个有数百万元资产的人来说，其情况是截然不同的，这是因为各自有不同的（　　）。

A. 实际风险承受能力　　B. 风险偏好

C. 风险分散　　D. 风险认知

9. 对于客户的中期投资目标，应（　　）。

A. 采用现金投资和固定利息投资，收益不高，但收益率较稳定，很少出现亏损

B. 主要考虑投资的成长性，可考虑采用具有税收效应的投资产品

C. 要更多地考虑投资的成长性和收益率，但投资风险会上升，出现亏损的概率也会更大

D. 视具体目标确定投资策略

10. 下列理财目标不属于短期目标的是（　　）。

A. 债务负担最小化　　B. 投资股票市场

C. 控制开支预算　　D. 筹集资金购买汽车

二、多项选择题

1. 个人理财的基本原则有（　　）。

A. 收益率最大化　　B. 保障第一

C. 分散投资　　D. 风险最小化

2. 个人理财的具体目标按照人生过程可以分为（　　）。

A. 个人单身期目标　　B. 家庭形成期目标

C. 家庭成长期目标　　D. 家庭成熟期目标

3. 推荐客户购买保险产品，可以实现客户（　　）的理财目标。

A. 消除风险的不确定性给个人和家庭带来的忧虑

B. 在发生风险事件时可使客户迅速恢复安定生活

C. 使得客户的消费在一定时期内尽量平稳，避免大的波动

D. 通过合法手段降低客户的税收负担

E. 实现客户资产的最快增值

4. 理财产品自身的特点影响到其收益率，关于此论点，下列论述正确的有（　　）。

A. 理财产品的收益与风险特征通常是一致的，高收益伴随着高风险

B. 理财产品的流动性对其收益率的影响可以忽略

C. 股票基金分散了风险，所以无论何时其收益率总是低于个股收益率

D. 公司债的预期收益率必然低于该公司股东获得的预期收益率

E. 金融衍生产品具有很大的杠杆效应，在放大了投资风险的同时，也成倍地放大了预期收益率

5. 理财客户经理推荐客户进行房地产投资时，可以向客户推荐的投资方式包括（　　）。

A. 客户用自有资金或银行贷款购买住房

B. 客户支付首付款获得住房，然后将住房出租收取租金偿还月供

C. 客户直接购买房地产公司发行的股票（组合）

D. 客户将自有资金交给信托公司，委托信托公司将资金投向房地产行业

E. 客户将自有闲置住房委托专门的信托机构经营管理，获得相应的回报

三、判断题

1. 个人理财主要考虑的是资产的增值，因此，个人理财就是如何进行投资。（　　）

2. 按照银监会对个人理财业务的定义，商业银行为销售储蓄存款产品、信贷产品等进行的产品介绍和宣传不属于理财顾问服务。（　　）

3. 个人理财的终极目标是实现个人或家庭财务安全。（　　）

4. 个人风险管理主要是通过合理地利用保险进行可保风险的管理，所以保险理财是完备理财计划不可缺少的一部分。（　　）

5. 理财是有钱人的事，对于普通的工薪阶层是没有用的。（　　）

四、简答题

1. 简要描述个人理财的目标是什么？

2. 个人理财规划的一般步骤包括哪些方面？

五、实训题

实训任务：在实务过程中我们根据生命周期理论，判断客户可能处于单身期、家庭形成期、家庭成长期、家庭成熟期、退休期等各个阶段，能够通过分析每个人生阶段的不同财务特点和理财需求，以客户为中心，进行方案设计提升制定综合理财方案的能力。

案例内容：

案例1：张晓天于2018年7月法语专业毕业，在国际金融危机的不利经济形势下，他凭借自己出色的专业技能，很顺利地找到了一份工作，现于某外资企业但任翻译，月收入税后8000元。父母在张晓天童年时就离异了，张晓天一直由母亲抚养。母亲原本在外贸纺织企业工作，平均月收入4000元。可去年她失业了，公司在宣布倒闭时给了她2万元的“安抚金”。母亲今年48周岁，据估计今后两年内她每个月只能领取失业金800元。好在母亲50周岁便可正式退休，此后预计每月便可领取退休金约2500元。

在张晓天父母离异后，父亲每月给张晓天一定的生活补贴，近年来保持每月800元直到他大学毕业。张晓天将这笔零花钱存了下来，大约有4万元。家庭定期存款有15万元，活期及现金有3万元。投入股市的资金有10万元，只是市值已减半。现在居住的房屋地段不错，虽然是房龄18年的老房子，但单价可以达到每平方米2.7万元，价值135万元。目前家庭总资产总计164万元。

张晓天毕业后就成了这个两口之家唯一稳定的收入来源，生活压力不小。目前，整个家庭的月收入由母亲的800元失业金和张晓天的8000元税后收入两部分构成。在扣除每月的伙食费2000元和公共事业费、通信费等生活开销2000元后，所剩无几。这使得家庭财务有些捉襟见肘。另外，由于张晓天第一年工作，这次的年终奖金领到了13000元。其中3000元在过年的时候用作孝敬老人和送礼拜年了。

张晓天现在24周岁，他希望可以在30周岁前筹到第一笔“首付+装修款”，这也是为了结婚打下基础。有关保险和补充养老方面，他也希望能有一些好的建议。

案例2：我叫莉莉，先生吴某。我们俩都是1991年出生的，去年刚刚结婚。我目前在××市科技园区的一家企业做普通职员，每月税后收入4750元。先生吴某的税后月收入是7100元。吴某利用自己的专业技能，经常获得一些不稳定的兼职收入，一个月一般500~5000元。我们目前每个月的总支出需要7000元左右。

目前，我们的房屋贷款月供额为1600元，每月基本生活开销（包括水、电、煤、网络宽带费、电话费、家庭餐饮费用和交通费用等）需要2000元左右，每个月的零用钱基本上在3000~3500元。年度性收支方面，两人的年终奖合计在2

万元左右，一年的存款利息大约有四五百元，2018 年基金的投资收益有 1 万元，年度性收入总计 2.5 万元左右。最近两三年同学结婚比较多，人情还礼方面大约不少于每年 3000 元，外加 2000 元回家探亲路费，5000 元的旅游费用，年度性支出大约 1 万元。

结婚时候，双方父母各赞助了一笔钱，让我们小夫妻俩买了一套小户型房产，现在这房子价值 120 万元，贷款本金余额还有 25 万元左右。截止到 2019 年 5 月初，我们两人的活期存款有 12 万元，定期存款有 3 万元，基金市值在 5 万元左右，还有 2 万元借给同学买房的，估计今年年底能全部还回来。计算下来，两人现在的家庭总资产为 142 万元，家庭资产为 117 万元。

我们打算两年之后生育一个孩子，为此可能要加快准备养育孩子的资金等前期工作。同时，我们还希望在 5 年后换一个大房子自住，这类目标房产目前的市场价位在 250 万元左右。希望到时候能够保留现有的住房，该如何尽快积攒买大房子的首付款？如果不行，需要如何凑齐呢？此外，我和吴先生目前只有基本社保和公积金，该如何增加自身的保障程度？最近一年多以来，我们的基金投资回报率还算不错，将来该如何保持家庭金融投资资金能够拥有持续的、较强的增值能力？

案例 3：魏先生的四口之家由他和太太及两个女儿组成，两个女儿是双胞胎，现在读小学三年级。魏先生今年 37 周岁，在一家大型国有科研机构工作，博士毕业的他任高级工程师，每月的收入有 17000 元。35 周岁的太太在事业单位谋职，月收入 8000 元。两人的工作都非常稳定，收入还会随着资历的增长而不断上升。据魏先生估计，每年的上升幅度约 5% 左右。此外，一套投资房租金收入每月有 2800 元。

四口之家的月基本花销为 4000 元，养车及娱乐等其他费用需 2300 元，因为两个女儿尚年幼，体质较弱，他们每月都会备下 500 元医疗费。两个女儿学费每年合计 3000 元左右，各种兴趣班学费每年合计 9000 元。这样平均下来每月大约 1000 元。

魏先生一家目前住在单位分的宿舍中，两室一厅 83 平方米，不需要房租。2018 年初，他们购得商品房一套（即目前用于出租的房产），购买总价 200 万元，首付款中 60 万元为自己的储蓄，20 万元是向朋友的借款，另商业贷款 120 万元（等额本息方式，20 年还清），2018 年每月还款 7800 多元。这样，魏先生一家每月结余约为 12000 元。

魏先生本人购买了 20 年期定期寿险，保额 20 万元，同时购买了意外险，保额 20 万元。小女儿购买了 ×× 宝宝险和附加住院医疗险，保额 10 万元。大女儿和小女儿都参加了上海市少儿住院医疗互助基金，都有基本社保。太太目前只有社会保险，单位并无团险，个人也未购买商业保险。每年在人身保险上的投入约 3700 元，另有 2018 年购入的小汽车每年保费 3500 元。

魏先生和太太年终奖金共有 25000 元，主要来自魏先生，年度花销主要在孝敬老人和旅行方面。虽然家庭的 4 位老人都已经退休，但都有社会保险和退休金，能够保障生活且健康状况良好，每年只需要象征性地给点孝亲费就好，合计

6000 元。每年全家旅行一次，费用也在 16000 元左右。因此，家庭年度结余有 7800 元。

家庭资产方面，2018 年初买的房子，现在市值保守估计约 250 万元。一家人还拥有价值 15 万元的汽车一辆、现金及活存 13 万元、货币基金 2 万元、股票基金 10 万元、债券基金 18 万元。投资性房产目前的商业贷款余额有 115 万元左右，向朋友借款 20 万元也尚未归还。

理财目标：

对于家庭理财目标，魏先生有以下几个方面的考量：首先，希望为太太和大女儿适度配置一些商业保险，降低家庭的财务风险。其次，根据借款协议，5 年内还清欠的外债 20 万元（向朋友借的房屋首付款），如何筹措这笔款项？再者，2020 年底可以购买单位建造的经济适用房一套，120 平方米，拟自住，房价及装修大约 100 万元，原单位宿舍要搬出。等到 2022 年后，两个女儿将进入初中学习，希望可以得到好一些的民办初中教育，预期教育费用将增加，每年大概 2 万元左右。还有两个孩子上大学的费用，每个女儿各 16 万元，共 32 万元左右，在她们各自上大学之前基本筹备好，怎么来实现教育金的储备？计划在退休前，能筹得夫妻二人养老金 100 万元。如何实现？

案例 4：刘先生和太太同为 49 周岁，他本人在事业单位工作，太太在国有企业行政部门工作，收入稳定。他们有一个今年大学毕业的女儿，工作还尚无着落。2017 年，跌宕起伏的中国股市让众多股民感慨良多，刘先生就是这些股民中的一位。2017 年 9 月，刘先生将原有的 100 平方米的房产出售，心想着如果股市赚一笔，可以换一套更大些的房子了。没想到股市上行的势头很快就变成一路走低。2018 年一度深套，截至 2019 年 5 月，他卖房得到的 150 万元在股市中只剩下 85 万元左右，损失惨重。

夫妇俩每人均有 8000 元的月收入。但是刘先生夫妇已经身处退休的边缘，未来收入有下降的趋势，两人 5～10 年内月收入可能会减少至 2000～3000 元。支出方面主要是租房 3000 元，生活费 3500 元。每月净结余 9500 元，净结余比例较大。两人的年终奖金约有 2 万元，基本会在过年过节的时候全部花掉。在旅游、保费方面基本无支出。

目前的资产负债为：现金 1 万元，基金 8 万元，股票 85 万元，无房产，无其他负债。

案例 5：广东顺德的陈先生，62 周岁，2 年前从政府部门退休，老伴是企业职工，5 年前已经退休。夫妻俩现在不和儿子、女儿住在一起，但两餐饭全家人在一起吃。退休收入：老陈 4500 元/月，老伴 2500 元/月。儿子、女儿已成家，无须经济资助，且儿子、女儿每月各孝敬 1000 元。家庭月基本生活开支大约在 2000 元，其他支出约 500 元。家庭现存款大约有 30 万元，存的均为一年期定期存款，且近期到期，自住房屋约值 25 万元。双方都有社会保险，陈先生单位有住院费用报销 80% 的福利，老伴已经购买了门诊医疗保险。

实训要求：请同学们进行分组并随机选择上面各个客户的不同生命周期案例进行综合理财规划方案设计并进行成果汇报。

项目九

理财规划方案的实施与后续服务

学习目标

通过本项目的学习，学生能够制订理财方案的实施计划，并能督促客户按照计划实施方案，同时能根据环境变化合理调整理财方案，为客户提供持续的理财服务。

1. 掌握取得客户授权并准备实施理财方案的技巧。
2. 掌握实施理财方案的具体行动步骤。
3. 掌握关注环境变化并对原理财规划方案提出合理的调整技巧。

项目任务

1. 与客户沟通并与客户共同理解理财规划方案。
2. 取得客户授权并做好实施前的准备工作。
3. 确定理财的行动步骤并实施理财计划。
4. 评估理财方案的实施效果并及时调整。

标志成果

完成理财后续服务评估表。

内容导图

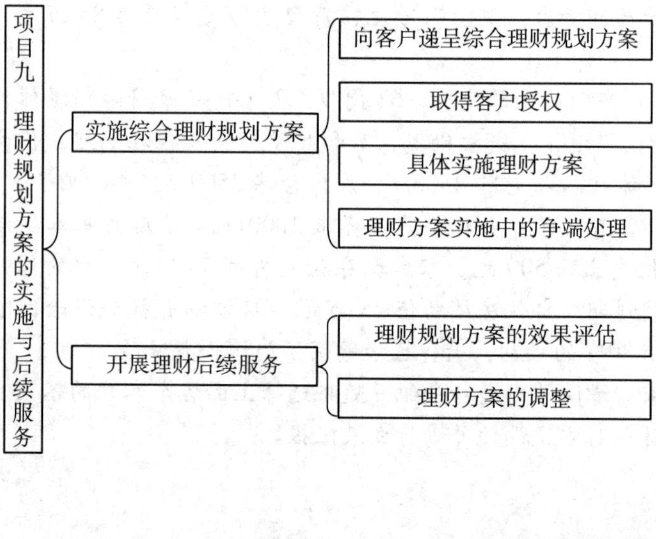

▶▶工作实例

客户：刘先生家庭案例

承接项目八案例，刘先生和太太经过与银行理财经理的长期接触，最终来到银行个人理财中心签署理财服务协议，并听取理财经理的理财方案汇报。理财经理为其进行详细的阐述和后续的服务建议。

模块一　实施综合理财规划方案

➢ 工作实例分析

理财经理根据客户的实际情况制订适合客户的理财规划方案，需要呈递给客户，得到客户的认可，并协助客户实施该理财方案。本模块主要学习理财经理应如何与客户进行良好沟通，协助客户理解并认可理财规划方案，同时取得客户授权，帮助客户实施理财目标。

微课：实施综合理财规划方案

PPT：实施综合理财规划方案

微课：理财规划方案的实施与后续服务

步骤一　向客户呈递综合理财规划方案

当理财规划方案制订好以后，在实施综合理财方案之前，需要与客户沟通，获得客户对综合理财规划方案的认同。

一、准备相关文档

准备将要呈递给客户的理财规划方案文档，以及理财经理在为客户做理财规划方案中运用到的相关文件，例如，与客户第一次会面时的谈话记录、用来收集客户数据的各种表格和问卷、从客户处获得的各种授权、理财规划方案建议草稿和其他相关的记录等。这些文档将会由客户带回并会给客户一定的时间来消化、理解这些内容。

理财经理在准备这些文件时需要注意检查的一些事项：

1. 检查文字和语法错误。语言文字的错误可能导致对内容的误解，同时也会影响理财经理在客户心中的职业形象。

2. 目录。目录可以帮助客户了解方案的结构，同时方便客户查询。

3. 确保页面已经编号。页面编号可以防止内容的遗漏，保证客户所阅读方案的完整性。

4. 前后封面。

5. 文档整理装订。

6. 将全部文件按内容分为不同的部分，如保险、遗产等。

7. 在封面上注明客户的姓名。

二、准备与客户的会面

在准备与客户会面的过程中，理财经理应注意以下一些事项，以确保顺利将综合理财规划方案呈递给客户。

1. 确保与客户会面的地点恰当，适合交流。

2. 出于保密考虑，在与客户会面的过程中，理财经理必须保证客户看不到其他客户的姓名或者其他资料，即使是在不经意间泄漏了其他客户的信息也已经违反了保密条款。

3. 将综合理财规划方案中的一些重要问题列出一个清单，并且在与客户会面中对这些问题进行简要的描述。

4. 在进入接待室问候客户之前，理财经理要确保自己穿戴清洁整齐。

5. 在会面时理财经理需要：确保客户手中有准备讨论的理财规划方案；获得列有客户问题的文件；持有在准备理财规划建议过程中要用到的各种记录、工作底稿等。

三、向客户呈递理财规划方案

1. 在会面时向客户呈递综合理财规划方案。进入接待室，问候客户并与客户适当寒暄后，将方案呈递给客户。

2. 协助客户理解财务规划方案。在将理财方案交付给客户后，理财经理应简明扼要地对方案进行总括性介绍，在帮助客户建立起对方案的整体印象后，理财经理方可开始对理财方案进行具体分项说明。在方案说明过程中，理财经理应根据情况主动引导客户提出问题并作出回答。对于方案重点问题则应当详细阐述，并提请客户一一确认。

同时，理财经理在主动邀请客户对方案提出问题时，可以通过按项目列表的方式，将需要与客户交流的重要事项预先记录下来，以保证工作的有序进行。在与客户讨论方案的过程中，理财经理应当尽量确认客户对于重要事项的理解。

3. 客户自行理解。虽然在与客户的交流过程中，理财经理已经尽量对理财方案进行了较详细的阐释，但对于客户来说，仅仅通过几个小时的介绍是不能完全弄懂整套方案的。因此，理财经理在向客户交付方案后，应该让客户自行对方案进行深入理解。当然，理财经理应与客户约定一个自行阅读时间，以便有计划地开展下一步的工作。

客户在完成对理财方案的理解后，既可能完全认可方案，也可能对方案部分内容提出不同意见。客户对方案提出异议的原因是多方面的，可能是由于其他专业人士提出了不同意见，或者是由于客户通过进一步分析、研究理财方案后，对方案的内容表示不满意；也可能是由于客户对目标做了修正，还可能是由于双方了解不充分造成的理解差异。在这种情况下理财经理便应根据具体情况对理财方案进行相应修改。

四、应对客户的修改要求

客户对理财经理最初制订的理财方案提出修改的要求，可能是出于理财经理对客户当前的状况和理财目标有误解的原因，或者仅仅是客户对方案中的部分内容不满意。理财经理要针对客户产生修改要求的不同原因，采取不同的措施对理财方案进行修订。

（一）根据其他专业人士的意见改进理财方案

理财方案涉及税收规划、遗嘱、保险规划等专业内容，尽管理财经理已经对客户作出解释，客户可能仍难以理解，而就该部分专业内容求助于律师、会计师或者承保人等。这些专业人士可能会从各自的职业角度出发，对理财方案提出一些意见。理财经理要在确保客户知情并同意的情况下，根据这些人士的意见改进理财方案。

（二）根据客户意见修改理财方案

当客户进一步研究理财方案后，可能对理财方案的某些方面不太满意，因而会要求理财经理对原理财方案进行修改。这时，理财经理首先要向客户表明态度，这并非理财经理的专业意见，需要客户以书面形式证明修改是按照客户要求进行的；其次，理财经理要保留双方就修改内容所进行的讨论内容的详细记录；最后，理财经理在收到客户签署书面证明后，对方案进行修改。

之所以要求理财经理按照上述复杂程序完成修改工作，目的是在于划清双方的责任，有助于理财经理维护自身的利益。不难想象，某些客户对自身情况认识不清，并且对理财知识缺乏了解，却固执地坚持自己的投资策略。而出现损失后可能会将投资失误归咎于理财经理，从而引起纠纷。因此，理财经理对于这种情况下的方案修改应特别注意。

（三）因理解差异修改理财方案

当理财经理对客户的当前状况或者理财目标出现了理解偏差，这也会导致客户对理财方案的不满，从而引起客户的修改要求。在这种情况下，理财经理首先应该加强与客户的沟通，消除误解，并根据客户的要求和实际情况提出修改建议。修改完成后，理财经理还应就修改建议请客户再次进行书面确认。

五、客户声明

当理财方案经过必要的修改最终交付客户后，客户相信自己已经完全理解了整套方案，并且对方案内容表示满意，此时理财经理可以要求客户签署客户声明。这是理财经理提供理财服务的必要程序，有助于明确责任。

一般来说，客户声明应包括如下内容：（1）已经完整阅读该方案；（2）信息真实准确，没有重大遗漏；（3）理财经理已就重要问题进行了必要解释；（4）接受该方案。

当然，由于客户的差异性，客户声明并不局限于这些内容，可以根据不同客户的具体情况，适当进行必要的增补。

步骤二　取得客户授权

理财经理按照客户提出的要求制订并修改理财方案，在得到客户认可后，接下来要做的便是实施理财方案。理财方案的实施是整个理财规划中最具实质性的一个环节，执行的好坏决定着整个理财方案的效果。理财规划方案实施和执行还需要理财经理的帮助，并且在客户的理财方案付诸实施后，理财师还需要不断监控客户的财务状况，同时评估理财效果，有可能的话甚至需要对理财方案进行调整。

一、取得客户授权

理财方案的具体执行人可以是理财经理，或是客户指定的其他专业人士，或是客户本人。究竟选择何人作为理财方案的执行者，关键要看理财服务合同中的相关规定，或者依据客户在理财方案制订完毕后是否就执行人选择问题进行了新的约定。通常情况下，客户会选择理财经理作为理财方案的执行人，其原因在于：（1）理财经理是整个方案的制定者，对客户的综合财务情况和理财方案最为了解；（2）方案在实施过程中可能会由于出现新情况而进行修改，所以直接选择理财经理作为执行者对于客户来说无疑更为便捷。基于此，我们假定客户选择理财经理为其理财方案的执行人，如无特别说明，以下所提到的理财经理即指方案执行人。

取得客户授权是理财经理开始实施理财方案的第一步。为明确理财经理与客户之间的权利与义务，防止不必要的法律争端，理财经理应取得客户关于执行理财方案的书面授权。客户授权应包括两方面的内容：代理授权与信息披露授权。

（一）代理授权

在理财方案的实施过程中可能会发生如下行为：股票债券投资、信托基金投资、不动产交易过户和保险买入与理赔等。在已经确定理财经理的情况下，这些具体事务的完成就应交给理财经理，客户没有必要事必躬亲。为此，理财经理必须取得客户关于相关事务的书面代理授权，对于某些非常重要的行为，还应取得特别代理授权。

取得客户代理授权的标志是获得代理证书。依据我国《民法通则》相关条款的规定，代理证书应载明理财经理（即代理人）的姓名、代理事项、代理的权限范围、代理权的有效期限，并应由客户签名。在具体工作中，理财经理在代理客户处理事务时，应出具代理证书以证明其代理行为的有效性。

在行使代理权时，应注意以下两点：

1. 亲自行使代理权。客户之所以委托理财经理为自己服务，是基于对理财经理所具有的专业知识和信用的信赖，因此，理财经理必须亲自处理相关事务才符合客户的意愿。

2. 忠实谨慎。理财经理为客户代为处理相关事务，是为了实现客户的理财目标。因此，理财经理在行使代理权时，必须从客户的利益出发，忠实谨慎地处理事务。如果理财经理由于自己的疏忽导致客户的利益受损，根据《民法通则》相关规定应当赔偿客户的损失。

（二）信息披露授权

隐私权是重要的人身权利之一，任何一个文明社会都十分注重对个人隐私与个人信息的保护，理财经理对此应认真关注。在方案的实施过程中，理财经理必然会与很多其他人士打交道，比如与税务专家探讨纳税事宜、与保险专家洽谈险种选择等。在沟通过程中，又必然会涉及客户姓名、家庭、财产、工作背景等个人信息的披露。如果理财经理未经客户许可擅自将客户的个人信息泄漏，无疑会引致客户的不满，在某些情况下甚至会引起法律纠纷。为避免出现此类不愉快的事情发生，理财经理必须取得客户书面的信息披露授权书，授权书中应对理财经理可以对外披露客户信息的条件、场合、披露程度等必要内容进行规定。只有在取得客户授权书后，理财经理方可在具体工作过程中依照授权谨慎使用客户个人信息。

二、签署客户授权书

客户在签署授权书后，还应出具一份关于方案实施的声明。与客户出具的关于理财方案制订的声明不同，这一份声明是针对理财经理而作出的，因此内容有所区别。

前一份声明重在强调客户理解并认可了理财方案，而此处的声明则重在强调客户同意由理财经理去执行方案，并且理财经理没有承诺实施效果。基于此，这份客户声明主要应包括以下几项内容：

1. 关于理财经理资质的声明。客户应当声明对理财经理有必要的了解，对其执行方案所必须具备的专业技能、经验和信誉充分认可。

2. 关于客户许可的声明。客户应当声明，基于对理财经理的了解，完全同意由理财经理对理财方案进行具体实施。

3. 关于实施效果的说明。客户应当声明，理财经理并未对客户理财方案的实施效果作出任何收益保证。

4. 其他双方认为应当声明的事项。

步骤三　具体实施理财方案

在完成上述工作步骤后，理财经理可以开始具体实施理财方案了。在实施理财方案之前，需要了解影响理财规划方案实施效果的因素。

一、影响理财规划方案实施效果的主要因素

（一）时间因素

理财规划方案中的财务目标是一个复杂的集合体，既包括客户不同方向的财务目标（投资规划、保险规划、现金规划等），也包括客户的时间目标（短期目标、中期目标和长期目标）。为实现这些目标，通常又会有很多具体工作步骤，这就需要理财经理对具体工作按照轻重缓急进行排序，即编制一个具体的时间计划，明确各项工作的前后次序。这样，才能提高方案实施的效率，有利于节约客户的实施成本。

（二）人员因素

如前所述，理财规划方案是一个复杂的整体性方案，理财经理虽然通常是理财专家，但也不可能做到面面俱到，因此单靠理财经理自身是难以完成全部方案的实施工作的。因此，方案实施计划还必须要确定人员安排，根据理财方案确定需要参加方案实施的人员。对于一个积极成长型方案，应当配备证券、信托、不动产等方面的投资专家；对于一个退休客户的方案，则可能需要配备保险专家或者税收专家；对于某些外部事务，可能还需要客户律师与会计师的参与配合。

（三）资金因素

为提高资金使用效率进而增加方案实施效果，在考虑资金因素时应当注意以下几点：

1. 资金时效。按照理财方案要求进行的理财活动是考虑各种因素后综合制定的，因此按照预定执行时间付诸实施是保证理财效果的必要条件。因此，资金运用一定要考虑时间因素，务必要及时到位。另外，资金是时间价值很明显的资产，在运用时还应注意避免对资金的不合理占压。

2. 资金充足。要提高投资收益，不仅要抓住时机，还必须保证资金足够。量变是质变的必要条件，如果在资金使用时不能做到资金充足，就会导致预先的规划措施无法得到彻底贯彻，那么相关的规划意图就无法充分实现。因此，理财经理必须在深入分析整套方案的基础上进行周密安排，明确每一个行动步骤所需要的资金规模，并确定资金首选来源和备选来源，将由资金带来的执行风险降至最低。

二、制订理财规划方案的具体实施计划

（一）确定实现理财目标的行动步骤

前面理财经理已经确定了理财目标并把各个目标进行了分类和排序，在此就应该明确实现每一个理财目标所需要实施的行动步骤，即必须弄清楚每一个行动中所对应的客户预期实现的目标。

（二）确定匹配资金来源

在这个步骤中，理财经理需要根据客户现在的财务状况，进一步明确各类资金的具体来源和使用方向，尤其是各个行动的资金来源保障，因为资金来源的及时和充足与否直接关系到行动步骤实施的有效性和及时性。

（三）确定实施时间表

确定实施时间也就是要确定各个行动计划时间安排以及先后次序，通常来说，对整个理财方案的实施具有关键作用和较容易受到时间影响的行动步骤应该排在前面，而那些为了实现客户稳定性较高的目标或者是为了实现客户长远目标而采取的行动步骤在实施计划的时间表中可以放在后面。

三、理财规划方案实施过程中的控制

在理财规划预算的执行过程中，任何宏观、中观或者微观的环境变化都会对理财规划方案的执行效果造成影响。因此，理财经理必须定期对该理财规划方案的执行和实施情况进行监控和评估，并就实施结果及时与客户进行沟通，必要时还可以对规划进行适当的调整。

（一）预算控制

个人理财业务的预算控制就是通过理财规划方案中的预算来控制预期结果的一种控制方法。制订理财规划方案就是预算控制的第一步，通过拟订数量标准，使得预算具有可考核性；控制的第二步是在实际执行过程中找出偏差，然后采取措施，纠正或者消除偏差。个人理财业务中预算控制的主要内容是控制开支，具体可从投资和消费的各具体方面入手，哪一部分的支出较多地偏离预算，就作为控制的重点。

（二）预算与实际的差异分析

将每月实际的收入、费用支出、资本支出与预算金额进行比较便可以找到差异。针对差异的金额或比率大小，通过分析差异产生的原因来进行改进和调整。进行差异分析时必须注意以下要点：

1. 总额差异的重要性大于细目差异。通常情况下如果总额的差异不大则表

明预算执行的情况比较好。但如果有些科目预算高估，有些科目预算低估，而且持续时间较长的话，应根据实际支出修正个别科目的预算金额。

2. 要确定差异金额或比率的临界值。大的差异才需要调整，可以根据年预算和月预算的不同确定实际超过预算需要调整的临界值，如 ±1000 元或 ±10% 等来作为标准衡量预算的实际执行情况。

3. 注意初始阶段的特殊性。刚开始执行预算往往差异较大，这是因为理财习惯的养成需要一定的时间。刚开始执行理财规划方案的人经常会发现，他们花的钱远比想象中高出很多，如预算支出 5000 元，实际支出可能 8000 元。此时可制订分期改善计划，分几个月来完成。可能每个科目都超支，但可以每个月选择若干重点科目来进行改善。

4. 如果实在无法降低支出，就要设法增加收入。支出预算如果得不到控制，理财规划方案就必然无法实现。如果尝试很久还是无法降低支出，此时需想办法以加班、兼职等各种方式提高收入，通过提高收入来弥补超额的支出，达到理财目标实现的目的。否则，只能修改理财规划方案，降低理财目标。

四、文件存档管理

在理财方案实施过程中，必然会产生大量的文件资料，如会议记录、财务分析报告、授权书、介绍信等。这些在实施过程中产生的客户记录和相关文件的存档管理是非常重要的。一方面，这些相关的资料记录了客户的要求和整个业务过程相关的重要信息，如果以后发生了任何有关的法律纠纷，这些资料就可以作为有力的证据，从而使理财经理和所在机构避免不必要的法律责任；另一方面，这些信息是真实的记录，很多内容可能将来还会反复使用，既可能用于方案实施之后给客户提供后续服务，也可以作为经验加以总结和归纳，供以后的工作中研究学习。因此，理财经理应当对这些文件资料进行妥善存档管理。一般来说，理财规划机构的内部操作规程也会作出这样的规定。

步骤四　理财方案实施中的争端处理

在整个理财方案实施计划的执行过程中，理财经理都需要与客户之间保持及时有效的沟通和协商。但是，尽管理财经理在提供理财规划服务的过程中尽心尽力，由于各种原因客户仍然有可能对理财规划服务产生意见，或偶有抱怨，甚至产生争端。无论这种争端是由何种原因造成的，理财经理应当主动与客户进行沟通，争取使问题公正、妥善而合理地得到解决。

一、解决与客户之间争端的原则

无论客户对理财经理的抱怨或者争端引起的原因何在，这种纠纷最终都应该得到妥善和合理的解决。但是争端的处理与解决不是没有条件的，争端的解决应该遵循一定的原则。这些原则包括：

1. 应该本着尊重客户的原则，诚恳耐心地听取客户的意见。

2. 应该本着客观公正的原则，充分了解客户的观点和需求，当然这不表示必须接受其观点。

3. 应该遵循所在机构或者行业中已有的争端处理程序。

在遵循这些原则的基础上，理财经理应该非常熟悉所在机构内部的投诉处理与争端解决机制，只有这样才能够使自己灵活而有效地解决与客户之间存在的问题与矛盾，不至于使自己或者所在机构的信用和声誉受到损害，并在这个过程中积累经验与教训，作为以后开展理财规划业务的前车之鉴。

二、争端处理与解决的步骤

1. 沟通协商。争端发生后，理财经理首先要做的事情就是与客户进行联系与沟通，明确客户产生抱怨的原因和客户提出的要求；然后耐心地解释客户的疑问或误解。在双方的权益都能得到合理维护的前提下，理财经理应该尽量在此阶段将争端妥善地处理与解决，使双方都能最大限度地减少由此带来的成本和精力的耗费。

2. 调解。调解是由第三方协调解决争议的方法，当然是在理财经理或者所在机构通过与客户协商无法解决争议的前提下再请第三方出面调解。但是这种方法未必有效，因为理财经理和客户之间无法解决的问题，第三方未必有更好的解决方法。这只是沟通协商无效后不得已的方法。

3. 仲裁或者诉讼。如果在客户和家庭理财经理经过反复协商或者请第三方调解之后，客户仍然对处理方法与结果不满，就需要将这一争端提交给双方都认可的仲裁机构进行仲裁或者是交法院判决。在诉讼或仲裁程序中，能否胜诉的关键在于当事人是否能提供对自己有利的证据。因此，理财经理在提供理财规划服务过程中所保存的所有记录可能会是对自己有利的证据，使理财经理能够免除不应承担的责任，并使自身权益得到法律保障。

一般来说，理财经理要尽可能地采用第一种方式解决争端，尽量避免采用后两种方式解决争端。

微课：开展理财后续服务

模块二　开展理财后续服务

PPT：开展理财后续服务

➢ 工作实例分析

理财实施计划不是一成不变的，理财服务也不是一次性完成的，由于制订理财方案所依据的数据是建立在假设和预测的基础上的，所以在家庭理财规划的实施和执行过程中，任何宏观或微观环境的变化都会对家庭理财规划的执行效果产生影响，可能导致方案的最终效果与当初的预定目标产生较大的差异。因此在完成方案后很长一段时期内，家庭理财经理必须对该规划的执行和实施情况进行监控和评估，根据新情况来不断地调整方案，帮助客户更好地达到预定的理财目标。

我们应该如何为刘先生进行后续理财服务呢？以下两个工作步骤能帮助我们为刘先生提供更全面的服务。

步骤一 理财规划方案的效果评估

对理财规划效果评估的一个重要依据就是理财规划目标或者到评估之日应该达到的财务目标是否实现。我们可以按照方案实施前和实施后的资产负债表、收入支出表来进行比较，使客户能直观地看到理财规划给客户家庭的财务状况带来的变化。当然，在此部分，理财经理还应该给出方案实施之后的财务比率，如资产负债率、流动性比率、储蓄比率等，并同时列出调整前的比率以及这些比率合理的数值范围，使客户清楚地看到通过理财规划后，自身财务状况已经达到或者将要达到什么样的水平。理财经理应定期或不定期地为客户理财方案实施的效果进行评估并提供其他的持续性理财服务。

一、定期对理财方案进行评估

（一）适用情况

有很多相关因素是缓慢变化的，稍微一点变化对理财方案的整体效果不会产生太大的影响，但经过长时间的积累，细微的变化逐渐变大，会使原来的方案与现实情况严重脱节。这就需要理财经理定期对理财方案的执行和实施情况进行监控和评估，了解阶段性的理财方案实施结果，以便及时与客户沟通，并对方案进行及时调整。定期评估是理财服务协议的要求，是理财经理应尽的责任。

（二）评估频率

定期评估的频率可以在签订理财规划服务协议时由双方约定。一般来说，理财经理每年需要对客户的理财规划方案评估两次，也可以是每季度一次、每年一次，评估的频率主要取决于以下几个因素：

1. 客户的资本规模。客户的资本规模越大，就越是经常需要对其理财规划方案进行监测和评估，因为资本规模较大，一旦决策建议错误，损失也大。对资产规模较小的客户可以适当降低评估频率。

2. 客户个人财务状况变化幅度。如果客户正处在事业的黄金时期，收入增长很快，或者正面临退休，就需要理财经理经常评估和修改理财方案。反之，财务状况比较稳定的客户可以相应减少评估次数。

3. 客户的投资风格。有些客户偏爱高风险高收益的投资产品，投资风格积极主动；而有些客户属于风险厌恶型的投资者，投资风格谨慎、稳健，注重长期投资。那么前者比后者更需要经常性的理财方案评估。

（三）评估步骤

对理财规划方案的评估实际上是对整个理财规划过程所有主要步骤的重新分析与再次评价，所以对理财规划方案的评估过程与之前的方案制作过程有很多相似的地方。以下这个步骤既可以用于策略评估，也可以用于投资组合评估。

1. 回顾客户的目标与需求。考查客户原来的理财目标，看看哪些目标有变化，各个目标的重要性和紧迫性有什么变化。如果是对一个新客户，就要考虑客户以下方面的个人情况：资产流动性、稳定性、社会保障状况、健康状况、对现有投资的满意程度、保险需求、遗嘱需求等等，并且要关注客户的目标与需求有无变化。

2. 评估当前方案的效果。根据原来的专项方案，分析到评估之日应该达到的财务目标。再评估当前实际达到的水平，看看与预定目标相比有多大差距，找出产生差距的原因。理财经理应该实事求是，客观地评价原理财方案的效果，切不可一味肯定自己的成绩，掩盖不足之处，否则会容易引起客户的反感情绪。

二、不定期的信息服务

不定期的信息服务发生在出现某些特殊情况时，包括下列情况：

1. 宏观经济的重要参数发生变化。比如政府公布预测的经济数据明显异于理财方案中的估计值，政府决定对某个金融领域进行大的改革或整顿，法律法规的修订，利率、汇率政策的突然调整等。

2. 金融市场中的重大变化。比如市场出现了适合客户的新的投资机会或者风险因素。

3. 客户自身情况的突然变动。比如客户可能因家中失窃导致原有资产数量大量减少、家庭主要收入来源者失业、家庭成员发生意外事故导致了大额的支出、客户改变买房买车的计划等等。

上述前两种为外部因素的变化，第三种为客户自身因素的变化。对于外部因素，理财经理由于职业的优势，往往更早发现这些变化，也更能意识到这些变化会给客户带来什么影响。因此，理财经理应该主动联系客户，尽快通知，提醒客户采取正确的应对措施。

对于客户自身情况的变化，一般是客户主动与理财经理联系，寻求建议。这时理财经理应该明白，客户主动询问是基于对理财经理的信任，理财经理应该耐心地对待客户，如果是客户家中发生了不幸的事情还应该注意说话的语气，表现出对客户的关心和理解。这对于理财师的信誉和公司的形象有着十分重要的意义。

步骤二　理财方案的调整

在执行和实施理财规划方案的过程中，理财经理还需要根据客户家庭或者环境的变化及时调整理财方案。

一、关注并分析相关的变化因素

（一）外部因素

外部因素包括宏观经济和微观经济因素的变化，如较高的高通货膨胀就有可能会使各行业经济运作成本提高，影响其收益率；又或者利率的下调会使贷款和筹资成本下降，从而使证券市场行情趋好，潜在收益增加。再如本国货币汇率上升，可能会使客户的国际性投资收益率下降，此时，家庭理财经理应该考虑调整其国际投资的比重；又或者政府公布的经济数据明显异于理财方案中的估计值，政府决定对某个金融领域进行大的改革或整顿等。

外部因素的变化对理财规划方案的影响主要有两个方面：一是只对具体资金运用产生时间性影响或较小的数额影响，而对理财目标的实现并无实质性影响。在这种情况下，理财经理一般只需要对执行计划进行调整修改即可。二是外在环境因素的变化对理财目标的实现将产生重大影响，就有必要对整个方案进行修改。例如，央行决定提高利率，这就意味着证券投资成本增加，此时如果理财方案建议客户积极进行股票投资，则客户的潜在收益就可能大受影响，因此就有必要对投资规划进行修改。

（二）内部因素

内部因素主要指的是客户自身情况的变动。比如客户主要收入来源者丧失工作能力或者失业、家庭成员发生意外事故导致支出大幅度增加、客户改变买房买车计划、客户家庭婚姻破裂导致可能需要重立遗嘱等等。

对于客户自身情况的变动，一方面，理财师需要经常和客户保持联系，便于尽早掌握客户自身及其家庭的变化情况，另一方面，客户也要主动向理财师反馈家庭有关情况的变动。

二、与客户沟通理财方案的修改建议

经过前面的评估，理财方案设计时的宏观或微观环境发生了变化，需要对理财方案进行进一步的调整，在取得客户的认同后，与客户共同进行方案的修订。

1. 与客户沟通，建议修改理财规划方案。经过前面的评估，理财经理应该向客户出具书面意见，说明理财方案原先的设计依据发生了变化，新情况有可能

导致客户预定财务目标无法顺利实现，因此完全有必要对理财策略和建议，乃至理财目标进行修订。

2. 与客户共同研究环境的变化。分析自从上次评估以来，或者自从完成原来理财规划方案以来，哪些宏微观因素发生了变化，发生多大的变化，将来是否会继续变化，如何变化。研究这些变化对理财方案有什么影响，如何调整策略以应对这些变化和影响。

三、修订理财规划方案

根据新的情况，重新分析各项专项理财计划及投资策略。重新考查各种宏观、微观因素的变化对当前策略的影响，并且研究如何调整策略以应对这种变化及其影响。考虑如何修改方案，适应新情况，并制订新的理财规划方案。在新方案制订完成后，还需要进一步与客户沟通并需要客户出具书面声明或者取得客户签署的新理财方案的确认函，同意理财经理根据新情况对理财方案进行的修改。方案修改完毕后，理财经理应根据修改内容对执行计划进行相应的调整，并就新的方案的执行与客户达成一致。

➢ 工作实例分析

三口小康之家理财方案的调整。

一、客户家庭财务状况

2018 年初，客户周先生 38 周岁，他和同周岁的太太一同工作、生活在广州，他们有一个 6 周岁的儿子。由于工资收入较高，且已经有自住房，是一个典型的小康三口之家。

（一）月结余 1.4 万元

周先生在一家 IT 公司任职，目前每月收入 20000 元，太太在进出口企业工作，月收入 8000 元。两人每月日常花费需要 3500 元，房贷还款 3200 元。儿子的幼儿园费用每月 3000 元，早教课每周两次，每次学费 150 元，一个月就是 1200 元。再加上娱乐、置衣等其他费用月均 3100 元，总的花费在 14000 元左右。这个三口之家每月的收入结余差不多有 1.4 万元。

周先生和太太的年终奖金相加共有 8 万元，他们用 1 万元孝敬双方父母，8000 元支付保费，剩余部分留作下一年的周转资金。其中，8000 元保费中 6000 元用来购买周先生的终身寿险附加重疾险，身故保险金额为 20 万元，重疾险保险金额也是 20 万元。另 2000 元买了一份太太的 30 万元意外险并附加意外医疗险，以及一份住院医疗保险。

（二）经济基础已经打下

周先生和太太目前的家庭资产总额已经突破 500 万元，包括现金及活期存款 22 万元、股票投资 40 万元、现在市值 20 万元、基金市值 50 万元、108 平方米的自住房价值 450 万元左右。而在负债方面，两人尚欠自住房贷款 55 万元。减去负债后，家庭的资产是 487 万元。

（三）是否需要调整资产配置

2018 年9 月，儿子就要念小学一年级了，这也为周先生的理财方式带来了新问题。

“儿子读书后，我们的开支应该会更多一些，比如平时的课外辅导班、每年的学杂费等等。”周先生说，另外，他觉得现在的投资方式比较激进，是否有方法变得更稳健一些，银行推出的理财产品是否值得考虑呢？在保险方面，周先生不知道目前这样的投入情况算多还算少，由于对保险不甚了解，他们两人需要求助理财师。“我和太太目前没有考虑再买一套投资房，倒是想买辆车，想儿子上学放学的时候能方便接送。”周先生的预算为20 万元。有了自驾车后，生活的开支势必又多了一项，周先生想就此听听理财师的建议。

二、专家理财建议

（一）家庭资产配置与具体投资建议

1. 家庭现有资产状况分析。周先生的三口之家目前正处于家庭成长期，6 周岁的儿子将于今年9 月入学，像天下所有望子成龙的父母一样，对于孩子的预计教育支出将增加，周先生夫妇此时应重新调整家庭的财务运用以及理财活动。在家庭满巢期间内，在支出方面子女养育与教育的负担将逐渐增加，保险的需求也随之达到高峰，加之未偿还的房贷，需要合理的家庭资产配置以达到预期理财目标，构架理想的家庭生活。分析周先生家庭的资产状况，可以发现以下特点：

一是家庭资产配置中负债比率较低，未能运用财务杠杆赚取较高的回报率。

二是风险资产占比较高，周先生家庭资产当中基金、股票类投资约占整个家庭理财活动中的80%，且收益不太理想，股票收益率为 -50%。

2. 资产配置相关建议。积极筹措教育金：目前周先生夫妇年度结余24 万元，可适当运用其中部分资金投入到儿子的教育金储备计划中。现在的市场上大致能够提供三类选择：其一，参加银行的教育金储蓄。例如，华侨银行的“小小金融家储蓄计划”亦是一个不错选择，其涵盖孩子的储蓄计划、网上储蓄、教育金保障计划和海外留学金融服务，在开启子女财商的同时，也为孩子早日筹划未来的教育金。值得一提的是，它通过边游戏、边储蓄的零存致富模式，不仅帮助家长一手准备子女教育金，更一手打造孩子理财观念基础。其二，可选择综合型的适用于儿童类的两全保险。类似的险种一般集教育金储备、重疾赔付、分红以及保费豁免功能于一体，同时为小朋友的健康与教育保驾护航。最后，基金定投也是一种不错的教育金储备方式。这种方式的特点之一便是起点低、灵活性高。

完善家庭保障：周太太的收入在家庭月收入中也占据了近28% 的比重，因此周太太的保险规划当中应适当增加保障，譬如重疾险。另外周先生20 万元保额的终身寿险也远远不够，通常我们建议至少应该拥有相当于未来家庭10 年基本开支的保额，按照目前家庭的每年开支10 万元的话，周先生要再多投保80 万元保额的人寿保险，当然我们建议投保20 年期的定期寿险，既节约了费用同时也因为这20 年是家庭最需要人寿保险的时候。我们同时也建议周先生和周太太应该用每月缴费的方式分别为两人购买终身年金来进行养老的规划。目前全年的家庭保费支出为8000 元，仅占家庭总收入的416000 元的2% 不到，而合理的保费支出应该占到家庭收入的7%～10%。以上几项安排应该可以完善周先生家庭的保障规划。

可考虑贷款购车：周先生计划于今年9月购车以方便接送儿子上下学，预算为20万元。因为周先生家庭目前的负债率较低，仅剩55万元的贷款尚未偿还，未能充分运用财务杠杆来赚取收益，所以建议周先生可考虑选择贷款购车，适当地负债有助于提高资金的利用率。

调整投资配置：考虑到周先生家庭的情况，家庭的投资方式应由激进增长的模式逐渐转化成为平衡型的投资方式。建议将核心资产配置合理分配为7∶3的形式，即将纯股票类的投资由原来的80%降低为70%，另外30%的资产可逐步转为纯债券型基金或者银行保本类理财产品等风险相对较低的资产。

提升职业收入：周先生夫妇即将踏入人生阶段的稳定期，事业上已有多年的工作经验，应该在职进修充实自己，同时拟订生涯规划，确定往后的工作方向，实现家庭总收入的稳定持续增加，用于缓解由儿子入学、购车等引发的一系列开支。

（二）保险建议

通过对周先生家庭基本财务状况分析，我们可以看到如下状况。

周先生家庭目前平均每月盈余2万元，可投资资本充足，总体财务状况良好。家庭资产负债率非常低，家庭没有财务压力。流动性资产中，投资性资金与储蓄性资金占比为8∶2，投资方式较为激进，可以适当调整投资结构，合理配置家庭资产，保证家庭收入来源稳定性。在542万元的家庭总资产中，450万为房产，即83%为固定资产，变现能力不强。

保险方面，保费投入/年总收入＝8000÷416000＝1.9%，与7%～10%的合理水平相比还显得偏低。另外，周先生作为家庭经济支柱，且是家庭成员精神上的“主心骨”，其年收入逾24万元，而保额仅20万元，不及1倍年收入，保额过低，若是有何意外发生将导致家庭收支失衡。

从以上的财务状况分析中我们看到，周先生一家的家庭资产中固定资产占比较大，流动资产投资主要为基金和股票，较为激进，应适当加强稳健型投资及保障型投资，以期更加合理地实现财富增值，进而顺利实现其理财规划目标。

周先生目前在IT企业任职，相关的保险保障可能不如国有企业齐全，所以应该加强周先生的保险投入。目前周先生只有身故及重疾险，且保额较低，建议提高保额并配置一份意外医疗险。比如，可以通过万能险附加一些医疗险来完善自身的保障。以华夏“金管家终身寿险（万能型）理财计划”为例，周先生可一次性投入8万元购买这款产品，该产品（2018年3月）结算利率为5.1%，利率随银行利率变动而相应浮动，最低保证利率为2.5%，且附件包含意外医疗保障（每次意外门诊或住院最高可报销8000元，最高可达16万元）。如此配置，可适当调整周先生过于激进的投资结构，使其安享稳健投资收益的同时享有意外医疗报销，一举两得。

对于年仅6周岁的儿子，父母最为关心和重视的莫过于其健康和教育。小孩子磕磕碰碰在所难免，发生意外伤害事故的概率较高，建议购买具有教育金理财及少儿意外伤害医疗的险种。以海康“超满意两全保险”（B款分红型）为例，周先生可每年给儿子投保保费1万元，只需缴5年，保障10年。分期投入获取稳健投资收益的同时，儿子也享有长达10年的意外医疗保障（每次意外门诊或住院最高可报销1000元，累计2万元）。有效转化意外医疗费用，减轻家庭负担；满期还可转年金，作为孩子教育金的有力补充，一举多得。

周太太现有保险较为合理，且因其在国有企业工作，相关福利较好，保险保障方面也相对会比较充分。在资金充裕的情况下，可适当考虑配置一份重疾险。

周先生家庭固定资产占比较高，且主要为房产，若因突发事故导致房产受损，家庭经济受影响也比较大。建议购买一份家庭财产险，保障家庭资产。

三、理财规划的调整

在该理财规划方案刚开始实施半年的时候，周太太的公司在中美新一轮贸易战的影响下不幸倒闭，周太太下岗了。周太太原来在企业工作能取得月收入8000元，加上先生20000元左右的每月收入，除去家庭日常开支14000元后，家庭每月的结余接近1.4万元，但现在家庭的节余额已经降至6000元左右。

周太太现在开始有些担心：由于自己下岗，家庭收入大大缩减，将来孩子上学又会增加家庭支出。若要继续实现原来的理财规划方案，目前的家庭经济收入能应付得了吗？周太太目前是在家做全职太太好，还是出去寻找新工作好？若再出去工作，以她的工作经验，再找一份薪水在5000元左右的工作也不是太困难。但想请教专家顾问们的是，以她们家这样的情况，她是否还需要拼命去做很辛苦的5000元月薪的工作。另外，周先生家庭十分重视孩子的教育问题，他们认为孩子的教育金的准备依然是家庭理财规划的重点。但家庭的保险规划是否需要调整，家庭的投资计划又该如何实施，买车的计划是否要推迟，这些周先生都希望能听听理财师的建议。

四、具体要求

1. 请根据客户家庭财务状况的变化，分小组对原理财规划方案进行调整，并帮助周先生制订新的理财方案的具体实施计划。

2. 小组成员集体准备PPT向全班同学展示新的理财规划方案。

项目小结

项目知识点 理财规划方案客户授权书 影响理财规划方案实施效果的主要因素

项目技能点 制订理财规划方案的具体实施计划 理财方案实施中的争端处理 理财规划方案的效果评估 理财方案的调整

技能训练

赵小姐研究生毕业两年，在一家科研所工作，每年的收入大约有10万元，年终奖3万元，拥有五险一金。另外，今年赵小姐在工作之余，开了一家网上淘宝店，每年其网店的收入为1万~2万元。赵小姐的每月开支大概5500元，其中房租为1000元。目前有存款10万元，无其他投资，除单位的五险外，没有其他的商业保险。赵小姐在三年内有两大目标：第一是计划明年购买一辆价值15万的小车；第二是在后年按揭购买一套50万元的住房，计划首付20万元。

根据上述情况，请理财师：

(1) 帮助赵小姐实施理财目标规划。

(2) 根据国家宏观经济环境及微观环境的变化为赵小姐理财方案及时作出适当的调整。

课后练习

一、单项选择题

1. 执行理财规划时，理财师注意的因素不包括（　　）。

A. 时间因素　　B. 人员因素

C. 市场因素　　D. 资金成本因素

2. 下列不属于理财经理初次面谈的主要任务的是（　　）。

A. 向客户提出全面收集信息的要求

B. 了解客户的投资偏好

C. 了解客户的财务目标

D. 向客户解释个人理财的作用、风险和目标

3. 在沟通时，有的客户口若悬河，滔滔不绝，不着边际，这时理财经理应（　　）。

A. 改变提问的方式

B. 对客户所说的话进行录音并提炼要点

C. 适当的时候对客户所说的话进行总结和评论

D. 提醒客户放慢语速并有效引导客户的谈话议题

4. 客户提出理财的要求，不仅希望增加收益改善财务状况，而且要保证财务状况的（　　）。

A. 安全　　B. 增加　　C. 稳定　　D. 增值

5. 中年阶段客户个人证券理财的资产配置策略建议是（　　）。

A. 基金50%，股票40%，国债10%

B. 基金50%，股票30%，国债20%

C. 基金40%，股票20%，国债40%

D. 基金40%，股票40%，国债20%

6. 下列关于客户档案管理的原因的描述错误的是（　　）。

A. 这些标明了日期的资料记录了客户的要求和承诺，理财师或者所在公司向客户提供的信息、意见和建议等与整个业务过程相关的重要信息

B. 如果以后发生了针对理财师或者所在金融机构的法律纠纷，这些资料就可以作为有力的证据，从而使理财师和所在机构能免于承担应有的法律责任

C. 这些真实而详细的信息、记录，都是理财师不断加深对客户的了解、提

升理财师服务水平和维护良好客户关系管理的重要支持

D. 理财规划过程中的许多客户资料、信息可以作为公司和理财师的经验加以总结和归纳，供以后的工作中研究交流学习

7.（　　）是整个理财规划中最实质性的一个环节。

A. 理财方案的制定　　B. 理财方案的执行

C. 理财目标的确定　　D. 理财方案的回访

8. 子女长大就学，财务压力增大的时期，是（　　）。

A. 家庭形成期　　B. 家庭成长期

C. 家庭成熟期　　D. 衰老期

9. 步入退休阶段的老年人群，属于（　　）风险偏好类型。

A. 温和进取型　　B. 中庸稳健型

C. 温和保守型　　D. 非常保守型

10. 在出现某些突发和重大情况时，需要对理财方案进行不定期评估和调整，下列选项中不需要进行评估的情况是（　　）。

A. 宏观经济政策、法规等发生重大改变

B. 金融市场的重大变化

C. 客户自身情况的突然变动

D. 理财师发生重大家庭变故

二、多项选择题

1. 理财师的工作流程包括（　　）。

A. 接触客户，建立信任关系

B. 收集、整理和分析客户的家庭财务状况

C. 明确客户的理财目标

D. 制定理财规划方案

E. 后续跟踪服务

2. 理财师向客户当面解释理财规划书内容时，应做到（　　）。

A. 仪表大方　　B. 简明扼要　　C. 通俗易懂

D. 对于方案重点问题详细阐述　　E. 提请客户确认

3. 理财师对理财方案需定期评估，其评估的频率主要取决于的因素有（　　）。

A. 客户的投资金额和占比　　B. 市场的变动情况

C. 客户个人财务状况变化幅度　　D. 政策的变更

E. 客户的投资风格

4. 需要告知客户的理财服务信息包括（　　）。

A. 银行等金融机构的相关制度体系　　B. 解决财务问题的条件和方法

C. 客户理财意识的不足之处　　D. 了解、收集客户相关信息的必要性

E. 如实告知客户自己的能力范围

5. 理财师对客户的资金调用和调整成本，应注意把握好的原则有（　　）。

A. 事先重复沟通，让客户有明确的预期

B. 强调理财规划方案的整体性

C. 详细阐述每个涉及资金、理财产品选择和执行成本具体决策理由和目的

D. 从降低风险的角度出发，减少客户的资金成本、费率

E. 在总体把握方案执行进度效果的同时，从理财收益的角度出发，跟踪分析、比较市场变化趋势和面临的不同选择，以降低客户的资金成本、费率

三、判断题

1. 在工作中，理财师一定要严格按照理财工作的流程和步骤来服务客户，进行理财规划。（ ）

2. 家庭收支平衡规划的核心是建立应急基金，保障个人和家庭生活质量和状态的持续性稳定，是针对家庭财务流动性的管理。（ ）

3. 理财师必须定期地为客户提供后续跟踪服务。（ ）

4. 理财产品风险评级结果应当以风险等级体现，由低到高至少包括三个等级，并可根据实际情况进一步细分。（ ）

5. 理财规划是一种向高净值客户提供的综合理财服务，通过全球性的财务咨询及投资顾问，达到财富保值、增值、继承、捐赠等目标。（ ）

四、简答题

理财师为客户提供后续跟踪服务的必要性体现在哪些方面？

五、实训题

案例内容：

年初，客户刘森先生来银行找理财经理小王进行咨询，希望理财经理小王能帮助他实现家庭未来的一系列理财目标，并委托小王为其制作一份综合理财规划方案。小王在与刘先生多次充分沟通的前提下，于两个月后完成了综合理财规划方案的设计与撰写，并于年中为刘先生呈交方案并督促刘先生进行执行相关方案的具体规划内容。

刘先生基本情况

今年32周岁的刘先生和同周岁的太太工作、生活在中山，他们有一个4周岁的儿子。由于工资收入较稳定，且已经有自住房，是一个典型的小康三口之家。

月结余1万元

刘先生目前在某事业单位任职，目前每月收入12000元，太太在民营企业工作，月收入8000元。两人每月日常花费需要2500元，房贷还款2600元。儿子的幼儿园每月1800元，早教课每周两次，每次学费150元，一个月就是1200元。再加上娱乐、置衣等费用，总的花费在10000元左右。这个三口之家每月的收入结余差不多有1万元。

刘先生和太太的年终奖金相加共有4万元，他们用1万元孝敬双方父母，8000元支付保费，剩余部分留作下一年的周转资金。其中，8000元保费中有6000元用来购买刘先生的终身寿险附加重疾险，身故保险金额为20万元，重疾险保险金额也是20万元；另2000元买了一份太太的30万元意外险并附加意外医疗险，以及一份住院医疗保险。

经济基础已经打下

刘先生和太太目前的家庭资产包括现金及活期存款12万元；股票投资40万

元，现在市值20万元；基金入市累计26万元，目前市值30万元；108平方米的自住房价值210万元左右。而在负债方面，两人尚欠自住房贷款30万元。减去负债后，家庭的资产是242万元。

是否需要调整资产配置

刘先生觉得现在的投资方式比较激进，是否有方法变得更稳健一些，银行推出的理财产品是否值得考虑呢？在保险方面，刘先生不知道目前这样的投入情况算多还算少，由于对保险不甚了解，他们两人需要求助理财师。

理财建议

1. 家庭现有资产状况分析

刘先生的三口之家目前正处于家庭成长期，像天下所有望子成龙的父母一样，对于孩子的预计教育支出将增加，刘先生夫妇此时应重新调整家庭的财务运用以及理财活动。在家庭满巢期间内，在支出方面子女养育与教育的负担将逐渐增加，保险的需求也随之达到高峰，加之未偿还的房贷，需要合理的家庭资产配置以达到预期理财目标，构架理想的家庭生活。分析刘先生家庭的资产状况，可以发现以下特点：一是家庭资产配置中负债比率较低，未能运用财务杠杆赚取较高的回报率；二是风险资产占比较高，刘先生家庭资产当中基金、股票类投资约占整个家庭理财活动中的80%，且股票投资单项收益率为－50%，风险较大。

2. 资产配置相关建议

积极筹措教育金：目前刘先生夫妇年度结余12万元，可适当运用其中部分资金投入到儿子的教育金储备计划中。

现金及等价物留存过多，一般留存月支出3～6倍。可适当降低相关留存金额。

完善家庭保障：刘太太的收入在家庭月收入中也占据了近40%的比重，因此刘太太的保险规划当中应适当增加保障，譬如重疾险。另外刘先生20万元保额的终身寿险也远远不够，通常我们建议至少应该拥有相当于家庭未来10年基本开支的保额，按照目前家庭的每年开支12万元的话，刘先生要再多投保80万元保额的人寿保险，当然我们建议投保20年期的定期寿险，既节约了费用同时也因为这20年是家庭最需要人寿保险的时候。合理的保费支出应该占到家庭收入的7%～10%，以上几项安排应该可以完善刘先生家庭的保障规划。

调整投资配置：考虑到刘先生家庭的情况，家庭的投资方式应由激进增长的模式逐渐转化成为平衡型的投资方式。建议将核心资产配置合理分配为7∶3的形式，即将纯股票基金的投资由原来的80%降低为70%，另外30%的资产可逐步转为纯债券型基金或者银行保本类理财产品等风险相对较低的资产。

提升职业收入：刘先生夫妇即将踏入人生阶段的稳定期，事业上已有多年的工作经验，应该在职进修充实自己，同时拟订生涯规划，确定往后的工作方向，实现家庭总收入的稳定持续增加，用于缓解未来的一系列开支。

刘先生家庭固定资产占比较高，且主要为房产，若因突发事故导致房产受损，家庭经济受影响也比较大。建议购买一份家庭财产险，保障家庭资产。

理财规划的调整

半年后，由于金融市场发生了较大的变化，理财经理小王再次联系了刘先生，发现他的妻子正在孕育二胎，为其贺喜的同时也在提醒刘先生综合理财方案的部分内容需要进行修订……

实训要求：

（1）请您根据已知信息填写理财服务评估表（见表9－1），并针对刘先生家的情况进行相关方案修订的建议与意见。

表9－1　　理财服务评估表

填表日期：　　　　检查周期：180天

刘先生	执行情况		
	好	中	差
现金规划			
投资规划			
房产规划			
教育规划			
保险规划			

（2）请根据客户家庭财务状况的变化，分小组对原理财规划方案进行调整，并帮助刘先生制定新的理财方案的具体实施计划。

（3）小组成员集体准备PPT向全班同学展示修订的理财规划方案。

附表一 复利终值系数表

期数	1%	2%	3%	4%	5%	6%	7%	8%	9%	10%	11%	12%	13%	14%	15%
1	1.0100	1.0200	1.0300	1.0400	1.0500	1.0600	1.0700	1.0800	1.0900	1.1000	1.1100	1.1200	1.1300	1.1400	1.1500
2	1.0201	1.0404	1.0609	1.0816	1.1025	1.1236	1.1449	1.1664	1.1881	1.2100	1.2321	1.2544	1.2769	1.2996	1.3225
3	1.0303	1.0612	1.0927	1.1249	1.1576	1.1910	1.2250	1.2597	1.2950	1.3310	1.3676	1.4049	1.4429	1.4815	1.5209
4	1.0406	1.0824	1.1255	1.1699	1.2155	1.2625	1.3108	1.3605	1.4116	1.4641	1.5181	1.5735	1.6305	1.6890	1.7490
5	1.0510	1.1041	1.1593	1.2167	1.2763	1.3382	1.4026	1.4693	1.5386	1.6105	1.6851	1.7623	1.8424	1.9254	2.0114
6	1.0615	1.1262	1.1941	1.2653	1.3401	1.4185	1.5007	1.5869	1.6771	1.7716	1.8704	1.9738	2.0820	2.1950	2.3131
7	1.0721	1.1487	1.2299	1.3159	1.4071	1.5036	1.6058	1.7138	1.8280	1.9487	2.0762	2.2107	2.3526	2.5023	2.6600
8	1.0829	1.1717	1.2668	1.3686	1.4775	1.5938	1.7182	1.8509	1.9926	2.1436	2.3045	2.4760	2.6584	2.8526	3.0590
9	1.0937	1.1951	1.3048	1.4233	1.5513	1.6895	1.8385	1.9990	2.1719	2.3579	2.5580	2.7731	3.0040	3.2519	3.5179
10	1.1046	1.2190	1.3439	1.4802	1.6289	1.7908	1.9672	2.1589	2.3674	2.5937	2.8394	3.1058	3.3946	3.7072	4.0456
11	1.1157	1.2434	1.3842	1.5395	1.7103	1.8983	2.1049	2.3316	2.5804	2.8531	3.1518	3.4786	3.8359	4.2262	4.6524
12	1.1268	1.2682	1.4258	1.6010	1.7959	2.0122	2.2522	2.5182	2.8127	3.1384	3.4985	3.8960	4.3345	4.8179	5.3503
13	1.1381	1.2936	1.4685	1.6651	1.8856	2.1329	2.4098	2.7196	3.0658	3.4523	3.8833	4.3635	4.8980	5.4924	6.1528
14	1.1495	1.3195	1.5126	1.7317	1.9799	2.2609	2.5785	2.9372	3.3417	3.7975	4.3104	4.8871	5.5348	6.2613	7.0757
15	1.1610	1.3459	1.5580	1.8009	2.0789	2.3966	2.7590	3.1722	3.6425	4.1772	4.7846	5.4736	6.2543	7.1379	8.1371
16	1.1726	1.3728	1.6047	1.8730	2.1829	2.5404	2.9522	3.4259	3.9703	4.5950	5.3109	6.1304	7.0673	8.1372	9.3576
17	1.1843	1.4002	1.6528	1.9479	2.2920	2.6928	3.1588	3.7000	4.3276	5.0545	5.8951	6.8660	7.9861	9.2765	10.7613
18	1.1961	1.4282	1.7024	2.0258	2.4066	2.8543	3.3799	3.9960	4.7171	5.5599	6.5436	7.6900	9.0243	10.5752	12.3755
19	1.2081	1.4568	1.7535	2.1068	2.5270	3.0256	3.6165	4.3157	5.1417	6.1159	7.2633	8.6128	10.1974	12.0557	14.2318
20	1.2202	1.4859	1.8061	2.1911	2.6533	3.2071	3.8697	4.6610	5.6044	6.7275	8.0623	9.6463	11.5231	13.7435	16.3665
21	1.2324	1.5157	1.8603	2.2788	2.7860	3.3996	4.1406	5.0338	6.1088	7.4002	8.9492	10.8038	13.0211	15.6676	18.8215
22	1.2447	1.5460	1.9161	2.3699	2.9253	3.6035	4.4304	5.4365	6.6586	8.1403	9.9336	12.1003	14.7138	17.8610	21.6447
23	1.2572	1.5769	1.9736	2.4647	3.0715	3.8197	4.7405	5.8715	7.2579	8.9543	11.0263	13.5523	16.6266	20.3616	24.8915
24	1.2697	1.6084	2.0328	2.5633	3.2251	4.0489	5.0724	6.3412	7.9111	9.8497	12.2392	15.1786	18.7881	23.2122	28.6252
25	1.2824	1.6406	2.0938	2.6658	3.3864	4.2919	5.4274	6.8485	8.6231	10.8347	13.5855	17.0001	21.2305	26.4619	32.9190
26	1.2953	1.6734	2.1566	2.7725	3.5557	4.5494	5.8074	7.3964	9.3992	11.9182	15.0799	19.0401	23.9905	30.1666	37.8568
27	1.3082	1.7069	2.2213	2.8834	3.7335	4.8223	6.2139	7.9881	10.2451	13.1100	16.7387	21.3249	27.1093	34.3899	43.5353
28	1.3213	1.7410	2.2879	2.9987	3.9201	5.1117	6.6488	8.6271	11.1671	14.4210	18.5799	23.8839	30.6335	39.2045	50.0656
29	1.3345	1.7758	2.3566	3.1187	4.1161	5.4184	7.1143	9.3173	12.1722	15.8631	20.6237	26.7499	34.6158	44.6931	57.5755
30	1.3478	1.8114	2.4273	3.2434	4.3219	5.7435	7.6123	10.0627	13.2677	17.4494	22.8923	29.9599	39.1159	50.9502	66.2118

附表二　复利现值系数表

期数	1%	2%	3%	4%	5%	6%	7%	8%	9%	10%	11%	12%	13%	14%	15%
1	0.9901	0.9804	0.9709	0.9615	0.9524	0.9434	0.9346	0.9259	0.9174	0.9091	0.9009	0.8929	0.8850	0.8772	0.8696
2	0.9803	0.9612	0.9426	0.9246	0.9070	0.8900	0.8734	0.8573	0.8417	0.8264	0.8116	0.7972	0.7831	0.7695	0.7561
3	0.9706	0.9423	0.9151	0.8890	0.8638	0.8396	0.8163	0.7938	0.7722	0.7513	0.7312	0.7118	0.6931	0.6750	0.6575
4	0.9610	0.9238	0.8885	0.8548	0.8227	0.7921	0.7629	0.7350	0.7084	0.6830	0.6587	0.6355	0.6133	0.5921	0.5718
5	0.9515	0.9057	0.8626	0.8219	0.7835	0.7473	0.7130	0.6806	0.6499	0.6209	0.5935	0.5674	0.5428	0.5194	0.4972
6	0.9420	0.8880	0.8375	0.7903	0.7462	0.7050	0.6663	0.6302	0.5963	0.5645	0.5346	0.5066	0.4803	0.4556	0.4323
7	0.9327	0.8706	0.8131	0.7599	0.7107	0.6651	0.6227	0.5835	0.5470	0.5132	0.4817	0.4523	0.4251	0.3996	0.3759
8	0.9235	0.8535	0.7894	0.7307	0.6768	0.6274	0.5820	0.5403	0.5019	0.4665	0.4339	0.4039	0.3762	0.3506	0.3269
9	0.9143	0.8368	0.7664	0.7026	0.6446	0.5919	0.5439	0.5002	0.4604	0.4241	0.3909	0.3606	0.3329	0.3075	0.2843
10	0.9053	0.8203	0.7441	0.6756	0.6139	0.5584	0.5083	0.4632	0.4224	0.3855	0.3522	0.3220	0.2946	0.2697	0.2472
11	0.8963	0.8043	0.7224	0.6496	0.5847	0.5268	0.4751	0.4289	0.3875	0.3505	0.3173	0.2875	0.2607	0.2366	0.2149
12	0.8874	0.7885	0.7014	0.6246	0.5568	0.4970	0.4440	0.3971	0.3555	0.3186	0.2858	0.2567	0.2307	0.2076	0.1869
13	0.8787	0.7730	0.6810	0.6006	0.5303	0.4688	0.4150	0.3677	0.3262	0.2897	0.2575	0.2292	0.2042	0.1821	0.1625
14	0.8700	0.7579	0.6611	0.5775	0.5051	0.4423	0.3878	0.3405	0.2992	0.2633	0.2320	0.2046	0.1807	0.1597	0.1413
15	0.8613	0.7430	0.6419	0.5553	0.4810	0.4173	0.3624	0.3152	0.2745	0.2394	0.2090	0.1827	0.1599	0.1401	0.1229
16	0.8528	0.7284	0.6232	0.5339	0.4581	0.3936	0.3387	0.2919	0.2519	0.2176	0.1883	0.1631	0.1415	0.1229	0.1069
17	0.8444	0.7142	0.6050	0.5134	0.4363	0.3714	0.3166	0.2703	0.2311	0.1978	0.1696	0.1456	0.1252	0.1078	0.0929
18	0.8360	0.7002	0.5874	0.4936	0.4155	0.3503	0.2959	0.2502	0.2120	0.1799	0.1528	0.1300	0.1108	0.0946	0.0808
19	0.8277	0.6864	0.5703	0.4746	0.3957	0.3305	0.2765	0.2317	0.1945	0.1635	0.1377	0.1161	0.0981	0.0829	0.0703
20	0.8195	0.6730	0.5537	0.4564	0.3769	0.3118	0.2584	0.2145	0.1784	0.1486	0.1240	0.1037	0.0868	0.0728	0.0611
21	0.8114	0.6598	0.5375	0.4388	0.3589	0.2942	0.2415	0.1987	0.1637	0.1351	0.1117	0.0926	0.0768	0.0638	0.0531
22	0.8034	0.6468	0.5219	0.4220	0.3418	0.2775	0.2257	0.1839	0.1502	0.1228	0.1007	0.0826	0.0680	0.0560	0.0462
23	0.7954	0.6342	0.5067	0.4057	0.3256	0.2618	0.2109	0.1703	0.1378	0.1117	0.0907	0.0738	0.0601	0.0491	0.0402
24	0.7876	0.6217	0.4919	0.3901	0.3101	0.2470	0.1971	0.1577	0.1264	0.1015	0.0817	0.0659	0.0532	0.0431	0.0349
25	0.7798	0.6095	0.4776	0.3751	0.2953	0.2330	0.1842	0.1460	0.1160	0.0923	0.0736	0.0588	0.0471	0.0378	0.0304
26	0.7720	0.5976	0.4637	0.3607	0.2812	0.2198	0.1722	0.1352	0.1064	0.0839	0.0663	0.0525	0.0417	0.0331	0.0264
27	0.7644	0.5859	0.4502	0.3468	0.2678	0.2074	0.1609	0.1252	0.0976	0.0763	0.0597	0.0469	0.0369	0.0291	0.0230
28	0.7568	0.5744	0.4371	0.3335	0.2551	0.1956	0.1504	0.1159	0.0895	0.0693	0.0538	0.0419	0.0326	0.0255	0.0200
29	0.7493	0.5631	0.4243	0.3207	0.2429	0.1846	0.1406	0.1073	0.0822	0.0630	0.0485	0.0374	0.0289	0.0224	0.0174
30	0.7419	0.5521	0.4120	0.3083	0.2314	0.1741	0.1314	0.0994	0.0754	0.0573	0.0437	0.0334	0.0256	0.0196	0.0151

附表三　年金终值系数表

期数	1%	2%	3%	4%	5%	6%	7%	8%	9%	10%	11%	12%	13%	14%	15%
1	1.0000	1.0000	1.0000	1.0000	1.0000	1.0000	1.0000	1.0000	1.0000	1.0000	1.0000	1.0000	1.0000	1.0000	1.0000
2	2.0100	2.0200	2.0300	2.0400	2.0500	2.0600	2.0700	2.0800	2.0900	2.1000	2.1100	2.1200	2.1300	2.1400	2.1500
3	3.0301	3.0604	3.0909	3.1216	3.1525	3.1836	3.2149	3.2464	3.2781	3.3100	3.3421	3.3744	3.4069	3.4396	3.4725
4	4.0604	4.1216	4.1836	4.2465	4.3101	4.3746	4.4399	4.5061	4.5731	4.6410	4.7097	4.7793	4.8498	4.9211	4.9934
5	5.1010	5.2040	5.3091	5.4163	5.5256	5.6371	5.7507	5.8666	5.9847	6.1051	6.2278	6.3528	6.4803	6.6101	6.7424
6	6.1520	6.3081	6.4684	6.6330	6.8019	6.9753	7.1533	7.3359	7.5233	7.7156	7.9129	8.1152	8.3227	8.5355	8.7537
7	7.2135	7.4343	7.6625	7.8983	8.1420	8.3938	8.6540	8.9228	9.2004	9.4872	9.7833	10.0890	10.4047	10.7305	11.0668
8	8.2857	8.5830	8.8923	9.2142	9.5491	9.8975	10.2598	10.6366	11.0285	11.4359	11.8594	12.2997	12.7573	13.2328	13.7268
9	9.3685	9.7546	10.1591	10.5828	11.0266	11.4913	11.9780	12.4876	13.0210	13.5795	14.1640	14.7757	15.4157	16.0853	16.7858
10	10.4622	10.9497	11.4639	12.0061	12.5779	13.1808	13.8164	14.4866	15.1929	15.9374	16.7220	17.5487	18.4197	19.3373	20.3037
11	11.5668	12.1687	12.8078	13.4864	14.2068	14.9716	15.7836	16.6455	17.5603	18.5312	19.5614	20.6546	21.8143	23.0445	24.3493
12	12.6825	13.4121	14.1920	15.0258	15.9171	16.8699	17.8885	18.9771	20.1407	21.3843	22.7132	24.1331	25.6502	27.2707	29.0017
13	13.8093	14.6803	15.6178	16.6268	17.7130	18.8821	20.1406	21.4953	22.9534	24.5227	26.2116	28.0291	29.9847	32.0887	34.3519
14	14.9474	15.9739	17.0863	18.2919	19.5986	21.0151	22.5505	24.2149	26.0192	27.9750	30.0949	32.3926	34.8827	37.5811	40.5047
15	16.0969	17.2934	18.5989	20.0236	21.5786	23.2760	25.1290	27.1521	29.3609	31.7725	34.4054	37.2797	40.4175	43.8424	47.5804
16	17.2579	18.6393	20.1569	21.8245	23.6575	25.6725	27.8881	30.3243	33.0034	35.9497	39.1899	42.7533	46.6717	50.9804	55.7175
17	18.4304	20.0121	21.7616	23.6975	25.8404	28.2129	30.8402	33.7502	36.9737	40.5447	44.5008	48.8837	53.7391	59.1176	65.0751
18	19.6147	21.4123	23.4144	25.6454	28.1324	30.9057	33.9990	37.4502	41.3013	45.5992	50.3959	55.7497	61.7251	68.3941	75.8364
19	20.8109	22.8406	25.1169	27.6712	30.5390	33.7600	37.3790	41.4463	46.0185	51.1591	56.9395	63.4397	70.7494	78.9692	88.2118
20	22.0190	24.2974	26.8704	29.7781	33.0660	36.7856	40.9955	45.7620	51.1601	57.2750	64.2028	72.0524	80.9468	91.0249	102.4436
21	23.2392	25.7833	28.6765	31.9692	35.7193	39.9927	44.8652	50.4229	56.7645	64.0025	72.2651	81.6987	92.4699	104.7684	118.8101
22	24.4716	27.2990	30.5368	34.2480	38.5052	43.3923	49.0057	55.4568	62.8733	71.4027	81.2143	92.5026	105.4910	120.4360	137.6316
23	25.7163	28.8450	32.4529	36.6179	41.4305	46.9958	53.4361	60.8933	69.5319	79.5430	91.1479	104.6029	120.2048	138.2970	159.2764
24	26.9735	30.4219	34.4265	39.0826	44.5020	50.8156	58.1767	66.7648	76.7898	88.4973	102.1742	118.1552	136.8315	158.6586	184.1678
25	28.2432	32.0303	36.4593	41.6459	47.7271	54.8645	63.2490	73.1059	84.7009	98.3471	114.4133	133.3339	155.6196	181.8708	212.7930
26	29.5256	33.6709	38.5530	44.3117	51.1135	59.1564	68.6765	79.9544	93.3240	109.1818	127.9988	150.3339	176.8501	208.3327	245.7120
27	30.8209	35.3443	40.7096	47.0842	54.6691	63.7058	74.4838	87.3508	102.7231	121.0999	143.0786	169.3740	200.8406	238.4993	283.5688
28	32.1291	37.0512	42.9309	49.9676	58.4026	68.5281	80.6977	95.3388	112.9682	134.2099	159.8173	190.6989	227.9499	272.8892	327.1041
29	33.4504	38.7922	45.2189	52.9663	62.3227	73.6398	87.3465	103.9659	124.1354	148.6309	178.3972	214.5828	258.5834	312.0937	377.1697
30	34.7849	40.5681	47.5754	56.0849	66.4388	79.0582	94.4608	113.2832	136.3075	164.4940	199.0209	241.3327	293.1992	356.7868	434.7451

附表四　年金现值系数表

期数	1%	2%	3%	4%	5%	6%	7%	8%	9%	10%	11%	12%	13%	14%	15%
1	0.9901	0.9804	0.9709	0.9615	0.9524	0.9434	0.9346	0.9259	0.9174	0.9091	0.9009	0.8929	0.8850	0.8772	0.8696
2	1.9704	1.9416	1.9135	1.8861	1.8594	1.8334	1.8080	1.7833	1.7591	1.7355	1.7125	1.6901	1.6681	1.6467	1.6257
3	2.9410	2.8839	2.8286	2.7751	2.7232	2.6730	2.6243	2.5771	2.5313	2.4869	2.4437	2.4018	2.3612	2.3216	2.2832
4	3.9020	3.8077	3.7171	3.6299	3.5460	3.4651	3.3872	3.3121	3.2397	3.1699	3.1024	3.0373	2.9745	2.9137	2.8550
5	4.8534	4.7135	4.5797	4.4518	4.3295	4.2124	4.1002	3.9927	3.8897	3.7908	3.6959	3.6048	3.5172	3.4331	3.3522
6	5.7955	5.6014	5.4172	5.2421	5.0757	4.9173	4.7665	4.6229	4.4859	4.3553	4.2305	4.1114	3.9975	3.8887	3.7845
7	6.7282	6.4720	6.2303	6.0021	5.7864	5.5824	5.3893	5.2064	5.0330	4.8684	4.7122	4.5638	4.4226	4.2883	4.1604
8	7.6517	7.3255	7.0197	6.7327	6.4632	6.2098	5.9713	5.7466	5.5348	5.3349	5.1461	4.9676	4.7988	4.6389	4.4873
9	8.5660	8.1622	7.7861	7.4353	7.1078	6.8017	6.5152	6.2469	5.9952	5.7590	5.5370	5.3282	5.1317	4.9464	4.7716
10	9.4713	8.9826	8.5302	8.1109	7.7217	7.3601	7.0236	6.7101	6.4177	6.1446	5.8892	5.6502	5.4262	5.2161	5.0188
11	10.3676	9.7868	9.2526	8.7605	8.3064	7.8869	7.4987	7.1390	6.8052	6.4951	6.2065	5.9377	5.6869	5.4527	5.2337
12	11.2551	10.5753	9.9540	9.3851	8.8633	8.3838	7.9427	7.5361	7.1607	6.8137	6.4924	6.1944	5.9176	5.6603	5.4206
13	12.1337	11.3484	10.6350	9.9856	9.3936	8.8527	8.3577	7.9038	7.4869	7.1034	6.7499	6.4235	6.1218	5.8424	5.5831
14	13.0037	12.1062	11.2961	10.5631	9.8986	9.2950	8.7455	8.2442	7.7862	7.3667	6.9819	6.6282	6.3025	6.0021	5.7245
15	13.8651	12.8493	11.9379	11.1184	10.3797	9.7122	9.1079	8.5595	8.0607	7.6061	7.1909	6.8109	6.4624	6.1422	5.8474
16	14.7179	13.5777	12.5611	11.6523	10.8378	10.1059	9.4466	8.8514	8.3126	7.8237	7.3792	6.9740	6.6039	6.2651	5.9542
17	15.5623	14.2919	13.1661	12.1657	11.2741	10.4773	9.7632	9.1216	8.5436	8.0216	7.5488	7.1196	6.7291	6.3729	6.0472
18	16.3983	14.9920	13.7535	12.6593	11.6896	10.8276	10.0591	9.3719	8.7556	8.2014	7.7016	7.2497	6.8399	6.4674	6.1280
19	17.2260	15.6785	14.3238	13.1339	12.0853	11.1581	10.3356	9.6036	8.9501	8.3649	7.8393	7.3658	6.9380	6.5504	6.1982
20	18.0456	16.3514	14.8775	13.5903	12.4622	11.4699	10.5940	9.8181	9.1285	8.5136	7.9633	7.4694	7.0248	6.6231	6.2593
21	18.8570	17.0112	15.4150	14.0292	12.8212	11.7641	10.8355	10.0168	9.2922	8.6487	8.0751	7.5620	7.1016	6.6870	6.3125
22	19.6604	17.6580	15.9369	14.4511	13.1630	12.0416	11.0612	10.2007	9.4424	8.7715	8.1757	7.6446	7.1695	6.7429	6.3587
23	20.4558	18.2922	16.4436	14.8568	13.4886	12.3034	11.2722	10.3711	9.5802	8.8832	8.2664	7.7184	7.2297	6.7921	6.3988
24	21.2434	18.9139	16.9355	15.2470	13.7986	12.5504	11.4693	10.5288	9.7066	8.9847	8.3481	7.7843	7.2829	6.8351	6.4338
25	22.0232	19.5235	17.4131	15.6221	14.0939	12.7834	11.6536	10.6748	9.8226	9.0770	8.4217	7.8431	7.3300	6.8729	6.4641
26	22.7952	20.1210	17.8768	15.9828	14.3752	13.0032	11.8258	10.8100	9.9290	9.1609	8.4881	7.8957	7.3717	6.9061	6.4906
27	23.5596	20.7069	18.3270	16.3296	14.6430	13.2105	11.9867	10.9352	10.0266	9.2372	8.5478	7.9426	7.4086	6.9352	6.5135
28	24.3164	21.2813	18.7641	16.6631	14.8981	13.4062	12.1371	11.0511	10.1161	9.3066	8.6016	7.9844	7.4412	6.9607	6.5335
29	25.0658	21.8444	19.1885	16.9837	15.1411	13.5907	12.2777	11.1584	10.1983	9.3696	8.6501	8.0218	7.4701	6.9830	6.5509
30	25.8077	22.3965	19.6004	17.2920	15.3725	13.7648	12.4090	11.2578	10.2737	9.4269	8.6938	8.0552	7.4957	7.0027	6.5660

参考文献

1. 中国银行业协会银行业专业人员职业资格考试办公室主编：个人理财（中级），中国金融出版社 2021 版。

2. 李杰辉、杨双会、倪风华主编：《个人理财》，中国人民大学出版社 2022 版。

3. 许棣、廖玲玲、黎秋华主编：《个人理财》，清华大学出版社 2019 年版。

4. 赖金明、刘星辛、廖春萍主编：《个人理财》，西南财经大学出版社 2018 年版。

5. 张红兵、李炜主编：《个人理财》，中国人民大学出版社 2018 年版。

6. 曹文芳、付慧莲主编：《个人理财规划》，中国轻工业出版社 2017 年版。

7. 孙黎主编：《个人理财实务》，中国人民大学出版社 2015 年版。

8. 胡君晖主编：《个人理财规划》，中国金融出版社 2017 年版。

9. 张玲、成康康、高阳主编：《个人理财规划实务》，中国人民大学出版社 2018 年版。

10. 吴晓求主编：《证券投资学》，中国人民大学出版社 2014 年版。

11. 刘少波、时旭辉主编：《证券投资学》，暨南大学出版社 2013 年版。

12. 孙黎主编：《个人理财实务》，中国人民大学出版社 2015 年版。

13. 刘标胜、吴宗金主编：《个人理财实务》，中国人民大学出版社 2017 年版。

14. ［美］杰夫．马杜拉著：《个人理财》，机械工业出版社 2018 年版。

15. 银行业专业人员职业资格考试办公室编：《个人理财》，中国金融出版社 2015 年版。

16. 徐兴恩编著：《理财知识十六讲》，首都经济贸易大学出版社 2009 年版。

17. 张旺军主编：《投资理财——个人理财规划指南》，科学出版社 2008 年版。

18. 霍文文主编：《商业银行个人理财业务》，世纪出版集团、上海人民出版社 2007 年版。

19. 张岱云著：《银行个人理财业务全攻略》，上海财经大学出版社 2009 年版。

20. 雨笋编著：《银行理财——个人投资精要》，中国科学技术出版社 2008 年版。

21. 王光、韩婧：《让银行帮你理财——个人金融投资全攻略》，人民邮电出版社 2008 年版。

22. 张鹤编著:《银行理财赚钱法》,机械工业出版社 2008 年版。

23. 周伏平等编著:《个人风险管理与保险规划》,中信出版社 2004 年版。

24. 肇越、杨燕绥、于小东编著:《员工福利与退休计划》,中信出版社 2004 年版。

25. 中国就业培训技术指导中心组编:《理财规划师专业能力》,中国财政经济出版社 2018 年版。

26. 中国就业培训技术指导中心组编:《理财规划师基础知识》,中国财政经济出版社 2018 年版。